HERMES

在古希腊神话中,赫耳墨斯是宙斯和迈亚的儿子,奥林波斯神们的信使,道路与边界之神,睡眠与梦想之神,亡灵的引导者,演说者、商人、小偷、旅者和牧人的保护神……

西方传统 经典与解释 **HERMES**
Classici et Commentarii

施特劳斯集
The Collected Works
of Leo Strauss

刘小枫 ● 主编

苏格拉底与阿里斯托芬

Socrates and Aristophanes

[美] 列奥·施特劳斯 Leo Strauss ｜ 著

李小均 ｜ 译

华夏出版社

古典教育基金·"传德"资助项目

"施特劳斯集"出版说明

1899年9月20日,施特劳斯出生在德国Hessen地区Kirchhain镇上的一个犹太家庭。人文中学毕业后,施特劳斯先后在马堡大学等四所大学注册学习哲学、数学、自然科学,1921年在汉堡大学以雅可比的认识论为题获得哲学博士学位。1924年,一直关切犹太政治复国运动的青年施特劳斯发表论文《柯亨对斯宾诺莎的圣经学的分析》,开始了自己独辟蹊径的政治哲学探索。三十年代初,施特劳斯离开德国,先去巴黎、后赴英伦研究霍布斯,1938年移居美国,任纽约社会研究新学院讲师,十一年后受聘于芝加哥大学政治系,直到退休。任教期间,施特劳斯先后获得芝加哥大学"杰出贡献教授"、德国汉堡大学荣誉教授、联邦德国政府"大十字勋章"等荣誉。

施特劳斯在美国学界重镇芝加哥大学执教近二十年,教书育人默默无闻,尽管时有著述问世,挑战思想史和古典学主流学界的治学路向,生前却从未获得显赫声名。去世之后,施特劳斯才逐渐成为影响北美学界最重要的流亡哲人:他所倡导的回归古典政治哲学的学问方向,深刻影响了西方文教和学界的未来走向。上个世纪七十年代以来,施特劳斯身后才逐渐扩大的学术影响竟然一再引发学界激烈的政治争议:自由主义知识分子觉得,施特劳斯对自由民主理想心怀敌意,是政治不正确的保守主义师主;后现代主义者宣称,施特劳斯唯古典是从,没有提供应对现代技术文明危机的具体理论方略。为施特劳斯辩护的学人则认为,施特劳斯从来不与某种现实的政治理想或方案为敌,也从不提供解答现实政治难题的哲学论说;那些以自己的思想定位和政治立场来衡量和评价施特劳斯的哲学名流,不外乎是以自己的灵魂高度俯视施特劳斯立足于古典智慧的灵魂深处。施特劳斯关心的问题更具常识品质,而且很陈旧:西方文明危机的根本原因何在?施特劳斯不仅对百年来西方学界的这个老问题作出了超逾所有前人的深刻回答,而且提出了切实可行的应对方略:重新学习古典政治哲学作品。施特劳斯的学问以复兴苏格拉底问题为基本取向,这迫使所有智识人面对自身的生存德性问题:在具体的政治共同体中,难免成为"主义"信徒的智识人如何为人。

如果说中国文明因西方文明危机的影响也已经深陷危机处境,那么施特劳斯的学问方向给中国学人的启发首先在于:自由主义也好,保守主义、新左派主义或后现代主义也好,是否真的能让我们应对中国文明所面临的深刻历史危机。

"施特劳斯集"致力于涵括施特劳斯的所有已刊著述(包括后人整理出版的施特劳斯生前未刊文稿和讲稿;已由国内其他出版社出版的《霍布斯的政治哲学及其起源》《思索马基雅维利》《城邦与人》《古今自由主义》除外),并选译有学术水准的相关研究文献。我们相信,按施特劳斯的学问方向培育自己,我们肯定不会轻易成为任何"主义"的教诲师,倒是难免走上艰难地思考中国文明传统的思想历程。

古典文明研究工作坊
西方典籍编译部甲组
2008 年

目　录

中译本说明（刘小枫） …………………………………… 1

第一章　引言 ………………………………………………… 1
第二章　《云》 ……………………………………………… 8
第三章　其他谐剧 …………………………………………… 55
　1　《阿卡奈人》 …………………………………………… 55
　2　《骑士》 ………………………………………………… 81
　3　《马蜂》 ………………………………………………… 115
　4　《和平》 ………………………………………………… 141
　5　《鸟》 …………………………………………………… 167
　6　《吕西斯特拉特》 ……………………………………… 206
　7　《地母节妇女》 ………………………………………… 225
　8　《蛙》 …………………………………………………… 248
　9　《公民大会妇女》 ……………………………………… 278
　10　《财神》 ……………………………………………… 298

第四章　结语 ………………………………………………… 326

附　录
　克莱因　苏格拉底与阿里斯托芬 ………………………… 331
索　引 ………………………………………………………… 334

中译本说明

早在"九·一八"事变的前一年，罗念生先生就将阿里斯托芬（Aristophanes，约公元前446–前386年）的《云》剧译成了中文，而且是研究性译法，文献和注释俱全。第二共和之初，适逢联合国教科文组织纪念阿里斯托芬诞辰两千四百周年，罗念生、周作人、杨宪益三位先生合作，翻译出版了《阿里斯托芬喜剧集》（人民文学出版社1954），共收剧作五种：罗念生译《阿卡奈人》《骑士》《云》；杨宪益译《鸟》；周启明译《财神》）。几年后，苏联古典学家雅尔荷的《阿里斯托芬评传》也译成了中文（作家出版社1958）。

尽管如此，汉语学界对阿里斯托芬剧作却置若罔闻长达数十年——改革开放后的汉语学界，仍然没有看上阿里斯托芬，似乎两千多年前在雅典剧场上演的阿里斯托芬的搞笑剧与我们的现代生活没什么相干。不仅我们中国学界看不出古老的阿里斯托芬剧作有何现实性，西方学界同样如此。与古希腊肃剧研究相比，西方古典学界的阿里斯托芬研究要薄弱得多；至于哲学思想界，论及古希腊肃剧的时有所见，却鲜有搞哲学的论及阿里斯托芬。

作为芝加哥大学政治系教授，政治哲学史家施特劳斯竟然写下了对阿里斯托芬全部传世剧作的绎读，会让人觉得匪夷所思，甚至让人觉得不务正业：阿里斯托芬与政治学或政治哲学有何相干？如果我们认识到如下思想史内情，就不得不敬佩施特劳斯的非凡眼力：19世纪末的尼采以激烈抨击柏拉图笔下的苏格拉底起家，挑明了作为现代性问题的苏格拉底问题，而尼采的苏格拉底批判相当程度上来自阿里斯托芬对苏格拉底的批判。沿着尼采的思路，海德格尔不仅进一步贯彻对柏拉图的批判，甚至勾销了苏格拉底问题，对苏格拉底视而不见、不闻不问。与海德格尔不同，施特劳斯则针对尼采的苏格拉底批判，亲自重审阿里斯托芬的苏格拉底批判，最终矫正了尼采的眼力，进而彻底扭转了苏格拉底问题的性质：苏格拉底绝非"现代性漩涡"的肇事者，遗忘柏拉图笔下的苏格拉底，才是"现代性漩涡"的真正源头。

1961年，施特劳斯在给伽达默尔的信中曾这样谈到自己研读阿里斯托芬的感受：

> 不管怎样，在研究《云》（以及阿里斯托芬的其他喜剧）时，我学到了某些在任何现代人那里都学不到的东西：对阿里斯托芬喜剧最深刻的现代解释（黑格尔的）远不及柏拉图在《会饮》中对阿里斯托芬所作的阿里斯托芬式的呈现（海德格尔对喜剧保持沉默。至于尼采，请参《快乐的科学》，格言1）。一句话，我相信，即便现代艺术哲学摆脱了美学的偏见，其基础也过于狭小了。（施特劳斯，《回归古典政治哲学》，北京：华夏出版社，2007）

通过研读古典作品，施特劳斯"学到了某些在任何现代人那里都学不到的东西"。这一经验对我们后学的问学之路具有重大的指导意义，因为我们不断听到这样的告诫：放弃研读现代的东西是一种严重的偏颇，一百年前的人写的东西已没有时代意义，遑论两千年前的。施特劳斯指出的古典学问旨趣的关键在于：对亘古不移的人世问题的理解，古人比今人深刻。这并非施特劳斯的独见，而是思想史上虽为数不多却也并非寥寥无几的伟大思想家的共识。对于不断在我们耳边响起的告诫，有心向学古典学问的青年大可不必在意，自己心里有数就行。

《苏格拉底与阿里斯托芬》不仅平实，而且平淡，看起来不过在逐部绎读十一部剧作而已，卑之无甚高论，既没有斧凿而成的解释理论，也没有原创性的自说自话，实则义生文外，秘响旁通。翻开目录，稍微留意一下全书篇章布局，也能感觉到有颇值得细心品味的东西在焉。全书分四章，但奇怪的是，第一章和第四章分别为非常简短的引言和结语，有如古希腊剧作常见的前台戏和退场戏，中间夹着诸戏段——如此驭篇会不会是互体变爻化成四象，微显形而上学之书常见的四章结构呢？第二章专解《云》剧，第三章按演出时间顺序逐个解读阿里斯托芬的十部剧作。这样把《云》剧从演出时间顺序中抽取出来，专辟一章绎读，显然因为此剧主角乃苏格拉底。从而，苏格拉底问题是解读阿里斯托芬其余剧作的前提和基础，即便对那些作于《云》剧之前的剧作也应如是观。

罗念生先生生前未能译完阿里斯托芬的全部剧作，晚近有张竹明先生全译本（南京：译林出版社，2008），为我们阅读本书提供了方便（剧作人物译名大多以此为准），尽管这个全译本因未经笺释考究仍然不足以支撑研究性阅读。反过来讲，施特劳斯的这部著作则为我们阅读阿里斯托芬的剧作提供了门径，没有施特劳斯的慧眼，我们的确很难看出有时近乎粗俗的戏谑中的严肃和高贵。

施特劳斯的老同学和终身挚友克莱因为本书写过一篇短小书评，以其惯有的言简意赅文风为我们阅读本书提供了极为难得的指引，这里一并译出收作附录。

刘小枫
中国人民大学文学院
古典文明研究中心
2010 年 2 月

第一章　引言

[3] 政治哲学包含在我们的伟大传统之中，由此，政治哲学的可能性与必要性似乎得到了担保。根据我们的伟大传统，政治哲学由苏格拉底创建。

既然苏格拉底述而不作，我们要了解创建政治哲学的背景或缘由，就全要仰赖他人的记载。麻烦的是，相关的记载相互间颇有抵牾。我们主要依靠的是柏拉图的诸多对话、亚里士多德的某些评论、色诺芬（Xenophon）的苏格拉底作品，以及阿里斯托芬的《云》（Clouds）。亚里士多德是从书面文字和口耳相传中了解苏格拉底的；阿里斯托芬、色诺芬和柏拉图都与苏格拉底本人熟识。色诺芬和柏拉图是苏格拉底的朋友，崇拜苏格拉底，但阿里斯托芬不是苏格拉底的朋友，也不崇拜苏格拉底；他似乎把苏格拉底塑造成了苏格拉底本人所说的智术师（sophist）。当今学者在使用柏拉图的对话之前，通常要做两方面的判定：在代代相传以为是真的这些对话录中，必须判断哪些是真、哪些是假；另外，必须对下面这个论点进行判断（支持该观点的部分前提是所谓真实对话的写作时序），即只有早期对话才是苏格拉底的对话，或者说，早期对话无论如何比晚期对话更具苏格拉底色彩。无论我们怎么看待这两方面的判定，一般公认，柏拉图的对话不是转述，而是艺术作品（works of art）；既然是艺术作品，我们就没有铁证来区分哪些是苏格拉底自己的思想、哪些只是柏拉图归于他的思想。在一封流传下来的柏拉图书信中，有这样一句话：

> 无论现在还是将来，都没有柏拉图的任何著述；人们现在归于他名下的，全都属于变得美好（高贵）、年轻（崭新）的苏格拉底。

柏拉图的［4］对话录将苏格拉底"理想化"了。柏拉图从来没有保证，他笔下的苏格拉底谈话是真实的。柏拉图不是一位史家。苏格拉底同代人中唯一的史家是色诺芬，我们要了解苏格拉底，就必须依赖色诺芬的作品，色诺芬续写了修昔底德（Thucydides）的史记，通过引入"我曾经听他说"这样的表述，他至少保证其笔下的苏格拉底谈话的部分真实。那么，表面上看来，下面这个看法更有利：我们要了解苏格拉底，第一手资料就是色诺芬的苏格拉底作品。然而，仔细研究过色诺芬之后，我们或许会被迫修正这一看法，尽管如此，色诺芬作品的价值依然不减。倘若色诺芬的见证的价值长久以来没有遭到迅速而武断的抛弃，如今许多对苏格拉底的错误看法将得到避免。

如果说苏格拉底是政治哲学的奠基者，那就意味着哲学先于政治哲学。由此引发这样一个问题：为什么前苏格拉底哲学能够或者说被迫省却政治哲学。这个问题正是"苏格拉底问题"（problem of Socrates）的题中之意，因为苏格拉底本人是从哲人转变为政治哲人的。这样看来，有必要考虑"青年苏格拉底"的问题，这也恰是柏拉图提醒我们注意的论题。在临终之日，柏拉图笔下的苏格拉底谈到，他年轻时对"人们称为探究自然的那种智慧"充满激情（《斐多》［Phaedo］ 96^{a}6 – 8）。在《帕默尼德》（Parmenides）中，柏拉图走得更远，甚至［直接］呈现了青年苏格拉底（127^{c}4 – 5，130^{c}1 – 4）；这个青年苏格拉底似乎实际上比《斐多》中谈到的那个青年苏格拉底要大一些，因为后者还只是"前苏格拉底"，而前者已经完成了向"理式"（ideas）的决定性转向。第俄提玛（Diotima）向苏格拉底揭示爱若斯（Eros）的秘密时，苏格拉底似乎也是年轻人；正如帕默尼德一样,第俄提玛肯定也盘问过苏格拉底。无论是否这样,我们从色诺芬笔下得知,苏格拉底在提出什么是完美的贤人（perfect gentleman）这个问题之前,已经是大名鼎鼎或臭名远扬的自然哲人;什么是完美的贤人这个问题包含了他与自然哲学决裂之后全身心投入追问的所有这类探究。① 可是,关于"前苏格拉底"的苏格拉底,我们只在阿里斯托芬的《云》中发现了唯一可得的展示。

《云》是对苏格拉底的攻击,或者说,阿里斯托芬是苏格拉底的敌人,但这些并不能成其为根据,质疑可以利用《云》来理解"青年苏格拉底",因为攻击可能不无道理,敌人可以是公平的。你可以说,[5]柏拉图和色诺芬笔下的苏格拉底与谐剧诗人阿里斯托芬对自己笔下的苏格拉底的判断完全一致。在《云》首演约七年之后,柏拉图在《会饮》（Banquet）中将阿里斯托芬和苏格拉底带到我们眼前会面。② 这是在会饮接近尾声的时候,只有三人还醒着并且头脑清醒,其中两人就是阿里斯托芬和苏格拉底。那时,这三人经过友好的谈话,最后在对阿里斯托芬至关重要的一个主题——肃剧和谐剧的主题——上达成一致意见;阿里斯托芬同意了苏格拉底提出的观点。在柏拉图唯一涉笔阿里斯托芬的地方,诗人阿里斯托芬显得与苏格拉底非常亲近。从这个事实中,我们可以理解柏拉图笔下的苏格拉底对谐剧中灵魂状态的分析。在苏格拉底的分析中,我们洞悉到这一线索。谐剧中的灵魂状态是快乐与痛苦的混杂,我们看见友人无伤大雅的自视过高,可以欣然付之一笑,但也可因嫉妒他的智慧而痛苦;那种灵魂状态从未脱离不正义（《斐勒布》[Philebus] $48^a8 - 50^a10$）。友人的智慧或许并不是他自视的那么高,因此他可能

---

① 《齐家》（Oeconomicus）6.12 - 13, 11.3;《回忆苏格拉底》（Memorabilia）卷一 1.11 - 16. 对观 Burnet,《苏格拉底的申辩笺注》（Apol. Socr.）21^c5. 对观《拉克斯》（Laches）$186^b8 - ^c2$。

② [译按] 据载,《云》首演于公元前 423 年;柏拉图的《会饮》场景发生于前 416 年。参施特劳斯《〈会饮〉讲疏》（On Plato's Symposium, Chicago, London: University of Chicago Press, 2001）,页 14 - 15。

有点好笑；但他的智慧也许高到足以成为嫉妒的理由。这种看法用来分析谐剧本身可能不够恰切，但是用来解释最杰出的（par excellence）谐剧《云》还是说得通的：阿里斯托芬远非苏格拉底的敌人，而是苏格拉底的朋友，只不过他有点嫉妒苏格拉底的智慧——哪怕是青年苏格拉底的智慧。或者，你也许也可以这样说：谐剧诗人阿里斯托芬嫉妒的首要对象不是苏格拉底的智慧，而是苏格拉底可以自主地鄙视戏剧诗人必然依靠的大众掌声。换言之，阿里斯托芬嫉妒的是苏格拉底的完美自由。

即使我们不得不承认谐剧式处理必然是同情式处理，我们还是不能被迫断言，谐剧式处理就没有歪曲。在大众的眼中，哲人必然可笑，① 因而是谐剧的一个自然的主题。如果出于某种原因，阿里斯托芬碰巧选择了苏格拉底，那他也可以随意地将苏格拉底置于哲人可能落入的极端可笑境地，从中表现出来的特性未必就是个别哲人苏格拉底的特性。但是，人们甚至在考虑这种可能性之前就应该知道，阿里斯托芬除了让观众开怀大笑之外是否还有别的关注。阿里斯托芬强调，他不只是取悦观众。他既关心说出可笑的东西，也关心说出严肃的东西。作为诗人，他关心的是使城邦里的人们变得美好高贵；作为谐剧诗人，他关心的是隐恶［扬善］，即通过嘲笑邪恶［6］剥夺邪恶的吸引力。阿里斯托芬凭正义行事，或教导对城邦有益的事情，或当着雅典人的面冒险说出何为正义；但是，身为谐剧诗人，除非用谐剧的手法来处理正义事物，否则他做不到这一点。善和正义（goodness and justice）与阿里斯托芬并肩作战。他实际上既关心欢笑者的赞许，也关心智者（the wise）的赞许。② 但这难道不是意味着，因他带来的欢笑而热爱或崇拜他的那类人，类型上截

---

① 《王制》（Republic）516ᵉ8 – 517ᵃ2，517d4 – 6；《泰阿泰德》（Theaetetus）174ᵃ4 – ᵈ1。

② 《阿卡奈人》（Acharnians）645，655，661 – 662；《骑士》（Knights）510；《蛙》（Frogs）389 – 390，686 – 687，1008 – 1012，1049 – 1057；《公民大会妇女》(Assembly of Women) 1155 – 1157。

然不同于他那些智慧的热爱者或崇拜者？可以肯定的是，我们有理由假定，阿里斯托芬笔下的苏格拉底同样服务于（或许也是最重要的）教导正义这个目的——或许他通过将苏格拉底表现得荒唐可笑来反驳苏格拉底对正义的攻击，从而维护正义。这一点与阿里斯托芬并非苏格拉底的敌人可以并行不悖；我们可以回想一下，柏拉图笔下的苏格拉底为了替正义的理由辩护而驳斥忒拉绪马霍斯（Thrasymachos），苏格拉底不曾是忒拉叙马霍斯的敌人，相反，在辩驳的过程中他们还成为朋友（《王制》[Republic] 498^{c}9 – ^{d}1）。

我们以上勾勒出的苏格拉底问题（其中包含了青年苏格拉底问题），只能作为尼采（Nietzsche）所提出的"苏格拉底问题"的预备：苏格拉底主张什么的问题，不可避免地变成苏格拉底主张之物的价值问题。换言之，回归我们伟大传统的源头变得势在必行，因为那一传统遭到了彻底质疑，可以说，这种质疑在尼采对苏格拉底或柏拉图的攻击中达到极致。尼采在其处女作《肃剧从音乐精神中诞生》(The Birth of Tragedy)中开始这一攻击。晚年尼采某种程度上否认了那部作品的价值。尽管如此，他关于"苏格拉底问题"的最初陈述依然是他就此问题的最广泛陈述；如果对照他后来的修正来读，人们可以把握住他年轻时的陈述的特征，尽管有些动摇，但他终身保持了这些特征。①

尼采在其关注的"审美的科学"(the science of aesthetics)语境中，将苏格拉底定位为"所谓的世界历史中唯一的转折点和漩涡中心"。他理解的这种科学既是形而上学也是生理–心理学；它是"自然科学"；按照《善恶的彼岸》(Beyond Good and Evil)中的观点，这种科学属于一种历史的生理心理学(historical physiopsychology)语境。尼采的关注不只是理论性的；他还关心德意志的未来或欧洲的

---

① 尤见《瞧这个人》(Ecce Homo)中论述《肃剧从音乐精神中诞生》(The Birth of Tragedy)部分及《偶像的黄昏》(Dawn of Idols)中"苏格拉底问题"一节，但最重要的是《善恶的彼岸》(Beyond Good and Evil)。

未来——他关心的是必须超越人此前所曾达到的最高成就的一种人类的未来。此前，人类的最高成就是希腊肃剧（Greek tragedy）或者更确切地说是埃斯库罗斯（Aeschylus）肃剧所展现的生活方式。苏格拉底拒绝或摧毁了对这个世界的"肃剧式"理解，[7]因此，苏格拉底是"最值得考问的古代现象"，他是超逾人的尺度的人：是个半神（a demigod）。苏格拉底是第一个进行理论思考的人，是科学精神的化身，是彻底非艺术或者说非诗艺（unartistic or a-music①）的人，"在苏格拉底身上，第一次产生了这样的信念，即自然是可理解的，知识的力量具有普遍疗效"。他是理性主义者的原型，因此，他也是乐观主义者的原型，因为乐观主义不仅相信这个世界是最好可能的世界，而且相信这个世界可能变成所有可想象的世界中最好的世界，相信知识可以将这个最好可能的世界中的种种恶变得无害：思考不仅完全能够理解存在，而且甚至能够校正存在；科学能够指引生活；舞台机关送出来的一个解围之神（a deus ex machina）可以替代神话中活生生的诸神，也就是说，我们可以弄清自然之力，利用它们服务于"更高的自我主义"（higher egoism）。理性主义就是乐观主义，因为它相信理性的力量是无穷的、本质上是有益的，或者说，它相信科学能解开一切谜团、松开所有锁链。理性主义就是乐观主义，因为对原因（causes）的相信取决于对目的（ends）的相信，②或者说，因为理性主义的前提是相信善的首要的或终极的至尊地位。苏格拉底引起或代表的这种转变，其全面和最终的后果仅仅在当代西方显现：相信普遍启蒙，从而相信一个普遍国家中所有人

---

① [译按] 这里的a-music从字面译作"非音乐的"，其含义其实已蕴涵在与其并置的同义词unartistic[非艺术的、与艺术无关的]中。在后文中，施特劳斯更经常使用的是a-music的另一种形式a-Music（原文页49、173、313等）；大写的使用很可能指涉music的词源Muses[缪斯们]——赋予人的种种艺术（诗作、音乐等）以灵感的女神们，故酌译为"非诗艺的"。

② Karl Löwith,《尼采的同一物永恒复返的哲学》（*Nietzsches Philosophie der ewigen Wiederkehr des Gleichen*, Stuttgart, 1956），页122。

的尘世幸福,相信功利主义、自由主义、民主制度、和平主义以及社会主义。这些后果,以及对科学固有局限的洞见,从根本上动摇了"苏格拉底文化":"苏格拉底式的人的时代已经一去不复返了。"然后,我们就可以期盼一个超越前苏格拉底文化顶峰的未来;期盼一种未来的哲学,它不只是理论性的,而且可以有意地建立在意志的行动或者说决断之上;期盼有一种新类型的政治,它理所当然地包括"毫不留情地消灭一切堕落、寄生之物"。尼采自己曾经说,要理解一个哲人,可靠的做法就是首先问其形而上学主张的道德意义或政治意义(《善恶的彼岸》,条6和条211)。因此,看起来,尼采对苏格拉底的攻击必须首先理解为是政治攻击。

无论怎么看待尼采对伟大传统的热烈又极端的攻击,他至少指出了一个事实,该事实为怀疑那一传统提供了依据。对苏格拉底的最高景仰和对索福克勒斯(Sophocles)肃剧的最高崇拜(色诺芬,《回忆苏格拉底》卷一4.3)都是传统的一部分,因为传统相信真与美之间的和谐,相信科学与艺术之间的和谐。但是,根据传统,苏格拉底与其说与索福克勒斯相一致,不如说与欧里庇得斯(Euripides)更相一致。[8] 阿里斯托芬清楚地感受到苏格拉底与欧里庇得斯——他不同于索福克勒斯,尤其不同于埃斯库罗斯——之间的深刻亲缘关系,所以他才从马拉松战士"美好旧时光"的角度看待苏格拉底,把苏格拉底公正地描写成"最首要的智术师",描写成"一种堕落文化"的症状之一。阿里斯托芬的政治姿态似乎预示了尼采的政治姿态。但是,阿里斯托芬表现的是青年苏格拉底,尼采攻击的苏格拉底却直接是柏拉图笔下的苏格拉底:在《肃剧从音乐精神中诞生》里,尼采对谐剧几乎闭口不谈,却袭用了阿里斯托芬对青年苏格拉底的批判,似乎这种批判原本就意味着对柏拉图笔下苏格拉底的批判。尼采似乎在暗示,凭阿里斯托芬所借以批判那个攻击正义或虔诚的苏格拉底的同一种理据,也可批判那个捍卫正义和虔诚的苏格拉底。或者说,尼采似乎在暗示,柏拉图笔下的苏格拉底与阿里斯托芬笔下的苏格拉底一样,离那些马拉松战士都相去甚远。

第二章 《云》

[11] 阿里斯托芬笔下的苏格拉底说了许多可笑的话，做了许多可笑的事；阿里斯托芬把苏格拉底刻画成了笑料。但是，苏格拉底的遭遇并不特殊，阿里斯托芬对笔下一切人物，尤其是一切主要人物，不管他们的主张新潮还是守旧，都一视同仁。新潮和守旧一样可笑，一样不合情理。由此推论，人们也许会说，阿里斯托芬在作品中处处表现了不理智（unreason）或疯狂的胜利。① 然而，可以肯定的是，《云》是个例外。比如，同样是可笑的人，吕西斯特拉特（Lysistrate）② 获得了胜利，苏格拉底却遭遇了失败：他教过的弟子烧掉了他的学校，要不是运气或可笑的偶然，苏格拉底和他的弟子们可能已葬身火海。歪理（Unjust Speech）战胜正理（Just Speech），苏格拉底难辞其咎：他一直宣称"宙斯不存在"（Zeus is not）。这样

---

① 海涅（Heine），《海涅文集》（*Werke*），Elster 编，卷 V，页 283 – 284。对观施莱格尔（Friedrich Schlegel），《欧洲文学的学问》（*Wissenschaft der europäischen Literatur*），Ernest Behler 编，页 88 及以下，以及黑格尔（Hegel），《美学》（*Aesthetik*），见《黑格尔著作集》（*Werke*），Glockner 编，卷 XIV，页 560 – 561。

② [译按] 阿里斯托芬笔下的角色一般参考张竹明先生和王焕生先生的译名，个别人名、神名另参照罗念生译本（《阿里斯托芬喜剧六种》，《罗念生全集》第四卷，上海：世纪出版/上海人民出版社，2004），以及"经典与解释系列译名表"（娄林、赵林等编，2009）。译者在翻译过程中，分别参考了张竹明、王焕生两位先生所译《古希腊悲剧喜剧全集》（南京：凤凰出版/译林出版社，2007）中第六、七卷"阿里斯托芬喜剧"（张竹明译）部分，以及罗念生先生译本和周作人先生所译《财神》（《财神、希腊拟曲》，北京：中国对外翻译出版公司，1999）。在此特致谢忱。

说话肯定是死罪；对犯死罪的人来说，苏格拉底受到的惩罚算不了什么，但在一部谐剧中，他所遭受的已经够得上是最重的惩罚。人们由此会倾向于认为，阿里斯托芬用谐剧的结尾来表明他的判断；计划成功了，表明他赞成该计划，计划失败了，表明他反对该计划。即使我们认为这一标准站得住脚，从而得出肯定结论说阿里斯托芬反对苏格拉底的做法，我们也依然不能确定，阿里斯托芬是否真的认为苏格拉底应该为他的种种意见而遭受如此命运。但话说回来，这个标准可以接受吗？难道阿里斯托芬赞成他笔下的佩斯特泰罗斯（Peisthetairos）向诸神造反？或者，阿里斯托芬赞成他的角色克瑞米洛斯（Chremylos）赶走那个明智的妇人——穷神（Poverty）吗？那么，我们是否只能用诗人在插曲中以自己名义说的话来找到他的判断？然而，这些话难道不也像他笔下的克里昂（Kleon）的咒语，同样是谐剧的组成部分？

[12] 最终导致苏格拉底垮台的行动不是苏格拉底发起的，而是斯特瑞普西阿得斯（Strepsiades）发起的。与此一致，《云》开篇是斯特瑞普西阿得斯的独白。斯特瑞普西阿得斯在叹气。阿里斯托芬的谐剧常以叹气或抱怨开头。但与其他谐剧截然不同的是，《云》不是以欢乐收场。抱怨了一通之后，斯特瑞普西阿得斯祈祷宙斯王（Zeus the king）——宙斯是不是王，对他来说很快将成为一个问题。他自言自语，因为没有人和他说话；他本来想和儿子费狄庇得斯（Pheidippides）说说话，但儿子正睡得香。天还没亮。他渴望天明，渴望见到光，实实在在的光。家里的仆人都在睡觉。斯特瑞普西阿得斯本来也想睡，但他睡不着，因为他有大的烦心事儿。外面黑着，他无处去，只有在家中念叨这些烦心事儿。这些事情都是战争引起的。这场战争把过去的大好时光都葬送了。他很关心这场仗。我们预先指明，苏格拉底一点不关心战争。然而，相比于这场仗，斯特瑞普西阿得斯更担心的是儿子醉心赛马带来的债务。失眠的老人家尽量把话说得有条理。但是，就在他数落儿子的时候，费狄庇得斯在梦话中又念叨起了赛马，打断了他的思路。儿子无意地打扰了父

亲的睡眠。现在,父亲也无意地打扰了儿子的睡眠。但是,不担心债务的儿子再次入睡。斯特瑞普西阿得斯继续自言自语。他把痛苦追溯到他的婚姻。他诅咒媒婆诱使他娶了费狄庇得斯的母亲;他没有意识到他因此间接地诅咒了自己宠爱的儿子。斯特瑞普西阿得斯原本是个朴实粗鲁的乡下人,过着惬意轻松的乡下生活,后来他娶了雅典名门望族的女子。老婆虽然漂亮,但骄奢而且放荡(lascivious),这女人在每一方面都对他索求无度,撺掇他改了以前的生活习惯,搞得他入不敷出。她为儿子和仆人做了坏榜样。他们儿子的名字正好表现了两种不相容因素的聚合,他的存在就归于此聚合。费狄庇得斯继承了娘的奢侈品位和她的血统,使他家业一败涂地。为了摆脱烦恼,斯特瑞普西阿得斯现在需要儿子的帮助。他尽可能轻轻地唤醒儿子。但他轻微的动作不仅是出于精心盘算,他是真心爱儿子,正如他的儿子也真心爱他——但是,这并不是说父亲对儿子的爱和儿子对父亲的爱没有限度。

[13] 辗转反侧想了整夜的斯特瑞普西阿得斯最终找到一条简单奇妙的解救之道(并非没有神的帮助)。但他不再年轻,也不够灵便走此道;必须由费狄庇得斯上这条道。儿子以狄奥倪索斯(Dionysos)的名义对他发誓,他愿意听父亲的吩咐。儿子原想选波塞冬(Poseidon)而父亲原想选德墨忒尔(Demeter),狄奥倪索斯仿佛是他俩的第二选择;俩人能够一致才让狄奥倪索斯补了缺。斯特瑞普西阿得斯提醒儿子看旁边那间小屋,那就是某些智慧灵魂或者说魂灵(wise souls or ghosts)的"思想所"(think-tank)。斯特瑞普西阿得斯不清楚他们的名字;费狄庇得斯对那些面容苍白、满口大话的人不屑一顾,他知道为首的是苏格拉底和凯瑞丰(Chairephon)。听到父亲劝他抛开赛马、去那里入学,他坚决反对;他毫不迟疑就违背了誓言,因为要是听了劝告,他在同伴面前就再也抬不起头。看见儿子不听话,斯特瑞普西阿得斯威胁说要把他赶出家门。费狄庇得斯相信他娘家的人不会让他放弃赛马,更相信父亲不会真心赶他出家门,于是不理睬父亲。斯特瑞普西阿得斯没有办法;他被迫试

着亲自去当苏格拉底的学生。他去求学之前,在家祈祷了诸神保佑。

苏格拉底的垮台是斯特瑞普西阿得斯带来的。戏剧开头,斯特瑞普西阿得斯甚至不知道苏格拉底的名字,而他精通骑术的儿子却理所当然听说过苏格拉底的名字。上层阶级的人听说过苏格拉底,但他们不需要他。他们认为他只是特别好笑的叫花子。下层阶级的人也不需要他,他们甚至没有听说过他。只有介于上层阶级与下层阶级之间的人才可能对苏格拉底感兴趣,因此,不难想到,只有他们会给苏格拉底带来厄运。换句话说,苏格拉底的坏影响只限于社会上小部分人。利用婚姻关系,斯特瑞普西阿得斯跻身中间阶级。他道听途说地知道,或者大致知道,苏格拉底属于一帮智慧的灵魂,劝世人相信天是个炭窑(stove),人是些木炭(charcoals);只要肯给钱,他们就教你辩论,无论有理无理,都可以取胜。他们特别擅长教人无理取胜,当然这难度会更大。智慧的灵魂们传授的有说服力的天人学说似乎不收费,也许是因为这种学说本身没有用。斯特瑞普西阿得斯按字面来理解那种教导:苏格拉底并不是在说天 [14] 像炭窑,世人像木炭,而是说天是炭窑,世人是木炭。无论如何,既然苏格拉底传授如此奇怪的天人学说,也就不奇怪他应该能够教人们如何赖掉债主的钱。斯特瑞普西阿得斯希望儿子去跟苏格拉底学习,为的是学会如何欺骗债主:他希望败坏儿子;在他认识苏格拉底之前,他自己就先败坏了;正是他自己先败坏了,他才会想去向苏格拉底求学。

斯特瑞普西阿得斯见到苏格拉底前颇费了一番周折。他用力敲"思想所"的门。开门的学生骂他是大老粗,害得他孕育的思想流产了。斯特瑞普西阿得斯问什么东西流产了,该学生说,这只能透露给同学,不能告诉外人。斯特瑞普西阿得斯要求告诉他,因为他是来求学的,这种说法足以让该学生向他透露这些秘密。苏格拉底的保密措施似乎有缺陷。不过,该学生对斯特瑞普西阿得斯说的话(不像苏格拉底自己不久后对斯特瑞普西阿得斯说的话)对苏格拉底没有任何大害。所以,当斯特瑞普西阿得斯问什么思想流产的时候,该学生没有明显地泄露任何流产之事（miscarriage）：莫非他是装傻？① 该学生回答说，苏格拉底刚才问凯瑞丰，跳蚤一跳的距离是它脚长的几倍，然后他们正在用绝妙的方法测量跳蚤的脚长。莫非斯特瑞普西阿得斯粗鲁的敲门声打断的就是演算跳蚤所跳的距离？斯特瑞普西阿得斯对这一壮举的崇拜让该学生又告诉了他一个秘密。凯瑞丰有一次问苏格拉底，蚊子的叫声是从嘴里发出来的，还是从尾巴发出来的。这个问题更复杂，因为要做出回答，必须对活蚊子的肠管有所了解，不但要了解细微复杂的东西，还要了解看不见的东西。斯特瑞普西阿得斯对苏格拉底更加崇拜：一个人连蚊子肠管都知道，骗骗作为人的债主还不易如反掌？接下来，该学生说起苏格拉底观察月亮轨道和旋转时碰到的倒霉事；这件倒霉事在斯特瑞普西阿得斯和大多数人看来好笑，但苏格拉底的那些弟子未必认为好笑。斯特瑞普西阿得斯并没有被吓倒；他也许还更坚定了学习的信心。该学生透露了最后一个秘密：他们昨天晚上断粮了，苏格拉底装作算几何题，跑到健身场里偷走了人家的祭肉，做了顿便饭，才解决大家的饥饿。这事虽然同样好笑，但肯定更加成功。斯特瑞普西阿得斯对此壮举盛赞不已。② 他现在才明白，[15] 苏格拉底不只是住在"思想所"的智慧灵魂们的一分子，还是"思想所"的头子。斯特瑞普西阿得斯再也等不及要见苏格拉底，他成功地劝说该学生开了门。进门之后，他看见思想所里的学生不由大吃一惊，他们都是不人道的禁欲主义的牺牲品——他们甚至没有机会长时间地在户外呼吸新鲜空气。斯特瑞普西阿得斯听说过天象和几何，但他是大地之子，对天象没有丝毫兴趣，尽管关于天的知识、关于天体及其

---

① 在看见苏格拉底之前，斯特瑞普西阿得斯与前来开门的弟子在对话中共提到九件事，其中五件是苏格拉底的弟子回答斯特瑞普西阿得斯的问题。

② 斯特瑞普西阿得斯赞美了苏格拉底的另外三项壮举（feats），只有最后一项具有实践目的；另外三项壮举中的两次由苏格拉底发起，两次都失败了。失败的原因分别是因为斯特瑞普西阿得斯和壁虎的行动：壁虎使苏格拉底这个观天家（astronomer）显得可笑，斯特瑞普西阿得斯使苏格拉底这个修辞家（rhetorician）显得可笑，而且不只是可笑。

运行的知识与诈骗债主的钱财之间有神秘关联。他立刻对大地的测量和绘图感兴趣，因为作为热爱城邦的公民，这些知识对他有用处——苏格拉底及其弟子在研究中缺乏的恰是这种为城邦服务的动机。

斯特瑞普西阿得斯刚严肃警告完要防备来自斯巴达的危险，突然意识到有人吊在高处，这人正是苏格拉底。对于苏格拉底来说，斯特瑞普西阿得斯和来自斯巴达人的危险一样不足为虑，因为他们都是朝生暮死之人。但是，苏格拉底仍然降低身份，向斯特瑞普西阿得斯解释他为什么正坐在吊筐里，他说这样他可以从各个角度观看太阳，斯特瑞普西阿得斯把他的话理解成他看低诸神。苏格拉底没有反对。直到听到斯特瑞普西阿得斯为何而来之后，苏格拉底才间接纠正了他的印象。斯特瑞普西阿得斯对于苏格拉底明显蔑视诸神并不感到震惊，他奇怪的是为什么他不在地上这么做。苏格拉底说，如果不把握与地上的思想不同的空中的思想，就不能窥探天上的事儿。斯特瑞普西阿得斯不太听得明白，但他并不在意；他是带着要事而来，需要地上的思想，因为他的事必须在地上处理。苏格拉底无可奈何，只好回到地上。斯特瑞普西阿得斯向苏格拉底解释了他为什么需要学习口才（the art of speaking），但没有提他儿子，也没有提他的生活。苏格拉底以为斯特瑞普西阿得斯迷恋赛马，或许也没有家室；对于是否应收他为徒，苏格拉底在信息不全的情况下就下了判断。斯特瑞普西阿得斯主动宣称，他愿意对诸神起誓，苏格拉底要多少他就给多少；他不大习惯付钱，更别说预支。苏格拉底没有出价，斯特瑞普西阿得斯肯定十分吃惊。苏格拉底感兴趣的只是斯特瑞普西阿得斯的宣称，即他愿意对诸神起誓，以及他要多少他都会付给他。首先，苏格拉底不相信这类誓言；如果他有丝毫考虑到［16］斯特瑞普西阿得斯的特殊情况，他肯定更不愿意相信这类誓言，因为斯特瑞普西阿得斯说过，他希望学好口才或推理是为了赖账。但是，要做苏格拉底的学生，最重要的是渴望知道何为真正的神的事物（the divine things），或者，换句话说，明智的人应该凭什么神起誓。不用说，苏格拉底不是无神论者；他对着起誓的是云神（the Clouds）。大概不能让这些女神来监督还债或惩罚发假誓。斯特瑞普西阿得斯也许松了一口气，因为苏格拉底没有漫天要价，苏格拉底根本没有要价，以斯特瑞普西阿得斯目前的情况，要任何价都是漫天价，斯特瑞普西阿得斯迫切希望与云神说话。接下来，苏格拉底开始严肃地为他举行入学仪式。斯特瑞普西阿得斯虽然怕得要命，但还是听话照做，因为苏格拉底向他保证不会有危险，而且如果不履行这番入学仪式，云神就不现身，他也就不会变得伶牙俐齿。难道苏格拉底不再蔑视斯特瑞普西阿得斯是个朝生暮死的人了吗？抑或，除了蔑视，苏格拉底对朝生暮死的凡人还是有热烈的关心，他们无论多么没有希望，依然能够获得关于诸神的健全意见？苏格拉底命令一切肃静，静听他祈祷空气神主（the Lord Air①）、以太神（Ether）以及首先是女云神们（the Ladies Clouds）向斯特瑞普西阿得斯现身。相比于苏格拉底的这番祈祷，斯特瑞普西阿得斯来求学之前在家中对诸神的祈祷可能再马虎不过。

云神们以歌声回应苏格拉底虔诚的召唤，宣布她们的到来。这些处女女神已经离开了她们的父亲奥克阿诺斯（Okeanos）（他即使不是万物之源也是诸神之源）的广阔洋面，正移向处女女神雅典娜（Athena）的土地，那是最值得赞美的一片土地，因为它爱美、具有缪斯般的虔敬（Music piety），敬拜天上地下的诸神。苏格拉底是《云》中的普罗米修斯（Prometheus）：他把光明带给别人，没有预先考虑自己。苏格拉底崇拜的这些云神似乎比他还关心雅典。苏格拉底虔诚地回应她们的歌声。斯特瑞普西阿得斯却滑稽地模仿，苏格拉底要他肃静，不要学谐剧诗人那样轻佻。但斯特瑞普西阿得斯不是轻佻，而是迷惑。从一开始来见苏格拉底时，他肯定就期待见到非凡的事，因为他早就知道，只有非凡的事情才能避免债主找他

---

① ［译按］原文中 Air、Ether、Chaos 等词在不同文脉出现时，首字母有大小写之别，译文在首字母大写时作"空气神""以太神""混沌神"等，在小写时直接作"空气""以太""混沌"等。

麻烦。他毫不奇怪,他不可能变得伶牙俐齿,从而欺骗债主,除非天是炭窑,世人是木炭;他更不会奇怪,[17]他不可能达到目的,除非他和云神关系亲密,因为她们是女神。但是,听苏格拉底说是一回事情,耳闻目睹这些女神本身是另一回事。无论斯特瑞普西阿得斯是怎样的人——他很容易轻信(credulity),因为他的本性、他的出身和他的绝望处境都使他容易轻信——阿里斯托芬的观众和读者都肯定会想,为什么希望变得伶牙俐齿的人就必须结交云神,换言之,他们想知道云神是什么类型的神。这些观众或读者信诗人的话,即他不会满足于不计代价地设法逗他们笑。

斯特瑞普西阿得斯需要再次得到保证他听到的歌声属于女神,而他此前仅仅当成云的东西其实是女神。苏格拉底用强调的方式再次向他保证,并补充说,云神们偏爱有能力的好逸恶劳之辈,诸如那些有理解力、伶牙俐齿和谈论奇异的事或者说奇迹的人;在某种程度上,他现在将此前归为空气的力量归于云神。斯特瑞普西阿得斯感受到了苏格拉底所说的云神的某些效果,急着想把云神看清楚。我们在此可以注意到,自从他进了"思想所"之后,他崇拜(不只是惊奇)的是言辞、歌声,或对所见之物的描述,而不是所见之物本身。甚至现在,要看见云神进来,他也比苏格拉底困难许多。这可以理解,因为现在看见的云神与他此前想象中的云神之间的区别仍然让他感到迷惑。苏格拉底将斯特瑞普西阿得斯先前关于云神的错误看法归咎于他的无知,后者不知道她们帮助所有类型多少有些疯疯癫癫的老油条(sophisticates)、高级骗子,因为这些人善于用歌曲和其他诗艺事物(Music things)赞颂云神。苏格拉底的这个声明并没让斯特瑞普西阿得斯感到困惑,困惑的是我们。毕竟,苏格拉底本人是云神最忠实的信徒:难道苏格拉底声称是诗艺人(to be Music)?他是不是个说大话的人(boaster)?这点似乎很清楚。阿里斯托芬笔下的苏格拉底说,他和阿里斯托芬之流是同类,只不过[观众]马上会看到,他们属于不同的亚类(subspecies)。斯特瑞普西阿得斯没有为这个困难去费神,他觉得苏格拉底只是在谈论诗人们,他们自己承认因为赞颂云神,云神款待他们最丰盛的美食;苏格拉底同意他的说法,而且强调这种回报似乎很公平。但是,苏格拉底及其弟子的可怜样儿暗示(更别说开门的学生提到晚餐断粮),苏格拉底与诗人们截然不同,他赞美云神不是为了活得好。换句话[18]说,云神宠爱的那类人中既有饿肚皮的人,也有不饿肚皮的人。斯特瑞普西阿得斯最难理解的是,云们究竟怎么了,为什么围在他身边的这些东西看上去像倒像凡间的女子;因为他现在看到的完全不像是不朽的女子(尽管苏格拉底说她们是女神),也不像是云(尽管苏格拉底说她们是云);可以肯定的是,云不是凡间的女子,看上去也不会像凡间的女子,它们看上去倒是像一团乱羊毛。用斯特瑞普西阿得斯的直率说法,云没有鼻子;但是,现在围在他和苏格拉底身边看起来像凡间女子的存在者(beings)却有鼻子。我们不会怀疑,斯特瑞普西阿得斯有权利将鼻子当成女性的明确证据。重要的是意识到,像斯特瑞普西阿得斯一样说出问题,就意味着解决问题,因为谁没有见过长鼻子的云,比如,云像动物一样长着鼻子?就如苏格拉底的解释,云能随心所欲地变成一切。她们想成为什么形状就能成为什么形状;她们看见什么,就能模仿什么;她们通过模仿变形,显现所见之物的本性,她们特别善于夸张变形,嘲笑可笑之人(亦即,她们尤其是谐剧诗人的榜样)。她们还收集别的地方看不到的奇妙形状,如人头马。云的这种近乎全能的力量,[①] 证明了它们是神。总之,云神是模仿女神,因此,它们是一切模仿术或者说模拟术尤其是演说术(art of speaking)的自然教师。现在,甚至连斯特瑞普西阿得斯也相信了云是女神,事实上是整全之女王(queens of the whole),于是,他改口向云神们致敬。

云神们反过来回应了斯特瑞普西阿得斯,当然,她们专门与苏格拉底打了招呼;她们既揶揄他也赞扬他;她们说,除了普洛狄科(Prodikos)之外,当代空谈者(prattler)中她们最喜欢听他讲述天上

---

① 对观柏拉图,《王制》596^{b}12 - ^{e}3;《智术师》(*Sophist*) 233^{e}5 - 234^{a}6。

的事物。她们喜欢普洛狄科，是因为普洛狄科的智慧和判断力，而她们喜欢苏格拉底，既因为苏格拉底在街上举止倨傲，因为他苦行禁欲（asceticism），也因为他与云神的亲密关系而摆出的大架子（《云》中的苏格拉底因而不只代表某类人①）。云神们问他需要帮什么忙，她们希望满足他，但苏格拉底如此自足（self-sufficient），什么要求也没提。他想要的东西云神已经给了他：她们给斯特瑞普西阿得斯留下了深刻的印象。因此，苏格拉底现在对斯特瑞普西阿得斯宣布，只有云神是神，其他全都是扯淡（idle talk）。云神听了他这句话没有出声。斯特瑞普西阿得斯的吃惊可以理解：地神（Earth）难道不是神？更重要的是，[19] 奥林珀斯山上的宙斯难道不是神？苏格拉底简直胆大包天，斯特瑞普西阿得斯第一眼看到苏格拉底的时候，他在研究太阳，但却对太阳不敬，现在，他又不让斯特瑞普西阿得斯心里有一丝疑虑地宣称：宙斯不但不是神，而且根本就不存在。但这显然很荒诞：如果宙斯不存在，那雨是谁下的？[苏格拉底说，]当然是云神下的：你什么时候看见没有云就下雨？对雨来说是这样，让人恐惧的雷电经过必要的修正（mutatis mutandis）也是这样；雷电没有威胁。但可以说，没有云神就不可能有雨和雷电；这并不能证明云神就掌管着雨和雷电，也不能证明她们不是受其他东西或其他神（somebody）——受宙斯——感动或迫使才下雨和打雷。斯特瑞普西阿得斯要为宙斯的存在英勇辩护，苏格拉底本来只承认云神是神，最后被他逼入绝境，只好承认还有高于云神的东西，但他坚决否认那更高的东西就是宙斯；他说那是以太般的漩涡（ethereal vortex）。斯特瑞普西阿得斯容易理解这个说法：以前的宙斯王现在被漩涡神（Vortex）赶下王位，正如宙斯自己曾经将克洛诺斯（Kronos）赶下王位；但斯特瑞普西阿得斯仍然想要证据。苏格拉底就以斯特瑞普西阿得斯本身来证明雷电的生成——节日里吃得过多，肚子起了乱子，就像在打雷。这个寻常的例

---

① 这里的上下文暗示了与苏格拉底相比，普洛狄科缺乏阳刚之气，对观柏拉图《普罗塔戈拉》（$Protagoras$）315^{d}4–6。

子起了作用。斯特瑞普西阿得斯的理解力大增：他没有说雷电是伴随着腹泻的声音，只是说（另参165①）雷电像这些声音。尽管如此，这种相似性很要紧；它剥掉了天上的事儿的所有让人敬畏的魔力。苏格拉底揭穿了天上的事儿的真相（传言他说天是个炭窑），或许是为了揭穿正义的真相。现在还剩一个极大的困难问题：霹雳（lightning）据说是宙斯在发怒，他用霹雳来惩罚发假誓。苏格拉底轻易就打消了斯特瑞普西阿得斯的畏惧，他鄙视这老头如此守旧，居然相信这等事：比起发假誓的人，霹雳更多击打的是宙斯的神庙和橡树。在雨和雷的形成方面，宙斯已经被云神和空气神（Air）取代；在惩罚发假誓方面，宙斯还没有被任何神（anybody）或任何东西取代：发假誓或犯其他任何罪都不会受到神的惩罚。苏格拉底说斯特瑞普西阿得斯过时了：揭穿天上事儿的真相与揭穿过去的真相是分不开的，过去为天上的事儿罩上了引起敬畏的光环。斯特瑞普西阿得斯只有向苏格拉底请教，如何用空气和云来解释霹雳。苏格拉底给出了解释，使他在关键时刻回忆起另一个节日［20］的体验从而确认了苏格拉底的解释，然后，他立刻就可以与云神对话了。云神们对他许诺，他会有福，能够出名，只要他记性好，乐于思考，用最大的热情努力学习，吃得起苦，不去健身场上干坏事，愿意在行动中、在忠告上、在舌战中胜过一切；性的克制也心照不宣地包括在这些要求中。斯特瑞普西阿得斯就他的俭朴、忍耐和自制（continence）向我们提出了全力保证；他的生活方式（不同于他儿子的生活方式）一直都类似于苏格拉底及其弟子的生活方式。我们必须等待，看看他的记忆力和思考能力是不是够好。苏格拉底结束了斯特瑞普西阿得斯的入学仪式，要求他不再信仰别的神，只信仰他们认可的神，也就是混沌神（Chaos）、云神和舌头（the tongue）。云神没有反对。斯特瑞普西阿得斯保证，就算碰到别的神，他也不会再与他们说话，不会再向他们献祭、奠酒、上香。他已做到

---

① ［译按］括号中的数字若无特别说明，均指阿里斯托芬相关剧作的诗节行数。此处指《云》，行165。

最好了;他不懂这中间的区别,即忽视诸神、否定诸神的王位或权力与否认他们的存在之间有区别。苏格拉底没有机会纠正他,因为苏格拉底还没来得及开口,云神就抢先插嘴了。她们对斯特瑞普西阿得斯的诺言十分满意,于是对斯特瑞普西阿得斯说,他可以私下告诉她们,他要她们为他做些什么:只要他敬重并崇拜她们——她们没有说他可不可以拜别的神——只要他试着变聪明,她们就能满足他的愿望。斯特瑞普西阿得斯说,他只希望成为希腊口才最好的人,别无他求。女神们很容易地答应了他,从今以后谁也不能在雅典的公民大会辩论过他。但他的野心并没有那么高;他只想有能力欺骗债主,无论他们是否来自雅典,无论他们多聪明。云神允诺给他这个能力,如果可能的话,这更不费力。斯特瑞普西阿得斯乐得心花怒放:为了作为最聪明的无赖(the cleverest rogue)为人所知,他愿意经受任何磨难,不论多苦,只要不是死;他几乎为了手段忘了目的。女神们答应,他将终生享受最让人羡慕的人生——她们没有屈尊提到他将"作为最聪明的无赖而声名远扬"。然后,她们鼓动苏格拉底收下这个老头,动手教他,试试他的智力。她们似乎忘了,斯特瑞普西阿得斯的成功不完全依靠他对她们的崇拜、他的自制、他的迫切。事实上,她们对第四个条件根本就没有说,怕他听到了改变主意。她们很聪明——要不然她们怎么可能教人说聪明话?

[21] 苏格拉底说,云神是仅有的女神(365)。他似乎也称空气和以太为神(264-265),但他实际上没有称它们为神。他要求斯特瑞普西阿得斯只承认混沌、云和舌头为神(423-424)。① 如果我们把"神"理解为高于人的存在者,会思想,有意志,能说话,那么,对于

---

① 对观《云》行419中提及的三组[行为]以及色诺芬《回忆苏格拉底》卷一1.19。[译按]《云》行419提到的三组行为是:行动($\pi\rho\acute{\alpha}\tau\tau\omega\nu$)、谋划[商议]($\beta o\upsilon\lambda\epsilon\acute{\upsilon}\omega\nu$)和舌战($\tau\tilde{\eta}\ \gamma\lambda\acute{\omega}\tau\tau\eta\ \pi o\lambda\epsilon\mu\acute{\iota}\zeta\omega\nu$);色诺芬《回忆苏格拉底》上述章节称:"而他[按:苏格拉底]却认为神明知道一切的事,无论是说的、做的,或在静默中所谋划的($\tau\acute{\alpha}\ \tau\epsilon\ \lambda\epsilon\gamma\acute{o}\mu\epsilon\nu\alpha\ \kappa\alpha\grave{\iota}\ \pi\rho\alpha\tau\tau\acute{o}\mu\epsilon\nu\alpha\ \kappa\alpha\grave{\iota}\ \tau\grave{\alpha}\ \sigma\iota\gamma\tilde{\eta}\ \beta o\upsilon\lambda\epsilon\upsilon\acute{o}\mu\epsilon\nu\alpha$)。"色诺芬中译据吴永泉先生译本(北京:商务印书馆,1986),略有改动。

苏格拉底来说，云神就是仅有的神。如果我们说，只有会思考、有意志的存在者可以称为超人（superhuman），那我们必须说，按照苏格拉底的观点，最高的东西（空气、以太）是亚于人的（subhuman），只有云神是超人。换种说法，以太神或空气神像波塞冬（Poseidon）一样（85），也会产生些坏事，只有云神才为人的最大福祉负责。有人也许也会说，作为唯一之神的云神不过是公认的"云烟"（smoke）（320，330）；而别的神虽然没有得到公认，但实际上也是"云烟"。当然，没人能否认，在阿里斯托芬现存的戏剧中，只有在《云》中，云神组成的歌队才在地位上高于严格意义上的演员。但为什么云神是女神？苏格拉底的解释是，她们以凡间女子的样子出现之前，正好看到一个臭名昭著的特别女性化的雅典人，所以才变形为女人。但是，早在她们出现之前，苏格拉底就知道她们是女性（252 – 253）。这些神圣的处女们给了诗人和其他音乐人以灵感。她们取代了宙斯的处女女儿缪斯们（Muses）。苏格拉底不能承认缪斯；因为他说宙斯不存在，所以缪斯也就不可能存在。宙斯被漩涡神取代，或者不如说被空气神和以太神取代。云神之于以太神和空气神，就像缪斯之于宙斯：她们自己称以太神为父亲（569 – 570）。她们显然"属于"空气神（缪斯们出行蒙着厚厚的云气：赫西俄德［Hesiod］，《神谱》，行9）。云神是自然界的缪斯，① 苏格拉底就是自然界缪斯的祭司。如果种种模仿的技艺是一类智慧，它们肯定与 archai［太初］有亲缘关系。云神自万物初生之始旋即产生，同时也掩盖了万物；因为通过模仿各种事物，她们声称就是那些事物本身。她们生来就会欺骗。她们通过掩盖事物的本性来显示事物的本性，反之亦然，正如修辞之所为。云神们是模仿女神：如果没有自然的模仿，如果模仿不是植根于自然，就没有人的模仿术。云神是最卓越的自然的模仿者（the natural imitators）（对观柏拉图，《王制》510^{a}1 – 3，516^{a}6 – 7），她们在高处，与最高的事物同族。正是

---

① 读柏拉图《伊翁》（Ion）行534似乎会有这样的感觉：缪斯们（Muses）即便不是唯一的一个神，也是仅有的几个神（the only gods）。

由于如此,她们在作为人的苏格拉底看来是仅有的几个神。苏格拉底依据 physiologia[自然学]传授修辞,也就是说,他既传授修辞学,也传授自然学。

苏格拉底尝试洞察斯特瑞普西阿得斯的行为方式或本性,因为他知道要因材施教,他已看出必须用新的方法来教导斯特瑞普西阿得斯。[22] 他直接问斯特瑞普西阿得斯记性好不好,是否有学习的能力。但是,这不是苏格拉底干的唯一的不当之事或最坏的不当之事。最令人吃惊的是,他在为斯特瑞普西阿得斯施举行入学仪式之后才对他进行测试:在查明斯特瑞普西阿得斯是否有能力承受之前,苏格拉底已经对他透露了有关诸神的最令人吃惊的创新。似乎在苏格拉底看来,绝佳的记忆力和理解力是次要的,赶不上自制力和忍耐力那样急迫,赶不上把他介绍给云神那样急迫(色诺芬,《回忆苏格拉底》卷四 3.1 – 2,5.1 – 2)。我们不应该忽略这个事实,即他测试斯特瑞普西阿得斯是在云神吩咐之后。要是他自己,可能想不到这回事;云神比苏格拉底更清楚地意识到人们在记忆力和智力上的自然差异的重要性。对于苏格拉底所问的有关他的记忆力和智力的问题,斯特瑞普西阿得斯的回答并不令人鼓舞。看起来,他现在的本性不适合获得智慧;他必须获得另一种本性。无论如何,苏格拉底有意问了他一个关于高处事物的问题;但他的回答再傻不过。然而,当苏格拉底问他,如果有人打他他会怎么办时,他的回答让苏格拉底挑不出毛病,尽管这问答听起来像是预言在苏格拉底的一个弟子面前斯特瑞普西阿得斯会做什么(1322 – 1323),甚至像是预言在苏格拉底本人面前他会做什么。但阿里斯托芬笔下的苏格拉底没有未卜先知的能力,没有 daimonion[命神]。与此相应,他严肃地为斯特瑞普西阿得斯安排第二次进门的入学仪式,就仿佛是带他进入令人生畏的洞穴,在那儿苏格拉底将以最私密的方式教导他,完全没有证人。此前,阿里斯托芬让我们见证了神圣或不神圣的入学仪式的启示,对此我们完全没料想到。但现在,他不让我们知道老师向新收的老学生传授什么知识。

当苏格拉底在密室授徒的时候,云神歌队开始对观众说话。更确切地说,在插曲正文部分,歌队长用第一人称以诗人阿里斯托芬的名义对观众说话。这是《云》独有的另一特征。在我们看清了云神的本性之后,我们完全不会吃惊,阿里斯托芬几乎是作为云神歌队的成员出场,但他不会是阿卡奈人歌队、骑士歌队、鸟儿歌队等的成员。阿里斯托芬与云神崇拜者苏格拉底截然不同,他是云神中一员(a Cloud);不知不觉间,苏格拉底在仰视阿里斯托芬。但是,阿里斯托芬没有说自己是云神中的一员或云神的弟子;他说养育他的是狄奥倪索斯。阿里斯托芬像云神而不是像苏格拉底,[23] 城邦承认的诸神他都承认。他也没有宣称自己是处子(a virgin);他甚至说他不再是处子了。他责备观众,在前面的演出中,《云》剧受到他们的怠慢。他认为这出谐剧是他最智慧的戏剧,他为它费的心血最多;他写的时候特别在意有智慧的观众的反应。在别的剧作中,他从来没有提出这样的宣称。他把《云》比成是贞洁的处女埃勒克特拉(Elektra①),因为按照他的说法,这部戏没有一点儿庸俗。但我们不该忘记,正是苏格拉底的自制(continence)才使《云》特别得体(decency)。这次,由于急于给《云》讨点奖励,阿里斯托芬没有严厉指责雅典人,他软化口气提醒他们,他上一部戏剧得到了观众好评。正如埃勒克特拉寻找她的弟弟俄瑞斯忒斯(Orestes),因为他的发绺表明他还活着,就在附近,同样,《云》也寻求智慧的观众,因为有明白无误的迹象表明智慧的观众还活着,就在附近。阿里斯托芬提醒观众,他是卓越的诗人:与对手相比,他总是写出聪明新颖的奇思异想(conceits);克里昂(Kleon)的气势如日中天的时候,他勇敢地攻击过他,克里昂倒台覆灭的时候,他得体地放了他一马;在各方面他都能免俗;在此,阿里斯托芬没有明确说他是传授正义的教师。在后言首段(epirrhema),云神以女神的身份对观众说话。她们的关心明显不同于阿里斯托芬;她们关心的不是《云》

---

① [译按] Elektra 是攻打特洛伊的希腊联军统帅阿伽门农(Agamemnon)之女。

的成功，而是我们会毫不迟疑称为更伟大的事物的东西。她们抱怨观众（即雅典城邦）忽视她们。所有的神中数她们对雅典城邦最有助益，可这个以虔诚著称的城邦唯独不献祭给她们。因此，她们暗地里（只能暗地里）解释了为什么苏格拉底是她们的宠儿：苏格拉底是唯一崇拜云神也只崇拜云神的雅典人。在她们列举的种种助益中，她们首先提到的是，在雅典人愚蠢地选择她们与诸神都讨厌的克里昂当将军之前，她们用雷声、雨水和霹雳——连同日与月，或通过她们对日与月的影响，向雅典人发出过警告；她们现在再次忠告，城邦如今能如何废除克里昂。她们几乎要说出，掌管雨和雷以及诸如此类的不是宙斯，而是她们。在后言次段（antepirrhema），她们重复了这个主题，以月神（Moon）的名义指责雅典人忽略了同样是雅典大恩人的这位女神，而今，由于雅典人对月历的冷落，月神已经危险地落入其他神手中。这样看来，尽管云神是万神殿中的成员，[24] 当然知道最重要的是宙斯存在，但她们却独独与月神和日神（the Moon and Sun）的关系更亲密，而在某种意义上，日神和月神等存在者对苏格拉底和云神一样重要。关于诸神，云神很不同意苏格拉底的看法，这最清楚地表现在插曲的短歌首节和短歌次节中云神提到的八个神。她们点了五个神的名字（宙斯、以太神、阿波罗、雅典娜和狄奥倪索斯），还有三个神没有提名字（波塞冬、日神和阿尔忒弥斯［Artemis］）（对观柏拉图，《法义》945^e）。在每段短歌中，云神都有一次说某个神是"我们的神"；她们称以太神为"我们的父亲"（在进场歌中，她们提到奥克阿诺斯是她们的父亲，在那儿她们完全没提以太神），称雅典娜为"我们的女神"。在短歌首节，她们提到自己是云神；在短歌次节，她们提到自己是雅典的神：她们急于得到雅典城邦的接纳；她们希望在地上找到居所。① 这对理解《云》中的情节至关重要。同理，观察到这一点也很重要：当云神第

---

① 这里提到的诸神的居所（localities）只在短歌次节（antistrophe）出现；很难把这类的居所归于在短歌首节（strophe）提及的以太。

一次有机会对雅典城邦说话之时,她们完全避而不谈与苏格拉底的关系。同样奇怪的是,阿里斯托芬以自己的名义在《云》中登场说话时,对苏格拉底也不置一词。我们还注意到,云神们提到的女神都是处女,她们唯一赞扬的神是以太神,因为他普惠四方。

苏格拉底和斯特瑞普西阿得斯先后从屋中出来。苏格拉底对愚蠢的斯特瑞普西阿得斯大伤脑筋。无论他在室内怎么教,斯特瑞普西阿得斯就是不开窍。但苏格拉底没有放弃,他仍然愿意继续教他,但现在在室外,他要教斯特瑞普西阿得斯一些此前完全没教过的东西。这让我们对苏格拉底在室内试图教的内容略知一二:他现在要教的,是他在室内没有教过的东西,也就是诗学、语法和修辞。好奇心或学究气迫使我们注意到,师徒二人在密室授课前后的行为出现了三个有些细微的变化,后面发生的事(post hoc)可能缘于此[变化](propter hoc)。苏格拉底现在第一次直呼斯特瑞普西阿得斯的名字;斯特瑞普西阿得斯现在说了下流话,至少自他敲了苏格拉底的门后第一次说下流话;两人在私下秘传(privatissimum)前后的起誓对象明显不同。斯特瑞普西阿得斯还没出来,率先登场的苏格拉底开口就"凭着呼吸神(Respiration)、混沌神、空气神"起誓;这三个词似乎指示同一种事物——气(the air)——的不同方面。①随后不久(667),斯特瑞普西阿得斯也凭着"空气神"起誓。此前,没有人凭[25]空气(或以太)起誓。因此,空气得到的东西就是云神失落的东西。的确,以前没有人"凭云神"起誓(也许是因为她们太善变,不宜凭以发誓)。但是,在室内秘传之前,苏格拉底和斯特瑞普西阿得斯都提到云神是女神,并对其以女神相称;但此后,苏格拉底再也没有提起过她们,更别说对她们说话,而斯特瑞普西阿得斯直接称她们是"云",不再称她们是女神(793,1452,1462),这使密室授徒显得至关重要。苏格拉底现在"凭美惠女神"

---

① 参 Diogenes of Apollonia, B 4 –5(Diels-Kranz 校勘本,第 7 版);亚里士多德《论灵魂》(*De anima*)404^{a}9 – 10。

(Graces)发誓(773),似乎在私下秘传之前的室外传授中,云神曾取代了美惠女神的地位;斯特瑞普西阿得斯现在"凭雾神"(Mist)发誓(814),也就是说,凭云神实际上所是的东西发誓(330)。在进入密室受教前,他称云神是"整全之女王",但出了密室后,他称欺诈神(Fraud)是"整全之女王"(queen of the whole)(357,1150)。相应地,斯特瑞普西阿得斯出了密室后将苏格拉底描述为"米洛斯人"(the Melian)(830)。但是,无论苏格拉底怎么看待云神,无论他怎么教斯特瑞普西阿得斯看待云神,云神都有自己的生命,有自己的意志:她们坚持称自己是女神(804,1121)。铲除人们臆测出来的种种神灵(the spirits),并不像苏格拉底所想的那么容易。无论是不是这样,在《云》中,也只有在《云》中,我们发现部分重要的行动发生在插曲(parabasis)期间,而行动的目的没有透露给观众:① 我们被迫去猜,或者根据事实去进行推理。看起来,正如在插曲中,云神没有提苏格拉底,而在插曲期间,苏格拉底也揭穿了云神的真相。

从密室出来后立刻开始的室外教诲,首先教的是音步(meters)、诗句(verse)和韵律(rhythms)。对于音步和韵律,斯特瑞普西阿得斯既没能力学,也不愿意学;除了歪理,他什么也不想学。苏格拉底对他说,在学习歪理之前,必须学习正确用词;对严格意义上的诗学的介绍就这样默默地放下了,这为结尾的灾难决定性地埋下了伏笔。苏格拉底教如何正确用词,斯特瑞普西阿得斯至少努了点儿力去学——悖谬的是,他轻易就掌握了,尽管在苏格拉底看来,这点知识根本没用。苏格拉底接着教斯特瑞普西阿得斯不义(injustice),或更一般地说,教他如何想自己的事(区别于神灵的事或前面提到的天上的事);至少在斯特瑞普西阿得斯看来,这部分教学似乎是为了揭示歪理做准备。为了达到苏格拉底严格(不说是虔诚)

---

① 对照诗人在《骑士》中的做法:插曲期间议事院里的重要行动在插曲之后立刻向观众报告(614,624以下)。

的教学要求，[26]斯特瑞普西阿得斯必须经受精心安排的训练，某种程度上，那要求最大的耐心；因此，他现在精心考虑的不是诈骗债主的问题，而是如何度过眼下的难关。苏格拉底对他很有耐心；这个自制和耐心的大师搞不明白，为什么一个人暴露在一大群跳蚤前就不能专心，以至睡不着觉。经过苏格拉底多次刺激，斯特瑞普西阿得斯有了一个奇妙的想法，他有办法无限期地拖延债务，就是在巫师的帮助下，抓住月亮，把月亮像镜子一样放在盒中。苏格拉底显然不知道他的目的和手段之间的联系，于是问有何用处。斯特瑞普西阿得斯解释说，如果月亮永远不再起来，他就可以不付利息，因为偿还利息的法定日子与月历相关。苏格拉底恍然大悟，连声称妙，也许是因为斯特瑞普西阿得斯已经约略记住月亮和镜子之间的相似性。① 但苏格拉底现在急着把斯特瑞普西阿得斯从天上叫到地上，提醒他要赢的是官司：你需要的不是天象知识（即使是神奇的天象知识），而是法庭上的修辞；你模仿我太多了，方式错了；你把我丑化了（斯特瑞普西阿得斯作为阿里斯托芬笔下苏格拉底的学生，是对丑化的丑化）；比如，要是有人白纸黑字地指控你推迟还一大笔钱，你会怎么办？斯特瑞普西阿得斯回答说，他会用一面取火镜（burning glass）（即太阳）偷偷烧掉控告信。苏格拉底对这种巧妙的欺骗十分高兴；他越来越喜欢斯特瑞普西阿得斯了。更惊人的是接下来发生的事。斯特瑞普西阿得斯的回答虽然精彩，但依然靠太多自然学，修辞不足。因此，苏格拉底问他，如果他需要人证却找不到，如果没有天体帮助，他只有凭三寸不烂之舌，如何避免输掉官司。斯特瑞普西阿得斯说，在开庭前，他就逃跑，上吊，因为人死了就一了百了，不能被起诉。结果，苏格拉底彻底出人意料，野蛮至极地立刻断绝师徒关系。他拒绝继续教斯特瑞普西阿得斯的理由是，斯特瑞普西阿得斯左耳朵进，右耳朵出。的确，在私下秘传之后，斯特瑞普西阿得斯从一开始就记不住他学的东西。但是，我们

---

① 恩培多克勒（Empedocles）残篇 B 43。

奇怪的是，斯特瑞普西阿得斯说他选择上吊来摆脱麻烦，怎么就能证明他记性差，忘掉了他从苏格拉底那里学来的东西。[27] 虽然我们没有亲眼见到，但我们可以猜测，也许苏格拉底教过斯特瑞普西阿得斯，无论如何都不要自杀，尤其是不要因为钱而自杀、因为缺钱而自杀。因此，如果苏格拉底对斯特瑞普西阿得斯的回答的反应完全无法解释，那么，斯特瑞普西阿得斯忘记的肯定是在苏格拉底看来非常重要的东西。斯特瑞普西阿得斯记性不好，又蠢，这是苏格拉底早就知道的；正因为清楚斯特瑞普西阿得斯身上的缺点，他才绝望地从密室教诲转到室外教诲。但是，他在中断密室教诲时只是一语带过这些缺点，相比之下，他在中断室外教诲，彻底终止师徒关系时，则用最激烈的言辞提到这些缺点（629，790）。①

苏格拉底将斯特瑞普西阿得斯赶出了"思想所"。这个老人现在非常绝望。口才没学好，债主就会把他逼得走投无路，他就完了。但是，他的灾难反过来说也是"思想所"的好运。他穷困潦倒，信誉扫地，就不会再来敲诈打扰穷光蛋苏格拉底，"思想所"的活动仍将风平浪静地继续。有人也许会不无公正地说，苏格拉底与斯特瑞普西阿得斯之间的突发事件（incident）是个完满的结局。然而，走投无路的斯特瑞普西阿得斯转向云神寻求指点，突发事件的结局就大不相同。苏格拉底把斯特瑞普西阿得斯扫地出门，戏剧若就此结束，实在平淡乏味，没有看头，况且云神还没有得到好处。云神给斯特瑞普西阿得斯的建议至关重要，至少在某种程度上使苏格拉底与斯特瑞普西阿得斯间的突发事件得以延续。如果说，此前对突发事件主要负责的是斯特瑞普西阿得斯，那么，从现在开始，行动的责任人就是云神。

云神对斯特瑞普西阿得斯说，如果你养有成年儿子，快送来代替你求学。她们知道他对儿子心软，就劝他硬起心肠。斯特瑞普西

---

① 对比 787–789 和 1248–1258，斯特瑞普西阿得斯的记性似乎不像他受到威胁要被赶出苏格拉底学校的时候那么差。

阿得斯离场去找儿子之后,心思细腻的女神必定意识到苏格拉底对她们的态度冷淡下来了,于是提醒他,她们是唯一的神,对他有大恩。她们劝他,趁机会还在,要尽可能利用斯特瑞普西阿得斯。斯特瑞普西阿得斯当前的艰巨任务,是逼迫儿子费狄庇得斯进苏格拉底的学校;这事情有点儿困难,因为年轻人的品味与他完全不同,与苏格拉底也没有共同点。[28] 上次他离家前,最后撂了一句狠话,要把儿子赶出家门。现在他回到家,发现儿子还赖在家里,便决定要说话算数。费狄庇得斯以为老头疯了,他还从来没有看见父亲如此严厉过。当斯特瑞普西阿得斯嘲笑他还像小孩一样思想幼稚落伍,居然相信宙斯存在时,他更加吃惊,也越发担心父亲的脑子有问题。斯特瑞普西阿得斯于是秘密地对儿子透露——苏格拉底就没有他这样谨慎,至少在室外没有这样谨慎——宙斯已经被漩涡神赶下台:苏格拉底和凯瑞丰说的。我们可能会猜,否认宙斯的王位必须当成秘密来保守,否则,知道的人不能通过发誓来骗他人相信。正如我们可能预期的,斯特瑞普西阿得斯对儿子没有透露云神的消息,特别是她们的神性。尽管斯特瑞普西阿得斯说了对诸神大逆不道的话,但当费狄庇得斯以他一贯的态度表示出对苏格拉底和凯瑞丰的轻蔑时,他却十分气愤。因为他们在斯特瑞普西阿得斯眼里绝顶聪明且异常节俭,而儿子却既愚蠢又败家。斯特瑞普西阿得斯当然不会忽视,费狄庇得斯和苏格拉底还是有他自己不具备的相同点(843,803):费狄庇得斯善于学习;他能从苏格拉底那里学些有用的东西。当费狄庇得斯怀疑这点时,他父亲告诉他,从苏格拉底那里他能学到自知(self-knowledge)等有用东西,比如,准确用词。费狄庇得斯更加确信,他父亲疯了。但是,看见父亲从苏格拉底学校回来后外套和鞋子都没有穿,他也不由自主地关心还剩多少家产。最终,他同意跟着父亲去苏格拉底那里看看,在答应去之后,他严厉警告父亲,总有一天父亲会后悔的:他还没有丧失他的预卜的普通能力。父亲为了让他快点上道儿,暗示他说,他从苏格拉底那儿学来的手段可以留住家财,有了家财他多少可以为所欲为。换句话说,他与苏格拉底等人相处一段时间，虽然丢人，但只不过是他赛马人生中短暂的插曲而已。前途听上去光明，但费狄庇得斯的忧伤丝毫未消。苏格拉底从来没有收过如此不愿跟他学习、对苏格拉底如此有偏见的学生。费狄庇得斯对苏格拉底十分不敬，他的自足使他并不生气，只是责备年轻人笨得连发音都不好。斯特瑞普西阿得斯对苏格拉底保证，费狄庇得斯生来就适合学口才，小的时候就显露出许多艺术天赋，尤其善于模仿。斯特瑞普西阿得斯请苏格拉底马上教儿子，尤其是，一定要教他［29］歪理。苏格拉底只是说，费狄庇得斯不需要苏格拉底在场，直接就能从正理和歪理本身接受他的教导。苏格拉底没有传授不义；他只是向他的学生揭示正理与歪理之间的交锋。他对两种理的交锋不施加影响，所以也不对结果负责。人们必须听这两种理（事实上听所有的理），不能规定他们的走向以及哪一方会获胜；他们像云神一样，有自己的生命。

费狄庇得斯没有经过记忆面试或入学仪式，而是直接接受两种理的教导。观众看到他受的唯一教育就是恭听两种理的交锋。他肯定得到过更多的教诲，因为后来证明，有些东西不是从两种理的辩驳中学到的，而是从苏格拉底那里学到的。在严格的室内教诲之前，苏格拉底可能对他进行了面试。正理与歪理的辩论由云神主持。因此，她们似乎对辩论的进程和结果负有更多的责任，也比苏格拉底更近似这辩论；她们对两种理均以"朋友"相称。她们能模仿一切，也就喜欢一切；她们一方面愉快地赞扬诸神，一方面愉快地听苏格拉底否认诸神。她们像云一样不负责任、捉摸不定。辩论分为两部分。第一部分完全是自发辩论，云神没有规定题目；正理和歪理无非在互相侮辱、挑衅。双方都想争取费狄庇得斯；只有彼此要大打出手时，云神才出面干预。在互骂中，双方本性毕露。正理守旧；歪理大胆（他们的关系就如修昔底德笔下的斯巴达与雅典）。正理宣告正义的事（正如阿里斯托芬宣称所为），因此他对大众的掌声漠不关心（这一点像苏格拉底，不像阿里斯托芬）：他羞辱观众。歪理只说大众的话迎合观众，说他们有智慧（某种程度上像阿里斯托芬在插曲中以自己的名义所为)。正理指责歪理无耻、下流,是鸡奸者和弑父者,歪理不以为忤,反而欣然接受。现在,正理在雅典沦落到了沿街乞讨的地步,而曾经是乞丐、现在伪装成国王的歪理在雅典却走运了。就这样,他们像谐剧比赛一样,为了奖品展开争斗,但注定要赢的是歪理。在叫停混战双方之后,云神提议他们阐述一下本方所代表的教育观是传统还是现代。[30]歪理认为自己胜券在握,大度地让出先机:他要基于对手的前提驳斥正理,正如他某种程度上已经做到的那样。前半场辩论只有一段真正的推论,其中发生了如下的交锋:歪理断言,正确(Right)甚至不存在(正如苏格拉底先前断言宙斯甚至不存在);正理断言,正确与诸神同在(也就是说,正确不与人同在,尤其不与当今的雅典人同在)。歪理反驳说,如果正确与诸神同在,那么,宙斯把父亲囚禁起来,为什么有恃无恐。正理无可奈何,只有用谩骂来掩饰沉默的尴尬。双方的前提都是:宙斯存在,人们必须按照宙斯的意志生活。不过,正理暗示,人们应该照宙斯的话去做,歪理则坚持认为,人们应当或可以做宙斯所做的。由于刚才没有辩赢正确与诸神同在,在接下来的辩论中,正理绝口不提宙斯或诸神支持正确。

在他的长篇大论中,得体(decency)的捍卫者正理以怀乡的惆怅回想起过去美好的时光,那时他处处受人欢迎,人人尊重节制(moderation)。男孩们规规矩矩;他们有礼有节,学会了自制和忍耐;他们学习传统的音乐和诗歌;稍有违背,必将受到严惩。男人对男孩的爱是传统习俗的一部分,没有丝毫轻佻和放荡。当说起过去要求做到的贞洁,正理不厌其烦,事无巨细,让人担心他对不贞的怀恨根本不是贞洁的。不用说,男孩们在健身场上得到良好锻炼。这类现在人嘲笑为过时的教育哺育了马拉松英雄;而歪理主张的教育只会培养出娘们一样的懦夫。要是选择支持正理,费狄庇得斯就必须厌恶市场,受人奚落就要义愤填膺,对父母尤其是对父亲要彬彬有礼,不能拈花惹草,首先要敬老——一句话,要有景仰之心,要有羞耻感。相应地,正理在这里(位于其整个论述的中心)阐明的，更多的是费狄庇得斯不该做或不准做的事，而不是他该做或该享受的事。在第三部分和最后部分，正理仍然是要求费狄庇得斯明确做出选择：是整天游荡市［31］场、穿梭法庭，由此变得面色苍白（像苏格拉底及其同伴）、纵欲过度（不像苏格拉底及其同伴）好呢，还是做奔走健身场、练就健康体魄、懂得自制的高贵青年？正理没有说灵魂的健康；事实上，正理从来没有提灵魂。这点与苏格拉底相同，苏格拉底出于别的理由也从来没有提灵魂（他用空气取代了灵魂）——倒是歪理提到了灵魂。① 云神赞扬了正理，因为他的理保持了固有的节制；云神也赞赏了过去人们的幸福。但是，正如她们习惯了随物赋形、见风使舵，她们也赞扬歪理，鼓励他试着反驳正理。

歪理提出了三点反驳意见。首先，他提出了自己提倡的新式教育。先前，他都是随口打断或即时点评正理，向正理提出质疑，然后引发正理的评议：歪理对正理进行的是一种诘问式反驳（elenchos）；歪理诉诸的是还施彼身的论证（ad hominem）。正理说过，歪理是更弱的理（Weaker Speech），因为他肩负着明显不可能的任务，反对法律和刑事正义（penal justice），这是人们通常认为更强的东西。歪理通过追问法律和正义的基础，从而颠覆了法律和正义。在正理诸多的反对事物中，热水澡是其一，理由是洗热水澡使人成为懦夫。但是，众所周知，宙斯最勇敢、最辛劳的人类之子赫拉克勒斯（Herakles）就洗热水澡；因此正理反对洗热水澡站不住脚：热水澡和辛劳人生不发生冲突。正理和歪理有共同前提：宙斯之子赫拉克勒斯的行为是凡人的典范。其次，正理刚才说，他强烈反对把时间浪费在市场上、公民大会上；但是，在荷马笔下，涅斯托尔（Nestor）等智者恰恰擅长集会演说。两种理都赞成这个前提：最古

---

① 对观1048-1949与1046，1011-1019。修昔底德（卷一49.1-3）将古代刻画为"血气和力量"（spiritedness and strength），与之相比形成反差的是，他将当下的时代刻画为"知识或技艺"（knowledge or art）。

老的诗人是美德最好的向导,因为善的事物乃古老的;两种理都依靠诗歌立论。最后,正理刚才赞美的节制,一方面是肆心① (hybris) 的对立面,另一方面是放荡 (dissoluteness) 的对立面。歪理首先在后一层意义上反驳节制,因为它剥夺了爱男孩和女人的乐趣,剥夺了赌博、吃喝、玩笑的乐趣,总之,剥夺了一切使生活值得过的乐趣。[32] 至于第一种意义上的节制,它本身就毁灭了生活。人在自然的冲动下忍不住会犯罪(对观修昔底德 III 45)。他也许会被捉住;如果他不能用理为自己辩护,击败法律和正义,他可能会受伤害甚至遭毁灭。而只有借助歪理,他才能自圆其罪,尤其是在爱欲 (eros) 的王国——歪理以宙斯为例:如果万能的宙斯都不能抵抗爱欲,怎么能够指望脆弱的凡人抵抗爱欲? 毕竟,诸神和凡人出于本性 (by nature) 不得已会做的事情,诸神不可能合理地禁止人去做(对观修昔底德 V 105.2);让我们服从诸神的意志,不是做他们告诉我们去做的(或做我们认为他们要求我们去做的),而是做他们所做的。只有与歪理为伍,费狄庇得斯才能享受他的本性促使他享受的东西——跳跃、欢笑,不以任何东西为羞耻。正理高举法律,闭口不谈本性,相反,歪理呼吁从法律回归本性。正理只有坚持说,费狄庇得斯如果生活放荡,就会声名狼藉,但是,歪理迫使正理承认,最著名的演说家和肃剧诗人,甚至绝大多数观众,都声名狼藉,正理只好承认失败,倒向歪理的阵营。一种生活方式,如果得不到诸神的支持,得不到演说家、肃剧诗人的支持,甚至得不到大众的支持,是无法为之辩护的。或者,为了明白起见,不妨夸张点说,正确 (Right) 既不和诸神在一起,也不和凡人在一起,只是作为"理"(logos) 存在,但是,那种理却被证明缺乏理。这次,云神没有像刚才为正理鼓掌那样为歪理鼓掌。

辩论以正理的惨败结束。虽然这是苏格拉底教育的一部分,但

---

① [译按] hybris 译为"肆心","取'恣纵''放肆'之义"。参刘小枫,《凯若斯:古希腊语文教程》(上册),上海:华东师范大学出版社,2005,页44。

第二章 《云》 33

我们不能把歪理主张的生活方式误解为是苏格拉底的生活方式；追求感官快乐的生活完全与苏格拉底格格不入，苏格拉底在所有方面都保持自制，尤其在金钱方面，毕竟金钱是不顾一切追求精致的感官快乐的必要条件。与世俗流言相反，他不是"为钱"设教。他原本可以收费传授演说术并轻易致富（876），但他对于获利没有丝毫的兴趣，尽管云神劝他，要好好利用学生；当然，薄有产业的学生送礼给他以示感谢（我们不知道这些礼物是不是钱财）是另一回事情。① 苏格拉底的自制（continence）令我们想起正理推荐的生活方式。[33] 但这中间仍有很大差异，因为苏格拉底鄙视体育锻炼，特别还因为他在"节制"这个术语的深层含义上恰恰缺乏节制。他是个肆心的人，反对诸神和法律。他否认诸神和小偷小摸的存在，在这些方面他并不对违背法律畏首畏尾。我们不妨借用色诺芬的区分，苏格拉底有自制，但不是那种包含了虔诚和正义的节制（moderation）。与歪理一样，他大胆也聪明（智慧）；研究天上的事儿需要明显有别于节制的自制和忍耐。最重要的是，苏格拉底的生活方式不同于两种理推荐的生活方式。因为两种理的生活方式有诗人的担保为前提，即诸神过着幸福的生活；而苏格拉底认为，诸神甚至根本不存在；即使诸神存在，他也不会以他们为榜样，因为他们幼稚无

---

① 我的出发点不同于 Burnet 和 A. E. Taylor，但我部分同意他们对阿里斯托芬笔下的苏格拉底的看法。我不同意他们的地方有两个原因，这两个原因并非全无关联。Burnet 和 Taylor 更关心《云》作为［苏格拉底生平的］材料来源，而不是理解这出谐剧本身。最重要的是，他们的观点不妨说过于一致。在历史层面上，这种倾向表现于 Taylor 的说法，即阿里斯托芬的苏格拉底既是阿波罗尼亚的第欧根尼（Diogenes of Apollonia）这样的自然学家，又是柏拉图（或色诺芬）意义上的关心君王术或政治技艺（the royal or political art）的思想家；Taylor 没有充分注意到柏拉图《法义》（*Laws*）卷十的主张，由此没有能把握：灵魂与（比如说）空气之间的本质差异，必将导致对政治（或君王）技艺的蔑视。Burnet 和 Taylor 甚至没有考虑有这种可能性，即柏拉图（或色诺芬）的苏格拉底在某种意义上是对阿里斯托芬的苏格拉底的反应或回应。简单说来，我对 Burnet 的批评是，他涉及谐剧解释的两部经典著作中，其中一部的前提是"言说事实并不可笑"（*Greek Philosophy* sect. 113）；这个前提要成立，除非从来没有任何可笑的事实。

知，这点可见于他们对求知的冷漠。在苏格拉底的规划中，两种理的辩论只是通往正义生活的上升之途的阶梯：歪理就仿佛是得到诸神支持的正义的自我毁灭。苏格拉底的生活方式既得不到诸神的支持，也得不到演说家和肃剧诗人的支持，更得不到大众的支持（在这方面，苏格拉底的生活方式与正理赞美的生活方式一致；由于受到歪理的攻击，这种生活方式才为人所知）。因此，在阿里斯托芬看来，苏格拉底的生活方式挡不住外来的冲击。阿里斯托芬像正理一样宣告正义的事；他像歪理一样规劝人们接受感官生活和笑的生活。①《云》中的前后两部分并不完全谐调一致。或许，这就是我们从两种理的辩论中得出的主要教训。

在歪理获胜之后，苏格拉底让斯特瑞普西阿得斯重新考虑他的选择，是否让儿子继续求学。斯特瑞普西阿得斯更有决心了：费狄庇得斯的教育必须继续，尤其是在"大事"（the major affairs）的教育上。甚至在辩论之前，斯特瑞普西阿得斯就急着要费狄庇得斯学会反驳"所有正义之事"。但是，喜欢所有种类的欺诈是一回事儿，接受在辩论中胜出的歪理所提倡的感官快乐却根本是另一回事儿。然而，费狄庇得斯完全没有被这场辩论所触动，他依然讨厌苏格拉底；他再次强调父亲将为今日的决定而后悔。苏格拉底让费狄庇得斯恭听两种理辩论作为教育的序幕，他没有做到全力以赴；他再次犯了大错。费狄庇得斯不可能反感歪理［34］赞扬的快乐生活，但是歪理说，快乐的生活与健康的户外生活不相容，对此他肯定反感，他对苏格拉底等人最反感的就是他们不过户外的生活。换句话说，正理的失败同样是体育锻炼的失败；在体育锻炼和赛马生活之间有亲缘关系。凭着费狄庇得斯自己和他的同志们的经验，这场辩论的前提，即感官快乐的生活与上流社会健身的生活不相容，在他看来必定是胡说八道，散发着"思想所"的气息而不是赛道上的气息。

---

① 苏格拉底和正理没有向［酒神］狄奥倪索斯发誓，与之不同，阿里斯托芬和歪理都向狄奥倪索斯发誓。《云》中唯一另外一个对狄奥倪索斯发誓的是费狄庇得斯。

进一步说，我们将看到，还没有转过心思跟随苏格拉底学习的费狄庇得斯，简直就是阿里斯托芬所主张生活的活例子：既宣扬正义之事，也赞扬符合自然的感官快乐。

与他父亲一样，费狄庇得斯的室内教育也是密传，不为人知。按照斯特瑞普西阿得斯的愿望，这种教育也关系到"大事"；苏格拉底密传授徒，是希望把费狄庇得斯训练成能言善辩的智术师。隐藏苏格拉底本人向费狄庇得斯密传的场景是第二插曲。比起第一插曲，云神进一步强调她们的神性。她们对凡人观众宣布，如果把奖项公正地判给《云》的合唱歌队，每个裁判都会得到好处。同样，如果哪个裁判不给云神荣誉，就会叫他吃苦头：每个人都要完全依靠云神，才能在合适的时间得到合量的雨水；她们甚至不再提到任何其他神。她们现在只用未来时说话。她们不像在上次插曲中那样提醒观众记住她们过去的恩惠，因为这些恩惠已经给了雅典城邦；现在，她们许下的好处（和苦头）是为个人准备的；毕竟，投票赞成或反对《云》，要由个人们来决定。云神极力促成《云》演出成功，因为这部戏第一次把她们当成女神引进雅典城邦。她们的呼吁等于企图贿赂宣誓要公正投票的裁判；但这并非不义之举——如果我们承认雅典人敬拜她们是正义的，那么，云神拼命地呼吁为她们投票只是矫正了一次不义。但是，这暗示着，从没想到过要崇拜云神的古代雅典尤其是马拉松战争时期的雅典，从根本上说有失正义；或者说，云神和为新事物辩护的歪理之间的共鸣是必然的或正义的。云神自己就明确说，她们［35］在最古老、最虔诚的国度埃及完全没有势力。

第二插曲所占的时间必定就等于费狄庇得斯在室内受教育的时间；但两件同时发生的事情所花的时间由不同长度的单位来测算。当费狄庇得斯被曝接受苏格拉底严格的训练之时，事实上也正是因为这种曝光，得到解脱的斯特瑞普西阿得斯轻松地想到了债务到期的那一天。费狄庇得斯的学习，至少在某种程度上，对于完成斯特瑞普西阿得斯的现实目的是必不可少的。儿子现在学成了，斯特瑞普西阿得斯前往"思想所",带了份礼物给苏格拉底,然后接回了准备好好尽孝道的儿子。苏格拉底和斯特瑞普西阿得斯之间的良好师徒关系完全恢复;可以说是前所未有的好。斯特瑞普西阿得斯很开心。费狄庇得斯的样子表明,他已经如苏格拉底允诺的那样变成了聪明的智术师。最令人吃惊的是(尽管斯特瑞普西阿得斯一点儿不奇怪),他再也不讨厌与他生活了一段时间的同伴,他对所受的苦也无怨言:他完全变了样,不只是面貌变了,而且学到了技艺。通过向父亲露了一手他新近学得的诉讼推理(legal reasoning),他劝父亲不要再有丝毫担心。斯特瑞普西阿得斯从儿子身上感觉到了安全,他从来没有体验过这种无所畏惧的感觉;至少自他结婚那天来,他还从来没有像今天这么高兴过。他无所畏惧地沉溺于自己的肆心中。我们看到,这一刻是唯一的父子关系完美和谐的场景。此前,他们虽然彼此都深爱对方,但品味和兴趣差距太远。费狄庇得斯与苏格拉底完全和解后,对父亲也百般顺从。人人都说苏格拉底败坏青年,但他却使费狄庇得斯平生第一次尽孝道;他还在父子之间建立起完美的和谐。要是这幸福的一刻永远下去就好了。幸福骄傲的父亲在这一刻为他学成归来的儿子设宴庆功再合适不过。

当酒过三巡,菜过五味,第一个债主来了,他在外面叫斯特瑞普西阿得斯;斯特瑞普西阿得斯应声出屋,因为欠债的是他,不是他儿子。我们也不要忘了,这个局面,跟随苏格拉底学了几天的斯特瑞普西阿得斯对付起来绰绰有余,所以,没有必要麻烦受过高级训练的费狄庇得斯,打扰他吃饭和辛苦学成之后的休息——我们上法庭的时候才用得着〔36〕费狄庇得斯——斯特瑞普西阿得斯掩饰不住他的兴奋,这个让他睡不着觉的人终于来了。斯特瑞普西阿得斯和债主的争吵不好说成是诉讼推理。他现在只是依凭肆心,毫无必要地把他在"思想所"里学到的最可怕的东西公之于众。当债主提醒他,他对诸神发过誓要还债,斯特瑞普西阿得斯嘲笑债主头脑简单,居然还相信凭诸神所发的誓言,他明白无误地说,知者对无知者没有任何义务:斯特瑞普西阿得斯付给苏格拉底的不是合法的债务，出于同样的理由，对无知的债主他也不用还合法的债务。他成功地赶跑了第一个债主后，对待第二个债主时胆子更大，语气也更倨傲。值得注意的是，这次欠债的不是他，而是费狄庇得斯。斯特瑞普西阿得斯以前除了关心大地和农事外，对别的学问一概不关心，现在为了大地上的利益，他充分地利用学到的关于天的知识和海的知识。当他跟随苏格拉底学习的时候，我们就看见他养成了这种坏毛病。现在，他问儿子的债主，每次下雨的时候流下来的水总是新的，还是先前被太阳吸上去的同样的水——换句话说，水的总量是否在增加。债主回答说，他不知道，也不关心。因此按照斯特瑞普西阿得斯的原理，债主无权再要债。他的原理是知者对无知者没有任何义务，这原理似乎来自公认的原理，即疯子比心智健全的人的权利要少。可怜的债主要求斯特瑞普西阿得斯至少偿还点儿该给的利息。斯特瑞普西阿得斯尝到了甜头，以不变应万变，开始盘问债主（这预示了柏拉图笔下的苏格拉底），最后迫使债主承认，不能因为江河注入就说海水增加，这是不公正的；更不公正的是，不能因为时间的流逝，钱就应该生钱。他用更大的羞辱赶跑了第二个债主。他变得越发倨傲，这个印象看上去与以下事实不符：他对付第一个债主时诉诸了观众，其中所用的论据是亵渎神灵的，而他对付第二个债主时没诉诸观众，其中所用的论据并不亵渎神灵。然而，他在第一次的论据中仅仅否认欠钱，没有明确攻击法律，可在第二次论据中，他攻击了允许收取利息的法律。

[37] 看到斯特瑞普西阿得斯对待债主的做法，云神开始对这个老头有了可怕的担忧，觉得他就像个有情人（lover）一样鲁莽。人们不得不佩服她们感觉敏锐。苏格拉底肯定警告过斯特瑞普西阿得斯，有些秘密只能在同门中分享，不能让外人知道（104，824）；但这种警告肯定没有以应有的说服力给出。另外，斯特瑞普西阿得斯把警告他的话抛到了九霄云外，因为苏格拉底保证，哪怕有一千个证人对他不利，没有一个支持他，费狄庇得斯也会赢下官司。斯特瑞普西阿得斯因此误以为，他的保护伞比冥王（Hades）的头盔还管

用。更重要的是，苏格拉底自己对待朝生暮死之辈的倨傲态度，斯特瑞普西阿得斯耳濡目染之后，可能也使他极度鄙视同门以外的人；他说观众不过是"顽石、树木、绵羊"之时，人们禁不住怀疑他在使用苏格拉底本人的措辞。事后看，我们可以肯定，这个鲁莽的老人必然会加害苏格拉底，在债主这场戏过后，也是云神考虑与苏格拉底划清界限的最佳时机。但她们没有这样做。她们现在其实不赞成斯特瑞普西阿得斯的狡诈，至少不赞成他的行为方式和尺度；她们预言，他今天就要倒霉。我们可以说，她们宣布了斯特瑞普西阿得斯的报应很快会来，但她们没有宣布要亲手惩罚他。与此相应，她们不知道他将面临什么惩罚，只是略微预感到这惩罚的可能来源。斯特瑞普西阿得斯的原理，即知者对于无知者没有义务，可以进一步提炼，即知道得多的人对知道得少的人只有很少的义务，这种提炼削弱了费狄庇得斯对父亲的义务。同理，云神对斯特瑞普西阿得斯的不诚实（我们都知道，斯特瑞普西阿得斯也是因为这个原理才不诚实）也不负任何义务：云神鼓动他当苏格拉底的学生，挑起了他用卑鄙手段赖账的念头，但无论如何，她们没有教他那种原理；此外，她们是最高的知者，相比之下，斯特瑞普西阿得斯只是一个无知者。云神不担心斯特瑞普西阿得斯会因对待债主的行为而遭法庭惩处，因为她们和苏格拉底一样知道，费狄庇得斯用新学会的技艺能够打赢任何官司。费狄庇得斯能做到的，苏格拉底更能做到：苏格拉底能够逍遥法外。唯一危险的是斯特瑞普西阿得斯，危害他的不是别人，正是他的儿子。

　　云神的警告话音刚落，我们就听到斯特瑞普西阿得斯的惨叫。他被儿子打了。云神的警告式预言［38］应验了。斯特瑞普西阿得斯向他的族人而非公民同胞求救；由于结婚、生子，再到拜苏格拉底为师，他与族人已经疏远许久，现在他如婚前一样回到族人怀抱，也回过神来：他当众（没人亲眼看见室内发生的事情）问儿子，他是不是打了父亲；因为如果被告不承认，室内殴打在法庭上几乎不能证明。费狄庇得斯肆无忌惮地承认说是；愤怒的父亲下一步将到法庭上正式指控儿子（494－496）。但是，如果相信苏格拉底和云神说的话，费狄庇得斯在法庭上有三寸不烂之舌，那么，斯特瑞普西阿得斯的下一步行动是不会奏效的；他自己也这么认为。他要为起诉先做准备，这本身就表明他的信心已经动摇得多厉害。他逃到公众面前算是为殴打父亲这事画上了句号，他突然想起，告上法庭没有用。现在，他只有乱骂儿子一顿发泄点儿怒火，这让人想起正理臭骂歪理。对此，费狄庇得斯像歪理一样无动于衷，处之泰然。刚才第一次想起族人的斯特瑞普西阿得斯现在好像第一次想起了正义。但他大骂一通后，气也消了；降临在他身上的倒霉事突然就此消停。面对父亲的臭骂，费狄庇得斯宣称，他可以证明殴打父亲有道理。斯特瑞普西阿得斯听说可以证明，几乎立刻就忘了自己挨了打，甚至忘了身上的痛。他已经变成了理论的人，至少崇拜起儿子的技艺，他觉得这都是他的功劳。他要想尽办法听听这个证明。费狄庇得斯要他任选一种他喜欢的理作为证明的基础或方法。斯特瑞普西阿得斯不理解儿子的意思。简直难以相信，他已经忘了被称为正理和歪理的两种理。对斯特瑞普西阿得斯的惊呼"两种理，真的吗？"，费狄庇得斯回答说"强理还是弱理"（stronger or weaker），斯特瑞普西阿得斯这才反应过来，要证明殴打父亲是对的当然只有借助歪理来论证。因此，费狄庇得斯宣称两种理都能用来证明，这只能被看成是说大话；所以他见好就收，没有强出头。但是，我们必须考虑到，费狄庇得斯比他父亲聪明，受的训练更好。费狄庇得斯没有强出头，也许是因为他知道父亲跟不上；也许是因为他心目中的强理和弱理[39] 并不等于正理和歪理。首先，考虑到殴打父亲到处都与法律抵牾，而正理认为法律神圣不可侵犯，人们怎么可能在正理的基础上论证殴打父亲是对的呢？只有把正理转换为歪理，或者让正理自我毁灭（这等于让歪理诞生），费狄庇得斯才可能自圆其说。换句话说，如果严格把正理当成是在阐述诸神告诉人们去做的东西，就不能用它来作为基石，论证殴打父亲或捆绑父亲（904－906）是正义的行为；为了论证合理，必须把有问题的说法"诸神告诉你做什么就做什么"转变为（metabasis）"诸神做什么你就做什么"。最紧要的是，出于以下的理由，必须要有一对理不同于正理和歪理。歪理是为无条件服从个人感官快乐而辩护，所以不是为苏格拉底那种极端自制和忍耐的生活方式辩护的理。后一种理在我们所谓的斯特瑞普西阿得斯的原理中找到部分共鸣：拥有知识的人对无知者没有义务，只对其他知者有义务。换句话说，歪理把他推荐的生活方式（尤其是殴打父亲是正义的）建立在关于诸神的故事或建立在诗人的基础之上，然而，我们将看到，费狄庇得斯把殴打父亲是正义的建立在"自然的"（physical）论据之上。"强理与弱理"或许既可指"正理与歪理"，也可指"诗学之理与自然之理"（poetic and physical speech）。

云神经历了类似于斯特瑞普西阿得斯经历的变化。她们与两种理都相友善，不消说，她们有自己的算计，她们不再关心斯特瑞普西阿得斯对付债主的阴招，也不再关注斯特瑞普西阿得斯在儿子手上倒的霉。她们急着听关于殴打父亲的讨论，或者说，想听斯特瑞普西阿得斯对儿子的论据的反驳；她们好像偏袒斯特瑞普西阿得斯，因为她们也反对殴打父亲，或许还因为，身为奥克阿诺斯的女儿，她们对宙斯殴打父亲也有积怨。但是，她们不会出手帮助斯特瑞普西阿得斯，（除了下不下雨之外）她们只可能帮他提点儿非技术性的建议——就像建议他送费狄庇得斯去向苏格拉底学习。斯特瑞普西阿得斯必须用他可以利用的方法击败费狄庇得斯。首先，她们希望斯特瑞普西阿得斯告诉她们（而不是观众），父子之间什么时候产生裂隙，[40]因为殴打父亲发生在室内，她们和观众都不可能亲见（1354，1361）。我们想起，父子俩进屋的时候关系是前所未有的亲密。斯特瑞普西阿得斯告诉云神，酒宴上他提议儿子拿起里拉琴，弹唱一曲西摩尼得斯（Simonides）的颂歌。对于用音乐来为饮酒助兴的老习惯，费狄庇得斯干脆拒绝；他说，就字面意义上说，人们不可能同时既饮酒又唱歌（柏拉图《法义》671ᶜ6–7）。他还说，西摩尼得斯是个糟糕的诗人。斯特瑞普西阿得斯这时就有点儿来气。

他接着要求儿子背诵埃斯库罗斯的诗歌；费狄庇得斯再次干脆拒绝，他说非常讨厌埃斯库罗斯。斯特瑞普西阿得斯更加生气。父子俩对古老诗人们的评价相左，自然就导致殴打父亲的事件发生，也引起对此事件的不同看法——尊崇（veneration）古代与遵从（deference）老人之间有密切的关系。斯特瑞普西阿得斯当时可能仍然强压怒火，毕竟父子间的和谐关系来之不易，他退而求其次，再度提议儿子背点儿晚近诗人的作品。于是兴致勃勃的费狄庇得斯选了一段欧里庇得斯的诗歌，内容是同母异父兄妹的乱伦。斯特瑞普西阿得斯实在忍无可忍，开始大骂儿子，儿子不甘示弱，先是还口大骂，后来就殴打了他。斯特瑞普西阿得斯先前愿意吞下（更别说提议）最无耻的欺诈、最放肆的亵渎，但他不能忍受乱伦，他必须与这种事划清界限。然而，费狄庇得斯殴打父亲，未必是因为他热衷乱伦，他只是出于气愤，这老头子居然不崇拜欧里庇得斯的技艺。尽管如此，乱伦与殴打父亲之间仍有明显的联系：两种罪都摧毁了家庭。无论如何，由于费狄庇得斯的举动，问题现在不再是乱伦，而是殴打父亲。斯特瑞普西阿得斯用有力的措辞反对这一罪行，他举了些好笑的例子，如慈父的关爱（很明显没有母爱），儿子的不孝，每个人都可以轻易地将他的话译解或再译为最动人的恳求或描述。但是，云神并不认为这事就此已结束。她们希望听到费狄庇得斯对殴打父亲是正义行为所做的辩护，尽管她们意识到，如果证据强大，天下的父亲们以后的日子就不好过了。如果说云神开始时对殴打父亲心存偏见，现在，她们的偏见已经消除。斯特瑞普西阿得斯对室内纷争的说法，使她们认识到尊重父亲和老人与尊重古代之间有联系；[41] 她们完全清楚，如果雅典城邦要接纳新神，就必须破除对古代的尊重，即使做不到，至少也要削弱对古代的尊重。

　　费狄庇得斯非常高兴，父亲和云神都先后给了他机会攻击既定的旧法律。他轻蔑地回顾了他笨嘴笨舌地玩赛马的时光。出乎我们的意料，他再也不想回到他先前的生活方式中，哪怕已经找回了全部家财；他已经失去了对赛马的所有兴趣。他对新习得的技艺和能力非常满意,但这并没有使他忘记,正是父亲强迫他去苏格拉底学校,才使得他有了今日,能够为殴打父亲而辩护。相反,现在仍然舔着自己伤口的斯特瑞普西阿得斯,想起过去那段幸福日子,追悔莫及,哪怕当时一心只想赛马的儿子搞得他差点儿破产,他也觉得幸福;毕竟,健康身体比万贯家财重要得多。他第一次为结束了儿子先前的生活方式而后悔。他还根本没有想到要迁怒于苏格拉底,因为,正如云神已经清楚地说了,殴打父亲是否正义仍然是悬而未决的问题;如果斯特瑞普西阿得斯没从小时候就知道,他跟随苏格拉底学习后就一定知道,有些东西虽然引起身体剧痛,但却是好事。费狄庇得斯开始辩论的时候,首先就问父亲,当他还小的时候父亲是否打过他。斯特瑞普西阿得斯回答说打过,是为他好;费狄庇得斯得出结论,如果殴打父亲是为父亲好,他就做得对。他当然一直爱他父亲,现在也一如既往,他在父亲的强迫下才学会能言善辩,出于感恩,他如今更爱父亲。先前的推理预设了父子间是平等的,其所依据的事实是父子俩同等地生而自由。但是,自由方面的平等并不排除其他方面的不平等,人们通常认为父亲在智慧上高于他们的孩子。假如智慧给人权去殴打别人,那么,受过苏格拉底完整教育的成年儿子,必然比(不能完成苏格拉底教育的)父亲要更有智慧,因此就可以殴打年老昏聩的父亲了。这个结论显然与任何地方都生效的法律相抵触。人们于是必定质疑法律。费狄庇得斯认为,斯特瑞普西阿得斯不会有异议,所有的法律都有属人的起源,是你我这样的一个人制订出来的,此人成功地用言辞说服了古人,也就是说,此人 [42] 没有依靠先在的法律或权威强制实施(比如说)禁止殴打父亲之类的法律。因此,费狄庇得斯不受任何制约,他可以劝说同代人,制订一条新的法律,允许殴打父亲。可以如此理解,这意味着古法和新法有着同等的地位,它们都只依靠说服、同意或约定俗成(convention)。然而,实情绝非如此:殴打父亲是公鸡和所有其它禽兽的一种共同行为,即它是依据自然的;因为禽兽没有任何约定俗成。斯特瑞普西阿得斯反对这样推理,理由是它将迫使费狄庇得斯在其他方面也模仿公鸡的行为，比如，吃粪便、睡窝棚。费狄庇得斯平静地反驳说，这些行为跟殴打父亲根本不是一回事儿，苏格拉底也不会认为是一回事情。他甚至懒得费口舌解释为什么这些行为跟殴打父亲完全不同：不是所有的禽兽都吃粪便，睡窝棚，更别说费狄庇得斯根本不会在所有方面以鸡或其他鸟作为人的榜样。我们或许也注意到，费狄庇得斯在事物所是（what is）和苏格拉底所认为（what Socrates thinks）之间做了明确的区分：他没有用他老师的话发誓。斯特瑞普西阿得斯最后只有说，如果我有权利打你，你也就有权利打你儿子；如果你有权利打我，你儿子就有权利打你。费狄庇得斯回答说，万一他没有儿子呢。（我们注意到，苏格拉底和"思想所"里的人好像都没有孩子；"思想所"好像是全由男性组成的社会，因此没有繁衍后代的可能。）斯特瑞普西阿得斯完全被驳倒了。他没有意识到，在儿子从苏格拉底学校回来之前，当他承认知者具有更高的权利之时，他已经同意了殴打父亲的权利。他向观众中的老人大度地承认，他对儿子的辩解非常满意，如果老子行为不对，儿子打老子就是对的。他也不声不响地甚至无意识地在动物殴打父亲与人殴打父亲之间做了区分。父子关系再次圆满和谐。对斯特瑞普西阿得斯来说，挨了儿子打再也不是倒霉事；他承认，如果打得恰当，就是好事。假如费狄庇得斯打老子是对的，比如为了惩罚不义，那么，云神的可怕预言就化成了泡影。斯特瑞普西阿得斯被打，是因为不懂得尊崇欧里庇得斯；他现在似乎承认，他不赞扬欧里庇得斯是做错了。他不赞扬欧里庇得斯是由于欧里庇得斯不谴责乱伦；他现在似乎承认，谴责乱伦是错的。但他事实上承认了吗？还是因为殴打造成的疼痛或父子圆满和谐关系恢复带来的欢喜，他才忘记了这个导致殴打父亲的分歧问题？［43］或者说，难道我们必须假定，按照费狄庇得斯的理由而承认殴打父亲是正义的，相应地也就承认了乱伦的正义？

费狄庇得斯觉得意犹未尽。某些东西促使他再进一步。斯特瑞普西阿得斯的吃惊可以理解。费狄庇得斯再次保证，听了他下面说的话也许父亲不会再悲伤。斯特瑞普西阿得斯很好奇。费狄庇得斯宣布，他还要殴打母亲。他希望父亲会高兴，因为这是为他出气报复。无论人们怎么看待，他对父亲所做的的确有些让人震惊。为了这个败家子，父亲忍辱含羞，欠债累累，痛不欲生，最后还赠予了他最大的好处——苏格拉底的演说术，据说价值超过了世上所有马匹的总和。现在，费狄庇得斯的母亲，一直以来是他父亲全部痛苦的罪魁祸首，落在他最宠爱的宝贝儿子、这个她用来折磨具有无穷耐心的丈夫的主要工具的手中，不用斯特瑞普西阿得斯动一根手指，将接受她应得的惩罚。这看起来是最好的孝顺，但是，斯特瑞普西阿得斯却十分反感。他不但没有觉得十分开心，反而无比震惊。他先前承认了殴打父亲的正义，但现在绝对否定殴打母亲的正义。我们知道这理由看起来自相矛盾：先前导致殴打父亲的乱伦问题再次出现；如果儿子殴打母亲是合法的，那么，与母亲乱伦为什么就不合法？毕竟，费狄庇得斯用来论证殴打父亲是正当的那种弱理（1444-1445），就是那从禽兽的普遍行为中得出的道理，显然也在为母子间的乱伦辩解。斯特瑞普西阿得斯和妻子之间的爱没有损失，但乱伦摧毁了一直对他来说最宝贵的［父子关系］，尽管这关系差点儿带他到了破产的悬崖边：他与儿子的关系是，儿子就是儿子，而不是其他（索福克勒斯《俄狄浦斯王》1361，1403-1407）。费狄庇得斯太复杂，理解不了他父亲［纯朴］的感情。他以一贯的迅捷，主动提议用弱理证明殴打母亲的正义。斯特瑞普西阿得斯拒绝同意，甚至掩耳不听儿子对这最邪恶罪行的辩护。他已经被逼到悬崖边，所以退缩了。现在，他第一次感受到苏格拉底教育的恶果，但他知道，他没有权利责备苏格拉底，因为苏格拉底没有强迫他学习：是他自己首先去求学，然后让儿子去求学的。他只有指责自己，他应该挨打，因为正是在他的强迫下，费狄庇得斯才学会了相信殴打父亲的正义。［44］但是，见识过苏格拉底和云神的斯特瑞普西阿得斯再也不是只会自责的人了。或许可以猜测，他在心里对自己说："来想想吧，是我为儿子主动选择去跟苏格拉底学习的吗？当然不是,是云神暗示的。"云神不可能知道,正是因为他儿子先拒绝当苏格拉底的学生,他才亲自出马,所以,云神又把问题抛回给他:你只有怪自己,你自己不老实。这是真的,但云神没有给他最大的恩惠,她们非常清楚自己所为,正如斯特瑞普西阿得斯的提醒,是她们尽力鼓励他这样加倍无知的人走上邪路的。云神正告他,这是她们的惯例,鼓励喜欢作恶之人,直到他掉进痛苦中,学会畏惧诸神。斯特瑞普西阿得斯承认,云神的做法虽然邪恶,但符合正义。云神没有否认她们的邪恶是为正义服务,而斯特瑞普西阿得斯的邪恶则是为不义服务,更何况她们一定程度上也是在模仿斯特瑞普西阿得斯,这样做符合她们的本性。她们只是告诉他,他本来就不应该想去欺诈债主的钱财。但欺诈债主是大恶吗?一个人欺诈了没有血缘关系的债主,就会摧毁家庭的根基吗?不是有许多畏惧诸神的人也在欺诈债主吗?最重要的是,一个将要失去他最后一分钱的多少有点儿血性的汉子——我们假设斯特瑞普西阿得斯已经不想利用费狄庇得斯的技艺了——当他感到落得如今的耻辱只能怪自己,他还有脸这里晃那里晃吗?只要想想他侮辱过的那些债主的胜利就够他受的了;除了在成功的大众反抗之后,就没有哪个债主受过那样的欺侮。云神难道没有说,唯一重要的事是畏惧神?诚然,斯特瑞普西阿得斯要对欺诈债主的计划负责,但是,对宙斯发誓,他从来没有想过不畏惧神,直到苏格拉底告诉他,畏惧诸神实在太可笑。斯特瑞普西阿得斯要怪罪于自己的罪行与苏格拉底的罪行比起来,简直不算什么:苏格拉底和凯瑞丰在最重要的事情上欺骗了他;他们把他父子——一个享有清誉的家庭——推向最邪恶罪行的悬崖边,犯下了最邪恶的罪行,因为谁不明白,对神的畏惧是禁止乱伦的唯一坚固的保障?苏格拉底和凯瑞丰必须被毁掉。没有云神的微妙暗示,[45] 斯特瑞普西阿得斯可能早已还了债务,隐身事外;云神暗示他送儿子去向苏格拉底学习,最终导致了他下决心毁灭苏格拉底。

斯特瑞普西阿得斯对虔诚和正义的回归不是对遵守法律(legality)的回归。他要亲手惩罚苏格拉底。为此,他不应该受到责备,因为他相信苏格拉底精于诉讼修辞,能够逍遥法外。斯特瑞普西阿得斯想当然认为,费狄庇得斯会在这一惩罚行为中与他联手;因为他想当然认为,云神的话对儿子就像对他一样有效,正是因为到现在为止,云神没有丝毫暗示,她们是畏惧诸神的拥护者。因此,他儿子对他做过和说过的一切可怕之事都是可以原谅的;儿子再次成了他最爱的人,唯一的罪魁祸首是苏格拉底。但在此,我们看见骨子里感觉到拒绝祖传的宙斯意味着什么的人与没有感觉到这点的人之间的区别,换句话说,我们看见没有完成苏格拉底教育的人与完成了苏格拉底教育的人之间的区别。费狄庇得斯坚决反对陷害老师。他坚信宙斯和其他神不存在(他从来不相信云的神性)。他压根儿鄙视父亲回归古老的信仰,这意味着,所谓的首要根基(the alleged first grounds),倘若不是诸神,就是人为所制(artifacts);他的父亲从来没有理解苏格拉底断言宙斯根本就不存在的意义:在这关键点上,这个过于从字面上理解一切的老人,没能从字面上理解苏格拉底的话语。因此,斯特瑞普西阿得斯不再听费狄庇得斯的话。得不到儿子的帮助,他转而求助于赫耳墨斯(Hermes),请求他原谅他疯了,让赫耳墨斯给他出主意。由于儿子拒绝加入他的惩罚之举,他不再肯定要不要将苏格拉底送上法庭。我们没有听到赫耳墨斯的回答,但斯特瑞普西阿得斯听到了他的建议,赫耳墨斯反对起诉(他也许知道法律不能奈何苏格拉底),也反对他杀死苏格拉底的打算:斯特瑞普西阿得斯应该烧掉"思想所"。这个建议的公平性也许无法担保其高贵的起源,但肯定符合高贵的起源;赫耳墨斯不可能受一个否认他存在的人的冒犯。斯特瑞普西阿得斯立刻行动起来,惩罚苏格拉底及其同伙。看到他们惊慌失措,大喊大叫,斯特瑞普西阿得斯在一旁冷嘲热讽,含蓄地表明苏格拉底没有占到他金钱上的便宜;但他带着严肃的口吻告诉他们,他们是罪有应得,因为他们肆心地否定诸神,[46]因为他们窥视月亮女神的秘密,亵渎了神灵。我们也许曾怀疑斯特瑞普西阿得斯是否听到过赫耳墨斯的建议,我们甚至也许怀疑过赫耳墨斯的存在,但赫耳墨斯的出现消除了我们的怀疑。他加入了斯特瑞普西阿得斯的惩罚行为，鼓励斯特瑞普西阿得斯和他的仆人痛打苏格拉底及其同伴（但不是杀死他们），他这样做有很多理由，最重要的一条是他们冤枉了诸神。苏格拉底大胆地断言宙斯根本不存在，这从视觉上（ad oculos）遭到驳斥：即使苏格拉底也肯定学会了对诸神的畏惧，亦即，他也肯定实现了云神声称要人们畏惧诸神这一目的。但是，自始至终，云神的态度都很暧昧；她们不反对惩罚苏格拉底，但她们既不参与惩罚，也不为惩罚鼓掌。她们的惩罚行为专门留给那些不给《云》授奖的不公正的裁判。我们也没有听到苏格拉底放弃他的渎神立场。

　　《云》在斯特瑞普西阿得斯最辉煌的时刻结束：在一个神［赫耳墨斯］的帮助下，他公开为诸神做了辩白。但在另一层意义上，他赖掉债务的所有努力功亏一篑，他还失去了儿子。斯特瑞普西阿得斯的胜利和失败无论怎么相抵，毫无疑问的是，《云》的结尾对苏格拉底来说都很糟：他生活方式的可见标志"思想所"已经付之一炬。除非我们认为阿里斯托芬崇拜世俗的成功（倘若如此，他不会为《云》而骄傲），否则从戏剧不圆满的结局中，我们不可能推断阿里斯托芬无保留地谴责苏格拉底。毁灭苏格拉底的人根本不值得赞扬，这一事实确实无法用来反驳下面的推断：正义的人根本不会想到毁灭苏格拉底，因为他不会与苏格拉底有任何交往，因此，也根本不会知道苏格拉底缺乏虔诚和正义。阿里斯托芬并不是无保留地谴责苏格拉底，这个事实建立在云神的现象之上；云神将阿里斯托芬和苏格拉底联系起来。苏格拉底是云神的宠儿；阿里斯托芬本身就是云神歌队的成员，至少他以歌队长的身份在讲话。云神既是苏格拉底的神又是阿里斯托芬的神，只是方式不同而已；云神是阿里斯托芬的神，就好比哭神（the lamenting gods）是卡尔克诺斯（Karkinos）的神（1261）。我们暂时不妨说，阿里斯托芬和苏格拉底都是模仿艺术的大师；他们属于同类，尽管是不同的亚类。苏格拉底与阿里斯托芬的区别解释了为什么云神最终变得与苏格拉底作对。我们怀疑，阿里斯托芬反对苏格拉底的程度，最多等于（不会超过）云神们反对苏格拉底的程度。事实上，云神开始就宣称，[47] 她们要与苏格拉底玩一场即便邪恶然而正义的游戏：为了教他畏惧诸神，她们鼓励他的邪恶做法；她们如此声称，仿佛这样做是为了诸神的利益。但这种说法没有得到任何事实支持。她们也声称是万神之源奥克阿诺斯的女儿，因此属于万神所属的同一家族；但这与她们宣称自己是以太神的女儿相抵触，因为我们都知道，以太神不可能是奥克阿诺斯的后裔。她们显然希望进入诸神的行列。她们首要的目标是得到雅典城邦的崇拜。她们不希望雅典人停止崇拜其他神。在这方面，她们与苏格拉底有根本差别。在剧中，没有什么说法或做法阻止我们假设，阿里斯托芬分享了云神的希望，他在以下意义上还分享了苏格拉底对现有诸神崇拜的不满：他认为传统的万神殿必须扩大。无论是否这样，必须首先考虑到云神的首要目标，才能理解她们的全部行为。此前，她们在雅典唯一的崇拜者是苏格拉底；因此，她们喜欢他，与他开玩笑：当他否认诸神存在、说些最渎神的话时，她们毫不介意，尽管她们知道或至少从来没有否认，诸神的确存在；在其他重要方面，她们也避免像苏格拉底那样极端。她们得到雅典城邦承认的希望非常渺茫；因为苏格拉底除了在他追随者的小圈子内，在雅典没有影响。随着来自中间阶层的斯特瑞普西阿得斯的到来，云神第一次有机会将她们的影响传播到苏格拉底圈子之外；云神迫不及待地把握了这次机会。如果斯特瑞普西阿得斯的计划成功了，她们的名声将会像他一样广为流传。没有人能说，在这件事中她们的野心是否如她们表现出的那样适度。然而，她们逐渐意识到，斯特瑞普西阿得斯很愚昧，还特别多嘴，会连累她们的利益；她们必须与他的计划划清界限。但是，如果她们悄悄地抛弃他，所有的努力就会白费；她们需要为斯特瑞普西阿得斯的事件找一个壮观的结果；她们可以依靠斯特瑞普西阿得斯，他会告诉每一个愿意听的人，是谁使他变得真正的正义、虔诚，引导他去为诸神辩白；他的破产将显得分外瞩目，因为他可以夸耀与云神的密切关系。在苏格拉底把新的[云]神引入城邦之后，她们看见在这桩试例的进展方式中,他变得渐渐支持不住或缺乏防卫能力,于是抛弃了苏格拉底。此时,这些多才多艺的存在者必须把自己装成是只为崇拜其他神而服务。尽管《云》嘲笑了苏格拉底,[48]但它尽可能地提高了苏格拉底的女神们的地位。从云神的角度来看,《云》的结尾不可谓不圆满。如果说本段中的某些观察与前面的一个观察有矛盾,那也是能够轻易化解的,只要将矛盾归结于云神的本性即可,毕竟,云神是自相矛盾的存在者。不过,出于这个理由,抛开云神来理解阿里斯托芬对苏格拉底的批判是明智的。

云神最后的行为预设了斯特瑞普西阿得斯对苏格拉底的不满。没有必要赘言斯特瑞普西阿得斯的缺点。然而,他对苏格拉底的不满有一个值得尊重的理由;那是出于他对家庭的关心。除非成为城邦的一部分,否则家庭不可能安全,不可能兴旺发达;对乱伦的禁止仿佛使家庭被迫扩张为城邦。禁止乱伦的合理性也许是出于家庭(或城邦)的需要;它将其力量或神圣性归为神的制裁。斯特瑞普西阿得斯不担心拒斥神对誓言的制裁;相反,他欣见那种拒斥。只是当他看见赖账的那套理论同样使乱伦正当化时,他才回归虔诚和正义。换个说法,他一直关心城邦,但是,当城邦的法律与他的利益产生冲突的时候,他并不在意僭越法律。他从苏格拉底那里学会了蔑视所有法律;最终他看到,谁破坏了任何法律,谁就摧毁了自己所在的城邦。斯特瑞普西阿得斯关注家庭,这是他关注城邦因此也关注诸神的根基。相反,苏格拉底完全不关心城邦或家庭;在这方面,他与歪理一致。他最关心的是天上的事儿,其次是演讲术。他的关心需要一种彻底不同于家庭的交往关系,需要与同道或学生交往。他们靠自己生活;他们生活在一起,不只一起学习,还一起吃喝;他们鄙视一切朝生暮死的东西,极度自制和忍耐,形成了一个共产的社会。他们不知道对外人还有义务;他们只承认那些知者的权利。① 苏格拉底意识到,他的小社会需要外部支持,这种支持来自对礼物或赃物的接受。

---

① 参见柏拉图《克莱托普芬》(*Clitopho*) 410^{a}7 – ^{b}1,《普罗塔戈拉》337^{c}7 – ^{d}4。

作为全男性社会，它必须从外面补充人口，补充与其他无知者有联系的人（《云》中没有任何可以亲近拥抱的女人）。这是个由朋友组成的社会（a society of friends），因此，这是个没有爱欲的社会。除非苏格拉底和他的学生是从橡树［49］和岩石中蹦出来的，他的实验才可能成功。对外部支持的需要而非对获利的爱，促使苏格拉底还是欢迎"朝生暮死"的斯特瑞普西阿得斯，尽管他蔑视一切朝生暮死者。但苏格拉底没有意识到，他有赖于城邦。只有一个正理的论点，是歪理没有触及的：正理对歪理说，是城邦喂养了他。对于阿里斯托芬笔下的苏格拉底，同样可以这般公正地指责，因为他也没有表现出一丝公民的责任。他有着纯理论家的缺点（对观柏拉图《泰阿泰德》173ᵃ6 - 174ᵇ6）；他缺乏审慎（phronesis 或译"实践智慧"），他没有反思他自己所作所为的语境或条件：他缺乏自我认识（对观，842）。由于他缺乏审慎，他不能恰切地模仿生活；他是非诗艺的（a-Music）（对观《鸟》1491 - 1495①，对观柏拉图《斐多》60ᶜ9 - 61ᵇ7）。这种审慎（prudence）的缺乏表现在他教育斯特瑞普西阿得斯的整个过程中；这个以研究自然为己任的人，没有恰切地考虑到自然在实践上最重要的方面：人与人之间存在自然的区别。在云神崇拜上，苏格拉底确实成功地给斯特瑞普西阿得斯留下了印象；但他不可能成功地成为云神的大众祭司（359）。由于他精通演说术，他确实逍遥法外，或者说将作为理（speech）的法律玩弄于股掌。对他来说，没有东西是神圣的，因为没有东西能够抵抗他的理（logos）；但他忘了那种作为家庭基石因此也是城邦基石的无理（alogon）的力量；他忘记了这个事实：他受到力（force）的支配、更高力的支配，他忘记了那种力是城邦的最高的理（ultima ratio），是城邦的终极的理。就力而言，城邦的至高无上性以及这一至高无上性的基础——即多数人首先是他们家庭中的成员，而不是知识圈子

---

① ［译按］注释中的"《鸟》(Birds) 1491 - 1495"（原文页316，注27）疑为"《蛙》(Frogs) 1491 - 1495"之误。

的成员这事实，能够以道理（by speech）来阐明。这道理可以说就是最好的正理。在剧中，正理这个角色被歪理公平地击败：真正的正理是《云》。作为角色的正理建立在祖先的各种意见之上；真正的正理建立在关于人的本性的知识之上。不运用人的力量，真正的正理也不会有效，但它把人的力量动员起来——苏格拉底的学说没有摧毁城邦，只摧毁了他的"思想所"，或者说至多殃及苏格拉底本人。苏格拉底是某种程度上由他所创造的"云神"的玩物，但他不懂云神。

苏格拉底的倒台可以避免，如果费狄庇得斯满足于向他父亲证明殴打父亲是正义的，而不是继续断言打母亲的正义，换句话说，如果费狄庇得斯行事稍有寻常的审慎；然而，费狄庇得斯原本有的这种审慎，受过苏格拉底教育后已经荡然无存。[50] 不过，由于鲁莽（imprudence）或疯狂的方式无穷无尽，他的行为需要进一步剖析。起初，他对苏格拉底有很大的偏见，至少，聆听了两种理的辩论之后没有削弱这种偏见。他脱胎换骨的变化——他被苏格拉底收服——只是发生在室内受教育期间。因此，我们不知道他变化的确切原因。我们不知道苏格拉底用什么理由祛除了他先前的那些观念。可以肯定的是，这与苏格拉底祛除斯特瑞普西阿得斯的那些观念的理由大不相同（对观478 – 480）。比如，没有迹象表明费狄庇得斯接受过崇拜云神或相信她们的神性的入学教育。苏格拉底只是将他从信仰诸神和尊重法律中解放出来；在这方面，他受到的教育肯定比他父亲要彻底：他的父亲没有学到，殴打父亲和乱伦等行为从自然上说是正义的（by nature just）。费狄庇得斯从苏格拉底那里学到，他期望从赛马生活中得到的东西可以用演说术更好地得到。苏格拉底用不同的方式对待斯特瑞普西阿得斯与费狄庇得斯，不仅是因为费狄庇得斯比父亲头脑灵活。在自制力和忍耐力方面，苏格拉底和斯特瑞普西阿得斯相似。在完全不同的一个方面，苏格拉底与费狄庇得斯相似：费狄庇得斯是沉迷赛马的败家子，苏格拉底是沉迷研究天上事儿的穷光蛋。但是，如果苏格拉底没有用他的魔力或魅力

(bewitching power or charm)——这种魅力足够强大，以至于使费狄庇得斯对余生的赛马生涯深恶痛绝，使他转变为道理（speeches）的深深热爱者——先改变费狄庇得斯对他根深蒂固的偏见，他最有力或最贴切的理由也就不会对费狄庇得斯产生影响。苏格拉底收服费狄庇得斯是一次巨大的胜利。只不过，这次胜利被苏格拉底最终失败引起的笑声所掩盖。一旦人们注意到这次胜利，肯定就要比较，究竟是胜大于败，还是败大于胜；既然我们不崇拜"成功"，我们就必须考虑，费狄庇得斯比斯特瑞普西阿得斯有一种更好的本性，这个事实的隐含意味是什么。

由于没有公开表现费狄庇得斯的密室教育，阿里斯托芬没有正面向我们表现苏格拉底的魅力。如果他表现了这种魅力，那就毁了他的谐剧的效果。他只能借助魅力的效果来表现苏格拉底的魅力，正如荷马表现海伦之美的手法。这意味着要理解阿里斯托芬的谐剧，人们必须考虑到谐剧的本质或限度，并超越这种限度。[51] 我们想起柏拉图在《会饮》中如何表现苏格拉底的自制和忍耐。表现同样的方面，阿里斯托芬在《云》中有一个细节，苏格拉底浑然不知，人们受到无数跳蚤骚扰的时候不可能集中精神，不可能睡着觉。阿里斯托芬意指的是与柏拉图完全同样的现象。柏拉图笔下的苏格拉底饮酒不醉、对阿尔喀比亚德的青春风采坐怀不乱，从中体现的苏格拉底的自制若有增扩，人们必定添上阿里斯托芬笔下的苏格拉底不怕跳蚤咬这一幕，同样，人们必须用更高等级的对应物来补充阿里斯托芬对同一主题的呈现。人们必须把阿里斯托芬谐剧特定的两维转换为超谐剧（trans-comic）的三维。超谐剧并不意味着是肃剧。阿里斯托芬谐剧中的一连串事件的次序粗看之下好像是一连串不同种类极度可笑的空翻；这就是我所说的其谐剧特定的两维的部分含义。通过思考每个偶发事件，思考各种偶发事件的次序，人们也就超越了那种两维。人们也许可以说，跳蚤事例就是苏格拉底的高等级的自制和忍耐的谐剧式对应物。大多数东西在谐剧中都有对应物。但苏格拉底的魅力却没有谐剧的对应物（comical equivalent）；因此，阿里斯托芬无法描述这种魅力。使苏格拉底成为谐剧人物的，在最低的层面，是他的面貌、举止、生活方式都十分与众不同，这些不同并不表明或让人公认苏格拉底就高人一等；更确切地说，苏格拉底成为谐剧人物，是因为他缺乏审慎（prudence），由于他缺乏审慎，才使斯特瑞普西阿得斯事件成为可能。据说，黑格尔喜欢与某个特别愚蠢的人为伍，而不是与其他人为伍；对这种偏好有个诙谐的解释：黑格尔不理解那个人。可以肯定的是，苏格拉底不理解斯特瑞普西阿得斯，不明白斯特瑞普西阿得斯是怎样的人。不妨暂且说，柏拉图和色诺芬笔下的许多关系，在谐剧中的对应者（comical equivalent）是苏格拉底和斯特瑞普西阿得斯的关系。应该指出的是，阿里斯托芬避免表现苏格拉底和他正式弟子间的任何交流；在阿里斯托芬谐剧中，苏格拉底"思想所"内部的关系没有多少笑料，所以不值得费笔墨。这足以解释，他为什么颇费了些笔墨表现苏格拉底教育斯特瑞普西阿得斯，却一笔带过他对费狄庇得斯的教育。阿里斯托芬谐剧的本质或限度或许也解释了为什么不允许费狄庇得斯谈论母子的乱伦：殴打父亲也许可笑，但乱伦等罪行却是严肃的话题，一点不可笑。但阿里斯托芬的目的是教导正义，所以他必须考虑每种罪行。正如修昔底德以这样的法则约束自己，[52]尽可能地忠实撰写战争编年史（同年夏，X 城邦的民众在 Y 统领之下），阿里斯托芬也以下面的法则约束自己：尽可能地炮制闹剧，使之充满新颖的奇思异想，满足一群非同寻常的机敏和苛刻的观众。

我们再回头看看费狄庇得斯，究竟是什么原因促使他在宴席间和宴席后要那样对待父亲？他一直爱父亲，但那种爱与从母亲家族继承的习性相冲突。苏格拉底让他摆脱了这些习性；正是苏格拉底，扫清了他爱父亲的每个障碍。这对父子两人都是一种全新的体验。然后，儿子意识到，父子间的和谐关系并不圆满；他希望使之圆满。他摆脱了最后一点儿过时的孝顺观念，认为自己聪明，父亲愚蠢，所以自己胜过父亲；他把父亲当小孩对待，设法将父亲提升到自己的水平；他设法把父子关系转变为知识同道关系或真正的友爱关系。

不过，费狄庇得斯对父亲的依恋胜过了对苏格拉底的依恋，正如父亲对他的依恋胜过了对苏格拉底的依恋。父亲的固执使他的努力遽然终止。他没有与父亲一起报复苏格拉底，因为他没有对苏格拉底不满的理由：他着迷于苏格拉底为他开启的种种可能性。但在另一方面，他也没有想去帮助苏格拉底；他对苏格拉底的依恋还没有到那一步。他不是苏格拉底的追随者；苏格拉底还没有彻底收服他，让他心甘情愿地过那种极端自制和忍耐的生活。他从苏格拉底那里学到的是，他相信赛马生活能够获得的东西可以凭借演说术轻易获得：他还没有学会用苏格拉底的目标取代自身的目标。苏格拉底的魅力只是把他转向歪理主张的生活方式。他最后对苏格拉底既不落井下石，也不施以援手，这很像云神的做法，在更高程度上也像阿里斯托芬的做法。费狄庇得斯是不是等于阿里斯托芬的谐剧式对应者——或许感受到了苏格拉底的魅力或教育，但也只接受了苏格拉底的部分教导？

人们几乎同样有权利说，费狄庇得斯等于是俄狄浦斯（Oidipous［译按］原文拼写如此）的谐剧式对应者，但这并不足以让我们忽视上面的问题。要回答上面这问题，关键在于能否认为阿里斯托芬同意他笔下的苏格拉底对诸神的看法。阿里斯托芬笔下的斯特瑞普西阿得斯不理解［53］苏格拉底所说宙斯根本不存在的含义，因此就不用面对苏格拉底的主张所回答的问题，阿里斯托芬如此描写斯特瑞普西阿得斯，正好表明他本人曾面对这个问题。在此问题上，阿里斯托芬的《云》相比他的其他谐剧挑得最明白：毕竟《云》是他"最智慧的"谐剧。换言之，在事关诸神的重大问题上，阿里斯托芬笔下的其他角色无法与苏格拉底相提并论。但另一方面，他的所有其他谐剧多少都涉及《云》中明显与诸神问题相关的一些主题，即，家庭与城邦、快乐与正义、自然与习俗、古老与新潮、缪斯以及殴父。阿里斯托芬对诸神的看法，《云》中没有明确回答，我们只有逐一考察阿里斯托芬的其他谐剧，才能看清它们是否各自或共同提供了问题的答案。

第三章　其他谐剧

1　《阿卡奈人》

[57]《阿卡奈人》(*Acharnians*)与《云》一样以乡下老人发泄不满的独白开场；不同的是，《阿卡奈人》开场独白的地点不是在室内而是在公共场合，抱怨的内容除了私事还有公事。在《云》中，人们也许拿不定主角是乡下老人斯特瑞普西阿得斯还是苏格拉底；在《阿卡奈人》中，毫无疑问主角是乡下老人狄凯奥波利斯(Dikaiopolis)。狄凯奥波利斯习惯性地早早来到公民大会会场普倪克斯(Pnyx)。他是最早到的人，离公民大会(the Assembly)开始还有很长时间，而其他公民，甚至当地官员，由于不关心城邦事务，要在别的地方磨蹭到最后一刻才来。雅典人中只有他巴不得公民大会马上开始。受战争所迫，他来到城里，但他想念乡村，乡村里有他需要的一切；他讨厌城里生活，因为一切东西都要花钱。在等待公民大会开始的时候，他做了许多不同的事情打发时间，比如，打打哈欠，写写字。戏一开场，我们看见他正在试着数他在城里的开心事儿——只有四件，而伤心事儿却数不清。他先后数出了一件与政治有关的开心事儿、一件与缪斯有关的伤心事儿(a Music pain)、一件与缪斯有关的开心事儿(a Music pleasure)和另一件与缪斯有关的伤心事儿。我们从他的列举中获知，他热爱埃斯库罗斯。他数到第二件伤心事儿之后，没有转向第三件开心事儿，而是转向第三件伤

事儿，也就是他现在的痛苦——这痛苦如此巨大，如此强烈，使他甚至没有列举完第四件开心事儿。他现在的痛苦与战争有关，战争是他数不清伤心事儿的根源。比起战争带来的痛苦，坏的诗歌或音乐在他看来简直算不上痛苦，倒像是快乐；更何况事实上坏的诗歌或音乐由于可笑，还提供了些快乐。他感到与政治有关的开心事儿是［58］骑士们重罚了克里昂；这件事生活中不太可能发生，但可能发生在谐剧里。显然狄凯奥波利斯肯定不是斯特瑞普西阿得斯那样普通的乡下人；他是个非同寻常的有缪斯心的乡下人（Music rustic）。正因为他爱缪斯们，他才比普通乡下人更厌恶战争。他是真心厌恶战争，今日才来参加公民大会，决心竭尽所能为和平游说。他的私人痛苦——与斯特瑞普西阿得斯相比截然不同——只有采取政治行动才能消除，或者说，他的快乐，除非利于城邦，否则无法得到。

完全出乎他的意料，狄凯奥波利斯发现他得到了不可思议的支持。第一个在公民大会上发言的安菲特奥斯（Amphitheos）说，他受诸神委托，要去与斯巴达人议和；安菲特奥斯虽是雅典公民，但他不是一个人（对观46与57），他是个不死者（an immortal）。他需要公民大会的资助，因为雅典官员拒绝向他提供去斯巴达的路费。诸神明显希望雅典人表示出对和平的迫切渴望（没有对和平的这种迫切，他们就不配得到和平，或者说不会有真正的和平）；而最能证明人们迫切渴望某样东西的，就是他们准备为之付钱买单。显然，雅典和斯巴达之间需要议和；如果一个不死者要去代表雅典议和，他自己必须是雅典人，他必须像雅典人那样去斯巴达，也就是说，他需要路费；可是，安菲特奥斯虽是不死的，正如他所说，却没有盘缠。雅典人丝毫不理会诸神的意志。他们不顾狄凯奥波利斯的抗议，叫来法警强迫安菲特奥斯闭嘴。眼见公民大会不但不谈与斯巴达议和，反而讨论要与蛮族联合起来共同对抗斯巴达，狄凯奥波利斯更加痛苦。正好，雅典多年前派往波斯的使节终于回来了。一个使节讲述了他们在海外匪夷所思的经历和他们代表雅典城邦的外交努力。令狄凯奥波利斯反感的是，这个使节没有意识到，他们的经历和雅典多数人同期的经历之间有天壤之别：当雅典人饱受战时节俭之苦时，他们却一路游山玩水，前往波斯宫廷，终日胡吃海喝，尽享舒适，他们甚至提到波斯国王带着大军浩浩荡荡出恭的场面。雅典使节引见了波斯使节——"国王的眼睛"（the king's Eye）。波斯使节额头中间有一只硕大的眼睛。谁若把"国王的眼睛"理解为几乎只是一只眼睛的一个人，那此人就不是阿里斯托芬笔下的角色了。阿里斯托芬自己将 [59] "国王的眼睛"呈现为一只"大"眼睛（a Big Eye）。诗人自己的做法与斯特瑞普西阿得斯一样，他理解事物过于字面；总之，他模仿斯特瑞普西阿得斯，装出比自己的本来面目更愚蠢的样子，以此获得某些谐剧效果。或者借用苏格拉底的观点来说——此人的根本缺陷导致他的一系列想法，其中之一就是，他认为模仿物先于被模仿之物——斯特瑞普西阿得斯是谐剧家（《云》296）。狄凯奥波利斯非常讨厌波斯人的浮夸言辞和雅典人的说大话，也非常讨厌让战争继续下去的一切——或许他对波斯语言和姿势的无知与波斯人对希腊语言和姿势的无知两相协作——这使他确信，波斯使节不过是雅典使节自导自演的大骗局。但是，雅典人如此执迷战争，以至于公民大会根本没有注意狄凯奥波利斯公然戳穿波斯使节的假面具。狄凯奥波利斯实在忍无可忍。他决定干一番惊天之举。他要自掏腰包，资助安菲特奥斯到斯巴达的往返路费，让这不死的雅典公民为他，也就是为他、他老婆和孩子，单独签一份休战书。他知道，他的做法符合诸神的意志，而且和平对整个城邦最好，也就是说，他的行动是正义的；主张战争、放弃和平的城邦是不义的。他必须为了城邦的好处反对城邦的意志。但是，由于他不可能迫使城邦议和，为了正义，他至多只能为自己单独议和。独自受到诸神委托去与斯巴达求和的安菲特奥斯于是去为狄凯奥波利斯单独议和（52，131）。这个超人和这个私家人（the private）① 密谋

---

① ［译按］用"私家人"译 the private（以及后文的 the private man）或显别扭，这样的译法是考虑到该词与 the public man（公家人）之间的区别，后者可被理解为与所属政治共同体有密切勾连的政治人。

起来对抗城邦。

安菲特奥斯走后,雅典派往色雷斯国王**西塔尔克斯**(Sitalkes)的使节在公民大会上发言,他介绍了那个盟邦派来援助雅典的军队。狄凯奥波利斯从来不相信波斯国王会送金子给雅典人,但他确信,色雷斯国王为了金子会派雇佣军,雅典为此付出的代价实在高昂,因为这些杀人越货的家伙对每个雅典人都是威胁。幸运的是,他注意到,或更确切地说发明了一种预兆(有一滴雨落在身上),使公民大会立刻宣布休会,阻止了达成有利于色雷斯要价的决议。狄凯奥波利斯对付波斯使节失败了,但他对付色雷斯使节却取得成功,这迥异的结果表明,欺骗只能用欺骗对付,不能用真相来对付。公民大会刚结束,安菲特奥斯就从斯巴达回来了;他用一个不死者的速度完成了使命。正如马基雅维利(Machiavelli)会说的,通敌(treason)要成功,既要迅捷又要保密。既然他用在路上的 [60] 时间那么短,那他肯定从路费里狠狠赚了一笔;他没有把余钱还给狄凯奥波利斯,后者甚至也确实没问起。既然安菲特奥斯那么匆忙,就没必要假定他贪财,因为他被一些老阿卡奈人追赶着。狄凯奥波利斯没注意威胁着安菲特奥斯的危险。他只对安菲特奥斯带回来的和约有兴趣。以典型的望文生义(literalness)——希腊文 spondai 既指"休战"(truce)又指"奠酒"(libation)——和对食色的感觉,狄凯奥波利斯选择了闻上去最香、尝起来也最好的休战,即最长年限的和约。摆脱战争后,他要回乡间去操办酒神节(Dionysia)。但是,安菲特奥斯必须逃脱追他的阿卡奈老人。他就此在戏剧中消失。安菲特奥斯的行动完全游离于戏剧的主要情节之外;安菲特奥斯是欧里庇得斯笔下的解围之神(deus ex machina),或更确切说是解围之神在谐剧中的对应者。他的恐惧有多大,逃跑的速度就有多快。他没有从狄凯奥波利斯的休战中得到好处。他从自己爱人类的行为中得到的唯一好处是有了路费。

阿卡奈人没有找到安菲特奥斯。他们误以为狄凯奥波利斯就是安菲特奥斯。这个错误是不可避免的:唯独狄凯奥波利斯在乡下庆祝酒神节。这个错误其实根本不是错误，因为激起他们爱邦愤慨（patriotic indignation）的罪魁祸首是狄凯奥波利斯，其果子也只有让他来享用。狄凯奥波利斯于是不得不面对这些阿卡奈人。安菲特奥斯的行动证明这行动只是狄凯奥波利斯私人和平的必要条件，但不是充分条件。狄凯奥波利斯必须采取私人的行动，此外也必须采取纯粹人的行动，才能摆脱他的私人灾祸。阿卡奈人追赶他，声称他对诸神和凡人犯下的是通敌罪；他只为自己一个人议和，完全不顾城邦，私下与城邦的死敌谈判；他的追赶者以城邦的名义追逐他；他们代表了城邦的精神：他们是老人，参加过马拉松战役的老战士，他们是最痛恨斯巴达的雅典人，因为雅典城邦中他们受斯巴达祸害最深；与此相应，他们憎恨狄凯奥波利斯甚至更甚于憎恨克里昂。（狄凯奥波利斯也敌视克里昂；狄凯奥波利斯和阿卡奈人属于相同的政治派别；他们之间的对立并不落在政治层面上。）阿卡奈人让我们想起正理（Just Speech）。相应地，狄凯奥波利斯——尽管他的名字［带有"正义"之义］——让我们想到歪理（Unjust Speech）。显然，狄凯奥波利斯与斯特瑞普西阿得斯有共同之处，俩人都将家庭放在城邦之上。但是，斯特瑞普西阿得斯反对的是城邦的法律或至少是部分法律，狄凯奥波利斯反对的却是城邦的战争；斯特瑞普西阿得斯的行为违背诸神的［61］意志，狄凯奥波利斯的行为却符合诸神的意志。与此相应，《云》是戏谑性地表现殴打父亲的问题，《阿卡奈人》则是戏谑性地表现更政治、更严重、更具爆炸性的通敌问题；《云》中的殴打父亲只是部分成功，而《阿卡奈人》中的通敌却是完全成功。

狄凯奥波利斯没有感觉到任何内疚（guilt）。他完全忘了城邦。更何况，他为自己和家人与斯巴达议和，得到了诸神的支持。《阿卡奈人》比《云》更有力地呈现了家庭；狄凯奥波利斯的家庭中没有争吵。狄凯奥波利斯要比斯特瑞普西阿得斯多些爱欲。阿卡奈老人组成的歌队找到他时，他正在献祭，向［酒神］狄奥倪索斯祈祷；他不知道，酒神或许会暗中帮助他对付阿卡奈人。狄奥倪索斯是一位性神（a god of sex），但不是家庭神；在狄凯奥波利斯唱的生殖器崇拜赞歌中，他深情欢快地称酒神的伴侣是通奸者和恋男童者（pederast），他赞美在林中与年轻女奴做爱的快乐。阿卡奈人拒绝听狄凯奥波利斯为他的休战进行的任何正当辩护；他的通敌昭然若揭，他们只想将他处死。狄凯奥波利斯意识到，歌队不允许他为斯巴达说任何好话，所以，他开口为自己与斯巴达的休战辩护时，绝口不提这是与斯巴达的休战。他的言下之意是，并非每种私下休战（private truce）都是体面的或可以得到辩护，可以完全不顾敌人是谁，敌人具有怎样的特性；他的意思也许是，私下休战要成为体面的，就一定不能出于怯懦（宁肯做奴隶也不愿去战斗）而进行，或者说，必须得到诸神授权而进行。狄凯奥波利斯用行动表明他不是懦夫，但他没有提到安菲特奥斯是受了诸神的委托，以此证明他行为的正当性；他从来没有对阿卡奈人和任何别人提起安菲特奥斯：即使是阿卡奈人也可能不会相信这个故事。更简单地说，如果和平是好的，战争是坏的，那么，谁是敌人，敌人具有怎样的特性，似乎就没有分别。但是，面对绝对不义的敌人，和平可能比战争更好吗？狄凯奥波利斯于是只好被迫说，斯巴达人并不是绝对不义，并不是所有的不义之事都是他们干的，或者说，雅典人对斯巴达人也做了一些不义之事。狄凯奥波利斯居然如此大胆地——即使不说是无耻地——为敌人进行辩护，阿卡奈人更加愤怒了。但狄凯奥波利斯并没善罢甘休。他甚至要求，给他机会上法庭为自己的行为辩护；他明确要求获得允许，哪怕有掉头的危险，也要陈明案情。阿卡奈人再也忍耐不住。就在这最绝望的 [62] 紧要关头，狄凯奥波利斯说服他们相信，他有他们最好的朋友们当人质，也就是说，他完全控制了他们的命根儿。于是阿卡奈人立刻答应，不只让他活着，而且允许他随自己喜欢为他的斯巴达友人们说好话：他们曾是斯巴达人如此激烈的敌人（passionate enemies），因为斯巴达人损坏了他们的财产，但他们现在不再是斯巴达人的激烈的敌人了，因为在他们看来，他们的激情（passion）将导致他们的财产鸡飞蛋打；换句话说，他们虽然认为背叛父邦（fatherland）者罪大恶极，必须当场处死，但比起对他们命根儿的背叛，他们宁愿容忍对父邦的背叛（340，290）。狄凯奥波利斯成功地说服了这群怒火中烧的马拉松战士：还有高于父邦的利益（good）。他不但阻止了他们动手杀他，而且迫使他们缴械投降。他本来可以打发他们一走了之。但他是正义之人；他紧紧地抓住他们不放，不是为了逃脱极刑，而只是要获得为自己申诉的机会。尽管——或因为——取得了对抗歌队的胜利，狄凯奥波利斯还是要提着脑袋为斯巴达人陈辞，他知道，如果无法说服阿卡奈人相信斯巴达的正义，他仍会被处死。他的正义——他明显通敌行为的正义——是否成立，取决于雅典对斯巴达的战争的不义，或者说，取决于斯巴达对雅典的战争的正义。如果雅典人因为厌倦了战争而倾向于和平，这还不够；他们必须首先承认他们发动战争有罪；他们必须摆脱盲目自负的爱邦主义（patriotism）。只有到那时，狄凯奥波利斯的和平才有保障。但是，他的行为是正义的这个事实并不能证明他的行为是合法的；他用不合法的方式解决了下面这个问题：城邦发动的战争若不义，是否就授予公民权利退出这场战争。然而，狄凯奥波利斯为了家庭而违背城邦意志的行动得以成功，是因为它成为一种公开证明（a public demonstration），从而为城邦指明了一条道路；相比之下，斯特瑞普西阿得斯为了家庭而违背城邦意志的行动失败了，因为它没有为城邦指明一条道路。

正如人们可能料想的，阿卡奈人看到狄凯奥波利斯是个老实人之后，重新公然露出对他的敌意；他们现在巴不得看他受到准审判（quasi-trial）。不过狄凯奥波利斯还没有对此做好准备。他还不能够对这些阿卡奈人说。他在独白中向观众，或向我们，透露了他的处境。他不会食言，他要勇敢坦率地为斯巴达人、为敌人说好话，只是他不想急着找死。他有许多害怕；他知道，他是以一敌众，[63]更不用说他反对的是所有人（493；对观柏拉图《拉克斯》185^{a}1 - 2）。克里昂和阿卡奈人（乡下老人，马拉松战士）在联手对付他；他成了众矢之的，情形比苏格拉底还糟。与苏格拉底相比不同的是，狄凯奥波利斯不能也不愿像苏格拉底那样千方百计依靠诡计取胜。在最危险的话题上，他必须向他的同胞公民揭示他的想法，不靠任何聪明或伪装（disguise）；他必须揭示自己，他必须坦荡。此前，我们只知道狄凯奥波利斯是个乡下老人，即便还是个特别有缪斯心的乡下人（a Music rustic），仿佛是阿提卡的赫西俄德。现在，他将自己揭示为谐剧诗人阿里斯托芬本人。换句话说，阿里斯托芬首先自贬身份，伪装成乡下老人的样子出场。在狄凯奥波利斯承认害怕的许多事情中，我们可以毫不犹豫地认为，其中之一就是害怕《阿卡奈人》得不到头奖。狄凯奥波利斯的危险很大，不仅因为他的正义和他的诉讼理由（cause）不得人心的特性，而且因为他不能用他唯一的力量——谐剧诗人的力量——对抗那些义愤填膺的人。他需要的是某种谐剧诗人不能提供的东西：他必须引起他的尘世敌人的同情。狄凯奥波利斯不只不能表现得像一个充满挑衅的、无畏的、引起畏惧的人，而且还要表现得像个最可怜、最胆小或最顺从的人，只有这样，怕死的他才能无畏地行动。尽管他有巨大的勇气，他还是需要——正如阿卡奈人看出的——最聪明、最完备的伪装，但他们没有看出，这伪装一定不能显出他的聪明；任何情况下，他都一定不能向阿卡奈人显出他的聪明。甚至伪装成乡下人还不够；他需要伪装得更低下；他必须比斯特瑞普西阿得斯还要蠢。为了能够忍受折磨，他需要这样一副伪装，只有能引起同情的肃剧诗人中的过往大师才能提供这样的伪装。无论狄凯奥波利斯多么爱埃斯库罗斯，他现在需要的是欧里庇得斯的帮助。他没有意识到或没有揭示出，他这个将家庭置于城邦之上的和平爱好者，始终赞同欧里庇得斯或歪理（或费狄庇得斯），而不是赞同正理（或斯特瑞普西阿得斯）或赞美［战神］阿瑞斯（Ares）和拉马科斯（Lamachos）的马拉松战士埃斯库罗斯，拉马科斯可是狄凯奥波利斯的主要敌人（《蛙》959，976-977，1021-1027，1040，1063-1064）。斯特瑞普西阿得斯借用苏格拉底的艺术（art），使自己的诉讼理由成为公开可辩护的，并由此摧毁了那种理由本身；狄凯奥波利斯借助欧里庇得斯的艺术，使自己的诉讼理由成为公开可辩护的，并由此保全了那种理由本身。《阿卡奈人》中大量的篇幅是对欧里庇得斯肃剧的戏仿（parodies）；但正如阿里斯托芬谐剧的其他特征，他对肃剧的戏仿也有其非谐剧式的（noncomic）意义。这从下面的事实可见：在特定的谐剧中，每种戏仿的发生都承担着必要的功能。可以肯定的是，在当前这一幕，[64]对欧里庇得斯的戏仿表明，阿里斯托芬需要欧里庇得斯，或者说，狄凯奥波利斯对欧里庇得斯的需要以谐剧的方式反映了阿里托芬对欧里庇得斯的"依靠"。

狄凯奥波利斯求助于欧里庇得斯，与斯特瑞普西阿得斯求助于苏格拉底类似。正如斯特瑞普西阿得斯先碰到苏格拉底的一个学生，然后从这个学生身上隐约感受到苏格拉底的智慧，同样，狄凯奥波利斯先碰到欧里庇得斯的一个仆人，然后从这个仆人身上隐约感受到欧里庇得斯的智慧；欧里庇得斯的仆人说，人本身是他的身体而不是心智（mind, nous）（对观《云》1275 – 1276）。然而，在相应的场景中，狄凯奥波利斯没有像斯特瑞普西阿得斯那样犯语法错误（commit the solecism）；尽管他比斯特瑞普西阿得斯处于危险得多的境地，但他没有向诸神祈祷。事实上，欧里庇得斯比苏格拉底容易接近得多，不过这还不足以解释狄凯奥波利斯与斯特瑞普西阿得斯两人之间的差异。欧里庇得斯的容易接近与这种容易声称的"不可能性"（impossibility）（402, 408）形成了截然的反差；狄凯奥波利斯轻易说服欧里庇得斯，欧里庇得斯所说的不可能其实是可能的，因为欧里庇得斯本人是借助解围之神使不可能变成可能的大师：欧里庇得斯本人就是解围之神。但是，苏格拉底是从空中的吊筐中下到地上接待斯特瑞普西阿得斯，欧里庇得斯却没有工夫放脚下来接待狄凯奥波利斯：肃剧一定不能与谐剧混合在一起；肃剧不能结合谐剧中的台词，但谐剧可以——不，是必须——结合肃剧中的台词。从根本上说，先有肃剧，后有谐剧。与斯特瑞普西阿得斯对照而言不同的是，狄凯奥波利斯介绍自己的时候，没有先报父亲的名字。

狄凯奥波利斯请求欧里庇得斯借给他一套破衣服，连同配套的六件行头，要他笔下最可怜的叫花子同时又能说会道的那个角色的衣服，他要这些东西救命。欧里庇得斯爽快地答应了他。狄凯奥波利斯像个聪明的剧作家在对同行说话，他能够做到完全不顾戏剧造成的错觉（dramatic illusion）：乞丐的行头不是用来蒙骗观众而仅仅是用来蒙骗歌队的，由阿卡奈老人假扮的歌队只可假装把他看成是攥在他们手心的危在旦夕的可怜儿。谐剧诗人不能走得更远，只能敦促他的观众不要把他当真而只是和他一起笑话他。但是，[假扮乞丐]这种极度自我贬抑的做法，其实不是最能引起同情的做法，而是最好笑的行为或最低级的伪装。谐剧本身是智慧最有效的伪装。穿着肮脏破烂的衣服戏仿肃剧主角（tragic hero），是比那个肃剧主角本人更好的伪装。换句话说，阿里斯托芬假装对大多数公民（主要由真正的"阿卡奈人"组成的观众）表示信任，反对一小撮人（由[65]所谓的阿卡奈人组成的歌队），实际上他是与观众中有智慧的少数人勾结起来反对大多数人。

狄凯奥波利斯离开欧里庇得斯的家之后，回到他的角色中。他现在是乞丐，但他的话中透露出他假装的不只是乞丐，他有点儿像生活在过去美好时光中的歪理（《云》921-922）。想起他的伟大使命，他禁不住浑身颤抖：他颤抖的心一定要为斯巴达人说好话，与之相随的是掉脑袋，但他强制自己颤抖的心平静下来。然而，阿卡奈人把他好不容易求得的无畏（intrepidity）当成是纯粹的厚颜无耻。狄凯奥波利斯没有对歌队说话，而是对观众说话，他说起话来不像是伪装成乞丐的谐剧诗人，而是既像乞丐又像谐剧诗人。也就是说，他的话并不完全是插科打诨。他对城邦人谈论城邦的大事。先前，狄凯奥波利斯以纯朴乡巴佬的身份参加公民大会，也曾经这样做过，只不过完全失败了；现在，他作为谐剧诗人成功地做到了这点。他为在谐剧里对城邦人谈论城邦大事而道歉：单个人不可能反对整个城邦，除非表现得极其谦卑，因为在个人的微不足道（367）与城邦及城邦所代表的正义的恢弘伟大之间存在着巨大的反差。不过，有时也会发生这种事——当城邦鄙视正义而正义以其自身的方式变得像谐剧一样地位低下时，或者说，当只有谐剧才能安全地言说正义时。他警告他的观众，他将要说的话虽然刺耳，但符合正义。他的话符合正义，不仅是说的内容，也是说的方式：克里昂不能指控狄凯奥波利斯－阿里斯托芬在外邦人前诋毁城邦，因为《阿卡奈人》在勒纳亚节（Lenaian festival）演出，只有雅典人——公民们或侨民们（metics）——能看到。诚然，他对斯巴达人的仇恨不输于任何人，因为他的财产（他因此暗中否认了他是个乞丐）也遭他们践踏；但是，斯巴达人不是我们一切坏事的根源。最重要的是，这场战争不该怪罪斯巴达人。神禁止狄凯奥波利斯说出，是雅典人——雅典城邦——发动了战争。正如柏拉图笔下的苏格拉底在无可谴责的法律与人对法律的该受谴责的执行之间做出区分，狄凯奥波利斯也对下述两者做了区分：城邦无可谴责，但人对城邦的治理该受谴责。他只举了一个重要例子为证：几个愚蠢的雅典青年拐走了一个麦加拉妓女，于是麦加拉人一气之下，又拐走了属于阿斯帕西亚（Aspasia）的两个妓女，于是伯利克勒斯（Pericles）决定出手，为维护那外邦女人的名誉，他颁布了禁止麦加拉人停留的法令（Megarian decree）。[66] 麦加拉人被逼上绝路，请求斯巴达人出面斡旋，劝说雅典撤销禁令，但"我们"——也就是城邦——断然拒绝。这意味着开战，因为斯巴达必须帮助受到不义攻击的盟邦麦加拉，正如雅典会帮助受到不义攻击的盟邦那样。狄凯奥波利斯狡猾地煽动起人们反伯利克勒斯的偏见，然后明确断言，不是伯利克勒斯而是雅典人——只有雅典人——才该对战争负责，斯巴达完全无辜（guiltless）：只因雅典城邦在这场战争中是完全不义的，他私人的和平才完全是正义的。在公民大会上，他甚至没有暗示过雅典人的战争罪责，尽管有人可能会说，安菲特奥斯的行动或诸神的行动意味着，雅典必须主动求和，因为是雅典人发动了这场战争。无论是否如此，狄凯奥波利斯的和平现在是既成事实，他必须以最好的公开可辩护的方式对此加以辩护。这意味着在公开辩护中，他没必要表露他对战争起源的看法或他的私人求和的真正动机。

狄凯奥波利斯精心准备的演说取得了巨大的成功：他说服了半数的阿卡奈人。另一半阿卡奈人比先前更加气愤（他诉诸正义事物反对城邦，没使自己好过，反使自己更糟），但这已经不重要；因为，当城邦一分为二，通敌就说不上是通敌了：狄凯奥波利斯现在有了足够强大的捍卫者；仍然反对他的阿卡奈人再要杀他，就必须先杀掉支持他的其他阿卡奈人。他成功地顶住了阿卡奈人的联手进攻之后，又让自己分裂了阿卡奈人的联盟。那些狄凯奥波利斯没能说服的阿卡奈人如今受到严重的威胁，于是他们请求战争精神的化身拉马科斯（Lamachos）帮忙。如果拉马科斯加入敌阵与之联手，狄凯奥波利斯必输无疑。他不可能争取拉马科斯到自己这边；因此，他必须想法挑起阿卡奈人与拉马科斯之间的敌意。他必须拆散阿卡奈人和拉马科斯结盟的共同基础；必须为阿卡奈人和他自己找到共同的基础。由于在战争责任方面，狄凯奥波利斯与仍然敌视他的阿卡奈人看法不一致，所以他悄悄藏起他对雅典城邦的指控再也不提。他转而拾起拉马科斯指责他是乞丐这个话题。在时机合适的时候，他毫不犹豫地将自己描述为乞丐（497），但现在，他不可能做个乞丐（更不可能是个谐剧诗人），因为阿卡奈人和乞丐没有共同基础。他现在宣称自己是个受人尊敬的公民，像其他平凡的公民一样，是公民战士，不像拉马科斯那样是高级将领（brass）。拉马科斯①只能辩护说，他和他的同类 [67] 身居高位，是由人民（demos）正式选举的，这等于说，谴责拉马科斯及其同类，就是谴责人民。狄凯奥波利斯无法正面反驳，但他转而强调这个事实：经过人民的选举并不等于像人民一样生活，因此并不等于真正属于人民。尽管他挑拨人民的愤恨反对伯利克勒斯只取得了部分成功，但他挑拨人们的愤恨反对高级将领却大获成功，因为大多数人不属于高级将领。他暗示说，他私下议和，不是因为雅典发动战争有罪，而是因为他气愤发战争财的人享受特权：他们战争前还是一无是处的乞丐，战时却

---

① 修昔底德的笔下没有提到《阿卡奈人》首次上演前后的拉马科斯。

躲在战线后方中饱私囊;因为他气愤是普通人在受苦:他们和平时期是辛劳的诚实公民,战时是白发苍苍、报酬低廉、食不果腹的战士,受到他们儿子般大的年轻人的颐指气使。此时,所有的阿卡奈人都站到了他这一边。即使拉马科斯指控狄凯奥波利斯的说法是对民主的攻击,他也毫发未损,因为民主就意味着——难道不是吗?——一切都应当为了人民。战争是否正义仍然存在争议,但战争负担的分配不公是不争的事实:即使先前那些出于对斯巴达的仇视,或仅仅出于爱邦主义而不忍听到雅典发动战争有罪的阿卡奈人,现在,由于他们的嫉妒心腾起,也被狄凯奥波利斯争取过来。即使受过苏格拉底训练的人,也无法做得比狄凯奥波利斯更好,甚至还做不到他这个份上。一个人只要配备了欧里庇得斯的行头(devices)和政治精明,就能战胜拥有更为强大力量的城邦,这远比云神的支持和苏格拉底的诉讼修辞有效。

拉马科斯离开时放出话,他将继续对斯巴达及其一切盟友随时随地、不惜一切武力手段、不惜一切代价地继续宣战。但是,狄凯奥波利斯宣告,要向敌邦人开放市场,邀请他们来与他做买卖,也就是说,让他们将货物卖给他,拉马科斯除外。这颇有些让人吃惊,不是因为乞丐买不起东西(我们已经知道狄凯奥波利斯不是乞丐),而是因为他在开场的独白中说过,他讨厌城里生活、渴望和平,主要原因正是由于住在城里他必须买一切,而在乡下或和平时期他不用买任何东西。接下来还有更让人吃惊的事。歌队告诉我们,狄凯奥波利斯在辩论中获胜,在他[私下]休战的事情上,他说服了人民。人民的这个行动,而且只有这个行动,为他的和平上了保险。我们期待下一步就是他的私人休战正式转变[68]成公共休战。这恰是他最初的渴望:要有和平,公共的和平,这样他才不用再买东西。现在,他已经消除了阻挡他实现心中渴望的所有障碍。然而,就在此时,他突然彻底放弃了"公共和平和不用再买东西"的渴望。狄凯奥波利斯离弃的不只是管理不善的城邦,他干脆离弃了城邦本身。诚然,他独自承担了私下休战的代价,但这事实并不能解释他现在令人吃惊的变化，因为被他说服的人民会乐意偿还他。我们不得已只好这样来解释他的自相矛盾：他扮演着许多角色（有缪斯心的乡巴佬、谐剧诗人、伪装成乞丐的谐剧诗人、乞丐、普通的公民士兵）；买还是不买，是势不两立的两种立场，分属不同的角色。这迫使我们去想，谁才是真正的狄凯奥波利斯，或谁才是狄凯奥波利斯本人。狄凯奥波利斯扮演许多不同的角色，这是毫无疑问的；至少其中一个角色是他在欧里庇得斯房间的密室、在我们眼皮下公开扮演的。我们可以略微夸张地说，与《云》形成对照的是，《阿卡奈人》中发生的一切情节都是公开的；因为，与斯特瑞普西阿得斯（或苏格拉底）的行动可堪对照的是，狄凯奥波利斯的行动需要公众支持：欺诈债主（不同于利用法律手段或革命手段取消债务）不是公开可辩护的，但缔造和平则是公开可辩护的。相应地，在《阿卡奈人》的插曲期间没有行动，而在《云》的插曲期间，斯特瑞普西阿得斯父子先后接受了苏格拉底的室内秘传。因为与《云》相对照而言，在《阿卡奈人》中，插曲开始之前行动已经完成：狄凯奥波利斯已经达成了他想要的一切；他不再有危险，因此不再需要伪装和掩饰；在插曲之后，只有到那时候，他才能表露他自己，也即他私下求和的真正动机。相应地，《云》中的行动几乎完全与观众的行动分离；《云》期待观众的唯一行动来自戏剧结束之后，也就是，给不给这出戏授奖。然而，在《阿卡奈人》中，戏剧的行动明确地取决于观众的行动，因为狄凯奥波利斯需要观众的支持来确保他私人的和平：戳穿戏剧的错觉（正如在公开的假定中，狄凯奥波利斯是一个戏剧角色）正是戏剧错觉的组成部分。这与以下事实相关：在《阿卡奈人》中，主角就是谐剧诗人阿里斯托芬本人。

我们已经说了，《阿卡奈人》中的插曲与《云》中的插曲功能完全不同。在《云》中，[69] 除了云神歌队之外，没有人为阿里斯托芬代言。然而，在《阿卡奈人》中，狄凯奥波利斯为阿里斯托芬代言（377 - 379，502 - 503），而阿卡奈人组成的歌队是狄凯奥波利斯的死敌。在阿卡奈人能说话之前，狄凯奥波利斯必须先说服他们转变立场，支持他的诉讼理由，因为他们必须在插曲中代表阿里斯托芬。他们的立场刚圆满地转变，插曲就随之而起。在脱下外套不再假扮阿卡奈老人之后，歌队开始吟唱对阿里斯托芬的卓越的赞美。这赞美开始变得必要，因为克里昂诽谤诗人以谐剧的方式对待城邦，侮辱人民。阿里斯托芬的回应表明，克里昂的举动有些根据。他让歌队代他宣布，他为雅典人做了许多有用的事，与他们的虚荣和说大话（boastfulness）斗争，使他们免遭外邦人奉承的愚弄。说大话是所有恶习（vices）中最直接受到谐剧攻击和讽刺的一种恶习（对观 89，109，135，373，605）。如果不是总将义愤（righteous indignation）转化为接近于说大话，谐剧会对反击义愤无能为力。阿里斯托芬还教导雅典人要公正地对待臣邦。因此，外邦人现在来到雅典，充满热望地想看这个最卓越的诗人：在雅典人中，他最有胆量说正义的事。诗人阿里斯托芬的现身说法表明，揭穿说大话者的一个办法就是比他们说得还天花乱坠。他的大话功夫到了登峰造极的地步：他让歌队断言，他大胆的名声连波斯——最浮华又最浮夸（pomp and pompousness）的中心——的国王都已耳闻，波斯国王并因而预言雅典在这场战争中将会取得胜利，理由是他们不但海军强大，而且他们还有这位诗人；他一如既往地严厉谴责雅典同胞，证明他是最好的忠告者（advisor）。诗人阿里斯托芬心照不宣地暗示，波斯国王不会与斯巴达结盟，雅典在这场战争中前景美好，因此，城邦现在议和将是愚蠢的。阿里斯托芬的卓越也是斯巴达急于求和的原因，只要和平来临，他们就能夺走诗人。斯巴达人悄无声息传递出的信息，波斯国王用言辞已经表明：雅典的幸福安康，全系于阿里斯托芬这个最重要的人。诗人暗中警告他的同胞公民，不要在前述条件下与斯巴达议和，也就是在如今可以获得和平的唯一条件下与斯巴达议和，因为雅典人迫切地需要他，因为他用谐剧的方式处理正义事物。诗人已经给了两个最有力的理由，解释他为什么不设法将他的私人和平转化为一种公共和平。只要城邦不容忍对其不义的谴责，那么在此情况下，用谐剧的方式处理正义事物就是必要的；对这个［70］危险主题唯一安全的处理方式是谐剧。换句话说，非谐剧式地教导正义事物会变成说大话，从而陷入危险。此外，诗人通过教导最好的事物（the best things），将引导雅典人走向幸福：通过用谐剧的方式处理正义事物（像他在《阿卡奈人》中用谐剧方式表现伯罗奔半岛战争起源的对与错），他教导的是最好的事物。最好的事物从而不能简单等同于正义事物。无论如何，善（the good）和正义都是阿里斯托芬的盟友，而在一切事一切人中，他最大的敌人是克里昂——这个人既坏又不义（664），阿卡奈人一开始就恨他，现在对他更恨。

在《云》的插曲正文中，阿里斯托芬以自己的名义谴责雅典人，也就是城邦（525 – 526）。在《阿卡奈人》的相应部分中，他则仅限于回应谴责他的那些人；如果说他在那里谴责了谁，那就是克里昂。这符合先前发生的全部情节（515 – 516），尤其符合他扮演狄凯奥波利斯一角时把整个城邦争取过来的事实。在《阿卡奈人》的插曲中，他将谴责城邦的任务留给了阿卡奈人，阿卡奈人所说的他们所关注的事情与诗人所关注的不同。阿里斯托芬由此显露了自己与阿卡奈人之间的深刻差异①，并因而显露了他与阿卡奈人对和平的理解之间的深刻差异。正如他已经充分表明的，城邦需要他，远胜于他需要城邦。阿卡奈人对城邦也有巨大贡献，但那是通过过去的服役：他们如今只是年迈的公民，除此无他；他们正是两代人之前在马拉松战斗过的人们。因此，他们现在对城邦没用了，城邦也就相应地对待他们。狄凯奥波利斯能够照料自己，阿卡奈人却要依靠城邦：狄凯奥波利斯只是假装乞丐，阿卡奈人却是真正的乞丐。阿卡奈人弄清了自己的本来面目，这解释了他们为什么要反对狄凯奥波利斯，也解释了为什么狄凯奥波利斯没有谴责城邦，而是他们谴责城邦。城邦忽视了它最好的公民，也就是其最年老的公民。他们的缪斯

---

① 《阿卡奈人》中没有《云》中类似的第二插曲，在《云》的第二插曲中，歌队和诗人的关注点出现了很大差异。

(Muse)正是阿卡奈人,且仅仅是阿卡奈人;那不是阿里斯托芬的缪斯。缪斯的效应让他们想起厨房里在准备烹制最合口味的肉。他们提议立法,阻止年轻、聪明、伶俐的演讲者在法庭上左右他们这些年迈、迟钝、老朽的人:要让诉讼分开进行,老年人只能告老年人,年轻人只能告年轻人;也就是说,天然的弱者应该得到法律的保护,防止遭到天然的强者伤害;法律应该建立平等(equality),但不是通过忽视自然的不平等,[71]而是通过考虑到自然的不平等。显然,阿卡奈人不在意他们说自己老朽是否减损了狄凯奥波利斯胜利的光彩;他们反对狄凯奥波利斯的战斗是他们的最后一战,他们的老迈彻底削弱了他们的愤怒;他们可以被说服,因为他们不再是愤青(angry young men)。

戏剧的下半部分(719-结尾)表现了狄凯奥波利斯如何利用他的胜利或他的和平;这部分揭示了他追求私人和平的目的。他的第一个举动是在乡下自家屋前开了一个市场,以便与城邦的敌人们做买卖。与他的"休战"的模棱两可①相一致,这里的"市场"也既指他的私人市场,又指集市场所(market place)——the agora [公共集市]。可以肯定的是,他充当了市场的主权者(sovereign)。第一个到市场来的是麦加拉人,他急着要卖两个小女儿;由于战乱和伯利克勒斯的麦加拉禁令,父女三人食不果腹。因为没有人肯买可怜的小姑娘们,父亲就试图把她们当[宗教]秘仪中使用的小猪卖掉;为了卖出去并且活命,父亲告诉女儿们举止要像小猪一样,她们听从了他。不过,狄凯奥波利斯可不会轻信;他感觉到装在袋子里的货物不像小猪。但既然小姑娘们发出了小猪一样的声音,既然希腊语中"小猪"还有带淫秽色彩的两可含义,狄凯奥波利斯也就从父亲手上把小姑娘们当猪仔买下来。他用盐巴和大蒜作交换,也就是说,用在和平时期由麦加拉人出口来的东西做了交换。战争的

---

① [译按] 据施特劳斯,"休战"(truce)一词的希腊文 spondai 亦可作"奠酒"(libation)解,故其词意显得双关或模棱两可。参原文页60。

结果就是，对麦加拉人来说，盐巴和大蒜比他的女儿们——更别说他的妻子和老母——还贵重；不过，既然小女孩被当成小猪卖给狄凯奥波利斯，她们就会被喂养，要不然会被他当可怜的小女孩一样对待，可如果她们继续在家乡和父母一起生活，肯定要饿死。因此，这个交易并不像粗看之下那样残忍（beastly）。正如他的名字清楚指出的，狄凯奥波利斯以自己的方式证明他是个正义之人。但他的正义难免有些模棱两可。麦加拉人提到了他的子女、他的妻子和他的城邦，狄凯奥波利斯却没有提到他的子女、他的妻子和他的城邦：他买了麦加拉人的猪仔准备独享；他开辟市场只为了一己之私。这个交易能够完成，不是依靠听觉和话语，而是依靠与之不同的视觉和触觉所揭示的东西。这远远超出了狄凯奥波利斯对 spondai［休战/奠酒］的品尝和嗅闻。我们也不应该忽视狄凯奥波利斯"休战"的模棱两可和"小猪"一词的模棱两可之间的联系。狄凯奥波利斯的"休战"既是私下的休战，在某种意义上也是公共的。"小猪"在公共或体面的意义上指猪仔，但也淫秽地暗指女性器官。这桩生意刚结束［72］，告密的人（informer）就来了，试图没收他从敌邦进口的货物；因为，我们恐怕忘了，雅典仍然在与麦加拉交战。但狄凯奥波利斯命令市场监管不费吹灰之力就将告密者赶走；他甚至懒得解释他和他的农庄已经不处于战争中了。

那些筋疲力尽的阿卡奈老人现在沦落为纯粹的看客。他们说狄凯奥波利斯有福了，坐在市场里就能收获和平的硕果。狄凯奥波利斯摆脱了战争的种种坏处，可以终日在市场中，在公共集市（agora）中，像受过正理谴责、歪理赞扬的新式教育的产物。但他坐镇的市场是他私人的，所以远比集市场所本身好；狄凯奥波利斯不许那些讨厌、可恶、令集市蒙羞的家伙进入他的市场。被阻挡在狄凯奥波利斯的市场之外的人，其中间①类型是糟糕的诗人和乐师（musici-

---

① 请注意对公共集市（agora）的三次提及与 836–859 中［相应］提到的三个人名。

ans)。

第二个到狄凯奥波利斯市场来的是个忒拜人,他带了一个仆人和几个吹箫手,吹箫手吹出来的箫声让狄凯奥波利斯想起马蜂发出的噪声。那群忒拜人并不饿。那个忒拜人来卖鸟、鱼和其他许多种牲畜。他不像刚才的麦加拉人一样直呼狄凯奥波利斯的名字(823;对观959)。狄凯奥波利斯看见有一种鱼特别激动,他说,这鱼特别受谐剧歌队喜欢;但他没有答应把这美味留给这出谐剧的歌队。在这场戏中,狄凯奥波利斯和外邦人都没有提到各自的家人和城邦;从小姑娘到食物的转变,"私人"(privacy)程度在增加。除了告密者,狄凯奥波利斯能够用于交换的货物在忒拜都很丰足。因此,狄凯奥波利斯把一个前来收缴敌邦货物的告密者抓起来,五花大绑交给了忒拜人。由于忒拜人带来的货物的价值远远高于麦加拉人带来的货物的价值,忒拜人获得的回报也远远高于麦加拉人,不仅有盐巴和大蒜,而且还有个活生生的告密者,一个杰出的告密者,或者这样说也是一样:这个告密者有如雷贯耳的名字,名字中包含了"成功"和"命令"(Victory and Command)。我们是否可以说,狄凯奥波利斯利用欺骗手段为自己弄到一顿丰盛的晚餐,正如苏格拉底利用小偷小摸为自己和同伴弄到一顿可怜的晚餐?对狄凯奥波利斯处理告密者的行动,歌队表示衷心拥护,由此引出了歌队和狄凯奥波利斯的一场对话。这场对话只讨论如何捆绑、移交和使用(特别是在家里的 [73] 使用,因为这告密者显然不再适合公用)告密者,对话中没有提到狄凯奥波利斯从忒拜人那里得到的美味佳肴(delicacies):这是狄凯奥波利斯独享的东西,没有歌队的份儿。狄凯奥波利斯的目的逐渐显露,这在歌队对忒拜人说话时得到强调,而在刚才,歌队没有对麦加拉人说话。忒拜人和麦加拉人是到狄凯奥波利斯市场来的仅有的两个外邦人(斯巴达人没有来);也许可以说,他们包围着狄凯奥波利斯,就像波斯人和色雷斯人包围着雅典公民大会。这出戏从表现说大话和未开化的蛮族世界(以及他们的雅典人对应者),转向喜欢和平、拥有美味佳肴的希腊商人世界(以及他们的雅典顾客)。

我们现在迎来了狄凯奥波利斯胜利的巅峰。他最大的敌人——热爱战争的拉马科斯——派仆人到狄凯奥波利斯的市场来买些敌邦的美味。狄凯奥波利斯断然拒绝满足那一要求：拉马科斯没有份儿享受和平的果实；狄凯奥波利斯买来美味只为独享。狄凯奥波利斯的做法使得阿卡奈人提醒整个城邦注意他超群的智慧：由于他为自己谋得了和平，他有各种各样丰富的好东西可以出售；一切好事都不请自来。这是人们唯一可以预料的结果：和平带来所有好事，战争带来所有坏事。阿卡奈人不再考虑战争的正义或得当（expediency），他们完全放弃了与战争（War）的勾连。他们希望某种爱欲（eros）将他们与美丽的妇人和解（Reconciliation）——阿佛洛狄忒（Aphrodite）和美惠女神（Graces）的玩伴——结为一体。尽管意识到上了年纪，他们还是感到青春焕发。刚才，他们最后一点勇武热情的火花激发他们迫害狄凯奥波利斯；现在，他们与狄凯奥波利斯和解之后，他们体验到最后一点爱欲热情的火花；然而，他们渴望的爱欲类似于一种画出来的爱欲（a painted eros）。

接下来出现的是一个传令官，他动员大家参加酒神节（festival of the Pitchers），按照祖制，听见号声就开始饮酒比赛。这不再是狄凯奥波利斯的私事，尽管他是唯一能在和平期间过节的雅典人。狄凯奥波利斯在这边动员他的手下加快速度，煮烤那些他从忒拜人手中买来的食物，他要求他们拿烹调工具给他，好亲手做自己喜欢的菜。随后又有一段歌队与狄凯奥波利斯之间的对话。阿卡奈人此时表达了他们的仰慕或嫉妒，这嫉妒不单针对狄凯奥波利斯的智慧，而且尤其针对他烹调和享用美食的娴熟技艺。但最让他们嫉妒的是他现在的大餐，他们只能在旁边流口水：狄凯奥波利斯运用他精湛的厨艺［74］只是为了独享美食。阿卡奈人现在学到，不但要把生活必需品（326以下）放在城邦之上，而且要把美食这等开心事儿放在城邦之上。狄凯奥波利斯除了让他们旁观他手艺的成果之外，没有答应给他们任何回报。

第五个来客是痛哭流涕的农民,因为波奥提亚人(Boiotians)(狄凯奥波利斯刚才正是从波奥提亚[的忒拜]人手里买来他的美味佳肴)牵走了他唯一赖以为生的公牛。狄凯奥波利斯是唯一能够分给他一点儿他的私人和平、治愈他的创伤的人。但是,表面上的农民狄凯奥波利斯对这个真农民没有一丁点儿同情,少得如同他对待阿卡奈人一样;他对待这个农民简直就像刚才对待拉马科斯一样坏:他"刚好不对外营业";通过缔结他的私人和平,他在每个方面都变成了一个私家人(a private man),一个自给自足的人(by himself and for himself);他只医治自己;不与任何人分享一丁点儿他的和平与快乐。即便是阿卡奈人,现在也意识到狄凯奥波利斯那种绝对的自私自利,狄凯奥波利斯根本不在意他们怎么说他,关心的只是准备好自己的美餐,独自享用。阿卡奈人当面告诉他,不给他们吃他们就会饿死,但狄凯奥波利斯甚至懒得搭理他们。接下来的来客是受一个新郎的委派,要用婚筵上的喜肉交换一点儿狄凯奥波利斯的和平,因为新郎希望享受爱的快乐,不想去打仗。狄凯奥波利斯还是一口回绝:他不会为了任何等价物交易或者出售他的和平。此前,我们可能认为,他不会把他的和平卖给任何没有等价物的人,或者,他不会把他的和平卖给拉马科斯那种热衷战争的人;现在,我们搞明白了,他无情地保留对和平的垄断(字面上看,"垄断和平"多少比"垄断暴力"[monopoly of violence]更是一种垄断)。不过,他还没有坏透。一个伴娘带着伴郎前来,以新娘的名义请他帮助。他送了新娘一点儿和平,让她在战争中依然能够享受到性爱,因为新娘是女人,女人对战争没有责任。狄凯奥波利斯给人自私的印象稍有改善,不过他只同情害相思病的女人。这对阿卡奈人来说是冰冷的安慰,他们现在更加无话可说。

最后一幕刚开场,就接连来了两个信使,一个是将军们派给拉马科斯的,催他赶快奔赴前线,阻止波奥提亚劫夺者进入阿提卡(Attica),另一个是狄奥倪索斯的祭司派给狄凯奥波利斯的,[75]催他立刻出发参加庆祝节日的公共宴会:一切全都为他准备就绪,包括舞女和其他女孩;信使列举诱人的东西时唯一没有提到的是酒。拉马科斯为不能欢度节日而极度郁闷,狄凯奥波利斯则极度欣喜:对他来说,万事如意。两人都在准备参赛,拉马科斯是要和雅典敌人在战场拼杀,狄凯奥波利斯是要和雅典同胞在酒场交锋。双方都给各自的奴仆下达了适当的指令;狄凯奥波利斯的指令是对拉马科斯指令的戏仿;拉马科斯三次抗议狄凯奥波利斯的侮慢式嘲笑;他甚至威胁要起诉狄凯奥波利斯,指控他是懦夫或逃兵。这时,歌队长展现出马拉松战士的心态,这位老人比狄凯奥波利斯年长许多,他只对拉马科斯说了他的观察,拉马科斯离开后要挨饿受冻去守关,而狄凯奥波利斯这个年老的(1129 – 1130)丈夫和父亲离开后则会去饮酒作乐,拥着妙龄女郎欢度良宵;因此,他也强调了临近谐剧结尾处正发生的转变——从美食的享乐到酒色的享乐,① 从不必与其他人相关的享乐到以不同的方式与他人发生关系的享乐。我们注意到狄凯奥波利斯前途无望的(unpromising)举止,因此对随后的事实并不奇怪,歌队现在集体呼吁宙斯消灭一个诗人,这人在此前的一个场合中没有为歌队提供一份晚餐。从歌队诅咒的具体内容中我们可以知道,那个坏诗人安提马科斯(Antimachos)(此人的名字与狄凯奥波利斯很般配)是个赛马手。然而无论歌队怎么咒骂,就算他们的咒骂基于某种可靠的占卜,狄凯奥波利斯也毫毛不伤;实际上受伤的是拉马科斯,正如一个报告坏消息的信使(tragic messenger)这会儿刚刚宣告的。因为歌队合唱的时候,拉马科斯正在战场与敌人交火,狄凯奥波利斯已经在酒场中折桂。拉马科斯带伤从战场上狼狈而回,他无论如何是残废了,痛不欲生,必死无疑;而狄凯奥波利斯携着两个妙龄少女从酒场得胜而归,少女们按他的指点抚爱着他,令他的欲望升到最高点:战争英雄与和平英雄几乎直白地显示出他们彼此间的死与生的对立。歌队祝福狄凯奥波利斯的胜

---

① 注意 1000 – 1002 与 1003 – 1017 在结局上的反差。注意《蛙》739 – 740 中狄奥倪索斯和赫拉克勒斯的对立,这部分对《蛙》至关重要。

利,将他带到谐剧的裁判面前,而他不断地提醒每个人,他已在酒场折桂,由此暗示他也应该在谐剧比赛中获胜;他再次揭示,自己不是别人,就是谐剧诗人本人。但［76］歌队没有听他说起晚餐的事——作为一个正义的人,他从来没有对他们许诺这顿晚餐。

《阿卡奈人》的含义在狄凯奥波利斯的名字①中得到指示:他就是唯一（the）正义的公民,甚至就是唯一正义的城邦。但是,最具爱邦精神的（patriotic）公民们,那些马拉松战士们,却将他当做最不义的公民迫害他,认为他甚至坏过克里昂。没有人能够严肃地主张,狄凯奥波利斯通过反驳他的迫害者,通过宣告正义之事,就证明了他的正义,证明了他比所有人更加正义;因为他说服阿卡奈人发生转变的那些论据,就谐剧效果而言,甚至并不等同于正义事物,它们只是戏仿蛊惑人心的演说术。狄凯奥波利斯的不义表现在他如何利用修辞的胜利:通过那场胜利,他确保了他私人的和平,以便全然地独享和平;他不但背叛城邦,甚且背叛家庭,以便独享自己的感官快乐。在戏剧后半部分,当阿卡奈人赞美他的时候,只提到他一己的私人幸福,没有说他为他人更别说为城邦效力。狄凯奥波利斯遵循歪理的路线行事。他在完全不理会法律的情况下"利用自然"（makes use of nature）。对他的"回归自然"（return to nature）,必须有正确理解。他自称渴望和平的动机是,和平时期他的土地能自产所需,而战乱的时候住在城里一切都需购买,但他真正的动机是,战争时期不可能买到敌邦出产的美味（36,976）;他充分利用每种技艺（art）满足他的享乐（1015-1017）。他对技艺和进口货品的利用,使他只是成为歪理的绝佳信徒。要明白这最不义的人何以能够——依靠他的不义——成为最正义的人,人们必须考虑他怎么对待他的对手阿卡奈人。狄凯奥波利斯使他们帮助他取得私下的和平,但他没有让他们分享一点儿和平的成果。阿卡奈人没有从他的

---

① ［译按］狄凯奥波利斯的名字（Dikaiopolis）意为"正义的（dikaios）城邦（polis）"。

行动中得到任何好处,正如他们没有从迫害他的通敌中得到任何好处一样;除了在迫害他时,他们满足了自己报复斯巴达人的无能渴望,或不如说,他们这样做时相信自己是好公民。但他们也相信,站在狄凯奥波利斯一边,或成为他的保护者,也是好公民的应有之举。尽管如此,在转变立场之前,阿卡奈人满怀仇恨,令人生畏,但转变立场之后,他们成了同情的对象:狄凯奥波利斯的行动让他们不再是说大话的人;他们老实地承认他们的贫穷和老朽。通过那个行动,狄凯奥波利斯的境况变得好转,而阿卡奈人的境况其实没有好转,只是其为人却变得更好(650)、更温和、更正义。这一点也不能抹杀下述事实:[77] 在追求一己私利的过程中,狄凯奥波利斯驯服了他们,或者说,他对待他们的态度,如他们所说,就像那些青年演说家对待他们一样——让他们显得可笑(679-680);尽管在狄凯奥波利斯这件事上,这些老人没有意识到他们变得可笑(442-444)。如果正义在最高的意义上是使公民同胞成为上好的人,如果说大话是万恶的根源,那么,狄凯奥波利斯人如其名。换句话说,他是正义的,因为他做了正义的城邦该做的事——正义的城邦也只照顾自己,或者说不干涉其他城邦——这区别于去做城邦告诉其子民要做的事;他是整体,不只是部分,他不再是公民。更确切地说,狄凯奥波利斯与阿卡奈人形成反差:阿卡奈人倚靠城邦,但不再对城邦有用,狄凯奥波利斯能自己照顾自己,也只照顾自己,他以种种方式照顾的只是自己——也就是说,他照顾自己的方式就是最大程度地自我享受,就是去做他的天性迫使他做的事——这个城邦最大的恩人;因为谁能怀疑谐剧诗人在构思打磨其谐剧作品的时候不是在最大程度地自我享受?但这享受必然需要与它自己交流。谐剧的母亲是笑声,谐剧也诞生了笑声。谐剧诗人的享受尽管不完全是政治性的,但本质上一定具有社会性;它以不同的方式与酒色中获得的享受同源,而不是与食物、无论多么美味的食物中获得的享受同源。狄凯奥波利斯最终转向的享受,除了它们本身所是之外,就谐剧效果而言,还等于来自谐剧的享受。通过激发对这些感官享受的欲望,他使公民因着渴望生存而渴望和平(一种共同的善［a common good］)、渴望正义。(和平是否权宜之计［expedient］,如今完全是另一个问题。)如果这一点证明了他自己是正义的,也就证明了他的正义不要求以牺牲他的生命为代价(对观357)。用俗语来说:"肃剧消溶(dissolves)生命,但谐剧使生命更坚实。"①

狄凯奥波利斯的生活方式和苏格拉底的生活方式不同于正理和歪理各自推荐的两种生活方式。表面上,前两者似乎位于后两者之间;实际上,前两者属于一个不同的层面,一个比后两者更高的层面。苏格拉底的生活方式完全是非政治性的,而狄凯奥波利斯的生活方式超越了城邦,对城邦有利。苏格拉底没能帮助乡下人反对城邦;他不能够伪装成乡下人;他不能跨越横在自己与乡下人之间的鸿沟;他的倨傲(arrogance)妨碍了他伪装成谦卑。苏格拉底是自制(continence)的化身;狄凯奥波利斯恰恰相反。但狄凯奥波利斯的放荡仍然 ［78］ 处于规范的限度之内②;他也并不鼓动殴打父亲和乱伦。

没有人能够偷听到《阿卡奈人》传递给同时代每个雅典人的简单讯息:一旦时机得当就要求和;一旦可行就结束毫无意义的杀戮和毁灭;这不是希波战争(the Persian War)。但人们必须立刻补充说明,这简单讯息只是戏剧内涵的小部分。如果要借助这小部分讯息来理解阿里斯托芬谐剧的内涵,人们至少还得要求一点,以诗人自己的措辞来理解这些讯息。阿里斯托芬断言,他既教导对城邦而言最好的事物,尤其是正义事物,也使观众发笑。于是出现了这个

---

① 对观 G. Kaibel,《古希腊谐剧残篇》(*Comicorum Graecorum Fragmenta*),141b 1. 48 – 50;前揭,66 1. 13。

② 参《云》1089 – 1094 对谐剧诗人的闭口不谈。歌德曾在合适的场合说过下面一段话:"［诗人和先知］被神感动和鼓舞,诗人在享受中挥霍着他的天赋,是为了去创造乐趣,通过创造的作品获得荣誉,或是获得舒适的生活。"《东西合集》(*Noten und Abhandlungen zum Divan*),"穆罕默德"(Mahomet)。

问题：严肃的成分和可笑的成分是仅仅并存，还是你中有我，我中有你，交织在一起？若是后一种情形，两种成分谁又占主导？阿里斯托芬谐剧独特的伟大之处在于，它是浑然一体的谐剧；可笑之事无所不在；严肃之事只以可笑的面目出现；严肃寓于可笑之中。阿里斯托芬频繁破坏戏剧的假象（dramatic illusion），因为破坏了戏剧的假象，观众就觉得可笑，从而增加了谐剧的效果；但他从来不破坏甚或只是削弱谐剧的假象。在《阿卡奈人》中，通过尤其是把拉马科斯塑造成可笑的形象，遭遇可笑的失败，阿里斯托芬鞭挞了战争的不义与愚昧。然而，人们怎么可能以可笑的方式表现不义者的失败而不使正义者的胜利和胜利的正义者本人显得可笑？人们怎么可能表现正义者而不破坏谐剧的总体谐剧效果？阿里斯托芬通过表现正义者的胜利，或者说，通过把不义对正义的嘲笑表现为其他性质的嘲笑，从而解决了这个难题。胜利的正义者享受全部的感官快乐；他坦然享受，他正大光明地享受，一点不掩饰；他公开说（和做）的这些事情，原本是按照礼节不能在公开场合说（和做）的；他的举止很可笑。他用流言或诽谤（gossip or slander）来鞭挞不义（克里昂和伯利克勒斯等人）；他用淫言秽语（obscenity）来赞美正义；他还用另外两种类型——用戏仿肃剧和亵渎神灵（blasphemy）——来击败抵消这类不雅訾言（aischrologia）的最强大势力。阿里斯托芬按照情节的需要运用这四种类型的不雅訾言，这样的事本身就因其显著的不可能性而显得可笑。比如，《云》的情节利用的最多的是亵渎神灵，而不是戏仿肃剧和淫言秽语，[79]《阿卡奈人》则明显反其道而行。对这个简单严肃的讯息，人们可以说它与可笑之事比翼并存着，但是，人们只有将可笑的当作仿佛是严肃的，也就是说，人们只有模仿谐剧诗人，才能听到完整而复杂的讯息。

2 《骑士》

[80]《骑士》(Knights) 以两个仆人 (servants) 之间内容为抱怨的对话开场。《云》和《阿卡奈人》都以独白开场，正是独白者分别引发了这些戏剧中的行动。我们是否可以从中推断，引发《骑士》的戏剧行动需要我们一开始听到的两个仆人的合作？那两仆人其实是两个将军——得摩斯特涅斯 (Demosthenes) 和尼基阿斯 (Nikias)，他们的主人是德莫斯 (Demos)。① 德莫斯不久前新买了个奴隶 (slave)，一个帕弗拉孔人 (the Paphlagonian)，② 其实就是克里昂 (Kleon)，这个克里昂迅速爬到其他奴隶头上，并切实地总管起德莫斯的家务。这个闯入者和新贵让得摩斯特涅斯和尼基阿斯的生活非常难过。他们边咒骂他边哀叹自己命不好。不过，主动而男子气的得摩斯特涅斯很快厌倦了长吁短叹哭哭啼啼，他建议尼基阿斯共同想个办法摆脱痛苦。但是，两人都没想出好办法；尼基阿斯缺乏胆量，得摩斯特涅斯仍缺乏灵感。尽管一时无助，得摩斯特涅斯仍不死心，劝说尼基阿斯出主意。尼基阿斯战战兢兢地说了想法，最后还是得摩斯特涅斯挑明，这是一步险棋：他们准备叛逃投敌（因为我们正值战争时期）。人们也可以说，尼基阿斯以怯懦的、复杂的、欧里庇得斯式的方式提出的叛逃建议，本身是个怯懦的建议。得摩斯特涅斯拒绝它，不是因为它是个怯懦的建议，而是因为他不喜欢

---

① [译按] Demos 在希腊文中指"人民"，这里可理解为雅典人民的化身。原文中 Demos 均音译作"德莫斯"，demos 则译为"人民"。

② [译按] 关于 Paphlagonian 这个名字，有两种解释，一说此为阿里斯托芬给克里昂 (Kleon) 起的绰号，因该词义为"口沫飞溅的人"，而克里昂演讲时常满嘴飞沫；另一种说法是，该词由小亚细亚的奴隶市场所在地 Paphlagonia 所衍生。参罗念生译，《阿里斯托芬喜剧六种》，《罗念生全集》第四卷，上海人民出版社，2004，页 144，注 3。从施特劳斯行文看，他采纳的是后一种解读，故中译作"帕弗拉孔人"，下同。值得留意的是，尽管《骑士》剧中，该角色名为"帕弗拉孔（人）"，但在施特劳斯的疏解中，他更经常地直接以该角色所指代的人物"克里昂"称呼此人。

欧里庇得斯，最重要的是因为这个建议对于他们来说太冒险。尼基阿斯接着建议，他们可以在某个神像前拜一拜。得摩斯特涅斯吃惊地发现尼基阿斯真信神，于是要求他出示诸神存在的证据。尼基阿斯用他遭到诸神憎恨的事实来证明神的存在。得摩斯特涅斯承认尼基阿斯说得有理，但正如他以 [81] 行动表明的，他并不认为在某个神像前拜一拜会对他们有任何好处：如果诸神真的憎恨尼基阿斯，尼基阿斯和他的同志就不能合理地希望得到诸神的帮助；他们必须另寻他途。得摩斯特涅斯建议，他们应该把困境说给观众听；说到观众，至少还有点儿指望，他们并不恨这对患难奴隶。尼基阿斯意识到，观众也许不像神那样，被他们的痛苦折腾得不高兴，于是答应了。得摩斯特涅斯向观众说明了戏剧开始前的处境，他实际上扮演了诗人阿里斯托芬的代言人（对观228，233）：得摩斯特涅斯比尼基阿斯更像演说家，更富于聪明的奇思异想（clever conceits）。

按照得摩斯特涅斯的说法，他们家主人德莫斯是个脾气暴躁的老头儿，耳朵有点儿背，新买的奴隶帕弗拉孔人是个恶毒的无赖，此人聪明又成功地奉承贿赂主人，一心为自己渔利。他不允许其他奴隶接近主人；因此，他剥夺了他的奴隶同伴应得的回报：他将得摩斯特涅斯战胜斯巴达的皮洛斯（Pylos）大捷的光荣据为己有；他向主人诽谤他的奴隶同伴，还出主意让那人受到严厉而羞辱的惩罚。克里昂主宰德莫斯的一个伎俩是利用神谕，使主人疯狂愚昧。虽然得摩斯特涅斯绝不喜欢德莫斯，但他憎恨克里昂：德莫斯给予的惩罚远比克里昂威胁要加的惩罚轻得多。

通过对观众说明情况，得摩斯特涅斯也许成功地得到观众的同情，这可不是小小的成功；但他知道，他不能期望观众会出主意。因此，他再次劝诫尼基阿斯，要斟酌个办法，用什么方式，去投奔谁。尼基阿斯说，除了叛逃，别无他法。得摩斯特涅斯更加详细地说出了反对意见：比如（对观《马蜂》620）克里昂像宙斯一样，眼观六路洞察一切；他们逃不出他的掌心和惩罚。尼基阿斯没有再重复他的第二个提议，即向诸神求助；他转而提议一死了之。得摩斯特涅斯愿意死，只要死得像个男子汉。尼基阿斯建议学最男子气的忒弥斯托克勒斯（Themistokles），喝公牛血自杀。听到"喝"这个字，得摩斯特涅斯突然灵机一动；他愿意喝，不过不是喝公牛血，而是喝烈酒（unmixed wine），他将死亡的方式转化为生存的方式；喝了酒，他也许就有灵感找到出路。清醒的 [82] 尼基阿斯不相信酩酊大醉能帮助人从事健全的思虑。对于得摩斯特涅斯来说，要劝尼基阿斯相信喝酒的好处，比劝他趁帕弗拉孔醉酒酣睡之际去为他偷酒还难。喝了好酒之后的得摩斯特涅斯有了灵感；他想到的计划不是他的功劳，而是酒精的功劳；酒激发他去偷克里昂手中那些让德莫斯神魂颠倒的神谕。受他指使，尼基阿斯趁克里昂睡觉的时候偷了神谕；他超额完成了得摩斯特涅斯的命令，还特别偷来了克里昂严密收藏的那道神谕。得摩斯特涅斯边喝酒边读神谕。他很快发现，神谕指出了克里昂的倒台方式。依照神谕传达的建议行事，得摩斯特涅斯就能颠覆克里昂的权力。

看起来，《骑士》中行动的引发离不开得摩斯特涅斯和尼基阿斯两人的合作。至少，如果没有尼基阿斯的虔诚暗示性地出现（他相信神谕），得摩斯特涅斯不可能得到启发，想到利用对神谕的信仰来解放雅典。这不是要否认，除非得摩斯特涅斯喝醉，否则二人对神谕的用途不会达成（现有的）一致意见：清醒的得摩斯特涅斯和清醒的尼基阿斯不可能意见一致（比较柏拉图《法义》前两卷如何论到酒的含义）。得摩斯特涅斯决定喝酒，结果将他的思想或生命带向最高潮；反过来，他的决定取代了尼基阿斯一死了之的建议，取代了尼基阿斯更早向诸神求助的建议——得摩斯特涅斯因为怀疑神的存在，所以拒绝了这个建议。尼基阿斯相信诸神存在，理由是神恨他，尼基阿斯还建议用自杀摆脱看起来无望的处境，由于诸神恨他；他不能像狄凯奥波利斯那样爱自己的生活、自己的灵魂（《阿卡奈人》357）。尼基阿斯的这两个建议之间的关联为《云》中最隐秘的事情提供了启发，不管这启发是多么有限。我们回想起，当斯特瑞普西阿得斯为了摆脱看起来无望的处境而声称要自杀的时候，苏格拉底突然结束了对他的教育，没有给出任何理由；斯特瑞普西阿得斯似乎不可能提议自杀，除非他忘记了苏格拉底之前在密室中教育给他上的一堂课（前揭，页26-27）。相信诸神对人必然有敌意，自杀会是这种信仰的结果吗？因为，无论诸神是人的畏惧的产物还是人的爱美的产物——人渴望不老和不朽，是具有[83]难以言喻的风采的思想者（thinking beings）——神们都削弱了人的自我尊重。可以肯定的是，在得摩斯特涅斯对观众说话之前，尼基阿斯先是建议逃跑，然后建议求神，但在得摩斯特涅斯对观众说话之后，他先是建议逃跑，然后建议自杀：他以自杀代替了求神，或者说，他认为求神与自杀可以互换。但让我们回到克里昂的神谕。

如果我们能信任得摩斯特涅斯——因为我们没有听到神谕的全部内容——神谕上提到先后统治雅典城邦的四个人。四个人都是某种东西的贩卖者。[四人的]次序似乎呈一种下降或衰退。皮革贩（克里昂）排在第三代。驱逐和取代他的是个腊肠贩（sausage seller）。腊肠贩将是最后一个统治雅典的贩卖者：我们是否可以指望，随着克里昂的倒台和腊肠贩的短暂统治，非商贩也就是贤人（gentlemen）将再次统治雅典，也就是说，雅典将回归到商贩统治之前的黄金时代？无论是否这样，克里昂就像喜欢惩罚人的宙斯，在统治序列中排第三代，同样像宙斯，他生活在对潜在继任者的恐惧之中（埃斯库罗斯，《普罗米修斯》957-959）。或者，正如更加质朴的（austere）修昔底德似乎暗示的那样，克里昂等于伯利克勒斯在谐剧中的对应者。虔诚消极的尼基阿斯立刻得出这个沮丧的结论：我们到哪里去找那个神谕所指的腊肠贩？得摩斯特涅斯回答说："我们必须找到他。"这个不信神的人不知道，神谕既然说了，他们的寻找也就不必要：仿佛是神的委派，这时正好来了一个腊肠贩。更神奇的是，这个正好在恰当时刻冒出来的腊肠贩，正好就是将要成功撵走克里昂的腊肠贩。两位将军把他叫过来，准备告诉他等待他的好运。由于必须要有人进屋监视克里昂，否则他要是早点儿出来就会破坏神谕的实现，又由于尼基阿斯为得摩斯特涅斯跑腿惯了，于是他自告奋勇进屋监视,将告诉腊肠贩神谕的事情交给了得摩斯特涅斯。得摩斯特涅斯以特有的庄重履行了这一任务。得摩斯特涅斯祝贺腊肠贩,说他将要如他手中的神谕宣告的那样,成为雅典、雅典帝国和即将到来的更伟大的雅典帝国的绝对统治者,可怜的腊肠贩神志还算正常,他相信得摩斯特涅斯这么说是在嘲笑他。他很有道理地奇怪道,他一个卖腊肠的,怎么可能变成一个有地位的人,一个雄赳赳的男人(hombre),更何况去统治世界?得摩斯特涅斯回答说,正因为他是个下等人,他才将上升到雅典的最高位。腊肠贩谦虚地说他不配掌管大权。[84] 对腊肠贩这一得体(decency)的迹象,得摩斯特涅斯禁不住愕然:"你不会是说你出身名门望族(gentle folk)吧?"腊肠贩说,"诸神作证,我出身下等人家。"得摩斯特涅斯更加确信:腊肠贩若是还有这丁点儿得体,他可能对付不了克里昂。腊肠贩显然想不到当今的雅典人所受的治理如何缺乏教养,他向得摩斯特涅斯强调,他没有受过什么教育,他对关于缪斯的事物(the things of Muses)一无所知。他既缺乏《云》中正理的教育,也缺乏其中歪理的教育。得摩斯特涅斯向他保证,他知道得越少越好:要领导人民,不需要音乐教育,不需要受尊敬的品格,只需要无知和无赖习气(rascality)。腊肠贩不再固执,决定洗耳恭听,问神谕怎么说的。得摩斯特涅斯开始介绍神谕,边说边引述其中部分内容,从中可以清楚知道,神谕并不是他刚才让我们相信的那样简单明了;比如,人们需要靠他的可观天分才能明白,神谕中饮血的蛇是腊肠的象征。最重要的是,他引述的神谕没有说,需要腊肠贩的无赖习气才能战胜无赖的克里昂。腊肠贩无法否认,得摩斯特涅斯对神谕的解释让他受宠若惊,但他对自己照看人民的能力表示怀疑。得摩斯特涅斯打消了他的疑虑,他说,凡是蛊惑民心的政客(demagogue)所必备的技艺和粗俗,腊肠贩都充分具备,另外还有神谕相助。现在,腊肠贩至少愿意对抗克里昂,但他需要战友。得摩斯特涅斯保证,骑士和一般而言上好的人(better people in general)会是他的战友,更不消说他自己还有神也会是他的战友。腊肠贩明显对即将到来的战斗依然恐惧，得摩斯特涅斯进一步向他保证，克里昂不会像平时那么可怕：由于害怕克里昂，没有工匠敢制造与他特别近似的面具，但既然观众聪明，他们会认出克里昂。（得摩斯特涅斯再次证明，他是诗人［阿里斯托芬］的代言人。）这时——就在这恰当时刻，尼基阿斯宣布，可怕的帕弗拉孔出来了。

在转入正式的行动之前，我们不妨考虑一下得摩斯特涅斯在尼基阿斯的帮助之下想到的计划。克里昂在雅典进行的差不多是僭政式统治（quasi-tyrannical rule）。他拥有权力，不是因为任何优点，而是依靠他无耻的蛊惑人心和残忍暴行。人人都怕他，但最恨他的是上好的人。他们不能亲自［85］剥夺他的权力。他们需要一个比克里昂更下层更卑劣的蛊惑家，一个能做得比克里昂更过分的人（对观 328 – 332）。正是由于骑士们和他们的同志感觉到这个需要，得摩斯特涅斯才如此解释克里昂的神谕，用以对付克里昂。上好的人采取这个策略不会冒任何危险：卑下（lowly）中最卑下的人或下层（low）中最下层的人——上好的人认为这两者是一回事——总还要依靠他们这些上好的人；腊肠贩不过是他们翻云覆雨的手中可靠的工具而已。① 这种自负（conceit）用斯宾诺莎（Spinoza）的话来说可以描述为永恒的真理（verity）。我们已经观察到，在我们的时代，普鲁士的骑士们试图利用希特勒（Hitler）来铲除魏玛民国（Weimar Republic）的蛊惑家们——"十一月罪犯们"（November criminals）——的统治；他们中最聪明的人看希特勒，就像得摩斯特涅斯看腊肠贩。只不过，他们的尝试不是受到神谕的启示。或者更确切地说，《骑士》中主动权完全在上好的人手中：得摩斯特涅斯必须诉诸腊肠贩的谦虚（modesty），才能将他从谦虚中解放出来；腊肠贩从上好的人和神那里得知，为了自己和城邦的好处，他应该以下层阶级的方式，厚颜无耻地行事；他没有像克里昂一样听凭自己的本

---

① 对观施特劳斯，《关于马基雅维里的思考》（*Thoughts on Machiavelli*; Glencoe, Ill.: The Free Press, 1958），页342，注181。

能冲动。他采取了谦卑的方式,所以他是正义的。但得摩斯特涅斯也是正义的,尤其是将他和狄凯奥波利斯进行对比,更容易看清。诚然,神谕没有预测(因此也没有批准)他的行为,即他利用神谕的行为,正如《阿卡奈人》中安菲特奥斯接受的神圣使命中没有包括任何涉及狄凯奥波利斯的行为——他为安菲特奥斯去斯巴达出路费——之处;但狄凯奥波利斯为了一己之私利用了安菲特奥斯的旅行及其结果。得摩斯特涅斯的行动比狄凯奥波利斯的行动更正义,也是因为下面这个理由:安菲特奥斯往来斯巴达的神速,以及接下来狄凯奥波利斯严格独享的私人和平,比起得摩斯特涅斯取得宣称是神谕的文字,继而用一个蛊惑家驱逐另一个蛊惑家,要令人难以置信得多。

克里昂出场了。他嗅到身边有个阴谋在酝酿,一个反对人民(demos)的阴谋;因为他认为,任何反对他的权力的阴谋,这事实本身就是反对人民的阴谋。无论他多可鄙,人们都不能否认他拥有某种政治判断力;他的敌人对商贩统治的不满,就是对属于 demos 的人民统治的不满。看见克里昂大发雷霆,腊肠贩落荒而逃。得摩斯特涅斯只好叫骑士们来援救腊肠贩。年轻骑士组成歌队火速赶来,准备一鼓作气歼灭克里昂。克里昂反过来求助于陪审团的老人们,[86] 他提醒他们,记住他以或公平或肮脏的手段给他们的金钱上的好处,不过,没有人前来帮他。他求助的那些人很可能是在剧场中欣赏《骑士》的观众;我们想起,得摩斯特涅斯确信自己已经争取到观众的好感。骑士们认为,大家因为克里昂的不义抛弃他是正义的。克里昂很绝望,于是想把他最痛恨的敌人——骑士们——争取过来,他说他现在遭攻击,是因为他过去没来得及给他们好处;对克里昂最后时刻准备安抚他们的无耻卑劣企图,骑士们只是报以奚落。如果不是骂战比赛(contest in shouting)取代了武斗比赛(contest of blows),克里昂早就输了。骂战是腊肠贩出的主意,由此再次看出,他还没有丧失所有大度的感觉(generous feelings),或者在他看来,在没有德莫斯本人参加的争吵中的胜利者,不应该拥有对德莫斯的控制权。不出所料，克里昂欣然接受了骂战；他立刻指控对手（他只知道对手来自下层）背叛城邦，投奔正与城邦交战的敌人。得到得摩斯特涅斯支持的腊肠贩反告他贪污公款。接下来，双方互相威胁恐吓，一边指控对方的盗窃、发假誓以及其他不法行为，一边自吹自擂，克里昂稍占上风——这证明了歌队对他的看法，但也激起了他们对他的恐惧，从而增加了对他的愤怒。他们向他爆发的愤怒至少不亚于腊肠贩辱骂他的威力。然而，当腊肠贩转而辱骂克里昂在皮革生意中不老实时，克里昂无法相应地做出反击，因为他对腊肠贩的身份一无所知，对他的行当一无所知。这是腊肠贩第一次明确的胜利。骑士们很满意，他们开始相信，腊肠贩比克里昂更无耻狡诈，因此将会撵走他。他们让我们看到，政治仇恨会把人推向怎样的极端。骑士们在盛怒之下，轻蔑地抛弃了为自己赢得公众尊重所需的特别基础，他们呼吁腊肠贩击败克里昂，夺取厚颜无耻、粗鄙不堪和诡诈狡猾的王冠，从而表明，教养和节制（moderation）都毫无意义。他们自己没有体现任何节制（当腊肠贩错过胜利反击的机会时，他们出面弥补）。他们没有抽出片刻想一想，如果他们对腊肠贩的判断正确，那恰恰对雅典、对他们自身都是坏事，因为腊肠贩的统治比克里昂的统治会更坏。他们的鲁莽（recklessness）并不［87］因神谕而成为正当。或许是他们对得摩斯特涅斯的机敏（dexterity）的信任才使其成为正当。

　　腊肠贩更加确信他得到了骑士的支持，于是主动进攻。他拒绝让克里昂先开口。他急着要发言，不只是因为他能指望得到上层阶级的支持；他肯定对他的口才有某种自信。对自己喝了烈酒激发出的口才也很自豪的克里昂认为，对手之所以有自信，是因为这个出身下层的家伙居然凭着最大的努力和自制，成功地指控一个无助的人。事实上，腊肠贩确信，他作为演说家的口才的确不是依靠酒的帮助。他夸口说，为了盖过克里昂，他只需饱餐一顿，喝点儿汤，就能压倒演说家，吓坏尼基阿斯。与腊肠贩和尼基阿斯截然不同的是，克里昂和得摩斯特涅斯都喜欢喝烈酒（对观87-88）；腊肠贩和尼基阿斯一样都不沾酒（temperance），但他比尼基阿斯更有胆量或更男子气。腊肠贩的大话让他的上层阶级的战友产生怀疑，他们怀疑这个出身下层阶级的人是否真值得他们信任，因为他很可能只想到自己的利益（358－360）。但这怀疑转瞬即逝。他们的注意力完全集中在克里昂和腊肠贩之间肮脏辱骂的比赛上，骂战来回僵持一阵后，腊肠贩开始占了上风。骑士们算是开了眼界，他们从来没有听过如此厚颜无耻的展示。他们为腊肠贩加油，鼓励他给对手致命一击，他们总以为克里昂实际上是个懦夫。然而，克里昂不肯轻易认输；他相信议事会（the Council）或人民会支持他。克里昂说他要顽抗到底，让歌队再次看到他不羞于夸耀的无耻。

现在，腊肠贩设法证明他更加无耻，他夸口说自己从小在一群平民渣滓（dregs of the polulace）中长大。小时候，他就是神偷，发假誓。有个演说家（orator）看他聪明，预言他日后一定能成为人民的统治者。这个预言既是建立在对腊肠贩本性的观察上，也是建立在对雅典政治的理解上，这个预言似乎比神谕更好地保证他取代克里昂，因为神谕不但含混，而且没有指明接班人就是这个具体的腊肠贩。两个预言之间的另一个区别可能更重要。腊肠贩刚刚从得摩斯特涅斯口中听到神谕的预言，而他从小时候起就知道演说家的预言。不过，小时候听到的预言对他没有丝毫影响；它没有激发[88]这个聪明但寡廉鲜耻的无赖摆脱他得过且过的下层阶级生活；它没有使他野心勃勃。他没有任何抱怨，甚至看起来非常享受自己的生活方式。理由很明显：他不相信那个预言（对观426，212）；他太谦虚，所以不相信。或者，我们也不妨说，他是个小流氓，是个庸俗的家伙；他知道这点，他知道自己的位置；他知道，他正当地属于他生活其中的贫民区，因此他尊重比他好的人（his betters）。他对克里昂也没有强烈的憎恨；他由于尊敬比他好的人，才攻击克里昂。他默默无闻，这也是为什么克里昂明知神谕提及腊肠贩还是完全没觉得受到腊肠贩的威胁。克里昂不能与他竞逐出身的卑贱；腊肠贩取代克里昂的统治明显会让雅典彻底堕落。克里昂只能威胁说，他会像波塞冬那样，翻地倒海（431；对观409），从而击败腊肠贩。克里昂被逼无奈，陷入窘境，只有指控这个穷鬼偷了城邦大量的钱财，但他没有指明具体的数量和犯罪的地点或场合（435 – 436；对观280 – 281）。腊肠贩的默默无闻或无名无姓证明是一种资产。他反控克里昂犯有同样的盗窃罪，并指明了数量和犯罪的地点。他是在瞎蒙；但他运气好，蒙对了，克里昂立即软下来，叫他不要宣扬出去，他愿意与他分赃。骑士们坚信，这个出身贫民区的家伙会高兴地收取贿赂，但让他们大惊的是，他居然没有答应：他只想在骂战或指控战中取胜，报答比他好的人；他以难以置信的庸俗理由，像伯利克勒斯一样战胜了金钱的诱惑（对观，472 – 474）。到此，比赛以平局告终。但是，腊肠贩中伤污蔑的功夫居然能够与克里昂匹敌，人们自然会认为这是辉煌的胜利。歌队肯定是这么想的，他们先前还起劲地说他是小人（knave），还不如克里昂（328 – 329），现在他们高兴得不得了，热烈地赞扬他是人中之杰，是城邦的救世主，是他们的大恩人，是城邦的精华（cream）。难怪，过了不久，腊肠贩刷新了纪录，他指控克里昂为了自己的利益，与斯巴达人秘密协商解决皮洛斯大捷中的战俘问题。克里昂反控说，自己的敌人不只搞过一个阴谋，而是搞过许多阴谋，其中一个阴谋是勾结波斯国王和波奥提亚人。他的反戈一击比起腊肠贩的漂亮打击只是小巫见大巫。[89] 但是，气急败坏的克里昂以最快的速度召开议事会（Council），他要在议事会上指控腊肠贩。在比他好的人的敦促下，腊肠贩跟随他来到议事会。他去之前，特地把生意担子留给他们照看，但依然穿着那身可怜的衣服。他们提醒他想起童年时候在经常出没的地方当小偷和发假誓取得的成就：他们希望他在公民大会上的表现如他们所愿。

我们没有机会见证议事会的进程，因为议事会与插曲的时间重合；在插曲期间，戏剧中的行动必须继续，否则戏剧结尾前行动就完不成。《骑士》中的插曲异常地平和（irenic）。诗人［阿里斯托芬］和组成歌队的骑士都没有谴责雅典城邦，他们也都没有夸耀各自的优点，没有对城邦提要求：他们正在与邪恶的克里昂展开生死决斗，所以需要争取一切可以争取的善意。在插曲正文中，骑士们代表诗人阿里斯托芬说话；这显然与得摩斯特涅斯在戏剧开头扮演诗人的代言人相呼应。不用说，骑士与诗人的结盟非常不同于他们与腊肠贩的结盟；尽管诗人恶言辱骂的本事不亚于腊肠贩，但腊肠贩不恨克里昂。骑士们解释了，何以阿里斯托芬与古代谐剧诗人们不同，何以他是第一个轻而易举地促使骑士为他代言并诉诸观众的诗人；他与他们恨的是同样的人，尤其是克里昂，而且他敢于谈论正义的事物。阿里斯托芬新奇的谐剧捍卫了古代政制——四个商贩统治之前的政制。然后，骑士向对这类事情有兴趣的那部分观众解释了——他们这样做是应诗人的要求——诗人为什么很长时间内不敢用他自己的名字推出谐剧。按照诗人的说法，一方面是因为写谐剧是最困难的事，另一方面是因为雅典人生性特别喜欢见异思迁（change-loving）；他把人们知道是他的作品的东西故意压住不拿出来，是因为他不希望在公众的眼里很快变老。为了证明阿里斯托芬的做法，歌队提到了另外三个谐剧诗人，他们做得不如阿里斯托芬那样明智，由此暗示阿里斯托芬作为谐剧诗人比他们要高明。其中两个谐剧诗人的命运清晰地表明，对于他们来说，变老是多么糟糕的事。《骑士》的作者不但不同于那两个谐剧诗人，而且不同于他的化身狄凯奥波利斯，他仍然年轻：这类新谐剧的年轻作者只要有可能，就希望永葆 [90] 青春，因为他希望指出一条道路，恢复古制，重焕青春。骑士们也都是年轻人（731）。

骑士们为自身的缘故赞扬自己的父辈所向披靡、光耀城邦，他们不像现在雅典的显赫之辈，他们恪尽职守却不为此向城邦要求特殊的荣耀作为回报。骑士高贵地没有直接说他们自己的优点；他们为城邦而战，为这邦土上的诸神而战，不思任何回报。他们只要求和平来到的时候大家不要嫉妒骑士的风采。他们的确赞扬了他们的坐骑，尤其是最年轻的马儿们，仿佛坐骑是他们的神祇，他们专门提到了最近在科林斯附近取得大捷的马匹；克里昂的一个追随者说，科林斯敌人将马匹的胜利归于骑士们本身而非马匹，这可不是骑士们的错。在第一插曲的短歌首节中，年轻的骑手们（horsemen）——我们知道他们中有些人可能是费狄庇得斯的同伴——向克洛诺斯的儿子波塞冬祷告，似乎这个神目前（因为海军和骑兵新近的胜利）比别的神对雅典人更亲近。他们请求波塞冬来加入歌队。在短歌次节中，他们向他们最神圣的邦土的保护神雅典娜祈祷，愿他们的城邦在战争、诗人和力量方面胜过所有其他城邦。他们请求雅典娜和他们的助手［胜利女神］尼刻（Nike）一起加入他们，以便他们能够击败谐剧诗人阿里斯托芬的对手以及克里昂。波塞冬与雅典娜的不同让我们想起骑士们与阿里斯托芬的不同。

在《云》中，有一个强大的理由可以解释，为什么我们不应该听到插曲期间的戏剧行动，即苏格拉底的密室教育。但在《骑士》中，从议事会上凯旋归来的腊肠贩准确汇报了插曲期间发生的重大事件。他是向骑士们汇报的，一直为他担心的骑士们——像年轻姑娘担心为自己而出去和敌人打仗的心上人那样——现在看到他平安归来松了口气，他们高贵地为他的胜利陶醉。骑士们高贵的欢迎与腊肠贩干巴（artless）又粗俗的汇报形成鲜明对比，但也与他们自己先前的言说形成对比。骑士们行为的变化有两个理由。首先，他们刚刚扮演完诗人阿里斯托芬的代言人，而诗人的动因（cause）并不完全等同于他们的动因。更重要的是，克里昂即将失败的前景使得他教养良好的敌人更加温和；骑士们在戏剧的下半场自然没有在上半场那样野蛮。腊肠贩汇报说，克里昂成功地煽动起议事会［91］对骑士们的种种阴谋的极大愤怒：他甚至懒得提起完全无足轻重的腊肠贩。腊肠贩认识到，他早年学到的无耻将不足以完成比他好的人委派给他的任务；他于是向所有无耻的神求助。他不光知道驳斥克里昂的指控，他还知道，他根本不用像克里昂那样假装议事会成员关心的是城邦生活，或至少关心的是维护现有的政制。腊肠贩诉诸的是每个议事会成员的私利。他大声向他们透露好消息，自从战争开始以来就一直短缺的鲱鱼（sprats），现在可以用前所未有的低价购买：除了议事会成员，还没有人知道这个最幸运的事件；他们在买到之前必须保守秘密；而且他们必须快速出手；先到先得。议事会成员们立刻忘了所有公共的危险。克里昂不敢质疑腊肠贩的消息的真实性，更不消说，他也不敢提醒议事会成员还有公共危险亟待处理，不然他会变成众矢之的（utterly unpopular）。克里昂只好提议，因为这件高兴的事，应该用一百头公牛祭献雅典娜。议事会批准了他的提议。腊肠贩别无选择，只有使出撒手锏，他提议杀两百头公牛祭献雅典娜，杀一千只母羊祭献阿尔忒弥斯（Artemis）。这下克里昂的麻烦大了去了，他彻底扭转态度（about-face），这在政客们当中可是空前绝后。克里昂懂得这个公理：与其放弃手中权力，不如放弃现行政策，他突然不再强烈反对与斯巴达议和，转而积极推进和谈："让我们现在就与斯巴达议和，明天以后你们将得到更便宜的鲱鱼。"然而，议事会成员更感兴趣的是今天就得到便宜的鲱鱼，而不是和平和明天更便宜的鲱鱼。议事会匆忙宣布结束。腊肠贩冲到市场上，为了买到供烹调鲱鱼用的全部香料，将香料分给议事官员们，当然，议事官员们非常感激他，因为他不但带来了便宜鲱鱼的好消息，而且给了他们烹调鲱鱼的香料。

骑士们差点儿没时间来赞扬他们的战友，在他们看来，腊肠贩再次表明自己在无赖上胜出了无赖的克里昂——他们现在不再称腊肠贩为无赖——他们警告他，与克里昂的战斗还没有结束；腊肠贩只是赢了两次小规模战役；决战还没有到来。克里昂本人再次出场。如他惯常的那样，他［92］怒气冲天，发出恶毒的威胁咒骂，但他现在不同寻常地频繁发誓。他的怒火此时只针对腊肠贩了；他没有再针对骑士们说一个字。他花了不少时间才想明白，威胁他的不是骑士，不是得摩斯特涅斯，而是腊肠贩。从回应对手威胁的方式来看，腊肠贩无意间显出他比克里昂更高明——人们不由会说这是他的自然的高明。他确实和克里昂一样擅长威胁，或者说他更擅长威胁；但克里昂是真的野蛮且充满仇恨（像骑士们先前那样），而腊肠贩只不过是假装野蛮；腊肠贩吼出最可怕的事情时，不会失去他的从容以及和蔼（good nature）。他们互相威胁，免不了使克里昂威胁要揪住他的敌人去见人民，人民将为他反对克里昂而惩罚他。然而，即便克里昂最厉害的威胁也没有吓倒腊肠贩，腊肠贩相信，既然他能在街头骂战和议事会上击败克里昂，他也能在至高的公民大会（the sovereign Assembly）上击败克里昂。克里昂夸口说，他把人民握在他的股掌之间。腊肠贩起初没有跟着夸海口；他只是说："你那么相信人民属于你啊。"提到人民的时候，他不像克里昂那样肆心（hybris），因为他完全属于人民，或者说，他完全是个人民的孩子；克里昂鄙视人民，而腊肠贩则孝敬（filial respect）人民（对观725）。这个遵从得摩斯特涅斯和骑士们的人，更遵从的是人民。正出于同样的理由，他才鄙视克里昂，克里昂居然夸口说，他能够随心所欲地将控制人民；腊肠贩回应说，他的屁眼就跟克里昂整个人一样灵巧，能随意哄骗和愚弄人民，但他知道人民不可能"始终"被愚弄（对观1121–1130）。尽管如此，如果腊肠贩带着极大自信期待由人民来裁判这场比赛的胜负，我们不由要战栗（tremble）。腊肠贩已经证明，在运用污言秽语和中伤诽谤方面，在诉诸议事会成员的私人利益方面，他都比克里昂要高明。但在照料公共利益——即便只是任何既定时间的人民所理解的公共利益——方面，他会比克里昂高明吗？毕竟他完全缺乏政治经验。更何况，克里昂这个为人民承认的领袖，难道不会成为人民的代言人吗？解决这两个难题的不是腊肠贩，而是诗人阿里斯托芬，诗人安排人民化身为德莫斯，他是一个家庭的主人，一个个体，因此不需要代言人，而且他的私人利益完全取代了公共利益。人民的拟人化［93］带来的后果就是，克里昂和得摩斯特涅斯一样，只是人民的奴隶，而腊肠贩是或者将证明是德莫斯家的儿子，骑士则完全不"属于"德莫斯家。

观众可以看到的一切行动都发生在德莫斯家门前。德莫斯在屋内，对外面发生的事情一无所知。直到克里昂和腊肠贩在外面叫他出来，他才第一次出现。克里昂抱怨说，因为他爱德莫斯，他被腊肠贩和骑士揍了一顿。德莫斯没有去管骑士，他问腊肠贩是谁。从一开始，他就面临选择，不是在克里昂与骑士之间，而是在克里昂与另一个平民之间。腊肠贩回答道，他也爱德莫斯，希望能为他效劳，许多贤人都分享他的这种感觉，但克里昂不准他们为德莫斯效劳，最终德莫斯也不让他们效劳，尽管德莫斯是个老人，但行为乖张，就像个受宠的孩子，偏爱最卑贱的有情人（lovers）——商贩和匠人们，胜于可敬的人们。腊肠贩说话的时候，好像遗忘了自己下层阶级的出身和职业。他对低级追求的责难不太可能让他获得德莫斯的钟爱；他责备德莫斯对他的有情人不好，这更不会让他讨德莫斯的欢心。另一方面，当克里昂自称是德莫斯的有情人时，他的意思是说，他对德莫斯现在的一切言行都非常满意，或者说，他不希望德莫斯有任何改变。非但如此，克里昂还明确捍卫德莫斯在爱情方面的偏爱，他说，德莫斯的恩人是克里昂，而不是那些所谓可敬的有情人们：正是克里昂，在皮洛斯俘获了斯巴达人。腊肠贩断言，克里昂的功劳与他从路边店铺中顺手牵羊没有两样。这个回答恰到好处，它向德莫斯表明，克里昂的敌人出身下层。要不然，至少他的话不足以让克里昂在德莫斯眼中名誉扫地。因此，当克里昂请求德莫斯立即召开公民大会裁决他的两个有情人之间的竞赛，而腊肠贩反对克里昂的提议，要求不在普倪克斯作出裁决时，德莫斯决定采纳克里昂的提议。腊肠贩认为他的使命失败了：德莫斯只有在自己的屋子里才讲理（amendable to reason），也就是说，只有当他私下一人审慎地处理自己的私事之时，他才讲理。骑士们没有像腊肠贩一样垂头丧气，但他们不否认，公民大会上的克里昂是最可怕的敌人。他们警告腊肠贩，克里昂像普罗米修斯一样诡计多端；他们不再怂恿他将无［94］耻庸俗用到极致。在德莫斯面前比赛，即使谈不上更尊贵，至少也比前面两轮比赛要庄严。

克里昂在决赛前向雅典娜祈祷，他愿意依据他对雅典人民的好坏接受相应的奖惩。腊肠贩没有祈祷，也不要求任何回报，但他表示，如果他不爱德莫斯，不珍惜他，那他愿意承担最可怕最丢脸的人间惩罚。克里昂开始证明他对德莫斯的爱，他说，作为德莫斯的心腹,为了德莫斯的利益,他完全不顾个体公民的安康:克里昂为了自己的生命,不可能将德莫斯看成是私人公民(private citizen),看成个体的人。腊肠贩恰恰相反;对他来说,克里昂所说的私人公民就是像德莫斯本人这样的个人;如他所说,这个世界上最容易的事情就是为了德莫斯的利益偷窃其他个体的东西。他立刻给了德莫斯证据,证明他关心作为一个人的德莫斯:他给了德莫斯一副坐垫,好让坐在硬石头上的德莫斯感觉舒服点儿。德莫斯对腊肠贩的善举非常高兴,他惊奇,腊肠贩是不是刺杀僭主的英雄哈摩狄奥斯(Harmodios)的后代,此人备受人民的珍爱与纪念,换句话说,他是不是有个尊贵的先祖:毕竟,对老年人有礼貌,表明他不是恶棍;德莫斯问他是谁。腊肠贩还没有来得及开口回答,克里昂就开始反击,贬低腊肠贩做的好事,但他忘了继续列举他对德莫斯的好处。克里昂不能否认腊肠贩对德莫斯很好,但他夸口说,他本人是个人民的好战士。在腊肠贩看来,克里昂蔑视细小的善举又夸口为人民而战,只能证明他缺乏同情心,这清楚地表现在他阻止与斯巴达议和,不必要地拖延战乱的痛苦。战乱期间,德莫斯痛苦地生活在城里,而在和平时期,他可以舒适地生活在乡下。换句话说,克里昂与其他政客或"说大话的人"一样,只看见城邦(polis)——某种意义上城邦是超人,看不见构成城邦最大多数部分的淳朴谦逊的人们(human beings)。当然,克里昂声称,他加于德莫斯的艰难,是为了德莫斯的帝国事业和酬报;克里昂提供给德莫斯的是政治好处(金钱和帝国),而腊肠贩提供给德莫斯的是人们所说的自然好处(783 – 785,805 – 807,868 – 874,881 – 886)。腊肠贩断言,克里昂的好战和帝国主义政策全是鬼把戏,不是为了人民的利益,只是为了保住手中的权力。这个蛊惑家则回答说,他对城邦的贡献超过了[95]雅典帝国创始人忒弥斯托克勒斯。腊肠贩一边惹克里昂展开长篇大论,一边具体地回答说,忒弥斯托克勒斯继往开来,言下之意是克里昂毁灭了古制;至此,他毫不费力地促使德莫斯首次指出对克里昂的不满。腊肠贩抓住这机会告诉德莫斯,他应该想想克里昂是怎样的人。克里昂见形势不妙，试图指控腊肠贩偷窃公共财产；腊肠贩以其人之道还治其人之身，轻易挫败了克里昂的企图。对于腊肠贩在德莫斯本人面前取得的首次胜利，骑士歌队禁不住欢呼雀跃；他们对腊肠贩预言，如果乘胜追击，他将成为希腊人中的至尊——雅典及其帝国的独一统治者，堪比波塞冬（840；对观431），成为骑士们的神，大富大贵。他们热烈期待克里昂的最终失败，忘记了更为卑劣的腊肠贩不过是上好的人用来铲除克里昂的工具。

　　克里昂向波塞冬发完誓，对骑士们说，他们高兴得太早，只要他从皮洛斯大捷中收缴的盾牌还在，他的权力就固若金汤。腊肠贩向德莫斯揭发，克里昂把这些盾牌交给年轻的皮革贩子，用于密谋背叛德莫斯；克里昂不厌其烦地强调，阴谋家们并不是贤人般的青年。德莫斯深受克里昂训导，相信权谋之术，所以立刻听信了腊肠贩的故事，对克里昂更加反感。在克里昂擅长的地盘上取得胜利后，腊肠贩趁机在他自己擅长的地盘上乘胜追击，他问克里昂用皮革给德莫斯做过鞋子没有。克里昂一时语塞。德莫斯大声说"没有"，他还用一个誓言加强语气。腊肠贩立刻把自己穿的鞋——他不得不买的鞋——给了德莫斯。现在，德莫斯宣布，腊肠贩是他所知道为人民获得最大好处的人，是对城邦和他的脚趾头都最好的人。德莫斯同意腊肠贩，为城邦谋利归根到底就是为公民的身体谋利。克里昂非常震惊，他们竟对政治做如此低级的理解；他指出，他取缔像姑（catamites），为的是提高城邦的道德水准。腊肠贩回应道，克里昂这样做只是出于嫉妒：像姑们是潜在的演说家（875 – 880；对观《云》1089 以下）。阿里斯托芬笔下的克里昂与修昔底德笔下的克里昂（III 38）一样，是言辞（speeches）的敌人。[96] 腊肠贩只是缺乏古代和现代的教育，而克里昂则对两种教育类型都加以反对。但是先和腊肠贩一起回到主要问题上来吧，他现在指控克里昂从来没有提供德莫斯适合老人在冬天穿的衣服（时值隆冬），然后他脱下外套穿在德莫斯身上。德莫斯于是宣布，腊肠贩确实并未超过忒弥斯托克勒斯,但在智慧上和创新(inventiveness)上可以与之匹敌。克里昂痛苦地抱怨腊肠贩用来骚扰他的拙劣伎俩,腊肠贩说,他用的这些伎俩正是克里昂获得并留住权力的手段;他只是被逼到绝路,才以其人之道还治其人(对观 50 – 54)。克里昂别无选择,只有把自己的外套给德莫斯。然而,德莫斯反感他外套上散发的小羊皮味道。腊肠贩提醒德莫斯——在这里是真正的人民,即观众,克里昂应该对更严重的危害公共健康负责。德莫斯完全同意腊肠贩的说法。当克里昂称腊肠贩是无赖,用流氓手段气他时,他的对手回答说,他之所以这样做,是因为女神命令他用托辞或说大话的手段来击败克里昂;谦虚的腊肠贩出于谦虚、出于对比他好的人的遵从(deference),最终出于对诸神的遵从,才扮演说大话者。克里昂没有注意到腊肠贩提到了神谕。但当他看到自己过去对德莫斯的恩惠已经白费,于是就向德莫斯许诺将来的好处,他甚至许诺拔掉德莫斯的白发,让他返老还童。就像对许多事情一样,腊肠贩比克里昂更懂返老还童的意思,他用眼前的好处来反击克里昂许诺的将来好处(904 – 910)。克里昂完全没有办法;他威胁穷腊肠贩,要收他钱、罚他款,罚到他破产为奴。腊肠贩什么也没威胁克里昂;他只希望克里昂最倒霉。他相信,一切都将自行解决。我们记得,他从来没有去证实他儿时别人给他的预言,即他将统治人民(425 – 426)。他希望克里昂最倒霉的愿望立刻就实现了,尽管不是严格无误地按他的说法实现。德莫斯按腊肠贩的说法同意了他的愿望,他赞扬腊肠贩各方面都是个独一无二的好公民,并剥夺了克里昂的权力。克里昂很可能记起了神谕,他警告德莫斯,他的继任者的统治会比他的统治更坏;他做梦也没有想到,眼前的家伙可能将成为他的继任者。但是,在腊肠贩的帮助下,德莫斯再次揭穿了克里昂的骗局,这足以促使主人任命腊肠贩为他的管家,[97] 也就是说,让腊肠贩成为克里昂的继任者;德莫斯剥夺了克里昂手上象征权力的戒指,将它交给了腊肠贩。

克里昂知道自己的权力要被某个腊肠贩夺去,但他不知道或不记得他现在的对手就是个腊肠贩,他敢肯定,德莫斯的决定并不表明故事到此结束。但他被吓倒了;他比以往任何时候都更强烈地意识到自己对德莫斯的依靠:现在,他改口叫德莫斯主人。毕竟,那枚戒指套在了腊肠贩的手上。他看明白了,无论是他过去的好处还是对将来好处的许诺,现在都帮不了他,他转而求助于神的许诺,转而求助于他手中的神谕。腊肠贩知道,如果他不能在这方面迎接挑战,他就不能击败克里昂;于是,他也宣称拥有神谕。但这没有改变一个事实:克里昂重新掌握了主动;腊肠贩巴巴地被克里昂牵着鼻子走,克里昂说什么,他才说什么(960-972;对观996-997)。最主要的是,腊肠贩不能匹敌克里昂所说,按照他手中的神谕:德莫斯将来不但要按照克里昂的政策统治所有希腊人(797),而且更要按照得摩斯特涅斯对腊肠贩的许诺(169-174)统治每一寸土地。骑士歌队趁两个对手离开去取各自神谕的时候开始合唱,庆幸克里昂倒台的这一天终于到来,尽管他们承认,因为克里昂,雅典人才有了一些难以说清楚的幸福,这些幸福与克里昂独特的教育或他在音乐方面猪一般的(swinish)品味一致。剧作后面将会显示——这与得摩斯特涅斯和克里昂后来对神谕的解释完全吻合——克里昂受的教育无论多么低,仍然要比腊肠贩受的教育高(对观986-987,1235-1236)。

克里昂说,他的神谕来自巴克斯(Bakis),腊肠贩说,他的神谕来自巴克斯的哥哥(所以更准)。几乎不用说,巴克斯的神谕说起过皮洛斯,巴克斯的哥哥却对皮洛斯只字不提。或许,更值得注意的是,腊肠贩与克里昂相比截然不同,他用了下流话(1010;对观364-365,962-964,998,1056-1057,1242,1385。对观877-880 与 修昔底德 III 37.3)。当然最重要的是,两组神谕都区别了雅典人和德莫斯;但克里昂在他神谕的各主题里赋予德莫斯以中心位置,而腊肠贩却没有。由于克里昂断言,他的神谕许诺德莫斯普遍的统治地位(universal rule),于是德莫斯希望从两个对手那里听到预言他将变成云中鹰的神谕。然而,克里昂更关心他在雅典的统治地位而不是德莫斯对整个大地的主宰，他对德莫斯引用了阿波罗的神谕，按照他的解释，神谕呼吁德莫斯让克里昂继续统治。[98] 德莫斯不理解克里昂所引神谕的意思，腊肠贩断定，这条神谕实际上是在警告德莫斯要反对克里昂。然后，腊肠贩引述了他自己手头的一条神谕，按照腊肠贩的解释，这又是一道警告，告诫德莫斯反对克里昂，这立刻引起了德莫斯的兴趣。克里昂没有反应过来去反驳那种解释。他于是引述了他的另一条神谕，按照他的解释，虽然暗示的是海军，但却是向德莫斯举荐克里昂；德莫斯还是不明白，腊肠贩再度解释说，这神谕是直接反对克里昂的统治。至此，敌对双方都没有满足德莫斯的愿望，没有念到他最喜欢的神谕，预言他前程远大，化为一只鹰，在云中飞翔；这当然首先与克里昂专注于他自己的命运有关。现在，腊肠贩大胆地说，他的神谕显示，德莫斯缺乏好的建议。这促使克里昂立刻引述一条与皮洛斯有关的神谕：皮洛斯战役证明，采纳了克里昂建议的德莫斯，不缺乏绝好的建议。但这条神谕与他前面的两条神谕有同样的命运，德莫斯都不懂。然后，腊肠贩引述了一条与海军有关的神谕（没有海军就没有皮洛斯大捷），德莫斯非常想听这条神谕上说的东西，因为他关心水手如何得到他们的军饷；但这条神谕还是证明，它主要是在警告要提防克里昂，尤其是提防他对待雅典友邦的不义政策。尽管神谕严禁不义，但没有显示如何克服必然（necessity）带来的不义；腊肠贩许诺要克服这种不义。这一次，德莫斯表示没理解腊肠贩的神谕，但克里昂没能力抓住良机质疑对手的解释。腊肠贩反而利用克里昂的无助引述了另一条神谕；这次克里昂反驳了腊肠贩的解释。但这个事实只是强调了腊肠贩在克里昂擅长的领域开始领先：尽管在引述神谕方面腊肠贩没有克里昂娴熟，但在如何把神谕解释得让德莫斯满意方面，他学得比克里昂快，学得比克里昂好。他很快将证明，在发明神谕上他也不弱于克里昂。现在，德莫斯已完全不相信克里昂对神谕的解释（即支持克里昂的统治），克里昂只好见风使舵，迎合德莫斯的愿望，让他听到了预测他远大前程的神谕：德莫斯将变成一只鹰，成为整个大地的王。腊肠贩说，他也有一条神谕，说德莫斯不但要统治整个大地，还要统治红海，会在埃克巴塔那（Ekbatana）当陪审员。他仿佛在暗示，如果雅典要对外扩张，应该东进，不该西进（对观174）。这些所谓预言了德莫斯要实施普遍统治的神谕，[99] 明显是这两个敌对者编造出来的，他们甚至没有继续装模作样，说这些神谕是引用来的；这些神谕甚至比克里昂解释为要支持其统治的神谕更缺乏权威性。最后，克里昂说他做了一个梦，看见雅典娜似乎把财富和健康倾倒在人民身上；腊肠贩反过来也说他做了一个梦，看见雅典娜似乎把神吃的食物（ambrosia）倒在德莫斯头上，把蒜卤倒在克里昂头上。腊肠贩的梦境将德莫斯带回到当前面临的问题：他把自己托付给了腊肠贩，让这个没有受过任何教育的人担任教育者，重新教育自己。德莫斯不再渴望普遍帝国（universal empire）了。他的普遍帝国梦想是由神谕维持的。很长时间里，克里昂借助手中的神谕，阻止德莫斯听别人的神谕或别人对神谕的不同解释，从而成功地左右了德莫斯（对观58－61）。德莫斯教育中的缺陷在神谕这场戏中得到医治，这场戏教他懂得，每条神谕，无论是巴克斯的神谕、阿波罗的神谕还是别的神谕，都有另一条意义相反的神谕相配，而且，同一条神谕能够轻易地解释为相反的预言。这不是要否认德莫斯抛弃克里昂在某种程度上得到了腊肠贩解释的神谕支持。但是，德莫斯服从腊肠贩的指引，渴望重新被教导，无论如何都没有得到神谕的支持。我们还应该记住，在神谕这场戏中，德莫斯自发地渴望知道水手们和士兵们的军饷怎样才付得清（1065－1079），而神谕并没有回答这个问题。

如果人们忘记了《骑士》中的戏剧行动是由某一条神谕或对一条神谕的某种解释引起的，就不能充分欣赏神谕这场戏。但在知道戏剧行动的结果之前，人们也不可能充分欣赏那条神谕或对它的那种解释。

德莫斯的帝国梦已经治愈，克里昂最后一次努力讨好德莫斯，自愿照料德莫斯的日常生活。现在，克里昂完全学会了腊肠贩从一开始就知道的东西,那就是,把德莫斯当个体对待,当一个人对待。因此,两人开始了烹调比赛,看谁做的菜更合德莫斯的口味。德莫斯默默地撤消了他对腊肠贩的支持,他说,谁让他吃得最好,他就支持谁,由此可见,吃这个问题在他眼里是多么重要。赢得德莫斯欢心的这场比赛的第三轮和最后的第四轮,完全由德莫斯的肚子来决定;我们一劳永逸地不用再考虑政治问题和[100]与神相关的问题。比赛双方进屋做菜的时候,在神谕这场戏中完全沉默的骑士歌队第一次对德莫斯说话了。正是因为腊肠贩,他们才与德莫斯完全和解,他们相信,赢了前几轮比赛的腊肠贩也将赢得最后一轮比赛。他们奉承德莫斯,赞扬他是个统治所有人的僭主(tyrant ruler),但他们也谴责他容易上当受骗,成为谄媚者的猎物。德莫斯回答说,如果他们认为他是傻瓜,他们自己就是傻瓜;他不介意人们心目中那种他受管家愚弄的形象;他利用家贼有他老谋深算的目的,他最终会给他们应得的[惩罚]。突然间,德莫斯大大地生起气来,因为克里昂和腊肠贩吊起了德莫斯的胃口,可是美味大餐却迟迟不来。然而,当他看见他的两个有情人明争暗斗,不禁暗自得意,气就消了大半,现在,两人一起回来了,要让他好好享受一番。正当他们用美食来争夺他的欢心之际,克里昂提醒德莫斯他在皮洛斯大捷中为他所做的一切,腊肠贩则提醒德莫斯雅典娜为他做过的一切,以及正为他所做的一切。克里昂别无选择,只好跟着他的对手赞扬雅典娜。没受过教育但谦虚的腊肠贩仿佛是在虔诚方面教育克里昂,克里昂也没受多少教育,但他充满肆心(hybris)。或者说,如果克里昂可能曾想过要开始表露虔诚(对观763,1091-1992),那么腊肠贩现在已经赶上他了。但这场比赛的胜负不是依靠虔诚的程度,因为高潮降临了:在击退斯巴达人的皮洛斯大捷一事中,克里昂骗取了本来属于得摩斯特涅斯的光荣,现在,腊肠贩尽可能采取同样方式模仿克里昂,在赢得德莫斯欢心的烹调大战中,骗取了本来属于克里昂的光荣。德莫斯对腊肠贩的手艺非常佩服,他问他是如何做到的,腊肠贩虔诚地将手艺归于雅典娜,尽管他对付克里昂的伎俩是他小时候在市场上练就的（对观1193 – 1198 与 417 – 420）。因此，他不但显示自己比克里昂高明——克里昂到现在为止一直宣称皮洛斯大捷完全是他的功劳，而且比得摩斯特涅斯高明——得摩斯特涅斯为了毁灭克里昂，决定求助于克里昂的神谕，他把这个奇想归结于酒精的功劳（1203，108；对观903）。德莫斯现在的做法与他在皮洛斯大捷之后的做法一样：他只感激给他上菜的跑堂，而不是感激做菜的厨师。克里昂首次承认，在厚颜无耻方面，他有落入下风的危险（1206；对观409）。这为腊肠贩在比赛中的最后一击埋下了伏笔。现在，腊肠贩请求德莫斯比较两个人的篮子，然后裁决他们中谁对德莫斯更好，特别是［101］谁对他的肚皮更好。腊肠贩的篮子里空无一物，而克里昂的篮子里充满了好东西。靠着腊肠贩的帮助，德莫斯认识到，腊肠贩已经把自己所有的全部东西都献给了亲爱的爸爸（dear little daddy），而这个需要挨鞭子的奴隶克里昂却欺骗主人，藏起了大部分东西。克里昂抗议说，他偷东西是为了城邦的利益，也就是说，他否认城邦等同于人民。德莫斯不能允许这种区分。他命令克里昂将他先前送的金冠交出来，他要把金冠戴在腊肠贩头上。

克里昂十分清楚，这个命运迟早会赶上他，因为他知道他的神谕。但他的神谕中有一条使他确信，这个决定命运的时刻还没有到来：他现在的对手不可能是那条神谕中所说的克星和接班人。这并不是说他认为神谕指明了接班人的姓名，因为他不知道对手的名字。他确信现在的对手不是他的接班人，因为他确信神谕指明的他的接班人是某类人，而他敢保证对手不是那类人。明白地说，他知道他的接班人属于某种类型的腊肠贩，但他的对手在他看来属于高于任何腊肠贩的那类人（对观1235 – 1244）：他知道他的接班人会比他自己还流氓无赖（949 – 950），但他与我们一样感受到，他的对手不符合这条件（对观，1252）。在腊肠贩这边，他声称神谕指名道姓地点了他的名字。这个观点既不是从神谕的文本中得出的，也不是对我们所知的神谕的唯一解释（197 – 210）。克里昂继续盘问对手，要他向自己证明，尤其是向德莫斯证明，这个人不符合神谕上说的条件。让他恐惧的是，克里昂了解到，对手从小就没有接受过教育，除了庸俗和无耻之外，什么都不懂——腊肠贩这会儿隐瞒了他粗通文字（189），长大后他做腊肠生意，偶尔在同性性关系中充当被动方（1242，对观抄件行 428 注释①）。克里昂还有一点儿不死心。神谕指定作为接班人的是在城门口的腊肠贩，不是市场上的腊肠贩。当克里昂得知对手就在城门口卖腊肠时，他知道自己的末日到了，因为他非常相信他的神谕，也就是说，非常相信自己对神谕的解释。其实，神谕并没有说到任何城门与市场的区别。克里昂的解释是合理的——既然事实是，按照 [102] 神谕，克里昂的接班人不如他受人尊敬——如果我们假设在城门口摆摊的腊肠贩不如一个在市场上卖东西的人受人尊敬：散发出新教育气息的没胡须的油腔滑调者（sophisticates）整天在市场上游荡（1373 - 1381），某种意义上说，这种新教育难道不比没有教育好吗？但是，无论克里昂对神谕的解释多么合理，在运用神谕方面，他却不是腊肠贩的对手。腊肠贩宣称他就是神谕中指名道姓的人。直到克里昂再无翻身余地后，腊肠贩才透露他叫阿戈拉克里托斯（Agorakritos）；他的名字指向市场，② 而不是城门。也就是说，正如克里昂所声称，他解释的神谕把腊肠贩排除在外，或者说，他手里的神谕有利于克里昂暂时继续统治。克里昂成了受害者，不仅出于他相信自己的神谕，相信他自己对神谕的解释，而且更直接地出于腊肠贩对自己身份的撒谎：腊肠贩以一种令人惊异的聪明，预卜到克里昂对神谕的解释，并顺水推舟地撒谎。恰到好处的聪明谎言比神谕更好，无论神谕得到多么聪明的解释。腊肠贩的谎言一旦遭人识破他就可能有危险，不过他的谎言不可能被看破，因为在场的人对他一无所知；他默默无闻，为此才占了最

---

① ［译按］此处原文为"schol. on 428"，schol. 似应为 scholium 的缩写，通常指古典文献（古希腊文、拉丁文）原文中的古代注释，由于施特劳斯没有提供他所使用的原文版本，无法核实，酌译为"抄件行……注释"，下同。

② ［译按］Agora 意为"市场""公共集市"。

大的便宜。他确实在赌一把。难怪他要把胜利的奖品归功于宙斯。

腊肠贩对克里昂的神谕的运用，驱散了克里昂最后一丝怀疑，此时腊肠贩急于取而代之。这好像有违他的谦逊，更不用说他的谦卑（humility）了。这一困境在短小的一幕中得到强调，在这段戏里，消失了很长时间的得摩斯特涅斯重新出场。他完全失去了高于腊肠贩的感觉。他走到腊肠贩面前，请求他记住，他有今天的高位要感谢他，所以得给他一份肥差。腊肠贩甚至都懒得搭理他。如果说腊肠贩从得摩斯特涅斯手中骗取了他对克里昂的胜利，正如克里昂从得摩斯特涅斯手中骗取了他对斯巴达的胜利，那么，这说法就不对，因为，正如我们看到的，对克里昂的胜利完全是腊肠贩自己的功劳。不信神的（impious）得摩斯特涅斯被腊肠贩击败，正如不信神的苏格拉底被斯特瑞普西阿得斯击败。更确切地说，正如马上就要表明的，不信神的得摩斯特涅斯是被不可预测的机运（Chance）击败的，正如不信神的苏格拉底被不可预测的后果击败——斯特瑞普西阿得斯从苏格拉底关于诸神的教导中得出乱伦的结论，这是苏格拉底料想不到的。腊肠贩子远不是得摩斯特涅斯、骑士们或上好公民的工具，他证明自己是德莫斯的爱子：他现在［103］急着要求统治，因为他看出，他比德莫斯之前雇用的任何奴隶（克里昂、得摩斯特涅斯、尼基阿斯等）、比这些德莫斯迄今依靠的人们更适合照料他的老父亲。腊肠贩曾像个被遗弃的婴儿，他现在认出了他的父亲，他的父亲也认出了他，并且为自己的错误而懊悔。

当腊肠贩在室内开始照料德莫斯之时，我们欣赏第二插曲。第二插曲明显不像第一插曲那样平和；第一插曲中使骑士歌队平和的原因随着克里昂的倒台已经自动消失。另一方面，第二插曲甚至比第一插曲更回避为骑士们或诗人［阿里斯托芬］辩护或赞美；但这种回避在两个地方很可能有不同的原因。第二插曲谈论的内容和戏剧行动之间也没有很大的联系。人们也许能在赢得德莫斯欢心的最后一轮［美食］比赛与两首短歌之间找到微弱的联系，两首短歌讽刺了因极度饥饿或狼吞虎咽而声名狼藉的人。在后言次段中，歌队描述了三排桨战船叛乱，叛乱反对的是灯笼商人许佩尔波洛斯（Hyperbolos）倡导的向西方扩张的帝国主义路线。那么，我们是否可以说，第二插曲没有说出的东西比它说出的东西更有启示意义？得摩斯特涅斯刚才再次抛头露面，但只有瞬间就被打发，显然是恶兆，由此我们可以理解，为什么骑士们只在插曲开头略为影射骑手（1260），然后就绝口不提自己，绝口不谈戏剧行动。在后言首段中，他们说谴责坏人完全没有过错，不应该引起反感，但是他们谴责的这个人之所以遭到谴责，不是因为他坏——尽管他坏到家了——而是因为不同的理由：即使是最坏的邪恶，超过了克里昂的邪恶，也及不上阿里弗拉得斯（Ariphrades）那种邪恶的质地，败坏了音乐和诗歌的阿里弗拉得斯说不出的伤风败俗（obscene）。（阿里斯托芬设法说出他是多么伤风败俗。）骑士歌队难道改变了他们对什么是最坏事情的看法吗？无论是在第二插曲中还是在之后，他们再没有谈论克里昂，也没有说他的坏话。

在第二插曲期间，腊肠贩将德莫斯彻底改头换面。德莫斯原来又老又丑，腊肠贩将他变得又年轻又俊美（1321；对观柏拉图《书简二》，314ᵉ4）；他让德莫斯恢复到过往时代的状态中，不只回到商人统治之前的时代，甚至回到伯利克勒斯统治之前的时代，更确切地说，是回到忒弥斯托克勒斯统治之前的时代；他让德莫斯恢复到前民主雅典的状态中：复原之后，德莫斯看起来像过往时代的雅典贵族（对观1331与修昔底德 I. 6.3）；腊肠贩将他恢复到他在马拉松战争中的样子，恢复到他抗击蛮族的入侵、捍卫自己神圣 [104] 的邦土，但还没有开始帝国梦想时的样子。现在，骑士歌队赞颂他是希腊人之王，但腊肠贩的心里更明白，他忍住自己没有这么赞颂。一直以来，雅典越来越堕落；她越来越衰老；好公民越来越绝望，越来越愤怒，他们渴望过去的美好时光，渴望恢复祖制，也就是说，渴望雅典重返青春。雅典要重返青春，就需要人民重返青春，也就是说，需要把雅典人民带回到对上好公民的古老的敬重中。但这可能吗（对观柏拉图《书简五》，322ᵃ8–ᵇ1）？如果雅典的堕落不只是由于错误，而是由于人民的衰老，那么，人民必须实实在在地（literal）重返青春。人民要实实在在地重返青春，只能是去旧迎新，像河流的后浪逐前浪。这显然不是［雅典人民］所希望的重返青春。实实在在的重返青春要成为可能，只有把人民人格化（personified）：一个像德莫斯那样的存在者才能实实在在地重返青春，正如美狄亚（Medea）的壮举所证明的；一个人（不同于一个与人类异体合并［conflation］的存在者）能够通过巫术，或不如说，通过像腊肠贩那样的鬼斧神工（godlike action）来重返青春。德莫斯的重返青春有前兆准备，即便一把年纪，他的举止也像个有许多人追求的少年（737）；他表现得仿佛又年轻又俊美。德莫斯从来没有长大；他总是处于需要监护的状态。这一点很清楚：对过去美好时光的渴望，不可能通过政治行动来满足。满足这种渴望的非政治行动，必须来自对神奇的奇思异想（marvelous conceits）的发明（1322），也就是说，来自完全新奇的奇思异想。阿里斯托芬的谐剧以这种方式与城邦达到完全和解。这样一种和解是必要的，因为从政治上说，健康的东西是古老的东西或祖先的东西，而谐剧夸耀的东西，特别是阿里斯托芬谐剧夸耀的东西，是其奇思异想的新奇性（对观《云》547－548，《马蜂》1044，1053）。换句话说，要把雅典人带回到马拉松战争时期（腊肠贩表面上完成了这个任务），苏格拉底及其所有作为不可能做到，阿里斯托芬的谐剧也不可能做到。但是，我们现在看到，青年阿里斯托芬渴求恢复古制的新奇谐剧与青年腊肠贩［让德莫斯］重返青春的行动之间有一种秘密的关联，腊肠贩的行动要求的不只是殴打自己的父亲；它要求的是把父亲改头换面一番。

德莫斯再次出场，他已变得年轻俊美，对帮助他重返青春的恩人充满感激。他和腊肠贩的对话持续到剧终。别的谐剧结尾或临近结尾的台词都出自歌队之口，但在《骑士》的最后七十四行台词中，骑士歌队一言不发：他们像得摩斯特涅斯一样成为局外人；［105］城邦完全掌握在德莫斯和腊肠贩手中，现在，腊肠贩更像德莫斯的父亲，就如他曾是他的孩子（克里昂声称是人民的父亲［1037－

1039］，但从来不是人民的儿子）。德莫斯仍然如过去一样要人监护。腊肠贩告诉感激不尽的德莫斯，如果德莫斯知道由于重返青春自己得以改变的程度，他就会把腊肠贩当成是一个神。由于腊肠贩让德莫斯知道了那种改变的程度，我们有理由相信，德莫斯会把腊肠贩当作神，并像对神一样对待他：腊肠贩将成为德莫斯的绝对统治者。腊肠贩提醒德莫斯自己以前所犯的严重错误，怂恿他说出未来的打算，让他知道自己有多大的改变。看上去，海军沉船无论如何已确凿无疑，尽管腊肠贩绝口不提帝国或泛希腊的统治。德莫斯在此完全认同正理，他同样宣布，从现在起，没有胡须的年轻人不许在市场虚度时光，不许在那里诡辩和谈论政治；德莫斯要逼着他们去打猎。作为对他良好意图的奖赏，腊肠贩提供了一个健康的少年供他玩乐，由此确认德莫斯恢复了过去的生活。然后他献上一个妙龄女子——"三十年和约"——供他享乐，请求他带着她，到乡下去生活：随着和平的重临，这个名叫德莫斯的个体能够回到他一直渴望的乡村生活。在这个层面上，德莫斯的命运让我们想起狄凯奥波利斯的命运。但是腊肠贩可能另有深意。人民重返青春，意味着把那个堕落的、以城市生活为主、一直处于政治兴奋状态中的人民，转化为以乡村生活为主、过去时光中的人民——那时土地的耕种者只关心自己的事情，政府则由上好的人管理（对观亚里士多德《政治学》1291^{b}15 以下，1318^{b}6 以下）。如果我们记得，最后一次露面时得摩斯特涅斯受到腊肠贩怎样的待遇，我们不由会想得更深，把腊肠贩的行动放在柏拉图笔下完美的统治者获得权力后的作为中加以观照：柏拉图的完美统治者掌权之后，同样是首先就把人民"送回乡下"。在腊肠贩身上，我们肯定会看到一个超级佩西斯特拉托斯（a super-Peisistratos）的身影（对观亚里士多德《雅典政制》，16）。主人公的最后三个行动在于对克里昂施予恰当的惩罚。不出我们所料，对他的惩罚不太严厉。克里昂被判在城门口卖腊肠——不只混合了狗肉、驴肉，而且掺杂了狗和驴身上其他部分的腊肠，喝醉了酒还可以与在那里操皮肉生意的妓女拌拌嘴。

初看之下,《骑士》的团圆结局(happy ending)好像应[106]验了神谕,正如《阿卡奈人》的团圆结局看起来最终要归于神性的安菲特奥斯的行动。进一步的检视表明,这出戏剧的结尾尽管确实就是得摩斯特涅斯解读克里昂的神谕的最后结果,但却与那条神谕的精神不一致,也就是说,与得摩斯特涅斯及克里昂两个人所解释的那条神谕不一致(134,948-950,1229-1243)。这条神谕让我们期待,克里昂应该被更可鄙的人击败和取代。更一般地说,神谕似乎预示了一个越来越堕落的雅典。由于我们只听到神谕被严格引用的小部分,由于这部分内容没有证实厌恶人类的(misanthropic)解释,我们就不能说这神谕实际上是否具有厌恶人类的特征。但也许有人会说,得摩斯特涅斯与克里昂差别这么大,却对神谕的解释如此相同,那么,他们的解释就确定无疑。此外,对神谕厌恶人类的解释,在某种意义上主宰了这部戏剧的行动,它与戏剧中隐约预示的关于神的唯一教导相吻合,那就是,尼基阿斯[以他遭到诸神憎恨来]证明神的存在。这不是否认,也有热爱人类的(philanthropic)神谕,但《骑士》中引用的神谕恰恰没有预言德莫斯的伟大前程。不过,无论神或神谕的意图是什么,乐观、积极、不信神的得摩斯特涅斯将厄运转化为一种政策(policy)。他首先给神谕理性的解释,既然克里昂用无耻手段让人民神魂颠倒,要打败他,只有靠比他更无耻的人。除此以外,他还预见了神谕看起来应验之后对信奉神谕的德莫斯和克里昂的影响。并非神谕而是人的一个许诺应验了。然而,即使是得摩斯特涅斯的希望也远远没有达到这个后果。这是因为,神谕和得摩斯特涅斯都没有预料到,当得摩斯特涅斯寻找一个腊肠贩的时候,碰巧路过的这个特定的腊肠贩证明自己是个颇为非凡的人。

这个腊肠贩证明自己不但没有克里昂坏,而且比以前所有治邦者(statesmen)都要好:他证明了自己是神一样的人。尽管这个结尾与神谕和得摩斯特涅斯的计划有出入,但这也并非不可预料。随着戏剧行动的展开,这个腊肠贩的性格彻底出乎人们先前的意料:

这个下层中最下层的人证明自己是天生的统治者（born ruler），在最准确的意义上是天然的统治者（natural ruler）。最初，他似乎是一个与合礼得体的人根本不搭[107]界的人，只是合礼得体的人万不得已才利用的工具；然而到了最后，这不光彩的手段却成了大放异彩的目的，这个人甚至可以名正言顺地睥睨得摩斯特涅斯。随着戏剧的进程，越来越清楚的是，尽管腊肠贩完全缺乏教育，或者说，尽管他的举止在无耻与庸俗上超过了克里昂，但他拥有得摩斯特涅斯和尼基阿斯的各种美德，同时又摈弃了他们俩的恶习。如果可以用肃剧场景来说明这看上去完全是谐剧的场景，那么胜过得摩斯特涅斯和尼基阿斯的腊肠贩，就像莎士比亚笔下的恺撒（Julius Caesar）胜过布鲁图斯（Brutus）和凯歇斯（Cassius）一样。更何况作为一个真正应该统治的人，腊肠贩并不急于去统治；在剧中，他比任何人都更不爱管闲事，无论如何，在这方面，他完全是正义的。克里昂胜过贤人得摩斯特涅斯和尼基阿斯的那些不值得羡慕的品质，他的确具备，但他利用这些品质完全是出于得体的目的，首先是敬重比他好的人的判断，其次是遵循自己的理解力（对观《吕西斯特拉特》1109）。换句话说，哪怕是少得可怜的教养，都足以在民主社会中掌权。腊肠贩比任何人都更能满足德莫斯的种种心血来潮，但他满足德莫斯的心血来潮只是为了使德莫斯能够接受天生对他有利的东西。他能够超越得摩斯特涅斯、尼基阿斯和克里昂，因为只有他，这个来自最下层人民的孩子，才"生来就爱人民"（对观《云》1187）；他对人民充满感情。无论他小时候和长大后的表现多么有失体面，但在剧前和剧中，他对人民从来没有表现出失礼或轻蔑。城邦的天然的统治者，因此也是人民的天然的统治者，必须首先爱人民，或是人民的朋友，这种对人民的爱最可能来自人民的孩子。腊肠贩源自人民，他出于对人民的爱而废除了极端的民主制：一切为了人民，服从人民的权威，但一切都不假人民之手。阿里斯托芬由此让我们认识到，最佳政制由人民及其最优秀的孩子组成，这个最优秀的孩子如父亲般行事，换句话说，最佳政制（the best regime）

不需要一个上层阶级，不需要贤人阶级。阿里斯托芬的实验与亚里士多德在《政治学》最后两卷中的实验径相对立，在《政治学》中，我们看到最佳政制只由贤人们构成，没有任何人民；但在某种意义上，阿里斯托芬的实验预示了柏拉图笔下猪的城邦。

如果说，腊肠贩是最可欲的统治者，我们就必须修正以下观念：教育和贤人品格（gentlemanship）是［108］得体统治（decent rulership）的先决条件。重申一下，腊肠贩既缺乏正理赞扬的古代教育，也缺乏歪理赞扬的新式教育。但他却拥有进行良好统治所需要的一切美德。这意味着他的美德完全是天然的（比较修昔底德 I 138.3；尤其色诺芬《居鲁士的教育》）。他有慧根。从中可以推出，教育和贤人品格虽不是完全不重要，但不如人们一般认为的那么重要，尤其是不如贤人们认为的那么重要（比较柏拉图《拉克斯》179^{b}6–^{d}5）。在得摩斯特涅斯看来，不用说，一个出身差、教养缺、地位低的人只能是小人物（a low character）：举止得体（decency）来自得体的教养，来自上层阶级或可能是乡村的得体教养；它不可能出自城市平民的渣滓中。得摩斯特涅斯是个很聪明的人，但他却受到戏剧行动的反驳；戏里显示，他没有充分认清美德与恶习的特征与条件。对于得摩斯特涅斯的政治盲视，我们不必赘言：如果腊肠贩正如他相信的那样彻底败坏，他怎能对腊肠贩对他和同伴的感激有丝毫信任？他自己不过是（人民的）奴隶这一事实，就应该足以启发他。起初，腊肠贩认为自己只是个小流氓，是个最粗俗的家伙，相信自己因而理所当然地生活在贫民区中；也就是说，在贤人们看来，他拥有自知（self-knowledge），正如贤人们拥有自知。但正如我们回顾时看到的，腊肠贩和贤人们都缺乏自知；在戏剧结尾，腊肠贩获得了自知；得摩斯特涅斯是否获得了自知，这个不好说。关于腊肠贩的诡计多端，上好的人们拥有的唯一的证据是他亲口所说的，他喜欢孩子般的胡闹（对观483–484）。

《骑士》可以说是阿里斯托芬最具政治色彩的谐剧；它是唯一不涉及诸神、诗人和女人（和儿童）的戏剧。因此，我们不奇怪，它应当揭示出城邦的天然统治者。通过显示这个天然的统治者是一个没有受过任何教育的人,它揭示了城邦与教育之间的关系,或者说,它揭示了城邦与缪斯掌管领域之间的鸿沟。这条鸿沟像其他鸿沟一样可以搭桥跨越。但是,需要有跨越之桥,这反过来证明了鸿沟的存在。我们可以拿诗人阿里斯托芬略为伪装成为戏剧主角的《阿卡奈人》与《骑士》比较一下。在《阿卡奈人》中,狄凯奥波利斯成功地摆布了人民(《阿卡奈人》626),但那里的人民其实只是全体人民的一部分,即阿卡奈老人。狄凯奥波利斯所有的行动都表明,他不爱人民。与苏格拉底的乐趣不同,他享受的乐趣或假想的乐趣,虽然不能说与所有人分享,至少可以与大多数人分享,但他首先关心的却是独享。① [109] 换句话说,狄凯奥波利斯行为的正义性值得怀疑,而腊肠贩的正义性却毋庸置疑。与此相应,从一开始,在《骑士》中代诗人阿里斯托芬发言的不是腊肠贩,而是得摩斯特涅斯和骑士们。从所有这些来看,我们不得不收回我们乐观的暗示,即在《骑士》中,阿里斯托芬的谐剧与城邦完全和解:在好城邦中,在天然的统治者帮助之下重焕青春的城邦之中,不但苏格拉底不可能存在,阿里斯托芬也不可能存在。

阿里斯托芬的谐剧有时候被拿来与童话(fairy tales)相比较。说到童话,人们可能指的是完全正义的愿望得以实现的故事——这样的愿望要实现是不可能的,但可以描写成它实现了,这样的实现让人振奋,但并不可笑。在这个意义上,《骑士》是阿里斯托芬笔下最接近于童话的谐剧。腊肠贩——更不消说其他角色和歌队——像阿里斯托芬笔下的其他主人公一样,做了也说了许多可笑的事,但所有的或几乎所有的笑料都是对克里昂言行的故意戏仿。腊肠贩是故意以可笑的方式行事。他本身并不可笑。这在戏剧结尾变得尤其清楚。腊肠贩衣服破烂,语言肮脏,行为胡闹,无论这些多么可笑,

---

① 狄凯奥波利斯和腊肠贩都擅长烹饪(对观柏拉图《高尔吉亚》)。狄凯奥波利斯是为了满足自己,腊肠贩是为了满足人民,剧中没有强调他喂酒给人民(1187)。

一旦他显示出自己是天然的统治者，破烂衣服等东西都随之抖落，比起重焕青春、年轻俊美的德莫斯，他身披的光彩要更加炫目。那儿"自然的正当（the right of nature）光芒四射"（对观《高尔吉亚》，484^{a}6 – ^{b}1），怀着羞耻埋葬隐藏和拒绝它的一切。再没有比他不置一词地打发掉摩斯特涅斯更具有启示性。从结尾来看，天然的统治者的腊肠贩身份，看起来像童话故事中王子的伪装。但是，就像童话故事中真正的王子，《骑士》中天然的统治者是个真正的腊肠贩，他并不知道自己实际上更好，他没有声称自己实际上更好，也没希望自己实际上更好。一句话，他无论如何都不是个说大话的人。在大老粗看来——退一步说，阿里斯托芬从不忘却他们的观点——每个说自己独特或优秀的人，都是"希望有点儿与众不同"的人，或者说就是说大话的人，所以都显得可笑。从那个意义上说，苏格拉底和阿里斯托芬当然都是说大话的人。腊肠贩既不声称也不希望自己"有点与众不同"，这是其魅力的重要组成部分。或许这出戏也嘱咐我们认识到，在谐剧的界限中——在主要是针对群众说话的作品中，真正的统治者不如诗人和哲人那样容易被人嘲笑。

　　人们还必须考虑到这个事实：触发《骑士》中行动的计划［110］——得摩斯特涅斯突发奇想，要利用克里昂的神谕来令其毁灭，比起斯特瑞普西阿得斯的计划（借助苏格拉底的修辞术来赖掉他的债务）和狄凯奥波利斯的计划（通过赞助安菲特奥斯往返斯巴达的路费求取和平）要合乎情理（reasonable）得多，因此也不那么可笑。但《骑士》的团圆结局并不符合得摩斯特涅斯的计划。斯特瑞普西阿得斯求助苏格拉底和狄凯奥波利斯帮助安菲特奥斯，完全是合乎理性的（rational），相比之下，腊肠贩，这个特定的腊肠贩，恰恰就在得摩斯特涅斯读完克里昂的神谕时出现，未免也太巧合。天然的统治者通过匪夷所思的机运的行为（act of Chance）掌握大权：只有这样一种机运的行为才能将天然的统治者推向权力，这恰恰是因为天然的统治者必须是最下层人民的孩子，因此必定活得默默无闻，必定完全没有野心，或者说，必定只是通过被迫的方式才会成为一个统治者。正是首先出于这个原因,腊肠贩等于是恺撒在谐剧中的对应者。更不消说,《骑士》的团圆结局需要德莫斯重返青春,因此需要将人民人格化。像其他谐剧一样,《骑士》带有不可能的事物的可笑特征。所以,剩下的无非就是,让事情停留在合乎情理的希望上,希望城邦由具有良好教养的人或贤人来统治。①

人民的人格化不同于云和两种理的人格化,因为云和两种理代表的都是一部分人,而德莫斯是许多人异体合成的一个人;云神和两种理会说话,而德莫斯不仅会说话,还能吃饭睡觉。两种理处在云神和德莫斯之间,因为只有云神是神;德莫斯人见人怕像个僭主,只渴望受人服侍吹捧,他喂肥仆人们只是为了吞食他们(1111 - 1120, 1131 - 1140),他比两种理更缺乏神性。克里昂装得像宙斯一样,其实完全依靠德莫斯。通过将人民人格化,城邦变成了家庭。将城邦简约为家庭,有两个不同的理由。第一个理由在"手足之情"(fraternity)这个词中得到指示:所有公民成员都应该如同兄弟。第二个理由是,德莫斯回到乡下,这种回归是从说大话的领域回到享受(和获取)自然物品的领域,或者说,回到"经济/家政"(economic)生活中(805 - 9),这与狄凯奥波利斯的行动相匹配。腊肠贩的行动戏仿了克里昂的行动,或者说,克里昂的行动为腊肠贩的行动铺好了路,克里昂的行动在于使政治活动始终更是一种经济[111] 活动:人民依靠参加公民大会和当陪审员的报酬度日。但是,正如狄凯奥波利斯的私人和平不是公共和平,也就是说,不是真正的和平,腊肠贩也没有真正返回乡村;没有政治生活,就不可能有

---

① 对观《蛙》727 - 736 与《骑士》181, 185 - 186, 336 - 337。正如伯纳德特(Seth Benardete)向我指出的,这里的暗示对第二插曲结尾部分(1300 - 1315)有启发。在不可能的事件不会发生的世界中,克里昂很可能被卖灯笼的商人许佩尔波洛斯(Hyperbolos)取代。克里昂的倒台是因为发生了许多奇迹,比如,人民人格化为德莫斯老人,腊肠贩这个无人能识的天然统治者在恰当的时机碰上了得摩斯特涅斯,同样,要让许佩尔波洛斯倒台,也必须依靠奇迹,三排桨战船(triremes)要变成能够言说、会思考的存在者。

经济生活；人民并不等同于城邦（273 - 274，811 - 812，1005 - 1010）。在《骑士》中，阿里斯托芬通过将不同的个体合并为这个称为德莫斯的个人，通过女人（和孩子）的缺席，解决了这个根本性的政治困境。而在《公民大会妇女》中，阿里斯托芬将实验截然相反的解决方案。

3 《马蜂》

[112]《马蜂》（*Wasps*）的开头和《骑士》一样，是两个奴隶的对话。不同的是，《骑士》中的奴隶事实上是将军，而《马蜂》中的奴隶是真正的奴隶。相应地，开始了《骑士》的对话为激发戏剧行动的设计做出铺垫，而开始《马蜂》的对话是已在实施过程中的设计的结果——这个设计完全是奴隶们的主人布得吕克里昂（Bdelykleon）（"憎恶克里昂的人"）也就是菲洛克里昂（Philokleon①）的儿子想出来的。《骑士》中吉凶难卜的是两个奴隶的命运，或者更准确地说，是一个新买奴隶（克里昂）的命运；而《马蜂》中吉凶难卜的是主人的命运，或者更准确地说，是主人父亲的命运。与狄凯奥波利斯和斯特瑞普西阿得斯的计划不同，布得吕克里昂的计划如果没有奴隶的帮助就不能实施。

外面天还很黑。索西阿斯（Sosias）和克珊提阿斯（Xanthias）这两个奴隶正在守夜。克珊提阿斯刚才打了一会儿盹，现在被索西阿斯叫醒，索西阿斯也睡了一会儿。他们喝了酒，所以想睡觉。看起来克珊提阿斯比索西阿斯的瞌睡大，也许他喝得更多。他们彼此说起刚才做的梦。他们干的活有一点类似重甲步兵（hoplites）（359 - 364），所以，他们做的梦是公民经常做的梦；他们以不同的方式梦见城邦事务；以不同的方式梦见自己是公民（41，44，51）。《骑士》中的奴隶是真实的政治人物，《马蜂》中的奴隶只有在梦中

---

① [译按] Philokleon 意为"爱克里昂的人"。

才是政治人物。克珊提阿斯梦见一只有力的鹰扑向市场，抓住一面盾牌，把它高高地带到天上，然后，他梦到臭名昭著的懦夫克勒奥倪摩斯（Kleonymos）把盾牌扔掉了。索西阿斯说，这个梦的意思是，克勒奥倪摩斯不但把盾牌扔下地、扔下海，还扔上天（对观《和平》1186）。克珊提阿斯接受了索西阿斯的［113］解释，他认为这梦是恶兆，索西阿斯以诸神的名义发誓说这不是恶兆。但克珊提阿斯看起来比他的同伴更看重勇敢，他还是不放心；扔掉自己的武器（无论用于防守还是进攻）是件严重的事。讨论克珊提阿斯的梦（15 - 27）构成了开场戏（1 - 53）的中心部分。索西阿斯梦见的是国家（state）这整艘船；其主题是准备实施某项恶政的克里昂、克里昂的一个男仆以及阿尔喀比亚德（Alkibiades）的口齿不清；他的梦比克珊提阿斯的梦更具政治色彩；索西阿斯也对自己的梦担心不已。但是，按克珊提阿斯的解释，梦里出现了阿尔喀比亚德的干预，这梦是个吉兆，因为这暗示克里昂和他的支持者要倒霉，索西阿斯接受了这个解释。在戏剧开始时的两个梦中，政治色彩少的梦吉凶难断，而政治色彩浓的梦是个好兆头，这预示了本戏的结果尽管从政治上说最令人满意，但实际上并不会完全令人满意。

上面的观察足以解释，为什么是克珊提阿斯而不是索西阿斯在对观众说话，告诉观众戏剧开始时的局面。这个"开场"（prologue）与《骑士》的相应部分完全不同。在《骑士》的开场阶段，得摩斯特涅斯出面对观众说话（35 - 70），但《马蜂》的"开场"实际上不构成戏剧行动的一部分，而是首先——即便是简略地——涉及戏剧本身。① 克珊提阿斯要求观众不要期待某种超过其能力的宏伟之事（像《云》那样），另一方面，他要求观众不要期待一出粗俗的谐剧，像是再一出辱骂欧里庇得斯的戏，更不消说它也不是另一出辱骂克里昂的戏（像《阿卡奈人》和《骑士》那样）。然后，我们也

---

① ［原注26］克珊提阿斯对观众解释了"理"（logos）（54），得摩斯特涅斯向观众解释了"事"（pragma）（《骑士》36）。

许会期待听到,这出戏的结尾既不像《阿卡奈人》和《骑士》那样圆满,也不像《云》那样不圆满。但《马蜂》的主要角色的名字就警告我们,不要过于严肃地相信诗人阿里斯托芬关于这出戏不会粗俗的承诺。相应地,我们得到警告,不要过于严肃地对待这个许诺:即《马蜂》不会超过观众——也就是绝大多数观众,那些只会笑而没智慧,或笑过之后没变得有智慧的人——的能力。《马蜂》和阿里斯托芬的任何其他谐剧一样,是粗俗的谐剧与某种超过观众能力的东西的结合,是某种非常低的东西和某种非常高的东西的结合。克珊提阿斯勾勒了一个连阿里斯托芬都没有企望的折中之道(happy medium)。他告诉我们的戏剧主题可以小结如下:奴隶们的主人〔布得吕克里昂〕命令他们注意从屋里出来的一切人,以免他锁在屋内的父亲〔菲洛克里昂〕〔114〕离开屋子。理由是,菲洛克里昂得了一种怪病,观众中没有人能猜出是什么病。有两个人好像分别猜菲洛克里昂的病与好赌博或好喝酒有关;他俩都猜错了;菲洛克里昂尤其不可能得好酒病,因为那是合礼得体的人得的病。第三个人猜菲洛克里昂害的是好祭祀或好客病。克珊提阿斯没有否认菲洛克里昂害祭祀病,但否认了他害好客病。等观众完全(或差不多完全)猜错菲洛克里昂的病因之后,克珊提阿斯才透露,菲洛克里昂的病因是爱当陪审员审案子;实际上他颇沉迷于那种爱好。就像狄凯奥波利斯大清早出现在公民大会上那样,菲洛克里昂很早就去法庭,尽管他们的理由不同,因为菲洛克里昂是个急躁的人;在这点上他有些像年老的德莫斯,但与德莫斯不同,因为他总是急于向人施加尽可能重的惩罚(对观《骑士》67-70)。布得吕克里昂对父亲与人为敌的(misanthropic)这种病极其反感。他想尽办法医治他,包括为他举行拜祭库蓓乐女神的仪式(Corybantic rites①)净化他,但都无济于事。布得吕克里昂没其他办法,只好强行把他关在家里。

---

① 〔译按〕一种祭拜佛里吉亚(Phrygia)女神库蓓乐(Cybele)的祭仪,据考,该仪式以令人狂喜迷醉的音乐舞蹈为主,其目的之一是治疗情感上的紊乱。

如果没有奴隶们的帮助,不准他出去是很困难的,甚至是不可能的。克珊提阿斯说出主人父子的名字后,就结束了对观众的发言;他称当儿子的布得吕克里昂性格傲慢浮夸(haughty and pompous)。

睡在屋顶上面的布得吕克里昂醒了过来,叫醒并警告两个奴隶有点失职,他的父亲正想从烟囱溜出去。他只好亲手将父亲硬拖回来。菲洛克里昂接下来想开门,布得吕克里昂眼明手快,灭了他的希望。老人很惊慌,要是他无法出现在法庭上,被告就要逃脱惩罚,因为有一次在德尔斐求神谕的时候,神告诉他,如果有人因他而无罪获释,他就完蛋了。对他来说,作为陪审员,他那一票是用来杀人的剑,他是专判绞刑的人。克珊提阿斯对于远离邪恶的阿波罗有这道厌恶人类的神谕大为吃惊。菲洛克里昂威胁要咬穿罩在他身上防止逃跑的网;大家以略带夸张的方式提醒他,他的牙齿已经不行了,他只有作罢(164;对观,155 和 368 – 371)。在所有强行逃跑的努力都落空后,他决心用计;他设法模仿奥德修斯(Odysseus)逃出[独眼巨人]珀吕斐摩斯(Polyphemos)洞穴的方式来逃跑;菲洛克里昂就等于是奥德修斯在谐剧中的对应者。但是,除了 [115] 多少成功地声称他是另一个奥德修斯(这个英雄惩罚了独眼巨人和那些求婚者),硬说儿子是吃人的珀吕斐摩斯——这个儿子对待父亲就像珀吕斐摩斯存心对奥德修斯那样,也即,一个比殴打父亲的儿子更坏的儿子——他没有取得任何成功。他被迫回屋,屋子再次被严密地封锁。他完全束手无策,只有招呼他的陪审员伙伴和克里昂前来救他。他再次尝试逃跑,也没有成功。不过,由于这揭示出他逃跑的念头不断,结果反而让他儿子非常绝望。看管他的人不能歇气,因为菲洛克里昂的陪审员伙伴随时都可能到来——他们平常去法庭时,总习惯叫他一起走,到那时激战就真的要打响了;因为他们不但人数占优,而且每个人背上都有像马蜂那样的刺,他们一生气,就会像马蜂一样展开攻击。这意味着菲洛克里昂不管是否受到挑衅,他都会生气,而他的同伴要生气,则必须受到刺激。那么,布得吕克里昂还是有希望平息他们的怒气。

菲洛克里昂已经做了三次逃跑的努力,办法是改变自己或假装把自己变成另一种存在:变成烟(144),变成奥德修斯(184-185,对观193-194),变成麻雀(207)。三次努力全都失败。我们马上会看见,他的同伴们将更为成功地变成马蜂。

马蜂歌队进场了,歌队由老年人组成,他们举止面貌都像马蜂。他们尽量走得有些生气,但同时深切地意识到年龄不饶人,不由伤感地回忆起年轻时的功绩或淘气。由于天还不太亮,他们需要打着灯才能前行,灯由几个老人家里的童子提着。他们受保护人克里昂的催促,今天要按时到法庭审判富人拉克斯(Laches)。他们本人都很穷,因为战争,生活成本更高;更重要的是他们需要陪审费,才勉强够家人一天的伙食:如果不开庭,他们怎么度日?无论我们怎么看待克里昂,他这类支持者总会引起我们同情。灯火不够亮,肚子也饿得慌,其中一个马蜂和他儿子起了热烈争执,但父子最终和解了。完全不同于菲洛克里昂和他的儿子,这个普通的陪审员老人和他的儿子彼此需要;没有父亲赚来的陪审费,儿子就要饿肚皮,而[116]没有儿子提灯照路,父亲就不可能去赚陪审费。马蜂歌队到达菲洛克里昂家门前,吃惊地发现,菲洛克里昂还没有像惯常一样站在那里等待;菲洛克里昂一向是最急的陪审员,也是他们中最严厉的人,从来没有同情心。他们心想菲洛克里昂可能病了,因为昨天有个被告被判无罪。他们唱了一首歌,希望把他叫出来——因为我们记起,他不爱喝酒,但他爱唱歌(269-270;对观220与365)——他们鼓励他不要太想不开,因为今天另有机会灭掉另一个富裕的被告。

菲洛克里昂对马蜂歌队解释,他的儿子和奴隶们不让他出门,这会儿,他们正在打盹,尽管他和平时一样急着想与他们一起去施恶(inflict some evil)。他向宙斯祈祷,希望宙斯可怜一下他,要么帮他逃掉,要么帮他死掉。不能施恶的生活不值得过。显然,他已经失去了以人的手段逃跑的所有希望,即使得到马蜂歌队的帮助。他们问他,他儿子布得吕克里昂为什么不让他去法庭,他回答说,布得吕克里昂不允许他干任何恶事，但愿意供他好吃好喝——对于吃喝，菲洛克里昂说没有兴趣；他享受的不是身体的乐趣，而是让他的同胞痛苦。马蜂们完全不能理解这种事：一个老陪审员和他的儿子居然都对陪审费不感兴趣；他们肯定不需要这点钱；他们是富人。然而不同的是，父亲热烈支持（民主制的）法庭，儿子却激烈反对；马蜂歌队受过克里昂的良好训练，因此，他们推断布得吕克里昂密谋反对人民（demos）。他们明白，菲洛克里昂需要新招才能神不知鬼不觉地离开家；但菲洛克里昂觉得他自己的发明能力已经山穷水尽，于是请他们发明点什么。但他们还比不上模仿足智多谋的奥德修斯的菲洛克里昂。他们提醒他那些好战的功绩也没有任何用，因为他不再年轻灵敏，更何况，阴谋家布得吕克里昂像僭主一样解放了奴隶，将他们武装起来，用他们来对抗自己的老子（对观359–361与柏拉图《王制》562°3–563ᵃ2、567°5–7）。但事情不能再这么拖下去，因为眼看就天亮了。马蜂歌队这时称菲洛克里昂是"小蜜蜂"；他们隐约知道他不是马蜂。菲洛克里昂绝望之下——他是因为牙齿的绝望状态才绝望——决定再度使用绝望的手段，咬穿罩在他身上的网，尽管他还是有点虔诚的顾虑，因为[117]"网"（diktyon）让他联想到狄克廷娜（Diktynna）（阿尔忒弥斯[Artemis]①）。这次，他成功了。但他现在害怕儿子会发现他咬穿了网，令他逃跑的计划功亏一篑。马蜂歌队向他保证，他们将对付布得吕克里昂，使他学会不去亵渎埃琉西斯秘仪（Eleusinian mysteries），或不去无视女神的法令。菲洛克里昂和马蜂歌队都是虔诚的人，而布得吕克里昂却不虔诚。得到马蜂们的指点，菲洛克里昂想法用绳子从窗口溜出去。他们保证，如果窗子下面担当看守的奴隶要阻止他逃跑，他们就会唤起自己的血气（spiritedness），制服奴隶们；菲洛克里昂现在无所畏惧；在对家神做了祷告之后，他必须勇敢地从窗

---

① [译按] Diktynna乃网神，Artemis（狩猎女神）为其别名。

口跳下去。① 他祈祷英雄吕科斯（Lykos）怜悯他，帮助他——吕科斯像他一样，总是喜欢看见被告悲哀流泪，但在所有的英雄中，显然与宙斯相比不同的是（392 - 393；对观 327 - 328），只有吕科斯愿意降低身份坐在受惩罚的一方。毫无怜悯之心的菲洛克里昂与任何毫无怜悯之心的诸神的区别是，他需要帮助，因此需要怜悯。

菲洛克里昂偷偷溜下来，恰好被布得吕克里昂发现。布得吕克里昂叫醒克珊提阿斯，叫他打菲洛克里昂，把他赶上去。马蜂歌队恼羞成怒，准备用他们锋利的刺助菲洛克里昂一臂之力。但他们显然感受到自己的衰老，所以派提灯的仆童们去找克里昂帮忙，告诉他发生的危险；他们面对的是城邦的敌人，这个敌人宣扬新说，称不该提起诉讼。菲洛克里昂先前已经召唤过克里昂的帮助（197）。但克里昂不会来帮助陪审员们，正如陪审员们在《骑士》中不会前去帮助克里昂（《骑士》255 - 257）。无论《骑士》中陪审员们那么做有怎样的理由，《马蜂》中克里昂这样做，是因为这个蛊惑民心的政客知道，布得吕克里昂不像得摩斯特涅斯和骑士们，他对自己没有危险，或者说，菲洛克里昂的名字是个误导，不消说更是个转移注意力的埋伏，他不是克里昂的真正同伙。代表诗人阿里斯托芬的克珊提阿斯在戏剧开始就告诉我们，《马蜂》的重点不在于讽刺克里昂。《骑士》在私人生活的伪装下表现了政治问题（克里昂的恶政）：政治人物化身为家主（householder）德莫斯的奴隶们。在《马蜂》中，问题从开始就是私人的：布得吕克里昂只关心他父亲的怪病，一种与政治无关的病，一种菲洛克里昂追溯到德尔斐神谕的激情。这一激情使他与其他所有陪审员不同，使他三心二意地支持克里昂，克里昂的指控、中伤和怀疑只是满足了他加害别人的欲望。布得吕克里昂与菲洛克里昂之间［118］的［私人］问题由于马蜂

---

① 狄奥佩特斯（Diopethes）（381）让我们想到那些雅典人，他们提议通过法案，谁不信神，谁教导天上的事儿，就应该受到控告（普鲁塔克［Plutarch］《伯利克勒斯传》［Pericles］32.1）。［译按］狄奥佩特斯是个疯疯癫癫的预言家。

歌队的搅和成了政治问题,马蜂歌队去法庭是受克里昂的指令(242),正是他们指责布得吕克里昂有反民主的阴谋(342–345)。因此,虽然布得吕克里昂最关心的是与政治无关的私事,但他仍然面临一个政治问题。

布得吕克里昂带着父亲一起出来面见马蜂,再次落网的菲洛克里昂正被克珊提阿斯和索西阿斯死死抓住。布得吕克里昂呼吁马蜂安静地听他说,但他们断然拒绝。他告诉他们,他无论如何都不会放走父亲。他知道马蜂有危险的刺——克珊提阿斯是现在才知道马蜂有危险的刺(420,427;对观211–229)——他们的刺能够毁了他,正如他们毁了高尔吉亚(Gorgias)的"儿子"菲利珀斯(Philippos)(对观《鸟》1701)。马蜂下最后通牒,命令布得吕克里昂放走父亲;否则他们就要动手。菲洛克里昂请求同伴立刻进攻布得吕克里昂和他的帮手,攻击他们身体的每个适当部位。布得吕克里昂面对所有威胁不为所动,他叫出全部奴隶——奴隶的数量是他不穷的另一个证据——确保他的父亲不会被马蜂们抢走,然后,他回到屋内准备即将到来的战斗。他的沉着似乎不无理由,或至少是有效的;他的父亲再次祈求有个英雄出手帮助他,马蜂们则抱怨年岁大了受人欺负,就像菲洛克里昂,他对奴隶们那么好,结果奴隶们却恩将仇报。但是,严酷无情的菲洛克里昂让奴仆想到的是他以前对他们的鞭挞。自我标榜为又愤怒又正义的马蜂们和菲洛克里昂都威胁奴隶们,但马蜂们没有用它们的刺:菲洛克里昂则根本就没有那根刺。战斗是布得吕克里昂挑起的,他从屋里出来,拿了棍子和冒烟的火把,交给两个奴隶,命令他们将马蜂赶走。他们轻取马蜂,让克珊提阿斯再次相信他先前的看法,这看法布得吕克里昂原本并不同意:马蜂们没有任何危险性。落败的马蜂指责布得吕克里昂企图颠覆法律,成为僭主。布得吕克里昂再次提出对话及和解,马蜂仍然出于义愤加以拒绝。布得吕克里昂高估了马蜂们的战斗能力或战斗意志,他开始疑惑,要是对父亲睁一只眼闭一只眼是不是会好点儿。但事已至此,因为正如马蜂警告他的,现在他已被认作反对人民的阴谋家。他设法让他们相信，到处寻找颠覆者是多么荒唐，尤其是像他这样的［119］人，他只关心让父亲不沉迷于当陪审员，使他过上真正享乐的得体生活，但他的口舌白费了。解铃还须系铃人，僵局得靠菲洛克里昂打开，自打他儿子第二次从屋里出来后，他就没有再吭声，现在，他突然说，他宁愿审最贫乏的案件，也不要吃最丰盛的大餐。本剧的首要问题是父子间的区别，而不是克里昂的政策和对法庭的控制。布得吕克里昂回答时再次强调，他父亲奇特的癖好只是由于根深蒂固的习惯，如果大家听他说话，他会表明父亲当陪审员是在干坏事——在给看不起他的人当奴隶。菲洛克里昂不承认自己是任何人的奴隶，他说："我主宰一切。"他现在不再关心跑出去做那天的陪审员，而是关心维护他的尊严，证明当陪审员他就能主宰一切；他当陪审员首先关心的不是防止人来颠覆民主制，或者说首先关心的不是民主制的安全。菲洛克里昂建议由马蜂来裁定父子之间的分歧。布得吕克里昂同意了，他吩咐奴隶松绑，放他父亲自由。菲洛克里昂非常确信，他的诉讼理由足够强大，而且马蜂肯定站在他这一边，于是他放出话，如果他在辩论中输了，他就自杀。尽管在他看来，不出去审判，不去惩罚别人，活着就没有意义，但他对审判和惩罚的迷恋还没有到这一步，即，如果证明了他的习惯或激情是愚蠢的，他还会执迷不悟，继续沉迷。可布得吕克里昂拿不准他父亲是否愿意自杀（菲洛克里昂不会像尼基阿斯一样认为自己遭诸神恨），或者说是否还清醒。因此，他问菲洛克里昂，如果他不服从马蜂的裁决，他准备接受怎样的惩罚（在提这个问题的时候，他一时想不出一个法律术语）。不用说，如果是那样，就应用强力阻止菲洛克里昂再去参加庭审，马蜂也将不再对他感兴趣。用菲洛克里昂的话说，如果是那样，他将不会再收到陪审费。

父子两人现在准备开始辩论：陪审员究竟是主宰一切的统治者，还是蛊惑人心的政客［克里昂］的奴隶。马蜂歌队提醒他们的陪审员同伴这场辩论的危险性：如果布得吕克里昂获胜，他们这些老公民将到处被人耻笑，脸面丢尽；为了捍卫老人们的事业，菲洛克里昂必须说出点新意。当马蜂歌队告诫父亲的时候,布得吕克里昂准备写点便条记下老头将说的东西;看起来他不只是记不住法律术语,他的记忆本身似乎［120］不大好。布得吕克里昂记忆力不好,无论如何让我们想起斯特瑞普西阿得斯,布得吕克里昂殴打父亲,则让我们想起费狄庇得斯。他显然将家庭放在城邦之上,就像斯特瑞普西阿得斯和狄凯奥波利斯一样。

菲洛克里昂开始证明,陪审员的统治不亚于君王的统治,尤其是如果考虑到这个陪审员又老又穷的事实。他讲的是一般而言的陪审员,并非特指自己;比如,照他的说法,典型的陪审员都很穷,并不会老去惩罚人。事实上,正如他最后将强调的,陪审员的权力无论在哪方面都不比宙斯的权力少。所有害怕受到指控的人——在雅典谁不害怕受到指控?——为了平息陪审员的愤怒都要奉承他。被告无论多么富有,多么有势力,为了无罪释放,都需要向陪审员屈服,向他屈服也不是什么丢人的事。被告们不择手段地避免让自己看上去比陪审员优秀;他们讲些有趣的虚构故事,开些玩笑,设法转移陪审员的注意力;他们想法让他心软,逗自家孩子掉眼泪,引起他同情;他们乞求他像乞求神一样。陪审员像个神一样享受别人的自贬,尤其是位高权重者的自贬,他享受他们的乞求开恩,他们用他先前向他们显示的开恩乞求他,当他答应了开恩但又反悔之时,他享受他们的绝望。要化解陪审员天生的或习惯性的愤怒,只有通过奉承他、逗他笑,让他感动而心生怜悯。《阿卡奈人》让我们相信,要抵消阿卡奈人和马蜂那类人的愤怒和义愤(anger and indignation),谐剧是不够的,阿里斯托芬做不到的只能由欧里庇得斯来完成。现在,我们必须想一想,阿里斯托芬用笑来打动观众(包括陪审员们),是否意味着继续并完成欧里庇得斯用同情打动观众时所开启的工作:去平息他们的愤怒和义愤——这种愤怒和义愤对城邦来说事实上是避免不了的。

布得吕克里昂对他父亲说,陪审员宣称他们主宰一切,怎么没见他说的会带来的实在利益。菲洛克里昂马上简要地提了陪审员享受的一次温和的性快乐以及缪斯带来的快乐（Music pleasures）。布得吕克里昂对他说的不满意。菲洛克里昂接着又说，陪审员们的权力符号之一是，克里昂以及其他杰出人物都要给他们的身体提供这类的舒适，这让我们想起克里昂和腊肠贩对德莫斯做的一切。听他这样说，布得吕克里昂更加确信他会赢。接下来，菲洛克里昂突然想到他忘了一件好处——显然因为这好处只是家事，所以特别不[121] 起眼——那就是，陪审员从法庭上把报酬带回家，可以得到他女儿和妻子的奉承和款待。他的吃喝绝不会依靠儿子和儿子的仆人们，他是家里受到崇拜的中心。在此，菲洛克里昂首先讲到的还是典型的陪审员，不是特指他自己①——就我们所知，他没有妻子，也没有女儿。下面的对话也印证了这点，菲洛克里昂声称，布得吕克里昂一定害怕他到极点，而他根本不怕布得吕克里昂：[其实] 布得吕克里昂害怕的是一般而言的陪审员，但他根本不怕菲洛克里昂。而且，菲洛克里昂这时候描述的陪审员的特征将他自己与所有或绝大多数陪审员完全区别开来：绝大多数陪审员没有不差钱的儿子。但是，既然有钱能增强陪审员的伟大感，菲洛克里昂的话总体来说使马蜂们相信，他们都生活在幸福岛（Isles of the Blessed）上，这比其他任何话都更使他们心满意足。想着儿子马上要认输，看着儿子脸上的绝望，菲洛克里昂心花怒放。马蜂们决定给布得吕克里昂一次机会，平息他们的愤怒，而不用再徒劳地反驳他父亲。

　　布得吕克里昂意识到了这困难。他知道，要医治城邦长期以来根深蒂固的老毛病很困难，这需要更好的头脑，不是谐剧诗人们能够胜任的。他父亲和马蜂们的联盟已经迫使他不但要医治他父亲的病，还要医治马蜂们的病。因为他相信他能够医治这病，所以他开口就表明，他不是一个谐剧诗人。但他任务之艰巨还是有些令他震惊，先前他从来没有表现出敬神的迹象，但现在看似也需要请求宙斯帮助，他才能医治这种病。当他呼唤宙斯"我们的父亲，克洛诺

---

① 考虑一下行975-76中从单数到复数的转变所指示的相反情形。

斯(Kronos)之子"——宙斯是诸神和人类的父亲,他捆绑了自己的父亲克洛诺斯——时,菲洛克里昂打断他的话,叫他不要再提父亲,并且威胁布得吕克里昂,如果儿子赢不了他,他就杀了他;见此,布得吕克里昂不再呼唤"我们的父亲"宙斯,转而呼唤"亲爱的爸爸"菲洛克里昂。他请求父亲大致算出城邦的税收和每年付给六千陪审员(dikasts)的费用。根据布得吕克里昂的数据,菲洛克里昂才搞明白,付给陪审员的费用不到税收的一成。他对结果很吃惊,于是追问大量的税收到哪里去了。布得吕克里昂当然回答说,到了蛊惑人心的政客们手里,非但如此,蛊惑人心的政客们还从臣邦接受大量的贿赂和礼物,这部分东西,陪审员们更是[122]根本无从染指。菲洛克里昂不能否认这些事实,但在他看来,陪审员们的报酬遭到克扣,不能证明他们是蛊惑人心的政客们的奴隶。布得吕克里昂对这至关重要的一点做了论证。他对比了陪审员生活的艰辛和贫穷与蛊惑人心的政客们生活的轻松及其权钱交易,陪审员们不得不听从的正是蛊惑家们的指使。菲洛克里昂以前完全没有意识那些交易,他现在开始认真质疑自己是否真的有宙斯一样的权力。布得吕克里昂反复强调这个教训,他指出,雅典帝国地大物博,资源丰富,每个雅典人本来都能过上幸福生活,但是蛊惑人心的政客们故意让雅典人贫穷,以便他们永远听令于蛊惑人心者,感激他施舍的残羹。这番论证让我们想起狄凯奥波利斯击败拉马科斯赢得阿卡奈人赞同的论证,它成功了:菲洛克里昂心悦诚服。菲洛克里昂弃剑投降,他原本承诺,儿子输了就用它来杀儿子,自己输了就用它来自杀(714;对观522–523和653–654)。布得吕克里昂继续说,即使蛊惑人心者开始害怕人民,他们还是只会凭空许诺,绝不履行。他最后总结说,正是因为陪审团被蛊惑人心者愚弄,他才将父亲关在家,现在,只要父亲不去当陪审员,他愿意像以往那样满足他任何愿望。我们注意到,布得吕克里昂没有尝试阻止其他人继续当陪审员——其他人抢着当陪审员,不是因为相信这是多么光彩的事情,而是因为他们需要这份报酬养家糊口活命,他们没有不差钱的儿子。或者换句话说，布得吕克里昂不关心废除甚或改革现有的司法制度。他是个只关心自己事务的人。

马蜂歌队现在能够宣布判决了。他们决定坚定地支持布得吕克里昂。他们请求菲洛克里昂不要顽固或不讲道理，而要接受此时此刻在场的神的礼物。他们让他注意他与他们之间的区别：他有福气，才有这样善良明理的儿子。布得吕克里昂也乘机列举了他将提供给父亲的享乐与舒适。但是，菲洛克里昂没有表态，这使布得吕克里昂担心自己是不是仍处于回天无力的状态。马蜂们安慰他说，他父亲不说话，可能是因为他正在考虑先前的错误，需要时间改变心意。然而，事实证明他们想错了。菲洛克里昂仍然顽固坚持，他喜欢判刑甚于一切享乐和舒适。布得吕克里昂的话对他产生的唯一效果 [123] 是，他现在愿意对贪污公款的克里昂判刑：他想以此来表明他比克里昂还强大，最终他将获得先前误以为拥有的宙斯一样的权力。然而，由于他失去了马蜂歌队的支持，他不可能有希望再去判罚任何人。因此，毫不奇怪，经过几番犹豫，他接受了儿子提出的折中方案：他继续审判，不是去法庭，而是在家里，这里有足够多的仆人需要审判。布得吕克里昂用两个字轻易向他父亲证明，他在"这里"审判比在"那里"审判要舒服得多。菲洛克里昂面临的唯一难题是，他在家里审判的时候，他不知道谁给他陪审费。布得吕克里昂用两个字轻易就解决了这个难题。现在，菲洛克里昂完全认命了。现在看起来，对他来说，使生活值得过的，不再是他的判罚很重要，或判罚使他如同宙斯，而是这样的判罚本身。布得吕克里昂殴打父亲的行为完全成功了。他含蓄地说服了年老的马蜂歌队，让他们相信他殴打父亲的行为是正义的，正如狄凯奥波利斯说服年老的阿卡奈人歌队，让他们相信他通敌的行为是正义的。这种殴打父亲已经得到人民的完全认可，因为它看似明显出于智慧的儿子对愚蠢而讨厌的父亲的好意，在这事情上，人民有能力判断；它不是来自 physiologia［自然学］，或者说，明显的不虔诚。有人或许还会说，在动用强力之前，布得吕克里昂已经尝试了所有祖传的或虔诚的办法来医治他父亲（112 – 125）。

布得吕克里昂到屋里去准备开庭的东西，为了弥补菲洛克里昂被长时间羁押造成的损失，审判必须马上开始。布得吕克里昂说完他的话后，马蜂歌队感到有一个神在场。在那时，菲洛克里昂仍然不大甘心放弃当陪审员的必然性，因为德尔斐的神给了他神谕，如果任何被告逃出他的判罚，他就会完蛋（158 – 160，733）。现在，事情定下来，他能够继续配合神谕的指令，这时菲洛克里昂突然想起，另一条神谕预言到家里的法庭会替代公共法庭，于是相信他服从儿子的愿望并没有违背诸神的意志。当布得吕克里昂拿着开庭的工具出来的时候，他父亲起初以为他只漏掉了一样东西，他最喜欢的英雄吕科斯的神龛，但他想错了，因为布得吕克里昂从来没有忘记过这东西；不过，布得吕克里昂的确忘了另一样［124］神圣的东西，菲洛克里昂只有亲自进屋里去取。恰在这当口发生了一件事，狗儿拉贝斯（Labes）偷吃了一块西西里奶酪，因此，自然就成为菲洛克里昂恰当的审判对象。在一名仆人的建议下，另一条狗将扮演原告。在准备开庭的最后过程中，虽然父亲对儿子有些不耐烦，因为他急着开庭，担心儿子可能忘记准备某种传统工具；殴打父亲的儿子也对父亲有些不耐烦，因为老头子固守本地习俗，总是以为儿子忘了这个或那个习惯上开庭所需的工具。但总体说来，父子之间还是维持着绝好的关系。

布得吕克里昂用新颖的敬神方式宣布开庭。马蜂歌队祈祷皮托的阿波罗（Pythian Apollon）保佑布得吕克里昂的审判取得成功，符合他们的利益。布得吕克里昂对家里的保护神阿波罗·阿癸伊欧斯（Apollon Aguieus）祈祷，愿自己能缓和他父亲严厉火爆的脾气，使他温和有同情心。接着，狗儿克伊昂（Kyon）（克里昂的同宗）指控狗儿拉贝斯（拉克斯的同宗）吃了西西里奶酪，没有与其他任何狗分享。菲洛克里昂对原告和被告都不满，但在这个情形下他能指望的最多就是惩处被告。克伊昂庄严地宣读了对拉贝斯的指控。人们很容易将原告看做汪汪叫的狗，或者把汪汪叫的狗看做原告。克伊昂的准确指控的大意是，拉贝斯偷了西西里奶酪没有分他一份，尽管他要求过。按照菲洛克里昂的判罚，拉贝斯的罪行不在于偷窃行为，而在于没有与共同体成员即陪审员们分享赃物。他忽略了他儿子的要求，即不该在倾听被告陈辞之前审判；他的脾气还像过去一样严厉火爆。由于拉贝斯被菲洛克里昂吓坏了，根本不敢开口为自己辩护——人们很难把狗的汪汪叫声当成申辩之词——布得吕克里昂就为他辩护。布得吕克里昂赞扬拉贝斯是现在活着的最好的狗，是管理许多羊的恰当的统治者，也就是说，拉贝斯比原告更好，作为指挥官要更得他宠爱；拉贝斯的贡献是巨大的；如果他真偷了东西的话，也应该得到原谅，那是他缺乏缪斯式教育（Music education）的缘故（对比柏拉图《拉克斯》中拉克斯的表白）。当布得吕克里昂将拉贝斯远离家的艰苦（hard）生活与克伊昂在家中的轻松（soft）生活进行对比之时，菲洛克里昂第一次有了陌生的感觉，对被告产生了同情。布得吕克里昂接着把拉贝斯生的小狗带进来，让他们哀求、哄骗严厉执法的法官菲洛克里昂，达到加深同情的效果。菲洛克里昂的确落泪了，但不是出于怜悯。对于拉贝斯来说，一切看上去很不妙。但是，由于布得吕克里昂施行的诡计，他的父亲投 [125] 票赞成无罪释放。当这个老人认识到他已经宣布被告无罪后，他昏厥过去；因为，正如他醒来后解释，他无罪释放一个人后就会感到良心不安（bad conscience），他担心诸神会给他带来某些麻烦；他请求诸神原谅他，因为他不是有意这样做的，这样做违背了他的习惯。他这样说让我们想起了那条德尔斐的神谕。我们还想起，当事情定下来，即他不会再参加公共法庭时，他没有昏厥。我们最后还想起，他迷恋判刑的根本原因不是他相信判刑者具有宙斯一般的特征。我们现在看到，根本原因是他怕诸神对于同情心的暴怒。正是这种害怕使他毫无同情心，使他享受施恶的乐趣。正是这种害怕将他与马蜂歌队区别开来，激发马蜂们的是纯粹政治的动机，更不消说还有经济的动机。菲洛克里昂不是一个马蜂。考虑到马蜂式易怒（waspishness）的对立面是温和（gentleness），我们不妨出于上述理由称菲洛克里昂是个超级马蜂（superwasp），而布得吕克里昂根本就是个非马蜂（nonwasp）。《马蜂》的核心行动与马蜂们根本没有关系，而是菲洛克里昂这个超级马蜂与布得吕克里昂这个非马蜂之间的斗争。在见证了布得吕克里昂看起来对他父亲的彻底胜利之后，我们忍不住会提出的问题是，菲洛克里昂根除了他良心的不安或恐惧吗？布得吕克里昂很可能知道神谕的事，他告诉父亲不要担心，要想想前方等着他的享乐；他显然不理解或不重视老人的忧虑。菲洛克里昂别无选择，只有屈服。他究竟担心什么，我们暂时不得而知，因为他尾随儿子进了屋；此时，插曲起到了隐藏他担心的作用。

在《马蜂》中，插曲出现得很晚，从比例上说，要比《骑士》和《云》中插曲的出场晚许多，甚至比《阿卡奈人》中插曲的出场还晚。在《骑士》和《云》中，插曲一结束，戏剧的上半部分就马上结束。在《阿卡奈人》中，插曲出现在下半场，但在下半场大约三分之二之前插曲就早已结束了。然而，在《马蜂》中，插曲大约在下半场的三分之二之后才开始。《阿卡奈人》中插曲出现较晚的原因是，戏剧行动主要的冲突在歌队（阿卡奈人）和诗人（主要角色）之间，因此，在阿卡奈人与狄凯奥波利斯完全和解之前，歌队不能很好地为诗人代言；一旦阿卡奈人与狄凯奥波利斯达成和解——在就可能性而言最早的时候——插曲立刻就出场。在《骑士》和《云》中，歌队与诗人之间没［126］有冲突。在《马蜂》中，歌队与诗人之间显然也有冲突，因为马蜂们支持克里昂，而诗人反对克里昂。换句话说，布得吕克里昂反驳菲洛克里昂令我们想起狄凯奥波利斯反驳拉马科斯；相应地，人们会期待，在马蜂与布得吕克里昂和解之后插曲应该立刻出场。然而，这一期待落空了，这个事实表明，布得吕克里昂与马蜂之间和解的重要性没有狄凯奥波利斯与阿卡奈人之间的和解那么大：布得吕克里昂行事傲慢浮夸，他的名字是阿里斯托芬笔下人物中最丑的名字，他与狄凯奥波利斯不同，不是一个谐剧诗人。马蜂们与诗人对政策或克里昂的看法有冲突，但这不是马蜂与诗人本身之间的冲突。正如《阿卡奈人》和

《马蜂》各自的插曲位置所指出的，跟阿卡奈人与狄凯奥波利斯之间的和解——即狄凯奥波利斯治疗或改变了阿卡奈人——位置相当的（homologue），并非马蜂与布得吕克里昂之间的和解，而是布得吕克里昂治疗或改变了菲洛克里昂对判刑的沉迷。马蜂对于《马蜂》的重要性远没有阿卡奈人对于《阿卡奈人》的重要性那么大。在《骑士》和《云》中，德莫斯和斯特瑞普西阿得斯的病只能在戏剧临近结尾才能得到治疗。在《阿卡奈人》中，紧接着插曲的部分表现了狄凯奥波利斯如何对待他所获得的私人和平，从而揭示了和平对他的意义。但是，在《马蜂》中，紧接插曲的内容不是表现布得吕克里昂如何对待他父亲的治疗和转变（对此他已经告诉我们足够多），而是治疗或转变之后的菲洛克里昂做了些什么；事实将证明，菲洛克里昂的治疗和转变没有阿卡奈人的治疗和转变那么彻底。也就是说，布得吕克里昂非但不是谐剧诗人，而且他还远没有菲洛克里昂重要。

在插曲正文中，马蜂们明确地以诗人［阿里斯托芬］的名义谴责观众。尽管诗人赋予公民们很多好处，但无论在诗人刚出道时——那时他用另一个人的名字写谐剧，像会口技的人那样说话——还是后来在他得心应手地驾驭自己的缪斯之口时，公民们都委屈了他。他过去确实在雅典比任何人都受到尊重，但他既没有变得飘飘然，也没有变得无礼，更没有利用他的缪斯来拉皮条（procuress）。他也不曾攻击人类本身（mere human beings），他只是带着一种赫拉克勒斯式的愤怒，通过无畏地［127］对付那个恶魔般的克里昂本人，尝试做最伟大的事——这是一项他现在仍然在进行的事业。在这点上诗人没有指责观众，由此指出雅典人充分认识到了他反抗克里昂的价值。他有正当理由抱怨的是他去年的谐剧的命运，在那部谐剧中，他攻击了法庭演说家们（forensic orators）——他们为弑父这样的邪恶事情辩护，这种事对那些不爱管闲事的人尤其有害——同时播种了各种最新颖的奇思异想：雅典人不允许那些种子萌芽（他指的是《云》）。诗人向狄奥倪索斯连连发誓（1046；对观《云》519），称他们从来没有听过比他去年谐剧中的台词更好的台词。雅典人没有立刻看出这一点,简直是丢脸。诗人没有说,雅典人欣赏不来《云》对法庭演说家们的攻击。幸运的是,他"数不胜数"的失败丝毫没有分散智者(the wise)对他的关注。他最后警告说,雅典人如果希望活在聪明的名声中,就必须珍惜和培育致力于发明和言说新生事物的人,必须保护那些人的新思想,将这些新思想锁在保险柜中。看起来,阿里斯托芬认为《云》的重要性远远超过他反对克里昂的斗争。我们已经看到,《马蜂》的重心不是反对克里昂的斗争。

《马蜂》插曲正文之后的部分表现的是马蜂,正如《云》《阿卡奈人》和《骑士》在相应位置分别表现云神、阿卡奈人和骑士(或分别表现属于云神、阿卡奈人和骑士的存在者)。马蜂与云神和骑士不同,他们没有求助任何神;在这一点上,正如在其他许多方面一样,他们与阿卡奈人相似,阿卡奈人也只求助于他们的缪斯。马蜂歌唱了他们往昔的青春岁月,那时,无论在歌队比赛中还是在战场上(但不是在法庭),他们都最是争强好斗,尽管青春早已不在,他们仍然认为自己在活力上压倒当下颓废堕落的青年。他们年轻时无所畏惧,一举粉碎敌人,因为他们并不关心是否说得好;他们首要的责任是令其他许多城邦纳贡称臣,而今的年轻人却只会偷取这些贡品。他们对观众解释他们为什么会有马蜂的本性即面貌。他们是真正土生土长的阿提卡之子,是最具男子气的一脉,充满血气和愤怒,正是他们击败了波斯人。这群雅典老人的风范和生活方式有点像马蜂:他们受到刺激时特别容易愤怒和暴跳如雷;他们成群结队行动;他们通过"刺"人得到生活费用;在他们中间也有无刺的雄蜂。[128]他们感到最痛苦的是,从来没有打过仗的人得到了本来属于马蜂的那一份报酬。因而他们提出的唯一的政治改革主张是,没有刺的人从此不应该获得陪审费。他们驱除了任何徘徊不去的怀疑,他们其实坚决维护现有的陪审体制,或者说,他们与布得吕克里昂的和解其实建立在对现有体制的默认之上(他们一点儿没有注意布得吕克里昂奇妙的"动员承诺"[campaign promises];对观698-712)。但他们极度赞扬自己在战争中的表现,尤其是在对蛮族的战争中的表现。他们的品味从根本上说与正理的品味相同。在战场上，马蜂式易怒（waspishness）能得到最好的利用，当然它也是不可缺少的。在审判中，马蜂式易怒或许只是恰当运用的马蜂式易怒的不可避免的赘生物；因为，城邦为坚守自身和反击外敌所需的种种品质，若非影响到同胞公民彼此对待的行为方式，将很难激发出那种马蜂式的易怒，尤其在战争期间。

菲洛克里昂在儿子的陪同下再次出现时，还是没丢掉习惯性的暴躁脾气，但他不再对违背神的命令而良心不安。据说，他的老脾气是因为他缺乏得到善待的欲望，或者说他缺乏得到一般意义上的好东西的欲望：他会不会仍然宁愿恶待别人（168，322，340），也不想别人善待他？他显然讨厌儿子强迫他穿的在埃克巴塔那（Ekbatana）织成的羊毛披风和拉孔尼亚鞋（Laconian shoes①）。菲洛克里昂与他儿子相比截然不同，他讨厌一切外邦的东西，尤其讨厌让他想起斯巴达的每种东西；布得吕克里昂承认，父亲不像他希望的那样，穿上新衣后看上去没能像个有点儿女人气的（effeminate）时尚富人，也没能昂首阔步地摆摆架子。当儿子强迫他穿波斯羊毛披风时，菲洛克里昂更是连连发誓，说他不高兴生养儿子；这让我们回想起他要杀儿子的话（653-654），我们很快也会看到他将等着他儿子的死（1352-1354）；菲洛克里昂与马蜂相比截然不同，他是最不自然的（unnatural）父亲。他完全不适合他儿子设法教育他去享受的精致生活。在布得吕克里昂正式穿戴好父亲之后，这个带着傲慢兼庄重（stately）举止的人转身走向布景中心，为老人准备庄重的言辞，以便他与聪明博学的人为伍。菲洛克里昂本来要讲述神话或寓言，比如殴打母亲的神话，然而按照布得吕克里昂的想法，人们在这种场合必须讲人间的事情，诸如家庭生活中发生的事情；可以说，

---

① ［译按］Ekbatana 位于波斯。拉孔尼亚（Laconia）位于伯罗奔半岛东南部，拉克岱蒙（Lacedaemon）的别称，后者在古典文献（荷马、希罗多德、修昔底德等）中常用于指称古希腊城邦斯巴达。

这类谈话应该是欧里庇得斯式的谈话而不是埃斯库罗斯式的谈话（对观《蛙》959-960）。菲洛［129］克里昂能够随便地讲述关于家畜的寓言，但这当然不是他儿子希望他讲的东西。布得吕克里昂脑中想到的是某个人经历过的辉煌事情，像陪伴大人物看过比赛，或者更准确地说，陪同大人物看过体育比赛，此人应当能够像有智慧的人一样，对参赛选手的身材等等进行中肯的点评。菲洛克里昂并不很擅长这些事。无论他多么讨人厌，我们开始怀疑，他是不是就真不如他无瑕甚至友好的儿子——布得吕克里昂显得越来越有点儿像道学先生（priggish）。他接下来问父亲，当与其他城邦来的豪杰喝酒的时候，他会讲哪些当年男子气的壮举，那种时候，说点儿大话是不可避免的。布得吕克里昂希望父亲告诉他们一些狩猎之类的功绩，但菲洛克里昂在这方面没有可讲的。人们开始想知道，菲洛克里昂缺乏种种社交礼仪是不是因为他一直都很穷；也就是说，人们开始想知道，布得吕克里昂是不是个暴发户（nouveau riche），他希望人们认为他生于世代富贵之家。布得吕克里昂引导他父亲进入上流社会的培训共有五部分，第五部分也即最后一部分是教他如何赴宴。在这部分，他对待父亲的方式让人隐约想到苏格拉底对待斯特瑞普西阿得斯的方式（对观 1208-1209 与《云》649, 694），但这两对人之间的差异非常明显，因此关于这个论题毋庸多言。除了其他东西外，菲洛克里昂还学到一种得体的躺法。在排练一场宴会场景时，布得吕克里昂假令其中一位同席的是克里昂，为了教导父亲，他亲自扮演这个角色；看起来布得吕克里昂和克里昂来自相同的社会阶层，尽管布得吕克里昂不（不再）是一个商贩。或许除了无礼地冒犯了克里昂外，在唱饮酒歌等方面菲洛克里昂证明自己达到了布得吕克里昂的要求。然而，菲洛克里昂仍然不希望与喝酒有任何干系（对观 78-80），他说"喝酒不好"，因为喝酒会造成攻击和殴打，最终要被罚款。布得吕克里昂否认说，若是在贤人风范的社会喝酒，就不会有罚款，罚款的位置会被得体迷人的笑话所取代。菲洛克里昂对这个前景很感兴趣：如果他做了坏事，比如伤害了别人，他可以不用遭罚款。他好像在转变,从依靠判罚的方式来伤害他人,到用非司法的能力来伤害他人,并且不用担心自己受到司法判罚。

布得吕克里昂和父亲吃饭喝酒的时候,插曲结束[130]后一直没有开口的马蜂此时演唱了第二小插曲(rudimentary second parabasis)。他们不再谈论自己;他们不再是具有重要意义的马蜂。看见戏剧中的主人公们在吃大餐,他们首先想到的是与之形成反差的饱受克里昂折磨的雅典饥民的进餐。然后,他们赞美了一个父亲,他有三个极为多才多艺的儿子(Music sons),其中最有天赋的是阿里弗拉得斯(Ariphrades),《骑士》的第二插曲把这个人形容为音乐和诗歌的败坏者,比克里昂还坏;这里把他的一切成就都归因于自然而不是教育。菲洛克里昂有个渴望庄重事物的儿子,尽管布得吕克里昂与阿里弗拉得斯两个人要多不同有多不同,但如果说菲洛克里昂这个父亲让马蜂们想到了阿里弗拉得斯的父亲,那么,是不是说布得吕克里昂节制的优点要完全归功于他的教育?马蜂最后用第一人称单数指出——仿佛他们就是诗人阿里斯托芬——虽然克里昂能够让他暂时沉默,但终究对他无可奈何。诗人权力的界限在别处。

宴会上的事情是布得吕克里昂的一个仆人告诉我们的,他从那里回来,饱受了前陪审员菲洛克里昂施加的痛打。菲洛克里昂酒后的反应大于同座宾客,到目前为止是他们所有人中最失礼的人。此前,他一直痛恨所有的好东西,尤其是酒,但他这一次灌了许多好东西之后,开始手舞足蹈、蹦蹦跳跳、嘲讽挖苦,还以其他方式举止不端,也就是说,完全照歪理的指点行事(《云》1078)。当他出格的行为让在座的一个人将他比喻成各种可鄙的人物时,他立刻大吼大叫,以牙还牙,力压对手。在座的人都觉得这一幕好玩,只有一个人除外,此人觉得自己的品味受到了冒犯;菲洛克里昂就专以这人为靶子,说他在装模作样。菲洛克里昂用低俗的话语逐一侮辱每个人,胡乱地讲些毫无意义的故事。总之,他的作为就像最恶俗的谐剧中的人物。仆人没有说菲洛克里昂如何对他儿子,他儿子对他的做法又怎么反应;也许布得吕克里昂尴尬地躲了起来。菲洛克里昂彻底喝醉后，离座回家，一路上见人就打。仆人们看见他蹒跚着走进，吓得慌忙逃窜，生怕再被暴打一顿。受到菲洛克里昂侮辱的人跟在他后面，威胁着要送他上法庭。他将他们赶跑，说他再不想听到"官司"这个词。他像以前一样邪恶狠毒，至少从我们认识[131]他起他就是这样；他的邪恶是出于本性。但他邪恶的方式有了根本变化；他的邪恶不再受神谕的引导，而是受酒精的支配。菲洛克里昂违背神的命令对他并没有产生坏的后果，这个事实好像让他的良心安定下来；他不再受他的本性驱使，用司法的形式判罚他人，但他现在有可能让他自己受到司法的判罚。他儿子希望父亲用亲切逢迎的方式说话逃脱刑事迫害，但他似乎失望了，因为这个老头不计后果地屈从他本性的驱使。菲洛克里昂现在的全部心思都在从酒友那里抢来的吹箫裸女，他急着要享受她，根本不在乎对方可能并没有他那样急迫。作为回报，他许诺等他儿子一死就娶她为妾，因为目前他还不能支配儿子的财产，他的年岁还不够。极为小气的（extremely stingy）布得吕克里昂发着脾气，关注着父亲的每一步，因为他怕他唯一的父亲变坏堕落。菲洛克里昂不仅不再有定别人罪的急切心情，还与儿子交换了角色。虽然他仍然是他儿子的父亲，但他不再衰老。他重新焕发了青春，而他那道学气十足的儿子则成了青春不再的老人。因为被儿子殴打过，菲洛克里昂这个从来不高兴做布得吕克里昂父亲的人，变成了等待父亲死去的年轻儿子（对观，1297-1298）；父子关系颠倒了：正义的儿子担心淘气的父亲变坏。换句话说，菲洛克里昂现在开了窍（1363）。他从喜欢法庭转向喜欢美女和美酒，这让我们想起狄凯奥波利斯离开战争后的相应转变。

在接下来一幕，布得吕克里昂完全意识到他再教育的成功，这一幕包括三部分。第一部分，他把这个吹箫女从他父亲手中抢走，他的理由是，菲洛克里昂的年龄太大；他因此违背了他先前许下的诺言（739-740）。但这老人不再有心情或能力坚持他的权利。为了报复，他按照他儿子建议的方式讲了一个故事——一个他看到的发生在体育比赛中的故事；但是，他没有落名字，这故事很切合当下的情形。在第二部分,一个卖面包的女人指控菲洛克里昂打了她,毁了她的商品,要求赔偿损失。布得吕克里昂不赞同父亲的行为,警告父亲说他们会去法庭告他,对此菲洛克里昂按照从儿子那里受到的教导回答说,他可以给这女人讲聪明的故事、亲切的故事,以此与她和解。[132] 但菲洛克里昂讲的故事纯粹是对这女人的侮辱,后者只好把他告到当局。与她一起去的凯瑞丰(Chairephon)为她作证。菲洛克里昂嘲笑这个女人和凯瑞丰,作为添头他还嘲笑了欧里庇得斯。他差不多到了这样的境地:他反对每个人,每个人也都反对他;面对他极端的不守成规,甚至首要的不守成规者(the arch nonconformist)苏格拉底的忠实同伴凯瑞丰也跑到了法律和秩序一边。甚至布得吕克里昂也变得无话可说。在这一幕的最后部分,菲洛克里昂再次被人告上法庭。这个人也带了证人,他告他纯粹是出于愤慨。布得吕克里昂敦促原告撤诉:他愿意付给被告他所要求的任何赔偿费。菲洛克里昂高兴地坦白,他打了这个人,扔石头砸他,他在法庭上打断原告的话,同样按照儿子教的办法,对受害人讲了一个故事——这个故事纯粹是往伤上撒盐。布得吕克里昂和受害人对此都很厌恶。菲洛克里昂于是又讲了一个同类的故事,起到了同样的效果。布得吕克里昂只好再次动用强力,将父亲拖进屋,甚至在这时,菲洛克里昂还在继续讲同类的故事。

我们刚才总结的这一幕,似乎表明布得吕克里昂重新教育父亲的努力彻底失败了;在这一幕中,淘气的父亲对严肃的儿子进行了一种单一的戏仿。布得吕克里昂许诺,只要用亲切逢迎的方式说话,酒醉后的任何不端行为都会免于司法迫害,但是,菲洛克里昂凭着全然的肆心(hybris),就令这诺言失效。人们不能把布得吕克里昂的失败追究到他殴打父亲的行为,因为这个行为是完全成功的,这个行为之所以得以成功,正是因为它不用苏格拉底的支持,反倒是凭借与苏格拉底的禁欲主义完全相反的一种精神:为了诱使父亲享受好生活,布得吕克里昂才动用了强力。他对父亲再教育的失败,确实让我们想起苏格拉底再教育斯特瑞普西阿得斯的失败(菲洛克里昂像《云》结尾的斯特瑞普西阿得斯，与凯瑞丰站在敌对的阵营；苏格拉底被迫谴责斯特瑞普西阿得斯，因为他像谐剧家一样玩笑行事——《云》296）。苏格拉底和布得吕克里昂都高估了教育的力量，或者说都错判了这些接受再教育的老人们的本性；但布得吕克里昂认识他的学生很长时间，而且他没有借口说他鄙视朝生暮死的事物。这个傲慢浮夸的人过于抬高教育和贤人品格（gentlemanship）的概念（见前文，页 107 - 108①），正如他不理解神谕对他父亲的重要性（见前文，页125）。[133] 对贤人品格的质疑暗含在《马蜂》的行动中，正如它以不同的方式暗含在《骑士》的行动中，这种质疑在菲洛克里昂对儿子认为是良好社会的平淡享乐的嫌恶之中公开显露，也在他对儿子的戏仿之中公开显露。

即便布得吕克里昂已经失败，这也并不就意味着诗人阿里斯托芬不赞成他的计划：阻止恶意的陪审员将恶意发泄在被告身上，那显然是合乎情理的。那么，布得吕克里昂的失败究竟意味着什么？

即便布得吕克里昂已经失败，马蜂们也并没有意识到这一点。原因是他们嫉妒菲洛克里昂的命运，嫉妒他面前的温柔乡生活（soft life）。事实上，他们确实不太肯定他是否习惯这样的温柔生活，因为人的本性和习惯难移；但是，只要一个人受到他人思想的影响，改变此人的习惯绝非不可能，对此，没有人比马蜂们更明白。尽管他们还不能判断菲洛克里昂（他们刚刚目睹了他令人愤慨的行为），他们仍毫不犹豫地盛赞他的儿子，为了他对父亲的爱和他的智慧；他们从来没有见过像他那样温和善良的人。当然，他们还不至于说他用力拉父亲进屋是温和的行为，但在菲洛克里昂进屋之后，他们立刻赞美布得吕克里昂，这表明他们还是赞同他的做法。他们用布得吕克里昂自己的话来证明他的温和：他说，希望父亲不再迷恋判罚，而是追求更庄严的事物。在冲突的情况下——那种情况现在发生了——马蜂们和布得吕克里昂站在一起反对菲洛克里昂。菲洛克里昂现在彻底孤立。

---

① ［译按］此为原文页码，下同。

一个仆人出来告诉歌队或观众,有个神给家里带来麻烦,此人以恰当的方式对狄奥倪索斯发誓,也许他就是在戏剧开头扮演诗人阿里斯托芬代言人的克珊提阿斯。喝酒和听箫之后,菲洛克里昂得意忘形;他以古老的方式不停地舞蹈,责备现在的肃剧家们都是老古板。重焕青春后,菲洛克里昂回到了过去的好时光,就像《骑士》中的德莫斯。他出现的时候或许扮演着孤独的食人者珀吕斐摩斯。为了伤人,他显然不再需要亲朋好友,就像他当陪审员的时候那样。先前在剧中,菲洛克里昂模仿过奥德修斯,因此把珀吕斐摩斯这个角色强加给儿子;现在他变成了珀吕斐摩斯(1502,1506),但是没有将那远不够变化多端的(flexible)布得吕克里昂转化为奥德修斯。菲洛克里昂接下来戏仿了一个肃剧中的舞者。这个仆人不厌其烦地抱怨菲洛克里昂的疯狂。菲洛克里昂最后挑战的是当今声称善舞的肃剧家们。三个小人(tiny men)出场。[134] 他们是三兄弟(对观1275-1283);菲洛克里昂不认识他们,但仆人为他逐一点名。他们都不善舞;其中一个是蹩脚的肃剧诗人,因此受到菲洛克里昂的嘲笑,菲洛克里昂和他们一起跳了一支疯狂的现代舞。歌队为这段戏鼓掌,加入了舞蹈;所有人跳着疯狂的快舞,一起离开舞台。此前,没有人在舞蹈的时候将谐剧中的歌队带出去。面对指控者,菲洛克里昂没有任何损失;他享受谐剧诗人阿里斯托芬本人才享受的豁免权。尽管布得吕克里昂没有将父亲变成贤人,但菲洛克里昂现在已经由于他的本性而远远超出了布得吕克里昂对他的期望:他成了阿里斯托芬谐剧中一种成分的化身,哪怕是其中最低级的成分。

尽管《马蜂》中两个主角的名字都与克里昂相关,但此剧关注的焦点依然不是克里昂或雅典陪审制度,而是布得吕克里昂转变他父亲的尝试:他要把这个完全非典型的陪审员,从急于作恶而不能忍受任何好东西的人(1125,340-341),转变为急于享受好东西而不急于作恶的人。他的尝试只是部分取得了成功。菲洛克里昂能受诱使去享受好东西,但没人能使他放弃作恶。严格说来,他对审判或判罚的急切,或者说他对最伟大的庄严或像宙斯一样辉煌的渴望,是能够治疗的。他坚持到底的是他的恶意和恶作剧的自然倾向，是他天生的卑鄙或恶毒。显然，恶意（malice）是阿里斯托芬谐剧的一种必要成分。正如腊肠贩的例子显示的，一个人确实可以拥有最高程度的秽言漫骂和肆意诽谤的能力，但却毫无恶意地使用它们。但阿里斯托芬不像腊肠贩那样，他并不按照比他好的人的吩咐行事。他宣称自己有一种赫拉克勒斯式的愤怒（1030）。为了与指控者和判罚者斗争，为了指控那些指控者、判罚那些判罚者，他必须在自己身上复制指控和判罚的精神，然后把这种精神复制到他的角色们身上。为了与马蜂式易怒（waspishness）的赘生物斗争，他需要对那种赘生物的一种修正；《马蜂》的教导似乎是，为了这个目的，一开始有着像菲洛克里昂所特有的马蜂式易怒的那种赘生物，必须转化为谐剧特有的那种赘生物。

阿里斯托芬宣称，《马蜂》是一出避免了两个不良极端的谐剧：它既不低级粗俗，也不具有高超智慧；它持守正确的中道（right mean）。据此，它教导正义事物，尤其是攻击不义的克里昂，正如两个主角的名字所［135］示。有人也许会说，持守中道的这出谐剧在为同样持守中道的政制服务，即为马拉松时代的稳健政制（moderate regime）服务——这是阿里斯托芬的谐剧在其中没有位置的一种政制。代表《马蜂》提出的这个观点以及这个观点具有的隐含意味，其实就是阿里斯托芬谐剧本身提出的观点的谐剧式对应物。阿里斯托芬的谐剧实现了正确的中道，它没有一方面躲避低级粗俗，另一方面躲避高超智慧，而是将两者整合为一个整体，这种整合能够在其他效果之外传达稳健的政治讯息。阿里斯托芬的谐剧环绕着低级粗俗和高超智慧之间的中道，也就是说，它既指向中道，又避免了中道。它在两个方向上都是极端的：对贤人而言，它既太低，又太高。它最低的成分或层次表现于菲洛克里昂身上——既表现在他所变成的（his becoming），也表现在他所是的（his being）——这点与狄凯奥波利斯不同；菲洛克里昂完全缺乏同情心，而狄凯奥波利斯至少对害相思病的女人还有同情心。

4 《和平》

[136]《和平》(Peace) 这出谐剧首先让我们想到《阿卡奈人》,因为两出戏的主角追求的眼前目标都是和平。《和平》接下来还让我们想到《马蜂》;只有这两出戏以两个仆人的对话开始,且这两个人都不是构成戏剧中的行动计划的动因。在这两出戏中,行动计划都由仆人们的主人引发。不同于《阿卡奈人》和《骑士》,《云》《马蜂》及《和平》的行动计划都是纯然由人构想的。

两个仆人正忙着喂一只屎壳郎(dung beetle)。仆甲在喂这只臭烘烘贪吃的虫子时,仆乙在旁边准备驴粪等令人作呕的东西,所以他闻的臭气更多;因此,仆乙不断抱怨,频频发誓;因此,仆乙在对观众说话。他认为,这只特殊的甲虫(beetle)比猪狗还脏(因为它只吃粪便),却眼光高,摆架子,要吃精心准备的恶心东西,还要数量充足。不管屎壳郎是哪个神派来的,它肯定不会来自[爱神]阿佛洛狄忒(Aphrodite),也不可能来自美惠女神们(the Graces)。仆甲怀疑观众中有自作聪明的年轻人会问,这屎壳郎有什么意义或目的,而某个异邦人会代为回答,这东西暗示的是无耻的克里昂,那个浑身散发出皮革味的皮革商。他没有告诉我们他对这种猜想的看法。但可以肯定地说,聪明年轻人的问题比那个答案更智慧:屎壳郎与克里昂的关联,甚至还不如菲洛克里昂与布得吕克里昂之间的分歧。

直接对观众说话的仆乙没有回答屎壳郎的意义是什么这个问题,也就是说,他没有说它暗示了什么;他向观众解释了这出谐剧的理(logos)①,其中包括[137]性质很不相同的部分:各部分之间尽管差别很大,他的逐一解释却面面俱到。他说,他家主人得了一种新类型的疯病,不同于普通雅典人的疯病。他整日望天,对宙斯说话,

---

① 见行50(对观行44);参前注26([译按]即原注26,位于原文页113)。

大骂宙斯加害希腊。话音刚落,他就听到(我们也听到),屋内的主人在对宙斯说话,抱怨宙斯对希腊人的所作所为;不过,他确信,宙斯只是无意中伤害了希腊人。仆乙继续告诉观众,他们刚才听到的正是他说起的那种病:主人的疯病在于,他对宙斯说话时大骂宙斯。主人的感叹稍微打断了仆乙的话,也让我们得以知道主人的意见起了变化;他开始考虑到这样一种可能性:宙斯并非有意加害或毁灭希腊人。仆乙接下来说的话似乎暗示,主人的疯病起了变化,可能加剧了。起初,主人只是自言自语:"我怎么才能直接去见宙斯?"甚至在这个阶段,他已经希望和宙斯谈谈,但他不相信人能够跟宙斯谈上话,因为他在地上,宙斯在天上。于是,他开始想登天,为此目的他建起云梯,但他掉下来,摔破了头。最后,就在昨天,他把这只巨大的屎壳郎带回家,准备骑在屎壳郎背上上天——就如柏勒罗丰(Bellerophon)试图骑在有翼的飞马佩加索斯(Pegasos)身上上天。主人出场,他坐在屎壳郎背上,准备飞天;他期望这次不同寻常的旅程能够顺风,唯一不便的是路上要忍受屎壳郎难闻至极的臭味。仆乙看见主人越来越疯狂,也就越来越吃惊,最后可以说是目瞪口呆。显然,主人的疯病在恶化。这并没有使我们忽视,在仆人眼中,主人咒骂宙斯或对宙斯说话,更不消说他向宙斯祈祷的行为,都已经是疯狂的迹象。可以肯定,向宙斯说话是白费力气。然而,仆人的常识似乎彻底遭到了反驳,因为骑着屎壳郎登天这个肯定是疯狂的企图结出了最幸福的果实。无论其他谐剧如何,《和平》的确清晰地表现了疯狂取得的胜利。

主人告诉仆人,为了整个希腊的利益,他要尝试新奇大胆的飞行,此时仆人完全无法确定主人神志清醒。他再次问主人是不是疯了,主人告诉他,说话要虔诚,祈祷要大声,他让仆人告诉 [138] 其他人,不要让任何声音溜出他们的嘴唇,也不要让任何臭味溜出他们的排泄器官;声音会让主人分心,臭味会吸引屎壳郎。仆人完全不顾主人的命令;似乎主人总是命令他别说话,似乎他从来都不懂主人的意图,他说,如果主人不告诉他打算飞到哪里去,他怎么可能憋在心里不说。主人回答，他打算飞上天见宙斯，为了问问宙斯到底要怎么对待希腊人。仆人提醒主人，宙斯也许不会回答这个问题，主人说，如果是那样，他会指控宙斯背叛希腊投靠波斯人，也就是说，他会据此推断宙斯是要故意毁灭希腊人。他肯定面对这个可能性：他可能不得不反抗宙斯；他想当然认为，宙斯对希腊人有义务。听他这么说，代表诗人阿里斯托芬说话的仆人马上向狄奥倪索斯发誓，并大声喊道："只要我还有一口气，你就别想走。"然而，仆人的抗议没有任何作用，他只好叫出主人的两个小女儿，告诉她们，她们的父亲为了上天，准备不辞而别，她们应该哀求他放弃，不要撇下她们不管。父亲对两个女儿解释，他必须走这一趟，因为家里没有钱了，面临饥饿威胁；他的公德之举首先还是受制于个人和家庭的极端需求。他进一步向女儿们解释，他选择屎壳郎当座驾，是因为他从伊索（Esop）那里知道，屎壳郎是唯一能够升到诸神那里的有翼存在者（他是指屎壳郎并非凭神的旨意升上天）。大女儿认为寓言不靠谱儿，屎壳郎那么臭，怎么可以见诸神。父亲告诉她，对鹰的仇恨促使屎壳郎能够这样做；另外，屎壳郎对他的目的而言最合适不过，因为他拉的东西就够屎壳郎吃了。他的小女儿也提了一些反对意见，他都同样有理有据地作出答复。他与两个女儿说完再见，转身请求观众——他宣称是为了他们的利益才走这一趟的——不要解手，否则屎壳郎闻到臭味，冲下来吃，会把他掀翻在地。（此后他还会多次对观众说话。）然后，他告诫屎壳郎暂时忘了所有人间的地上的粮食，直飞宙斯的宫殿，他还告诫一个在佩莱坞港（Piraeus）拉屎的家伙把秽物埋起来，免得屎壳郎闻到臭味。观众对他的后一个告诫肯定觉得好笑，但正如骑在屎壳郎身上的人自己指出的，他在开玩笑；直到屎壳郎开始起飞，他才感觉到害怕，不再说笑。既然他疯了，或者说沉迷于奇思异想，他的玩笑也就总有点出人［139］意料。阿里斯托芬的主人公通常都相当认真（earnest）。斯特瑞普西阿得斯和菲洛克里昂确实也开玩笑，但他们没有自称在开玩笑。另外，菲洛克里昂只是在《马蜂》结尾才开玩笑，才变得疯狂，但《和平》的主人公在戏剧开头就开玩笑且变得疯狂。

人们也许会说，主人说自己在开玩笑，比起他对观众说话更能破坏戏剧的幻觉（dramatic illusion）。主人以同样的口吻继续，他对剧场机械师下了一道命令，此人负责屎壳郎虚幻的升天场景。在对机械师说话之前，他曾对他自己、对宙斯、对仆人、对屎壳郎、对他女儿、对观众和在佩莱坞港拉屎的家伙说过话；回他话的只有他自己、仆人和其中一个女儿。按照仆甲的说法，屎壳郎会说话（12）。《和平》的主人公显然非同寻常地对形形色色的存在者说话。

在《马蜂》中，我们听到戏剧开场彼此对话的仆人的名字，向观众解释主人行动计划的那个仆人还告诉观众，他们的主人叫布得吕克里昂，主人的父亲叫菲洛克里昂——他们的名字极具误导性。但是，在《和平》中，我们没有听到戏剧开场彼此对话的仆人们的名字，向观众解释主人行动计划的仆人也没有告诉观众主人叫什么名字。我们是否由此可以推断，《和平》中主人的名字恰恰就是误导的对立面？他没有妻子，因为如果有妻子，他不可能把艾瑞涅（Eirene）（和平女神［Peace］）的侍女之一从天上带回家，并娶她为妻。他的两个孩子都是女孩。看起来正因为这个事实，诗人阿里斯托芬才有机会戏仿欧里庇得斯的《艾依奥洛斯》（Aiolos）中的台词。①但是，暂且不谈《吕西斯特拉特》（Lysistrate），我们确切地知道，在阿里斯托芬笔下，另一个缔造和平的男性角色狄凯奥波利斯也只生了女孩，换句话说，他也没有生养战士（《阿卡奈人》132，244以下，1061-1062）。

《和平》中的主人名叫特律盖奥斯（Trygaios）。他是个农民，种植葡萄。他的名字让我们想到酿酒（vintage），也让我们想到谐剧，

---

① 抄件行119注释。在《云》中，费狄庇得斯从欧里庇得斯的《艾依奥洛斯》里引了一段与乱伦有关的戏词（《云》抄件行1371注释）。

阿里斯托芬喜欢称之为"肃-酒剧（trygedy①）"。我们认为，特律盖奥斯像狄凯奥波利斯一样，是谐剧诗人阿里斯托芬的低级伪装版。阿里斯托芬谐剧最好的标志，也许就是诗人带着易被识破的伪装骑在屎壳郎背上飞向天空的景象。谐剧将最高的东西与最低的东西结合在一起。在《马蜂》的最后部分，我们注意到菲洛克里昂代表着低俗成分，但屎壳郎代表的东西更低俗——讨厌的屎壳郎比猪还脏，它唯一的吸引力在于，一方面我们出于本性厌恶它，却并不害怕或[140]敬畏它，另一方面它能令阿佛洛狄忒和美惠女神感到不快。屎壳郎首先暗示的只是粪便，其次暗示的——也是最重要的——就是阿里斯托芬谐剧中的一切低俗成分。但是，如果我们的本性不受这些低俗之物的吸引，或者说，如果我们的本性不受谈论它们的言辞的吸引，这些东西就不可能成为谐剧的成分。这些低俗之物既因自然而令人讨厌，也因习惯或习俗而令人讨厌。它们的令人讨厌部分出于自然，部分出于习俗。人的本性都渴望摆脱习俗的重负——无论这习俗是多么必不可少、多么有益健康甚至高贵，人的本性都渴望回归自然。阿里斯托芬的谐剧将最高的东西与最低的东西融为一体，从而实现了这种解脱；他的谐剧用最低俗之物实现的解脱，恰恰是他的谐剧用来把人身上最高贵的东西从习俗的重负之下解脱出来的工具。我们必须立刻补充一句，以自然的观点来看，习俗是可笑的——更不消说，以一个民族（比如说希腊人）的习俗来看，另一个民族的习俗是可笑的（对观 289-291）——反之亦然，站在习俗或法律的角度，自然也是可笑的。因此，阿里斯托芬的谐剧在正理和歪理之间来回穿梭。无论是不法之徒的失败还是合法者得到

---

① ［译按］trygedy（原文τρυγῳδία）是阿里斯托芬用来指称自己的谐剧的一个词，该词语带双关——既与τραγῳδία（肃剧）相谐，又与τρύξ（意为"酒糟"或"新酒"）相关，酌译为"肃-酒剧"。阿里斯托芬使用该词，一方面力图显示谐剧具有与肃剧相当的公共权威，另一方面也试图表明自己的作品与同时代那些堕落机巧的肃剧泾渭有别。参 Niall W. Slater, *Spectator Politics: Metatheatre and Performance in Aristophanes*, Philadelphia, Pa.: University of Pennsylvania Press, 2002, 页9。

原样补偿（restitutio in integrum），还是不法之徒取得胜利或自然事物得到原样补偿，都让人开心，都显得可笑，正如一方面在《云》中所示，另一方面在《阿卡奈人》《骑士》《马蜂》中所示。考虑到自然和习俗的区分无所不在，阿里斯托芬的谐剧确实可以说表现了人类生活的全部。换句话说，谐剧能够展示人类生活的整体，因为它建立在肃剧之上，因而也就超越了肃剧，最简单的证据就是谐剧可以戏仿肃剧。屎壳郎是唯一能够违背诸神意志把特律盖奥斯带入天堂的动物。作为最高的飞天工具，或者说作为最高艺术的一种成分，屎壳郎很自负，也很挑剔，它要求人们精心准备它那让人恶心的食物。屎壳郎早在上古时期就进入过天堂（133），因为它憎恨鹰——宙斯的鸟，鹰与其他事物一起，也代表了人民的帝国抱负（《骑士》1013，1087；《鸟》514–515）。因此，通过这出谐剧，屎壳郎暗示了要戳穿一切卓越事物的宏大、辉煌、庄严和浮夸，像戳穿说大话的人一样。为了把高高在上的东西拉下来，谐剧需要升上高处。如果谐剧不预设真正高的东西——即就自然而言高的东西——与只靠习俗成为高的东西之间的区别，它要完成任务是不可能的：谐剧升高到就自然而言最高的地方，为的是拉低只靠习俗达到高位之物。

特律盖奥斯骑着屎壳郎顺利抵达宙斯［141］府邸。他敲了敲门，开门的是赫耳墨斯（Hermes）。可能是闻到了屎壳郎的臭味，赫耳墨斯知道来了凡人，于是劈头盖脸就是一顿臭骂，说这凡人大胆不敬，居然私闯天堂。特律盖奥斯没有被吓倒，他装出谦卑的样子讨好神，说他上天来是给他送肉，以此安抚赫耳墨斯，最后，他才恳请赫耳墨斯去把宙斯叫来。然而，不巧的是，诸神昨天（也就是特律盖奥斯把屎壳郎带回家的那天）去了天堂顶，他们在生希腊人的气（正如特律盖奥斯到天堂来是因为他生宙斯的气）。诸神不再希望看见希腊人彼此继续斗下去，也不再希望接受希腊人关于打败敌人的请求；因为希腊人，尤其是雅典人，喜欢打来打去，根本不管诸神停战的意愿和努力（我们应该记得安菲特奥斯的使命）。为了惩罚希腊人，诸神将雅典交给了珀勒摩斯（Polemos）（战神［War］），随他怎么处置。战神把和平女神藏进很深的坑里；虽然藏的地方离希腊人不远，但他在坑口四周堆上了巨石，以防他们救她出来。此外，他还准备了一只巨大的石臼，准备把希腊各城邦放进去捣烂。因此，特律盖奥斯抵达天庭之后，立即从赫耳墨斯口中知道了他急着想要的答案，也就是宙斯打算怎么对待希腊人：宙斯故意要摧毁希腊；现在可以肯定，特律盖奥斯必须反抗宙斯。有人同样可以说，特律盖奥斯从赫耳墨斯那里了解到的是，他没有权利责备宙斯（因为需要为希腊的毁灭负责的不是宙斯，而是希腊人自己）；宙斯肯定听到了特律盖奥斯的请求，只不过没有在意，也不希望再听，也许是因为他的请求只是关心私事的无助公民的请求（191）。哪种解释更合人心意，取决于此人偏爱哪种方式作为对发起战争并继续战争的一种合适惩罚：究竟是永恒的战争，还是交战双方的彻底毁灭。

赫耳墨斯和特律盖奥斯都没有讲宙斯在惩罚希腊人。如果《云》中的苏格拉底屈尊向下看这些朝生暮死的事物，他可能会说，希腊的覆灭是同族相残的战争（fratricidal war）的一个相当可能的结果；他不会把希腊的覆灭归咎于宙斯。但阿里斯托芬不是苏格拉底。他借助特律盖奥斯之口，将危险的根源追到宙斯头上，这使他能够或者被迫在战神带来的毁灭本身与宙斯给战神的区区允许之间作出区分。

赫耳墨斯匆忙离开，因为可怕的战神马上要从［142］宙斯府邸出来，特律盖奥斯也尽可能严实地藏起来。人类的这个可怕敌人手提巨大的石臼出来了。他看起来就像拉马科斯一样可怕（240 - 241，对观《阿卡奈人》978 - 987，964）：也就是说，他并不像彻头彻尾的战争那样可怕；在这种情形下，不管怎样，拟人化总会削弱恐怖。但是，特律盖奥斯还是怕得要死。战神严厉威胁希腊各城邦——特律盖奥斯对这些威胁以旁白的形式向观众做了点评。虽然他想拯救所有希腊人，但他还是明显有点偏心，他对西西里人和雅典人面临的威胁很关心，相反，对斯巴达人和麦加拉人受到的威胁则不介意

(对观《马蜂》57)。出于某种原因,碰巧的是,战神对雅典的威胁不像对其他城邦的威胁那样清楚。他以一贯野蛮粗鲁的态度命令他的侍从奎铎伊摩斯(Kydoimos)(暴乱神[Uproar])拿杵来,暴乱神告诉他,一根都没有,因为他俩昨天才搬来住;于是,战神只好派侍从去向雅典人借一根。特律盖奥斯不知道可怜的凡人能做什么才可转危为安;他向狄奥倪索斯求助,希望暴乱神死在路上。但暴乱神回来了,幸运的是,暴乱神没能借回雅典的杵,即克里昂:克里昂已经死了。特律盖奥斯听到消息很高兴,他向雅典娜致谢。他飞到天上来,就是为了探听与雅典有关的最重要的政治消息。战神只好再派暴乱神到斯巴达去取杵。恐惧的特律盖奥斯再次对观众说:假如你们有人通晓萨摩色雷斯(Samothrake)的秘仪,现在请他祈祷,乞求不要让暴乱神平安回来。特律盖奥斯自己显然不通晓那种仪式,正如他不通晓埃琉西斯派的秘仪(Eleusinian rites)(375)。他的希望虽然再次落空,暴乱神平安回来了,但同样幸运的是,斯巴达的杵也没有借到,布拉西达斯(Brasidas)也死了。两个主要城邦同时死了大人物,战神觉得太奇怪,于是问布拉西达斯怎么死的;暴乱神告诉他,布拉西达斯向北边进攻,不符合斯巴达的战略。① 先前,特律盖奥斯感谢了雅典娜,现在,听说布拉西达斯死了,他感谢的是狄奥斯库里(Dioskuroi);但是,他从来没有请求雅典娜和狄奥斯库里的帮助。② 现在,他看到了希望:战神没有杵,没办法将雅典各个城邦捣成粉末。战神带着侍从进了屋,要去亲自做一根杵,但是,他没有再出来,这表明他没有做成功。特律盖奥斯看到战神离开,高兴地唱起了颂歌,他的歌词让我们想起狄凯奥波利斯(对观293与《阿卡奈人》269-270)。他现在唯一要做的是把和平女神从坑中救出来。他请求所有的希腊人——农民、商人、木匠、工匠、

---

① 对观修昔底德 V 75.3;参见施特劳斯《城邦与人》(The City and Man),页222。

② 对观267与271,176-178与285;参214及218。

侨民、外邦人和岛民——都来勠力同心。

［143］克里昂和布拉西达斯都死了，雅典和斯巴达之间的和平有了可能。但是，为了带来尼基阿斯那种和平还需要一步。正如两个战争领袖的死在谐剧中的对应是杵的丢失，和平条约或停火协定的达成在谐剧中的对应就是营救出和平女神。相应地，"苏格拉底"将希腊的毁灭完全归因于战争本身，在谐剧中其对应即特律盖奥斯将希腊的毁灭归因于宙斯——宙斯的行为或他的允许。我们注意到，［现实生活中的］某物在谐剧中的对应物是其低级配对物（its low counterpart）——比如，苏格拉底从容抵受酷热和寒冷，或者说从容抵受艰辛和饮酒，在谐剧中的对应物就成了他从容抵受虱子咬。更准确地说，他从容抵受虱子咬，自然就包括在他的从容抵受本身之中，只不过非谐剧式讲辞不会恰当提及这种抵受而已。无论怎样，我们现在知道，从阿里斯托芬的谐剧来看，［对各种事物的］神学解释（theological explanations），看起来在谐剧中的对应物就是自然解释（natural explanations），也就是依据非神性的（nondivine）且从而较低的方式作出的解释（像苏格拉底对雷声与闪电的解释）。考虑到就笑而言自然与习俗的交互作用（reciprocity），这也意味着自然解释在谐剧中的对应物是神学解释。因此，人们也许会问，最好的或最严格意义上的谐剧对应物，是否根本就发生在 theologia［神学］与 physiologia［自然学］产生分歧的领域之外。根据阿里斯托芬笔下苏格拉底的观点，这个答案必然是否定的。可笑的东西就是有某种缺陷的东西。虽然对什么构成缺点，仁者见仁，智者见智，但很明显，一个人可笑，是因为他假装在某方面完美，其实却有相应的缺点，也就是说，按照他自己承认的标准来衡量，他很可笑。因此，假装、矫情或说大话，都是谐剧青睐的主题。虽然宙斯宣称——或者有人以他的名义宣称——他是诸神和人类之父，他最有权势，最智慧，他应该得到最高的尊敬，但是，如果他根本不存在，就像阿里斯托芬笔下的苏格拉底所断言，那么，他就是我们可以想象的说大话的最佳典型。宙斯的例子就是所言与所是之间反差的最好例子；他是谐剧的绝佳题材；最好的

谐剧就是关于诸神的谐剧。不过,我们还是言归正传。

特律盖奥斯请求雅典人都来帮忙,话音刚落,歌队应声而到。歌队成员都听他指挥;那天他们会不停地工作,直到带和平女神——所有女神中最伟大的女神——重见天日。与《阿卡奈人》中的歌队截然不同,他们自始至终都支持[144]主人公。他们带给特律盖奥斯的唯一麻烦是,他们对即将到来的和平欣喜若狂,所以叫个不停,舞个不停,因为他们厌恶战争远过于厌恶自己的年老。他们的欢呼可能吵醒屋里的战神,让下界的克里昂复活,从而阻挠他们救出和平女神。很难区分来自战神的威胁与来自克里昂(不是布拉西达斯)的威胁(269-273,280-284,320;对观《骑士》1390-1393)。歌队最终听话不再出声,并且答应再也不去做脾气糟糕的严厉陪审员。他们只是等特律盖奥斯的命令,但选特律盖奥斯做全权统帅的不是他们而是机运(Chance)——在这个场合,机运很友善。特律盖奥斯正想着怎样才能移开覆盖和平女神的石头,赫耳墨斯来了。他再次骂特律盖奥斯大胆不敬,并威胁说他死定了,特律盖奥斯还是没有被吓倒。赫耳墨斯告诉他,他们如果被宙斯发现救出和平女神,就是死罪。特律盖奥斯承认,他试图在做受到禁止的事,他愿意平静地接受惩罚。他说他只渴望举行入教仪式,以便死后获得幸福,也就是说,以便把坏事变成好事;但他没有纠缠于这个类似自杀的(quasi-suicidal)主题。他要求赫耳墨斯不要告发他,看在他送的祭肉的份上。赫耳墨斯说,如果他不叫喊,不把看到的东西报告宙斯(宙斯已经去了天庭顶),宙斯就会灭了他。特律盖奥斯求他不要喊;他动员歌队也哀求这位最爱人类也最慷慨的神开恩,他们提醒他看在他们以前给他的祭牲份上对他们开恩,并答应以后还要多给他。除非最不可能的事——赫耳墨斯不声张——发生,否则特律盖奥斯不可能成功营救和平女神。在此,特律盖奥斯和赫耳墨斯之间可能有默契,那就是,赫耳墨斯是贼神,一切也是在悄悄地进行。为了说动赫耳墨斯,特律盖奥斯向他透露了一个反对所有神

(all gods①) 的可怕而危险的阴谋———一项堪与狄凯奥波利斯利用安菲特奥斯相比的事业（403；对观《阿卡奈人》128）：月神和聪明无赖的日神很久以来一直在阴谋反对所有神，要将希腊出卖给蛮族，因为希腊人对诸神献祭，蛮族对月神和日神献祭。月神和日神致力于消灭所有神和所有希腊人，为的是希腊大地归蛮族之后，独占希腊大地上的供品，从而独独使他们自己成为一切地方的神。赫耳墨斯也注意到他现在才认识到的这个阴谋的一个迹象。特律盖奥斯顺势请求诸神帮他和歌队救出和平女神。既然诸神依靠希腊人，[145]如果和平女神不能立刻重见天日，希腊人将会灭亡殆尽，日神和月神的阴谋也就得逞，除非赫耳墨斯为了宙斯的利益而违背宙斯的口头禁令。赫耳墨斯开始觉悟了。但是，特律盖奥斯知道，公共的好与私人的好之间有张力；毕竟，转危为安之后，对宙斯解释抗令不遵的不是他，而是赫耳墨斯。因此，他对赫耳墨斯许诺，事成之后，雅典人将在所有节日中专门庆祝赫耳墨斯，把他抬到前所未有的高度，在希腊人的所有地方加以崇拜；为了救急，特律盖奥斯特地对赫耳墨斯许诺，希腊人会把他当好像唯一的神那样崇拜，作为他帮助他们的回报。他立刻给了赫耳墨斯一只金杯。赫耳墨斯于是动了同情心，他不但放弃了向宙斯出卖希腊人，而且帮助他们掘出和平女神；特律盖奥斯的成功现在有了保障。

特律盖奥斯利用来自日神和月神的危险来威胁赫耳墨斯，对其他诸神也起了敲山震虎的效果，他由此成功地违抗了宙斯的禁令，没有受到任何惩罚。他仿佛与日神和月神结成了一个外交特别联盟（diplomatic ad hoc alliance），共同反对"所有神"。日神和月神当然也是神，但与希腊人独有的诸神（或者说希腊人所从属的诸神）相比，他们是不同种类的神。我们记得在《云》中，研究天象的苏格拉底对待日神和月神要比对待诸神严肃得多，他的准女神们（quasi-goddesses）——云神——更接近于月神和日神，而不是雅典人熟知

---

① [译按] 这里的"所有神"，应指所有受希腊人崇拜的神，下文中的诸神（the gods）同此义。

的其他神。我们曾经假设，云神就是自然的缪斯（the natural Muses）。相应地，我们认为日神和月神是自然神，区别于作为希腊神的宙斯和其他神。我们称日神和月神为自然神，因为所有人都认为他们是神，不只是蛮族当他们是神，正如另一方面，纯粹意义上蛮族的神是其他存在者们而非日神和月神。[1] 比如，没有人反对将地神也算进自然神中，尽管现在没有必要这么做（对观 188；《骑士》156）。云神为她们的父亲以太神的普遍仁慈（universal beneficence）而赞美他，但显然日神和月神要比宙斯及其伙伴们更具有普遍的仁慈。特律盖奥斯显然是个希腊人，一个雅典人，但我们发现，在阿里斯托芬作品中，他是第一个不仅离开了希腊而且离开了大地的人。他意识到他是一个可怜的凡人（263）。赫耳墨斯在他身上首先感觉到的是凡人气息（180；对观，236），而不是特定的希腊人；作为区区凡人，他与日神和月神的关系远胜于他与希腊诸神的关系。有人也许还会说，日神和月神要比希腊诸神更古老，正如在有希腊人之前就有蛮族。此外，[146] 日神和月神作为自我运动的（因此是活的）存在者辉煌夺目地出现，每隔一段有规律的时间，所有人都能看见他们，因此他们会主动现身，不用亲自下地，也不用人们上天去见他们。回到特律盖奥斯，无论他是否相信日神和月神有反对诸神的阴谋，他肯定认为这个阴谋对他有利，因为他显然不相信宙斯对希腊人友善；对于《骑士》中所用的神谕，对于即便正义但邪恶的云神，对于尼基亚斯有关神的意见（theologoumenon）和菲洛克里昂的神谕，他也许比我们记得更清楚。特律盖奥斯的行为显然违背了宙斯的意志。宙斯的意志与宙斯的允许之间的区别并不重要；因为宙斯允许战神随意处置希腊人，也就意味着他严禁放出和平女神，并对违者处以极刑。狄凯奥波利斯反抗城邦得到了诸神的支持，而特律盖奥斯却被迫反抗诸神，尽管他得到了全体希腊人的支持；相

---

[1] 《云》225–226，584–586，1506–1507；《鸟》1572–1573（参《申命记》4：19）。

应地,狄凯奥波利斯带来的只是他私人的和平,而特律盖奥斯带来的是公共的和平。特律盖奥斯与布得吕克里昂截然不同,他不但无视神的禁令,而且对之迎头痛击。他若不是彻底疯了,那他肯定是相信他能够逃脱宙斯的惩罚。他亲眼见过赫耳墨斯,所以他不会认同苏格拉底关于诸神不存在的意见。但他的行动表明,诸神即使存在,也不是极其可怕,或者说,根本就没有那么强大。特律盖奥斯似乎更认同斯特瑞普西阿得斯:对于苏格拉底说宙斯不存在,斯特瑞普西阿得斯的理解是宙斯丧失了他的权力或王权。略微夸张点说,特律盖奥斯变成了斯特瑞普西阿得斯(Strpsiadeizes)。没有必要纠缠斯特瑞普西阿得斯与特律盖奥斯的不同:为了得到他赖以行动的观点,特律盖奥斯不需要苏格拉底。他在对神的认识上超过了苏格拉底,因为他上过天庭。

希腊人不再被迫偷偷营救和平女神,因为特律盖奥斯已经成功地把赫耳墨斯从卫士转变成同谋。歌队起初听特律盖奥斯的命令,现在则不征求特律盖奥斯的意见就主动接受赫耳墨斯的命令;他们像虔诚的人一样行事。他们请求诸神中最智慧的赫耳墨斯像高明的工匠一样教他们怎么做(426-439;对观357-360):特律盖奥斯不是个工匠。赫耳墨斯负责技术操作;这事本来全是特律盖奥斯的。在特律盖奥斯的倡议下,他们向诸神祈祷。在他出发上天之前,他没有向诸神祈祷;但把赫耳墨斯争取过来后,他对诸神的态度自然就变了。他和歌队祈祷热爱和平者万事如意,热爱战争者加倍遭殃。特律盖奥斯斟上奠酒给赫耳墨斯、美惠女神、时序女神(the Horai,和平女神的[147]姐妹们)、阿佛洛狄忒和欲望神(Desire,阿佛洛狄忒的儿子)。在赫耳墨斯的指导下,将和平女神拉出深坑的工作继续进行,但收效甚微。歌队请求特律盖奥斯和赫耳墨斯也帮着拉;但特律盖奥斯说,他一直在用心尽力。他们进展不大,是因为有些希腊人拉的方向不对,甚至可以说在帮倒忙。赫耳墨斯专门指出了麦加拉人和雅典人的错误。歌队长建议,让农民们单独拉绳,这时候进展才顺利,最后,他们加了一把力气,才把和平女神及两位侍女——"收获"(Opora)和"庆典"(Theoria)——一起从坑中救了出来。

正如我们看到的,解放和平女神遇到些抵制,但热爱和平的人用辛勤的劳动克服了抵制:克服阻力的不是言辞,更不是争论。《和平》中计划的成功比前面的四出谐剧更多依靠的不是言辞,而是行动:骑着屎壳郎上天、两根杵的丢失、战神制造新杵失败以及营救和平女神,依靠的都是行动。对于行动计划的成功,唯一需要的言辞是特律盖奥斯对赫耳墨斯的说服——统共只占约二十行台词。特律盖奥斯试图与宙斯讲道理,对诗人阿里斯托芬来说,安排他们争论一场,是再容易不过的事;但特律盖奥斯的企图落空了。某些希腊人抵制和平,这些抵制无需言辞就能克服,因为绝大多数人都坚定地支持和平,而这大多数人受特律盖奥斯和赫耳墨斯指挥。特律盖奥斯与狄凯奥波利斯之间的反差尤其明显;狄凯奥波利斯不得不与阿卡奈歌队争辩,而且,他要不是借用了欧里庇得斯的台词,还不会取得争辩的胜利。言辞的一个对立面是行动,另一个对立面是沉默。可以肯定地说,特律盖奥斯用来说服赫耳墨斯的言辞的简短,掩盖了他的行动的重要意义。

由于战争导致的贫困,特律盖奥斯找不到合适的话对和平女神说,但他却找到话来赞美和平女神的侍女"庆典"(523-526;对观342及上下文)。在一片欢腾声中,他援引了索福克勒斯的歌和欧里庇得斯的"几行诗"来献给她;赫耳墨斯不赞同欧里庇得斯的诗。这让我们想起狄凯奥波利斯与欧里庇得斯之间的联系。在其他方面,赫耳墨斯分享了特律盖奥斯、歌队和普通雅典人的快乐,因为和平重临。可以观察到观众有不同的情感:所有农民最欢迎[148]和平,但并不是所有的工匠都高兴;武器制造商就更喜欢战争。看起来,这样的技艺并不像农作那样值得赞扬。在赫耳墨斯的建议之下,特律盖奥斯敦促把和平女神掘出来的农民(550以下,508,511)重归田地,将战争工具换成和平工具,也就是说,离开战争行当,甚至离开挖掘和平女神的工作,重归和平行当。无论如何,在这些农民自己看来,他们是和平的热爱者,所以也是正义者。我们想到了正义与虔诚之间的关联。种植葡萄的特律盖奥斯本人当然也是乡下人之一,这些乡下人急着重归田地,因为战争,他们已经离开自己的田地很久了。特律盖奥斯赞美了农具的外观,也赞美了和平女神赐予的从前的生活方式。歌队成员随后也赞美了和平女神,称她是乡下人的唯一恩人。他们唱着这样的歌,好像一点儿也不感谢德墨忒尔(Demeter)或任何其他的女神男神。他们先前已经说过,和平女神是最伟大的女神(308),是最爱人类、最慷慨的神(392 – 394)。

和平女神给人们留下了无比深刻的印象,她从前给予人们的恩惠也难以磨灭,这使赫耳墨斯不可能得到特律盖奥斯许诺给他的无上荣耀。另一方面,虽然和平女神的光彩完全遮蔽了其他神,但没有人能够忘记仍然在场且仍然可见的赫耳墨斯:没有他的帮助,和平女神不可能重见光明。事实上,农民们最清楚,和平女神要凭一己之力是根本不可能爬上地面的;即使把她解放出来后,她依然没有表现出能够自己行动的迹象。农民们是从坑里把她拉出来的,但他们并不怀疑,她离开希腊期间不在坑中。于是他们问最仁慈的神赫耳墨斯,和平女神离开那么长时间,她在哪里,他们也许是想问怎样把和平女神送回她以前的地方,由谁来送。赫耳墨斯没有回答农民们的问题,但他告诉了他们和平女神离开希腊的原因。他本可以单单诚实地说,和平女神那会儿一直和诸神在一起,但这可能容易引起令人尴尬的追问。我们想起正理遇到的麻烦:当歪理问正确(Right)在哪里,正理说正确和诸神在一起(《云》903 – 904)。农民们听赫耳墨斯说过,宙斯将掘出和平女神定为死罪。我们还想到,特律盖奥斯最初责备宙斯,是因为〔149〕宙斯要毁灭希腊,也就是要让和平女神远离希腊。在对农民们的回答中,赫耳墨斯暗地里否认了任何神有任何罪:造成这场战争的原因是你们这些阿提卡农民,不是诸神;诸神——或无论如何赫耳墨斯——才是重归和平的原因。赫耳墨斯倒打一耙,把责任推给头脑简单的农民提问者。他完全颠覆了或隐或显于一切事实中的对农民的判断：农民比其他阶层更投身于和平。

"和平"这个标题与前面讨论的四出谐剧的标题截然不同，这个标题没有指明歌队［身份］。原因是，《和平》中歌队的特性或构成含糊不清，或者说，有意含糊不清。从特律盖奥斯请求援助的召唤之中（292 – 298），人们会以为歌队是由农民、工匠、商人等组成，成员来自希腊所有的城邦。在某种程度上，这点得到了印证：当把和平女神拉出坑的时候，他们既得到了赞美也受到了谴责（464 – 508）。但是，正如阿里斯托芬的惯例，这丝毫没有妨碍他摧毁戏剧的幻觉，把歌队处理为只由雅典公民组成（347 – 356）。然而，最终人们才看清楚，歌队只由阿提卡农民组成（603 以下）。这一含混性既揭示又遮蔽了农民与工匠——或某种类型的工匠——之间的区别。我们也注意到，《和平》中歌队严格地以辅助的（ministerial）方式在整出剧中表演，这一点远比《骑士》中的歌队更为明显：可以说，《和平》中歌队只贡献了体力，没有任何技术含量。

按照赫耳墨斯的说法，和平女神离开希腊，根由在于菲狄亚斯（Phidias）遭遇的不幸（菲狄亚斯因为偷了给他做雅典娜塑像的黄金而遭流放）。菲狄亚斯的朋友伯利克勒斯（Perikles）知道农民的本性，害怕因菲狄亚斯的命运受到牵连，因此，为了转移视线，他安排了麦加拉法令的通过，结果挑起了战争；一旦战争爆发，就没有谁能制止这场冲突，和平女神也就消失了。赫耳墨斯原本可以像狄凯奥波利斯那样，把战争责任轻易推给伯利克勒斯（或他的［情妇］阿斯帕西亚［Aspasia］）。但是，由于上述理由，他却为伯利克勒斯开脱，按照他的说法，伯利克勒斯是害怕农民的本性才迫不得已如此行事的。① 考虑到伯利克勒斯和菲狄亚斯的关系，人们可能认为赫耳墨斯也在为菲狄亚斯开脱罪行：判罚菲狄亚斯，农民的本性不就已经显现了吗？特律盖奥斯从来没有听说过和平［150］女神与菲狄

---

① 对观修昔底德 VII 14，48.4；对观《城邦与人》，页 197 – 200。

亚斯有关系,但歌队看见了这层关系:和平女神看上去很美丽,菲狄亚斯则以铸造美丽的雕塑而著名。据我们迄此的观察,和平女神虽然比其他神都光彩照人,但只是一尊雕像。① 据我们迄此的观察,和平女神和她的侍女们不曾说过话,也没有动作,而她们的对应者——战神和他的侍从——既说过话,也有动作,明显是有生命的。要不是赫耳墨斯在场,看起来就好像只有遭人反感且仇视人类的神才是有生命的存在者,而美丽又爱人类的神不过是匠人——与农民相区别的匠人——的作品。换句话说,要不是赫耳墨斯在场,看起来就好像只有女神们才又美丽又爱人类;我们想起和平女神与阿佛洛狄忒和美惠女神的密切关系(456,对观《阿卡奈人》989);我们还想起特律盖奥斯只有两个女孩(正如战神没有战争本身那么可怕,和平女神比和平本身更加美丽)。至于赫耳墨斯,我们一定不能忘记,他变得爱人类是因为特律盖奥斯的言辞和礼物。无论如何,赫耳墨斯似乎把对农民的谴责与对〔匠人〕菲狄亚斯的赞美联系在一起。

赫耳墨斯接下来讲到阿提卡农民与伯罗奔半岛农民的互相伤害。特律盖奥斯和歌队完全同意雅典人对敌邦农民的做法;他们仍然具有《阿卡奈人》中阿卡奈人的好战狂热。在此,我们可以注意到,在《阿卡奈人》中,随着戏剧的进程,狄凯奥波利斯逐渐揭示了他的真正本性(true being),但在《和平》中,随着戏剧的进程,当特律盖奥斯成功地违背了宙斯的意志之后,他变得越来越像个普通的农民。与此相应的是,特律盖奥斯与狄凯奥波利斯截然不同,他没有断言雅典人要对这场战争的爆发负责,当赫耳墨斯如此断言时,他有意避开这个话题,只对赫耳墨斯所说的和平女神与菲狄亚斯之间的关系表达出惊讶。赫耳墨斯最后说,每当和平女神呼吁雅典人停火的时候,这帮跑到雅典避难的乡下人就把希望寄托在演说家们

---

① 对观普鲁塔克《麦克西穆斯传》(*Fabius Maximus*)22 与修昔底德 II 13.5(《城邦与人》,页161)。

(speakers)身上,正是这些人赶走了和平女神。要不是得到农民们的支持,这帮演说家的暴行不会得逞;演说家(orators)中最坏的当然就是克里昂。特律盖奥斯敦促赫耳墨斯不要再提克里昂,因为他已经死了,所以不再属于雅典;他没有否认赫耳墨斯对克里昂的指控。但他十分热爱自己的城邦,所以想法转移话题。因此,在戏剧开始几乎对所有存在者都说过话的特律盖奥斯现在询问和平女神,她为什么默不作声。[151]他其实提出了这个典范的神的存在方式的问题。和平女神没有回答——难道她既不能说话也不能动作吗?赫耳墨斯说,她不会对观众说话,因为她在生他们的气,因为他们伤害她太多太久:如果诸神不开口说话,这不是神的缺陷,而是人的过错。显然,赫耳墨斯将诸神对普通希腊人的感情(203-209)转嫁到和平女神对雅典人的感情上了。这不能让人信服:如果她像其他神一样对希腊人生气,何必需要战神把她关在坑里?战神的做法似乎反而证明了一件几乎不需要证据的事,即和平女神不可能生气,正如它似乎证明了和平女神能够凭自己的能力行动。无论是否这样,既然特律盖奥斯不是观众,他可以向赫耳墨斯建议,和平女神不妨对他耳语,就像赫耳墨斯曾经对斯特瑞普西阿得斯耳语那样(《云》1478-1485)。为了避免某种尴尬,特律盖奥斯建议和平女神向赫耳墨斯耳语,毕竟他们都是神。赫耳墨斯就问女神她对雅典人的看法。他转告特律盖奥斯,和平女神悄悄对他说,她谴责雅典人,因为当他们取得皮洛斯战役的胜利后,她曾亲自前往雅典,带了满满一箱子和约,但他们在公民大会上三次拒绝了她。特律盖奥斯承认,这是他们的错误,并请她宽恕。在和平女神开始说话后,或者说以某种凡人听不见的方式耳语的时候,她就不能停下来,尽管有人或许会说,她根本什么也没有说:她只是提出问题。按照赫耳墨斯的转述,和平女神问他,雅典谁对她最不好,谁是她的朋友。特律盖奥斯只告诉了她(或赫耳墨斯)谁对她最好:如果她有耳可听,她现在肯定知道谁是雅典和平的最大敌人。通过赫耳墨斯之口,和平女神再问,现在谁是人民的领袖。特律盖奥斯回答时提及一个人的名字（许佩尔波洛斯［Hyperbolos］），此时一个奇迹出现了：和平女神转开了头。真的有那么让人震惊的事情，居然可以使雕像转头。换句话说，现在清楚了，和平女神毫无疑问不只是雕像。赫耳墨斯直接解释了和平女神为什么转头，没有假装她告诉过他原因。特律盖奥斯尽力设法让和平女神相信，这是人民的选择。和平女神第三个也是最后一个询问涉及许多事，她特别问到她离开雅典之前的那些古老事物（ancient things）怎样了，首先是索福克勒斯情况如何。特律盖奥斯告诉她，索福克勒斯变成了西摩尼得斯（Simonides），也就是说，变得贪婪了，适用于索福克勒斯的［改变］也适用于已作必要改变的（mutatis mutandis）一切：自她离开之后，一切都变得更糟。对索福克勒斯［152］的评论完全不令人吃惊：赫耳墨斯没有反对特律盖奥斯赞美与欧里庇得斯不同的索福克勒斯，赫耳墨斯喜欢的诗人很可能是个热爱获利者（a lover of gain）。现在，我们亲眼看见或亲耳听到和平女神不只是个雕像。赫耳墨斯要求特律盖奥斯娶"收获"为妻，并且将"庆典"带回议事院。对于特律盖奥斯来说，和平不仅仅是得到原样补偿（restitutio in integrum）；他有了一个新的妻子。赫耳墨斯和欣喜若狂的特律盖奥斯互相道别。赫耳墨斯要求这凡人记住他，不要忘了他对他许下的诺言；特律盖奥斯甚至没有回答他。但屎壳郎早就消失了——它将会留在天堂——特律盖奥斯不知道如何下降到地上。赫耳墨斯建议他与和平女神一起回大地，"收获"和"庆典"跟在他后面。美丽的女神已经取代了丑陋的屎壳郎。

把和平女神带回人间，热烈欢迎她回到雅典，这是不够的，或者不如说，如果人们不知道她是有生命的存在者，就不可能热烈欢迎她。这事一旦完成，插曲就开始了。《和平》中的插曲与前面四出谐剧明显不同，它隐匿的只是特律盖奥斯下降的过程。首先，它没有后言首段或后言次段。其结果是，阿提卡农民歌队完全没有提及自己。这完全符合歌队特性和构成的含混性，这种含混在标题中已经指出。插曲涉及诗人阿里斯托芬，赞美他的艺术，谴责他的对手和某些肃剧诗人，此外还涉及歌队本身。插曲甚至没有赞美或谴责观众或者说城邦。前面四出谐剧中作为演员的诸神都没有《和平》中作为演员的诸神这么重要。更令人瞩目的是，插曲一点儿没提到神（divinity）——甚至包括和平女神——除了有三次提及缪斯（或者说宙斯的女儿），一次提及美惠女神；缪斯和美惠女神取代了和平女神：诗人阿里斯托芬是插曲唯一的主题。插曲的重点在强调他卓绝的艺术，而不是他的政治优点：正义（或其对立面）甚至根本没有被触及。虽然这段插曲像《马蜂》的插曲那样，在同样的语境及脉络中提到诗人反抗克里昂的斗争；但大多数涉及这个论题的台词实际上是逐字逐句取自《马蜂》。这种一致性与下述事实相符：只有《马蜂》和《和平》是以两个仆人的对话开始的，且两剧的计划都是由其主人实施的。更令人瞩目的是两剧插曲之间的区别；那些区别印证了我们先前的推想，即 [153] 自负的（priggish）布得吕克里昂与作为谐剧诗人本身的特律盖奥斯之间的区别。两剧之间最重要的区别是，《和平》的插曲甚至没有影射《云》；这样的影射如果在《和平》中出现就纯属多余。其次，在《马蜂》的插曲中，诗人从来没有用第一人称谈论自己，而在《和平》的插曲中，他这样做了，且直接逐字采用《马蜂》中的台词谈论自己；① 以这样的方式，即以沉默的方式，诗人阿里斯托芬在《和平》中比在《阿卡奈人》《骑士》和《马蜂》中更接近于《云》。阿里斯托芬从来没有像在《和平》的插曲中这样，以强调的方式论及自己的形象（他的秃发）。正如我们看到的，还有更多的理由断言，阿里斯托芬本人在《和平》中有力地现身。

特律盖奥斯对观众说，他从诸神那里回来之后最大的感受是：上天堂多不容易，他的腿脚都要断了，比起在地上看人类，从天上往下看时，人类更渺小，也没那么恶劣。有人禁不住会推断说，诸神易于愤慨，喜欢惩罚，所以比人更缺乏理性。宙斯对希腊人彼此

---

① ［译按］参《马蜂》1031–1036 与《和平》754–759。

开战的惩罚就是使那场战争持续不停,我们记得这种做法带来的困扰。这时,一个仆人从屋里出来,看见主人回来倒也并不惊讶,只问他一路有何遭遇,特律盖奥斯只告诉他,腿脚痛死了。可怜的家伙对他的回答不满意,继续问他有没有看见其他人在空中游荡。特律盖奥斯说,只看见两三个酒神颂诗人(dithyrambic poets)的灵魂,飞来飞去地寻觅歌词。这与仆人想的不同,因为他听说,所有人死后都会变成天上的星星。特律盖奥斯向他保证,这个传说是真的,比如说,基奥斯的诗人伊翁(Ion of Chios)现在就是晨星。[1] 当然,这并不意味着在空中只有诗人——只不过特律盖奥斯正巧仅提到诗人——或者说,所有的星星都是诗人,而是指,星星们像人类一样活着(比如,有些富有的星星会外出赴宴)。特律盖奥斯好像在戏仿诗人对星星的记述。我们一定不要忘了他编造的日神和月神共谋的故事。特律盖奥斯甚至没有告诉仆人"收获"的名字,就把她交给仆人,让他带她进屋,为她准备婚床,同时,他自己把"庆典"送回议事院。这两个女人被公认为是妓女,既然她们来自天上,那么毫无疑问,诸神也像我们凡人一样开妓院——这个事实严重损害了诸神在仆人眼中的地位。另一方面,毫无疑问的是,"收获"和"庆典"都是有生命的存在者;她们需要[154]吃东西,即便吃的是诸神的食物。歌队嫉妒老男人特律盖奥斯艳福不浅,嫉妒他重焕青春:不是所有的老人随着和平的到来都能够像他们希望的那样重新焕发青春,组成歌队的农民们更是不必指望(350 – 352)。和平并没有美化每个人;和平本身需要美化——因此,女神艾瑞涅需要美化。特律盖奥斯认为,他与别人的待遇不同,这才完全公平,因为只有他骑着屎壳郎上天拯救希腊人。只有美化者(beautifier)才值得美化(beautification)。特律盖奥斯和歌队的对话耽搁了他办正事,此时,奴仆为"收获"准备好了婚床。仆人的返回提醒主人,他的职责是将"庆典"送回议事院,这事儿不难办,因为议事会就在戏剧现场。

---

[1] 对观第尔斯(Diels),《前苏格拉底哲人》(*Vorsokratiker*),7th ed., no. 36。

由于她将服务于议事院的公共娱乐,或者说供每个议事会成员享受,所以,特律盖奥斯脱光她的衣服,指着看她的吸引人之处,没有人生气或觉得不妥。这一场戏非常粗俗淫秽,很容易使我们忘记,特律盖奥斯甚至不再影射索福克勒斯和欧里庇得斯(对观523－532)。像简短的言辞一样,淫秽的言辞也有掩盖性。特律盖奥斯尽到了对"庆典"的责任,却忽略了他的新娘(他从来没有提她叫什么名字),随后,歌队赞扬他是个好公民——阿卡奈歌队可从来没有赞扬狄凯奥波利斯是个好公民——但他对这种赞美并不满足;直到歌队赞美他是整个人类的救世主,他才满意。但当歌队继续说,除了诸神之外他最值得尊敬时,他却声明,比起整个人类的救世主,他尚有弗如:这证明了歌队不能够对他的优点做出正确的判断。

下一步是以祈祷和献祭的方式敬拜和平女神。现在清楚了,无论如何,特律盖奥斯和他的仆人都把和平女神当尊雕像:她只是谈论的对象(923)。主人接受了仆人的建议,用头羊来献祭,以便雅典人像羊羔一样互相对待,也像羊羔一样对待盟邦:谁将愚蠢到希望自己变得像羊一样对待所有希腊人,更别说对待所有的人?歌队用虔诚的语调回答;歌队从前没有将来也不会有现在这样虔诚;因为他们期望神的意志与机运的意志(或一位神的出现)若合符节(939－946)。献祭的东西备好后,特律盖奥斯和仆人向和平女神祈祷。特律盖奥斯简单而高贵地祈祷和平女神,愿这位歌队和婚礼的女主人接受他们奉献的祭品。仆人祈祷她不要再像个卖弄风情的女子,吸引了男人的注意之后,自己马上就不［155］见了:和平女神从前将热爱和平者的愿望视同儿戏;仆人认为,她不像我们相信的那样热爱人类。特律盖奥斯把自己与仆人的祈祷联系起来,要求和平女神保佑希腊人,尤其是使他们更温和,让雅典的市场——不只是狄凯奥波利斯那样的私人市场(对观999－1005与《阿卡奈人》729以下及860以下)——每天都有从麦加拉和波奥提亚运来的琳琅满目的美味佳肴。然后,仆人按烹调技艺的要求宰羊——不过,宰杀的地点不是在和平女神的祭坛,因为她不喜欢杀戮,这时,特律盖奥斯按占卜师（soothsayer）的技艺进行献祭准备。歌队赞扬特律盖奥斯圆满的智慧和足智多谋的胆量，因为他虽像奥德修斯一样经历了许多的艰难困苦，却没有摧毁一座圣城，而是为了拯救一座圣城。特律盖奥斯是女神艾瑞涅完美的信徒。

当特律盖奥斯和仆人准备做饭的时候，预言解释者希埃罗克勒斯（Hierokles）来了，他看上去是个说大话的人，他也的确就是个说大话者。他还没有开口，特律盖奥斯就知道他反对和平，仆人则怀疑他是闻到祭肉的香味而来。希埃罗克勒斯首先问用什么献祭、向哪个神献祭，然后他要求先尝一口，主仆二人都假装没有听到，继续闷头干活。希埃罗克勒斯不肯罢休，继续追问，特律盖奥斯没有办法，只好告诉他献祭是给和平女神的。希埃罗克勒斯对他们的愚昧很震惊，说他们对诸神的思想和意志一无所知；对于希埃罗克勒斯无心的荒唐话，特律盖奥斯只是觉得好笑。按照希埃罗克勒斯的说法，松开和平女神的脚镣违背了诸神的意志；在狼与羊成亲之前，战争不应该停止。特律盖奥斯比任何人都清楚，希埃罗克勒斯说的是真正的诸神意志（参371-372），但他已经掂量出了那种意志背后的力量到底有多大，他不再心虚害怕；他只是指出狼与羊成亲十分荒谬。对于特律盖奥斯的嘲笑，有人可能要为希埃罗克勒斯辩护，认为神谕指的是，只要各种各样的存在者保持他们的本性——尤其是，只要雅典人仍是雅典人、斯巴达人仍是斯巴达人——就不会有和平；松开和平女神的脚镣等于改变了只有神才能改变的事物的本性，诸神只是在他们自己方便的时候才会为了人类的缘故改变事物的本性；因为，在诸神看来，人是渺小的存在者，所以，人与人之间的战争对神来讲并不像人自己看上去那么可怕。特律盖奥斯的意思必须这样来理解：虽然诸神美化了生活，减少了生活的恐惧——甚至被视为战争之神的珀勒摩斯也不如战争本身那样可怕——但［156］正由于这一事实，他们同样增加了生活的恐惧，或者说，使人比在没有神的情况下更糟。简言之，如果说，只要事物拥有其自然本性，就会有战争，那么，战争的可能性恰恰要求在战争之间有长期的和平，或者说，战争的持久性（permanence）不可能意味着现在这场战争的持久性；事实上，特律盖奥斯觉得雅典与斯巴达携手主宰希腊没有任何问题，两个城邦携手共享希腊主权也并不排除携手对蛮族作战。希埃罗克勒斯继续以神谕式语言声称和平还不成熟，随后，他问特律盖奥斯凭哪类神谕用羊来献祭。特律盖奥斯说是热爱和平的荷马教的。希埃罗克勒斯拒绝承认荷马是权威，他认为权威是西比尔（Sybil）和巴克斯（Bakis）。虽然他不认同他们的做法，但他依然要求分享祭肉——特律盖奥斯认为他的要求还不成熟，或者说还不受诸神的欢迎，只有等到狼和羊成亲的时候，希埃罗克勒斯才能得到他的那一份祭肉。很快，人们将发现，希埃罗克勒斯不但说大话而且偷东西，主仆两人把他打了一顿，叫他远远滚开。

击败和平之敌的最后反扑需要特殊的庆典。赶跑希埃罗克勒斯之后就是第二插曲。《和平》中的第二插曲弥补了第一插曲的准缺陷：它包含了短歌首节和短歌次节，也包括了后言首段和后言次段；它完全没提及诗人阿里斯托芬，甚至也没提及歌队本身；它致力于赞美和平和乡村生活，但绝口不提和平女神。在第一插曲中，和平女神也没有被提到，不过这并不奇怪，因为第一插曲根本没有指涉本剧的主题，而第二插曲则涉及本剧主题。农民们完全不同意希埃罗克勒斯关于和平的时机还不成熟的说法，他们对自己在战斗中表现出的勇敢非常骄傲，他们歧视那些在家中称王称霸但一出去对神或人作战就临阵脱逃的人（对观《马蜂》18-19）。这些虔诚的普通人在这里四次提到了神，他们不但好战——赫耳墨斯认为他们要为战争负责——而且同样准备好与诸神作战，可以推想的是，一旦诸神的意志与机运的意志背离，或者说，一旦机运站在他们一边，他们就会与诸神开战：诸神意愿战争的继续，机运则意愿布拉西达斯和克里昂的同时死亡。

农民们说完话后，工匠出场。他们分两组出现。第一组有两个人，一个镰刀匠，一个酒桶匠。他们为和平的到来感到高兴，因为这对［157］他们的生意有好处，所以他们感谢特律盖奥斯；他们叫他随意拿他们的东西。这一组的代言人三次用名字称呼特律盖奥斯——希埃罗克勒斯从没有用名字称呼过他，特律盖奥斯邀请他们两人参加他的婚礼晚宴。第二组由四个人组成，分别是胸铠商、头盔匠、磨矛匠和羽饰匠。他们不高兴，因为和平毁了他们的生意；他们的产品不再有用，因而不再有任何价值；特律盖奥斯只是奚落了他们一顿。他与热爱战争的工匠之间的对话大约五倍于他与热爱和平的工匠之间的对话。希埃罗克勒斯也有一门手艺。工匠中大多数人赞同战争。在希埃罗克勒斯和工匠之间出场的农民，虽然现在是热烈的和平热爱者，但正如我们看到的，不能认为他们就完全热爱和平。至于热爱和平的工匠们，他们首先爱的是他们的收益而不是和平本身。城邦是为战争而准备的联合体。这几场戏揭示了现实中公民对战争与和平的姿态，接下来一场戏则表明了未来的公民对战争与和平的姿态，代表未来公民的是特律盖奥斯邀请的两位客人的儿子（这两个男孩让我们想起特律盖奥斯的两个年轻女孩）。两个男孩被要求在宴会上唱歌。甲童是拉马科斯的儿子，他尝试援引荷马诗歌中好战的诗句来唱。特律盖奥斯对狄奥倪索斯发誓，不让他唱这样的歌；他希望他唱的是赞美美食和吃喝的诗歌；甲童努力满足特律盖奥斯的愿望，但还是不由自主地唱起热爱战争的歌。特律盖奥斯一气之下把甲童赶走，让乙童——克勒奥倪摩斯的儿子——来唱，克勒奥倪摩斯是个明理的（sensible）父亲，也就是说，是个臭名昭著的懦夫。特律盖奥斯希望乙童唱些不同的东西，乙童满足了他的渴望。他送走拉马科斯的儿子，又把克勒奥倪摩斯的儿子迎进屋。他与拉马科斯的儿子之间的交流明显比他与克勒奥倪摩斯的儿子之间的交流更啰嗦。看起来，只有懦夫的儿子才可靠，才能代表下一代来接过谴责战争这一使命的火炬。无论如何，从城邦的角度来看，为和平女神鞠躬尽瘁——不同于只是为战争筋疲力尽——是懦夫的行为。谐剧诗人特律盖奥斯作为和平女神的完美信徒，没有和平主义的幻觉。拉马科斯与希埃罗克勒斯不同，他是特律盖奥斯邀请的客人之一；比起希埃罗克勒斯，特律盖奥斯更亲近拉马科斯（和克勒奥倪摩斯）。和平女神转动她的头之后，没有人再怀疑她是个女神，但她显然不是最高的女神，不是所有神和所有人的统治者。没有人会怀疑，她将来还会让自己隐退，尤其是从供奉好战女神帕拉斯·雅典娜（Pallas Athnena）的雅典城邦隐退（对观《吕西斯特拉特》结尾）。

[158] 由于和平女神再次出现，也就是说，由于公共和平得到恢复，因此本剧以诗人阿里斯托芬与歌队之间的完美和谐终结。狄凯奥波利斯的私人和平排除了这样的和谐，因此，《阿卡奈人》结尾的时候歌队不能共享晚餐，而《和平》中的歌队理所当然将分享主人的晚餐：特律盖奥斯告诫歌队要饱餐一顿，歌队衷心答应了那个告诫。接着，"收获"被带出来举行婚礼。《和平》与《阿卡奈人》一样，发起戏中行动的人都完成了自己的心愿；相比之下，得摩斯特涅斯、斯特瑞普西阿得斯和布得吕克里昂等人的心愿都没在行动中实现：阿里斯托芬以可见的方式（ad oculos）证明了谐剧诗人的至尊地位。婚礼过后，特律盖奥斯老人将携新婚妻子到乡下过葡萄园主的生活，他会与其他葡萄园主或农民没有什么区别，唯一不同的是，他的妻子来历不凡，来自上天。他的行为会让我们切近地想起任何工匠的行为，更不消说会让我们想起菲狄亚斯或任何其他神像制造者的行为；他将是所有希腊人都崇拜的诸神的纯粹崇拜者。确实，在这方面，他是苏格拉底的对立面。站在特律盖奥斯与苏格拉底之间的是追求私人和平、独享自己利益的狄凯奥波利斯，因为狄凯奥波利斯至少明白，他必须关心和平与战争，而苏格拉底是完全非政治的人。但是，在另一方面，特律盖奥斯站在苏格拉底与狄凯奥波利斯之间：特律盖奥斯带来的公共和平，不同于狄凯奥波利斯带来的私人和平，他的行动要求反抗诸神，这至少有点儿类似于苏格拉底反抗诸神的行动，或更确切地说，有点儿类似于苏格拉底反抗诸神的言辞。苏格拉底否认诸神存在，背弃了城邦；相比之下，《阿卡奈人》中的谐剧诗人［狄凯奥波利斯］背弃了城邦，但不反

对诸神；而《和平》中的谐剧诗人［特律盖奥斯］与城邦和谐一致，但反抗诸神。特律盖奥斯的行动与狄凯奥波利斯和苏格拉底的行动都没有得到城邦的授权，在这个意义上，他们的行动都不是政治的行动。个人并不纯然是城邦的一部分，正如诸神并不纯然是城邦的诸神。个人低于城邦，诸神则高于城邦；城邦介于个人与诸神之间。但个人与诸神之间也有直接的联系：并不是所有的献祭和祈祷都是公共的（色诺芬《回忆苏格拉底》卷一 1.2）。阿里斯托芬的谐剧再现了最高者与最低者之间的联系，因此实现了它对居间者应尽的职责。

［159］阿里斯托芬的谐剧多半起始于普通人的困境，在这个意义上它是生活的摹本或镜像。不过，它以可笑、不当和怪诞的方式来展现处于困境的人们如何克服——或试图克服——那些困境。阿里斯托芬谐剧起始于普通或熟悉的东西，它穿越不可能的世界，或者说进入不可能的世界。在迄此讨论过的谐剧中，《和平》对不可能事物的求助最为显著。在这方面，《和平》与《马蜂》处于对立的两极。这符合两出谐剧的各自主题。《马蜂》再现德尔斐神谕如何激发一个本性邪恶之人的邪恶，如何将这种邪恶转化为与谐剧特别有关的邪恶，从而展示了谐剧中最普通、最低的成分。

5 《鸟》

［160］阿里斯托芬的谐剧中，只有《鸟》（*Birds*）中的整个戏剧行动远离雅典。与此前讨论过的谐剧不同，《鸟》以两个如此登场的雅典公民的对话开头。这两个人，一个叫欧埃尔庇得斯（Euelpides）（"希望或希望之子"），一个叫佩斯特泰罗斯（Peisthetairos）（"同志的说服者"与"值得信赖的同志"的混合）——他们已经在字面上背对（turned their backs on ［译按：即背弃］）雅典城邦。他们受欲望驱使，想逃离这个显赫的（grand）城邦，逃离城邦的喧嚣繁忙，尤其是逃离雅典无休止的争讼，他们只想图个清静。他们希

望加入一个已经存在的清静的城邦，比他们知道的城邦都清静，但这个城邦要像雅典一样显赫，换句话说，他们希望成为"清静雅典"（a tranquil Athens）的公民。由于他们不知道在哪里有这样的地方，他们只有寄望于忒瑞斯（Tereus）。忒瑞斯原本是人，实际上是个国王，娶了一位雅典女子为妻，后来，忒瑞斯变成了戴胜鸟（hoopoe），他妻子变成了夜莺（nightingale）；因此，他是雅典人和鸟儿之间自然的中介。做了鸟儿的忒瑞斯自然就能整个儿俯瞰大地上的一切；也许他在空中发现了清静的地方，隐藏在与世隔绝的山谷。但要找到鸟人忒瑞斯，欧埃尔庇得斯和佩斯特泰罗斯就必须找鸟做向导。为此，他们在雅典卖鸟的人手里各买了一只鸟。戏剧开头，我们看见他们在荒凉的地方迷路了，他们是听从鸟向导的指令来到此地的（5，7），看起来这两只鸟儿通神谕：他们虽然背弃了城邦，但他们没有背弃诸神。

《阿卡奈人》《骑士》和《云》的行动计划在剧中前128行台词前后成形。《马蜂》与《和平》（这两出戏都以奴仆之间的对话开场）的行动计划在开场之前就由奴仆的主人们设计好了。《鸟》中的[161]行动计划也是在戏剧开场前就想好的，但一开始不清楚是谁设计的。如果考虑到，在前面讨论过的剧作中，谁负责解释戏剧开场所处的情形——不管他是直接对观众说话（如《骑士》中的得摩斯特涅斯），还是间接对观众说话（如《阿卡奈人》中的狄凯奥波利斯和《云》中的斯特瑞普西阿得斯）——谁就为行动计划负责（除非他实际上是个奴仆），而欧埃尔庇得斯在《鸟》中承担了这个功能，负责对观众解释开场的情况，人们会倾向于假设，离开雅典找个清静地方的想法是欧埃尔庇得斯首先提出来的。这不是要否认佩斯特泰罗斯从一开始就占了他的同志的上风（56 – 59）。

戏一开头，两个雅典人处于绝望的境地。欧埃尔庇得斯用一个奥波尔买来的穴鸟和佩斯特泰罗斯用三个奥波尔（等于一次陪审费，见《骑士》255）买来的乌鸦指的方向相反：穴鸟指着前方，乌鸦指着后方。于是他们一头雾水，不知道往哪里走。他们甚至不知道自己在哪儿。他们在字面上到了所有道路的终点。但这事实恰好证明他们到了自己旅程的终点。两只鸟的指令相反,这与其说否定了听从鸟儿的话的智慧,不如说为这智慧做了辩护;"前""后"彼此抵消,说的就是"这儿"。的确,两只鸟儿很快同时指向高处,指向鸟的聚居区,戴胜鸟忒瑞斯的住地。欧埃尔庇得斯叫了几声,戴胜鸟的仆人(当然他也是一只鸟)出现了。他看见这带着鸟的两个人,以为他们是捕鸟的,怕得要死。两个雅典人对这仆鸟也是一样害怕。欧埃尔庇得斯首先克服了恐惧心理,安慰它说,他们不是人,是鸟。自称是鸟的欧埃尔庇得斯有点儿想不通,戴胜鸟怎么需要仆鸟服侍;仆鸟说,它原本就是忒瑞斯在人间的仆人。在欧埃尔庇得斯的请求下,仆鸟离开他们去叫忒瑞斯。两个雅典人在等忒瑞斯来的时候,佩斯特泰罗斯居然厚颜无耻地骂欧埃尔庇得斯是胆小鬼,其实,他刚才比他的同志更害怕;欧埃尔庇得斯看自己的同志强装勇敢,以轻蔑打发。这时的欧埃尔庇得斯显然胜过佩斯特泰罗斯。

忒瑞斯出场了。他的样子让欧埃尔庇得斯又惊讶又好笑,现在,欧埃尔庇得斯是唯一与鸟-人忒瑞斯说话的人,因为佩斯特泰罗斯受到他的同志的严厉奚落,在旁边生闷气。[162] 在忒瑞斯看来,欧埃尔庇得斯的问题似乎表明人对鸟儿多么无知(105–107)。反过来,忒瑞斯对来客们的面貌一点儿不觉得好笑。他问他们为什么要见他,欧埃尔庇得斯说,既然他最初也像他们一样是人,欠了债又不想还,后来变成了一只鸟,他应该对鸟类和凡人的事物无所不知(他们来找忒瑞斯,与斯特瑞普西阿得斯去找苏格拉底遥堪比拟);因此,他们希望他告诉他们哪里有舒适柔和的(pleasant and soft)城邦。忒瑞斯想当然地以为,讨厌雅典司法制度的欧埃尔庇得斯要找的清静城邦是个贵族制的城邦,但在这点上,他完全错了。欧埃尔庇得斯说,在他要找的城邦里,朋友们热情邀请他去吃喜酒,而不是找他解危难。佩斯特泰罗斯渴望的是同类的事物,不过不是同样的事物。在他所希望的城邦里,如果人们不是含情脉脉地注意朋友正当花季的儿子,朋友就会像受了冒犯。欧埃尔庇得斯关心的是吃喝的快乐，佩斯特泰罗斯关心的是同性恋的快乐，后者比起前者更像政治人。①

忒瑞斯说了三个能够满足他们愿望的城邦，其中两个在希腊，但欧埃尔庇得斯都拒绝了。在这节骨眼上，正当他的计划眼看几无实现的希望，他突发奇想：与鸟儿们一起生活会不会就是他们的最佳解决办法；忒瑞斯用事实表明以前做过人的能够生活在鸟儿中，而他似乎对自己的生活十分满意。忒瑞斯不能否认生活在鸟类中的好处：不要钱，有对鸟儿和人同样可口美味的充足的食物。借用欧埃尔庇得斯的话说，鸟类的生活快乐如新郎。欧埃尔庇得斯只想成为鸟儿社会的一个普通成员，而他的同志佩斯特泰罗斯却在构想更宏伟的计划，以改良欧埃尔庇得斯的奇思异想。第一步将是，与鸟儿们聊聊，改变鸟类现在的生活方式，让它们不再不停地到处飞来飞去，而是定居下来，建立一个单一的城邦。忒瑞斯向狄奥倪索斯发誓，完全赞成鸟类的定居；有理由假设，从没有飞过而且热爱柔和生活的欧埃尔庇得斯也赞成。但是，忒瑞斯不明白鸟类能建立什么类型的城邦。为了让他明白，佩斯特泰罗斯要他四周看看，正如《骑士》的类似场景中得摩斯特涅斯要求腊肠贩（自然的统治者）四周看看一样（对观175 – 177 与《骑士》173 – 175）。与得摩斯特涅斯不同的是，佩斯特泰罗斯问［163］他的学生看见了什么。忒瑞斯看到了云和天。佩斯特泰罗斯告诉他，天、天球（celestial sphere）、枢轴（polos），可以改造成鸟类的城邦（polis）。有人可能会说，这个绝顶的城邦，这个与整全或自然和谐的城邦，只能是由鸟类来建立的城邦。通过占据并加固天（神界）与地（人间）之间的地方，鸟类将成为神们和人们的统治者、宇宙的统治者。人类当然要依靠诸神，诸神反过来也要依靠人们供奉的祭肉的香气。祭肉

---

① 对观柏拉图《会饮》（191e6 – 192b5）中阿里斯托芬的话与色诺芬《希耶罗》（*Hiero*）1. 29 – 38，8. 6。另参前文页101，并对观《骑士》875 – 880 与《云》1089 以下。

的香气必须穿过只有鸟儿能占据的张开的空间,天神才能闻到;只要鸟类愿意,它们完全可以控制这条生命线,用米洛斯式的饥荒来摧毁诸神。① 佩斯特泰罗斯把人、鸟、神所处的位置分别比喻成雅典、波奥提亚(Boiotians)和德尔斐;这个比喻让人满意之处在于,他暗示了雅典人是最优秀的人,但它也有自身的缺陷;佩斯特泰罗斯指出了这些缺陷,同时就弥补了这些缺陷:他既说"我们雅典人"又说"我们鸟类"(188,191)。他把自己变成了"人-鸟"(man-bird)。鸟-人忒瑞斯称赞这个提议奇妙。他对云等等东西起誓称(但他没有对任何有专名的神起誓),他愿意在佩斯特泰罗斯的帮助下建立鸟类的城邦,只要其他鸟同意。这次,欧埃尔庇得斯没有说话。佩斯特泰罗斯的宏伟计划事后证明大获成功,但看起来与他的初衷背道而驰:他与欧埃尔庇得斯跑来找忒瑞斯,是渴望过清静的日子,不受政治打扰,是想自由的。但也许,他当初的渴望只是一时的心血来潮;我们不只从一个迹象中看到,他骨子里还是政治人,爱管闲事。更重要的是,他也许意识到或者想起来:一个人要么做锤子要么做铁砧,没有别的选择;一个人不可能自由,除非他以某种方式参与政治权力。城邦实施的统治趋向于尽可能地扩大:清静的生活需要安全和保护,也就是说,城邦以及——若安全有彻底保障的话——普遍帝国(universal empire)统治所有的人,或更确切地说,统治所有人和所有神,因为一个人的幸福不仅仅受到他人的威胁,而且首先受到心怀嫉妒、反复无常的诸神的威胁。

现在,一切都有赖于鸟儿们是否同意计划。佩斯特泰罗斯问忒瑞斯,谁去向其他鸟解释。忒瑞斯说,还是佩斯特泰罗斯去,因为他已经教会鸟类理解希腊语。佩斯特泰罗斯的问话其实只是反问,不需回答。[164] 初看起来,似乎只有忒瑞斯能说服鸟儿们。但是,

---

① 米洛斯人由于饥荒,最后向雅典人臣服。在《云》(830)中,苏格拉底被称作米洛斯人,暗指他是无神论者,因为当时最著名的无神论者狄阿戈拉斯(Diagoras)是米洛斯人,对观《鸟》1073。

佩斯特泰罗斯多此一问,其实是暗示他认为自己也能像忒瑞斯一样说服鸟儿,而由于他还不知道鸟类通希腊语,所以,他的反问还暗示,他认为自己不用希腊语或任何人类语言就有能力说服鸟儿们,或者说,因此之故,他有能力说服任何存在者;他把自己当作能令万物着魔的俄耳甫斯了。① 接下来,他要求忒瑞斯把鸟类召来。忒瑞斯和妻子夜莺一起接受了任务。佩斯特泰罗斯请他不要耽搁。忒瑞斯用歌声唤醒自己的妻子,呼唤她吟咏她唯一会唱的歌——他们那大大叫人哀悼的儿子伊提斯(Itys)。忒瑞斯的歌声让我们想起因为注意两个雅典人而可能完全忘记的东西:阿波罗和他的诸神歌队的音乐的神性美感(divine beauty)。诸神的美完全要归于那种爱,那种爱将忒瑞斯与他妻子及他们的儿子联结在一起;没有那样的爱打动这两个希腊人,他们已抛弃了自己心爱的人(若是他们还有的话),毫不后悔。这不能否认忒瑞斯对诸神的赞美有些奇怪,因为他刚刚高兴地接受了佩斯特泰罗斯摧毁诸神的建议。夜莺的回应曲引起欧埃尔庇得斯的狂热赞美,佩斯特泰罗斯要他别做声,怕耽搁手头的正事。忒瑞斯和着他妻子无言的呼唤,召唤各色鸟类赶快前来,听取并讨论来到它们中间的精明老头儿的新鲜的奇思异想。

　　鸟儿们聚集要花一些时间。佩斯特泰罗斯已经变得有些不耐烦了,但随即他就听见第一只鸟儿到了。起初,鸟儿们是一只只地到,接着就是一群群地来。忒瑞斯把它们介绍给客人们,客人们对鸟儿们指指点点。等所有的鸟儿到齐,它们组成了一支歌队;由于以前没有组织起来过,或者,由于不是同一种类的鸟,它们进场时就不像前面几出戏中的歌队那样整齐。两个雅典人开始只是对鸟类感到惊奇,最后却感到害怕。事实证明他们的害怕情有可原。忒瑞斯告诉鸟儿们,他叫它们来是要给它们听一番正理(just speech),这理

---

① 埃斯库罗斯《阿伽门农》(*Agamemnon*) 1629 - 1630;欧里庇得斯《伊菲格纳亚在奥里斯》(*Iphigenia in Aulis*) 1211 - 1214;西蒙尼德斯(Simonides),fr. 27 Diehl。

不但有乐子，而且有用，这是到它们这儿来的两位老人带来的伟大计划。歌队长指责忒瑞斯犯下了滔天罪恶，违背了诸神和鸟类的最神圣律法，不但与人类说话，而且还接纳他们，人这不虔敬的族类从一开始就是鸟类的尘世死敌；[165] 它呼吁立刻处死两个外人，然后才考虑怎么惩罚忒瑞斯，毕竟，忒瑞斯已经不是人，而是鸟。佩斯特泰罗斯眼看自己和欧埃尔庇得斯都慌了神。欧埃尔庇得斯埋怨灾祸都是佩斯特泰罗斯一个人惹的，因为是佩斯特泰罗斯带他离开雅典的（339-340）。佩斯特泰罗斯带上欧埃尔庇得斯，是因为他需要个追随者，正如忒瑞斯变成戴胜鸟的时候要带上个追随者（73）。我们现在知道，最初的计划（离开雅典到个清静的城邦）来自佩斯特泰罗斯那颗异想天开而不安分的脑袋：正因为讨厌行动（activity），欧埃尔庇得斯原本有可能永远待在好动的（active）雅典；他跟随佩斯特泰罗斯离开雅典，是因为他发现屈服于佩斯特泰罗斯的纠缠容易，抵制佩斯特泰罗斯的纠缠很难。只有一个计划完全是欧埃尔庇得斯自己的，那就是成为鸟儿社会的普通成员，像自古以来直至如今的鸟儿一样生活。

  鸟儿们准备好了进攻，或更确切地说，它们要杀了他们，吃了他们。欧埃尔庇得斯急得手足无措，而佩斯特泰罗斯则显示出过人的大将风度。忒瑞斯竭力阻止鸟儿们动手。他向它们承认，人类就本性而言是鸟类的敌人，但他更加强调，这两个站在它们面前的人就思想而言是鸟类的朋友。他们来教鸟儿们一些有用的东西，而有智慧者向敌人学习而非向朋友学习：从敌人那里，人学习如何谨慎提防，学习如何加固城墙，学习如何建立海军。鸟儿们不得不承认他说得有理：显然，好东西并不只是自己拥有的或是祖传的。更何况，它们现在想起来，它们一直都挺走运，就因为从来没有反对过忒瑞斯推荐的东西。忒瑞斯至少暂时为两个雅典人解了围。但两人仍然小心翼翼；他们可能还不得不战斗，战斗到死。欧埃尔庇得斯想知道他们死后会埋在哪里；佩斯特泰罗斯回答他，当他们报告雅典的当权者他们是倒在战场上死的时候，他们会被埋在雅典的烈士公墓。用公费埋葬，换句话说，佩斯特泰罗斯认为他们会活着挺过这一关。幸好，危机结束了。至少，鸟儿们这会儿愿意听听这两个陌生人说的话。

鸟儿们问忒瑞斯，他们是什么人？从哪里来？有什么计划？鸟儿们认为，他们的计划只可能是一个机运之举（404－412）。忒瑞斯告诉它们，这两个陌生人羡慕鸟的生活方式，想与它们一起生活。鸟儿们肯定预卜到（divined）佩斯特泰罗斯的出类拔萃，所以它们怀疑佩斯特泰罗斯［166］是不是想从与它们一起生活中获利——他是不是想由此统治自己的敌人或帮助自己的朋友。它们似乎还预卜到佩斯特泰罗斯是怎样一类人。或不如说，它们难以想象有人只想与鸟儿生活而不是与人类生活；换言之，它们似乎完全不能理解欧埃尔庇得斯。忒瑞斯说，佩斯特泰罗斯的计划远远超过了它们的料想，这个计划的好处太大，没法说，也没法相信；反正，他说不清佩斯特泰罗斯的计划究竟有什么好处。这不奇怪，因为佩斯特泰罗斯自己还没有提过他计划的好处。当鸟儿们问佩斯特泰罗斯是不是疯了时，忒瑞斯向它们保证，这个人很聪明——他的话让我们想起苏格拉底对斯特瑞普西阿得斯的允诺的特质（《云》260）。接下来，鸟儿们自然迫不及待地渴望听听佩斯特泰罗斯的计划。

虽然鸟儿们还是有点儿担心这两个诡计多端的人是否值得相信，但鸟儿们自己也知道自己相当愚蠢，因此人类的建议说不定对它们有帮助。它们向佩斯特泰罗斯许诺，如果他的建议有好处，它们会与他共同分享；它们没有那么愚蠢，相信他毫不利己。听完佩斯特泰罗斯的计划，鸟儿们没有提出任何反对意见；佩斯特泰罗斯与鸟儿们之间没有发生争执，这点不像狄凯奥波利斯与阿卡奈老人、狄凯奥波利斯与拉马科斯、得摩斯特涅斯与腊肠贩、腊肠贩与克里昂、苏格拉底与斯特瑞普西阿得斯或布得吕克里昂与菲洛克里昂。佩斯特泰罗斯用忒瑞斯用来说服鸟类同伴的六行台词（375－380）就收服了鸟儿们，这六行台词说的是，智者能从自己族类的世袭敌人那里学到东西。因此，关键的一步是佩斯特泰罗斯对忒瑞斯的说服。

比起忒瑞斯说服鸟类，佩斯特泰罗斯说服忒瑞斯所花的时间更长（162 - 193），尽管忒瑞斯不是人类的尘世敌人，而鸟类就本性而言是人类的尘世敌人。鸟类有爱恨，能战斗，会杀人，会吃人，但它们不会争辩和反驳；它们让我们想起希腊的重甲步兵（hoplites）（353，402，448），而不是公民大会成员。最像忒瑞斯说服鸟类的，是特律盖奥斯说服赫耳墨斯：特律盖奥斯献了祭肉，透露了日神和月神反抗希腊诸神的阴谋，才达到说服的目的（《和平》192，406 - 413）。在这关键的地方，鸟类像诸神而不是像人类。难怪它们能够取代诸神的位置。

佩斯特泰罗斯采取了与说服忒瑞斯不同的方式对鸟类解释他的计划。在向［167］忒瑞斯解释的时候，他只是说，如果鸟类定居下来，加固天地之间的区域，它们就将统治全人类并摧毁诸神，他甚至没有试图证明这个提议是合乎正义的。忒瑞斯不需要那样的证明；他认为，佩斯特泰罗斯的提议明显是正义的（316）。在对鸟类解释的时候，佩斯特泰罗斯认为需要表明鸟类有正当的资格统治宇宙。也许，这是因为鸟类比忒瑞斯更正义、更虔诚。它们肯定比忒瑞斯的智商低。按照佩斯特泰罗斯对鸟儿们的解释，鸟类早先是万物之王，甚至宙斯都要尊它们为王，因为它们甚至比地神（Earth）或纯粹的大地（the earth）还古老。正如有人会说，既然天地存在之前是混沌，将天地分开的是这无边的虚空，那么，混沌或者说虚空比天地更古老；同样，既然鸟类在这虚空中漫游，那么它们也比天地古老。鸟类没有意识到它们的古老，是因为它们愚蠢、懒散，没读过伊索（Esop）［寓言］。它们既然是最古老的存在者，自然也就是万物之王。有许多证据表明，很久以前统治人类的不是诸神而是鸟类。首先，三个一流的民族——波斯、希腊和埃及（以及腓尼基）①，最早都是由鸟类统治，后来才让由人做国王统治。波斯人最初的统治者是公鸡，至今人们还把公鸡叫做波斯鸟。欧埃尔庇得斯插话说，

---

① 西塞罗（Cicero），《论共和国》卷三14；对观希罗多德（Herodotus）。

昂首阔步的公鸡有波斯国王的派头（牛皮大王）；佩斯特泰罗斯顺势说，欧埃尔庇得斯的亲身经历证明，公鸡仍然在某种程度上统治着所有人。其次，即使到了由人当王统治一个个希腊城邦时，还有一只鸟儿坐在国王们的权杖上，分享国王们得到的贡品。最后也是最重要的，当今世界的王者宙斯，他的头上站着一只鹰（eagle），雅典娜由一只猫头鹰陪伴，阿波罗则由一只隼（hawk）陪伴，这些鸟可以比诸神先吃到祭肉。人们可能就此获得这样的印象，王权让渡的轨迹是从鸟类通过人再到诸神。无论是否这样，从以上一切可以得到如下推论：古时候，世所公认鸟类显赫而神圣，然而现在，大家都当它们是奴仆和傻瓜。它们无处可逃，只有遭遇捕鸟者的毒手，捕鸟者将它们转手卖掉，尤其是卖给饕餮之辈。

听了佩斯特泰罗斯的话，鸟儿们为自己过去的伟大和今日的堕落深深触动。它们将自己的堕落归结为父辈的懦弱。它们没有想到，父辈也许是中了诸神的奸计。它们感谢佩斯特泰罗斯提醒它们起初的辉煌，[168]它们把他当救星，将自己的全家老小都托付给他，也就是说，它们还没有恢复昔日的王位，就拱手将王权让给了佩斯特泰罗斯。它们希望从他那里学会如何恢复鸟类的王权。佩斯特泰罗斯建议，它们必须建立一个单一的城邦，然后筑起城墙，围住天地之间的广阔空间，然后向宙斯要回被篡夺的王权。如果宙斯不答应，它们就必须发起圣战，严禁众神从它们的城邦通行。它们不用等宙斯的答复，必须晓谕人类：今后要先向鸟类献祭，然后才向诸神献祭。相比于先前给忒瑞斯的建议，佩斯特泰罗斯现在的建议简短了许多。佩斯特泰罗斯不再提议把诸神饿死。不难明白他为什么不再建议鸟类命令人类彻底停止对众神的献祭，因为这将使现有的习俗变化太大。人类不习惯的，至少鸟类也可能不习惯。当然，如果他认为忒瑞斯有自己的理由憎恨诸神，这也可解释为什么他给鸟类的建议不同于给忒瑞斯的建议。佩斯特泰罗斯现在的态度比较温和，但他没有放弃先前更严厉的态度带来的好处；鸟类在它们的领地四周筑起城墙之后，可以对诸神为所欲为。忒瑞斯问，人类看见鸟儿长着翅膀，会飞，怎么会认为它们是神。佩斯特泰罗斯一直都把诸神和鸟类当作两种完全不同的存在者在说；他也从来没有认为鸟类是神。按他的建议，鸟类不用变成神，神就会向它们称臣，也就是说，最高的存在者从此将是某种自然的存在者（natural beings）。然而，忒瑞斯还是希望鸟类干脆就正式成为神。他的问题是在暗示，人类不会承认鸟类为神，因为人类习惯于只将神理解为奥林珀斯诸神那样的存在者（603，606）；他没有意识到，他实质上问的是神是什么。对于这个直白的问题，佩斯特泰罗斯回答说，许多神也长翅膀，会飞。不过，这引起了新的难题。如果有的奥林珀斯神以这样那样的方式长了翅膀，比如宙斯的霹雳有翅膀，那人们也许会认为，诸神除了有鸟类的所有本事之外还有别的本事，因此自然就高于鸟类，于是人类也许继续只承认和崇拜奥林珀斯诸神。佩斯特泰罗斯说，如果真是这样，鸟类就必须让人类饿死，才能让他们相信鸟类具备诸神没有的能力。他由此诉诸了鸟类祖传的对人类的敌意；他预示了阿尔喀比亚德背叛雅典投奔斯巴达之举。[169]但他接下来变了口风。鸟类不必真的把人类饿死，人被饿死，神也救不活；人类只要得到鸟类的好处，就会认为它们是神，是命根儿；要当神，就必须爱人（philanthropic）。首先来说财富。财富不在奥林珀斯山（Olympus），但鸟类能够帮人类获得财富。正如现在人们为了发达要问卜于鸟；他们只有逐渐知道鸟不会骗他们，才会认为鸟是神。既然鸟类这么灵验，能保证人发达，这样的前景就让欧埃尔庇得斯甚至也动了心，不再愿意和鸟类生活，又想急忙回到人间。诚然，健康长寿在奥林珀斯山，但富有了就有好日子，就能健康长寿；鸟类很长寿，它们能轻易将一部分生命期给人。欧埃尔庇得斯是人，他应该知道这一点，对此他很满意，鸟类做人类的王比宙斯做人类的王要好得多。佩斯特泰罗斯最后补充说，在新的时代，人不用再被迫建造昂贵的神庙，不用到德尔斐和阿蒙（Ammon）神庙，不用带昂贵的祭肉。他由此取消了刚才允许人类向鸟类献祭之后继续向诸神献祭的让步。鸟儿们现在完全愿意同佩斯特泰罗斯一道反对诸神：

它们将会出力,而他必须提供智慧。不用说,行动明摆着,鸟儿们和佩斯特泰罗斯都具备必要的勇气:它们不会在天空中弃盾而去(对观《马蜂》22-23)。鸟类当王就是佩斯特泰罗斯当王。有人肯定会想,鸟类的神性是否也是佩斯特泰罗斯的神性。佩斯特泰罗斯的有死性显然不再是否定他的神性的理由。

鸟类完全接受了佩斯特泰罗斯的提议,鸟儿聚会到此闭幕。照忒瑞斯的意见,鸟儿们现在必须立刻行动。忒瑞斯要求两位客人光临他的巢穴,并请见告他们的大名。我们于是知道,欧埃尔庇得斯碰巧与苏格拉底属于同部族(phyle),尽管不是同乡(deme)(抄件行645注释;柏拉图《苏格拉底的申辩》$32^{b}2$)。① 在进巢穴之前,佩斯特泰罗斯问泰瑞斯,他和欧埃尔庇得斯不会飞,怎么能与会飞的鸟类共同生活。忒瑞斯说有一种草根,吃了就能长翅膀;他虽然知道鸟儿们对他的人间客人有敌意,但他从来没有想起那种草根。他的巢穴可能有些拥挤,歌队长要求忒瑞斯把他的妻子夜莺送出去,与歌队一起玩乐。两个雅典人欣然赞同,[170] 佩斯特泰罗斯表示赞成,是因为他急于笼络民心,欧埃尔庇得斯赞成,是因为他急于一睹尤物。两个人都被她的美貌弄得神魂颠倒,但只有欧埃尔庇得斯渴望与她拥抱。

忒瑞斯和客人一起吃饭,其他鸟儿与夜莺玩乐后开始筑墙,在这期间出现了插曲。插曲的内容只与鸟儿有关:鸟是最古老的神,人与鸟生活在一起的意义,或者说像鸟一样生活意味着什么。鸟儿们[译按:即歌队]既不赞扬雅典也不谴责雅典,它们对诗人阿里斯托芬也不提。因此,《鸟》中的插曲可以说与《和平》中的插曲完全相反,后者中的唯一主题是诗人阿里斯托芬。在迄今讨论到的谐剧中,只有《和平》和《鸟》表现的是反抗宙斯的行动。但是,

---

① [译按]据柏拉图《苏格拉底的申辩》($32^{b}2$),苏格拉底属于安提俄克斯部族(Antiochis phyle),欧埃尔庇得斯说他是克里奥乡人(Krioa deme),克里奥乡属于安提俄克斯部族。

《和平》中的行动只是一种即兴的造反（ad hoc revolt），《鸟》中的行动则要彻底永久地改变世界的统治。《和平》中的造反是谐剧诗人的造反；《鸟》中的造反不是谐剧诗人的造反；佩斯特泰罗斯不是谐剧诗人。正如我们从《云》中所知，阿里斯托芬的标新立异，不会越过扩大传统的万神殿。

由于《鸟》中（第一）插曲对诗人彻底不置一词，它完全可能是戏剧行动的一部分，这不像前面讨论的几出谐剧中（第一）插曲的作用。① 在这次插曲中，鸟类企图把人类争取过来投入它们的事业。作为阿里斯托芬谐剧中的歌队，鸟儿们不能触及整个人类，而只能触及雅典人，这只是不可避免的偶然原因。云神的情形不同；在她们作为歌队所唱的插曲中，她们只对雅典人说话，是因为她们渴望特别地被雅典城邦承认为女神；她们没有鸟类这样大的野心。虽然不能将鸟类和云神的聪明进行比较，但必须承认，鸟类不可能没有奸计：在对人类的严肃讲话中，它们至多暗示了即将到来的对诸神的造反，暗示人类要参与这场造反。

在这段插曲的狭隘意义上，鸟儿们充分展开了俄耳甫斯似的（Orpheuslike）佩斯特泰罗斯对鸟类阐明的主题：鸟类因为比大地和诸神都要古老，所以是最古老的存在者，佩斯特泰罗斯对鸟儿们说的话完全不同于他跟忒瑞斯的私下谈话。鸟儿们说了许多佩斯特泰罗斯没有说的东西。为了恰切理解鸟儿们的神学，就必须记住它们与佩斯特泰罗斯的区别：它们没有它们的救星佩斯特泰罗斯聪明，[171] 但它们是比他更优秀的歌手；它们对起源的叙述让我们想起赫西俄德（Hesiod）的诗歌。鸟儿们现在认为自己全然是神；它们将自己描述为不死的、永远存在的、天上的（ethereal）、永不变老的，它们在意不朽的事物。它们向生活在幽冥中朝生暮死的芸芸众生教导天上事物的真相，因为它们知道鸟类的诞生，知道诸神、河

---

① 《鸟》中插曲的特性由以下事实得到强调：歌队不是在插曲中，而是早在插曲开始很久前，就表示要在戏剧比赛中得奖（445-447）。

流、幽冥神（Erebus）与混沌神（Chaos）的产生。他们的教导超过了普洛狄科（Prodikos）的教导。云神提到过普洛狄科，把他和苏格拉底当成自己最喜欢的人。普洛狄科显然与阿里斯托芬的苏格拉底一样，都是"米洛斯岛人"（Melian）（《云》361；对观西塞罗[Cicero]，N. D. I 118）。像斯特瑞普西阿得斯一样，鸟儿们和佩斯特泰罗斯并不否认诸神存在，他们断言的只是诸神可以丧失他们的王位或权力。比如，苏格拉底否认宙斯是闪电的原因，但佩斯特泰罗斯就不动声色地反驳了这个观点（576以下）。

鸟儿歌队说，起初有四种事物，并非当然就是四种元素，而是混沌神、夜神（Night）、幽冥神和坦塔洛斯（Tartaros）；大地、空气和天，更不用说诸神与河流，都是后来才有的。在幽冥神无边的子宫中，没有通过授孕，黑翼的夜神安放了一个卵；那个卵中孵出的是金翼的爱若斯（Eros），爱若斯类似风一般迅捷地旋转。爱若斯夜里在浩瀚的塔尔塔罗斯中与长着翅膀的混沌神交配，生下了鸟；鸟是最先出现的事物——通过爱若斯或任何东西。当爱若斯将种种此物与彼物调配在一起——可以推想是混沌神、夜神、幽冥神和塔尔塔罗斯，就产生了天、大洋、地和不可摧毁的诸神。鸟儿们在此没有说到空气的产生。尽管受过佩斯特泰罗斯训练的任何人都不难理解，还没有大地之前鸟儿可能存在（469-474），但很难让人明白，鸟儿这种天上的存在物（689）怎么可能先于以太或空气存在。可以肯定的是，在鸟儿对万物起源的晦涩叙述（dark account）中，最晦涩的一点是空气的地位（the status of air），空气在苏格拉底的叙述中乃首要的原则（对观抄件行1218注释：Chaos在此代表空气）。同样晦涩的是爱若斯的地位：爱若斯比鸟儿先出现，更比所有的神都先出现，爱若斯本身是神吗？一个神必然是诸神的后裔，从而，诸神的第一个创生者自己并不是神，正如一个雅典人必然是一位雅典父亲与一位雅典母亲的儿子，从而，第一个雅典人不可能一直是雅典人——难道不是这样吗（对观亚里士多德《政治学》1275^{b}22-34）？爱若斯的晦涩之处（darkness）与鸟儿的晦涩之处密切联系：爱若斯生下鸟儿,先于爱若斯将万物彼此交配吗? 换句话问,鸟儿的组成成分(ingredients)(如果可以用组成成分来说鸟的话)完全与所有其他存在者的组成成分不同吗? 鸟儿们的叙述有两个中心:空气与爱若斯。对于空气这个苏格拉底的原则,它们保持沉默,对于爱若斯,虽说不上讲得清楚,但它们非常强调:鸟儿们用爱若斯取代了空气(或以太)(对观,574-575)。[172] 可以肯定的是,按照鸟儿们的说法,爱若斯是一切明亮或闪闪发光的存在者中的第一位,是所有其他事物之源,鸟儿们是爱若斯的初生物(firstlings),因此是最古老的神,它们与爱者(lovers)共同生活,尤其是与同性爱者(homosexual ones)共同生活。由于鸟儿们是最古老的神,它们也是最仁慈的神。它们的季节性来去向世人指示了季节的轮回,因此一视同仁地向正义与不义之人指示了不同季节的不同种类的劳作。通过它们难以预测的作为,鸟儿们作为神谕为人指点迷津,因此每个征兆(omen)都可称为一只鸟;有了它们,就没有必要求助阿波罗和能预言的缪斯们。既然鸟儿们能为凡人带来一切幸福,不只是财富,因而它们告诫人类要将它们当神对待。鸟儿们甚至将它们的近在咫尺与宙斯的遥不可及进行对照(宙斯装得冠冕堂皇,高居于云端之上):它们没有提反抗宙斯的统治。短歌首节一开始就提到了林中的缪斯,结束时赞美了马蜂歌队最喜爱的古代肃剧诗人佛律尼科斯(Phrynichos);短歌次节赞美了歌颂阿波罗的天鹅,它们的歌声及于整座奥林珀斯山和居于其中的众神。鸟儿歌队似乎像云神歌队一样虔诚,更不消说骑士歌队了。① 但我们不应该忘记,忒瑞斯早前叫妻子夜莺唱起神圣的赞歌,引起阿波罗的回应,引起诸神歌队的反响(209-222);插曲在这里不再提及任何这类的反应。

鸟儿们不只是泛泛许诺幸福。在后言首段中,它们劝诫那些希望加入鸟类快乐生活的观众,它们没有提条件,要那些观众承认鸟儿是神。它们以自己的方式反驳了与佩斯特泰罗斯不同的欧埃尔庇

---

① 参前文页127。

得斯。鸟儿们提出的理由是:"按照法律"在"这里"堕落低级的无论什么东西,在"那里"(与鸟儿一起)都是高贵或美好的东西;鸟类的生活或与鸟类一起的生活是符合自然的生活。比如,殴打父亲按照人类法律是堕落无耻,但在鸟类中则无所谓。又如,在鸟类中,公民与外邦人没有区别,自由人与奴隶没有区别;鸟类社会是平等社会、普遍社会。在后言次段,鸟儿们对观众说起长翅膀的好处和快乐。如果长了翅膀,人就能够飞翔,就不需饿着肚皮听肃剧歌队唱沉闷的歌,他可以飞回家吃午饭,吃饱了再飞回来看我们——谐剧歌队,我们的歌唱不会令人沉闷。同样,长了翅膀的男人比没有长翅膀的男人在通奸时要安全得多。鸟类的起源学说导向了歪理推荐的生活方式,正如被摈弃的苏格拉底学说导向要求极端的自制和忍耐。[173] 苏格拉底强调空气或以太的首要地位;鸟类出于一切实践的目的强调爱若斯的首要地位。苏格拉底想解开天上事物的玄机妙理;如果我们不考虑(事实上我们必须考虑)他临时性或户外的云神学说,我们看见他没有为任何本性(by nature)美丽或高贵的东西留有余地。鸟儿们不同,通过强调爱若斯的首要地位,它们将一种不争的地位赋予天性上喜庆明亮的事物(the naturally festive and golden)。作为其结果,阿里斯托芬比苏格拉底对宙斯及诸神更具包容性。苏格拉底的学说是彻底非诗艺的(a-Music),因为其中没有爱若斯的位置;苏格拉底本人的非爱欲(unerotic),反映了——或者说符合——他的学说对爱若斯保持沉默这一事实。但鸟儿的学说是具有爱欲的(erotic),因此也是有诗艺的(Music)。如果阿里斯托芬不得不在苏格拉底的学说与鸟儿的学说之间进行选择,他会选择鸟儿的学说,在帕默尼德和恩培多克勒(Empedocles)的帮助下,这种学说能很容易地用哲学术语表达。这使我们也许有资格说,阿里斯托芬并不是简单地反对哲学,他只是反对无视爱若斯、不与诗歌发生关联的哲学。这将有助于我们理解柏拉图对阿里斯托芬的贴切回应:在唯一一部阿里斯托芬作为角色参加的柏拉图对话中,苏格拉底与诗人们进行了交谈。只有那部对话是献给爱若斯的,在其中,苏格拉底的学说表现得比阿里斯托芬的学说或任何其他诗人的学说具有更深刻的爱欲色彩。如果有人愿意,他也许甚至可以说,苏格拉底将他的学说归因于第俄提玛,表明他得知爱欲的秘密时似乎还太年轻,没能恰切地欣赏爱若斯。无论是否这回事,我们强调苏格拉底的学说和鸟儿的学说之间的对立,并不是要否定或甚至掩盖这两者的重要一致:两种学说都超越了法(nomos)的领域,超越了城邦的领域或正义的领域;两种学说都允许殴打父亲。

佩斯特泰罗斯和欧埃尔庇得斯再次登场;这时候他们已经长上了翅膀。欧埃尔庇得斯多少比他的同伴对他们外观的可笑特征更为敏感。佩斯特泰罗斯认为,接下来要做的两件事是:为鸟类的城邦取名,向诸神献祭。经欧埃尔庇得斯提醒,佩斯特泰罗斯突然想到了"云中鹁鸪国"(Cloudcuckootown)这个名字。这名字暗示了说大话的人和神;佩斯特泰罗斯就是个说大话的人。他宣布,在新成立的城邦中,鸟儿们取代了过去诸神的位置,接着他命令欧埃尔庇得斯帮助鸟儿建筑城墙,并派一位信使上到天庭,另派一位信使下去人间。然后,他就去向新神献祭。欧埃尔庇得斯低声[174]咒骂了佩斯特泰罗斯一句,接令而去,再也没有回来。他利用第一个体面的场合离场。他本来希望在清静的城邦过清静的日子;尽可能地像鸟一样与鸟类一起生活,也就是说,去鸟儿们在插曲中劝诫观众过的好日子本来很适合他;但是,欧埃尔庇得斯那令人生畏的同伴对鸟儿生活的彻底革命摧毁了他的希望。佩斯特泰罗斯的宏伟设计不符合他的口味,只是他太得过且过,所以也不反对。当佩斯特泰罗斯将这个计划说给忒瑞斯听的时候,欧埃尔庇得斯报之以沉默;当佩斯特泰罗斯将这个计划说给鸟儿们听的时候,欧埃尔庇得斯没有反对,因为鸟儿们接受这个计划是解除他们两人危险的唯一出路。他对佩斯特泰罗斯向鸟儿们所说的那番话的点评,即便取悦了观众,但对于说服鸟儿毫无用处。欧埃尔庇得斯缺席《鸟》的下半场,这对《鸟》的意义完全不亚于得摩斯特涅斯缺席《骑士》的下半场对《骑士》的意义。这两种缺席虽然相似,但仍然有区别:在《骑士》

中,得摩斯特涅斯和腊肠贩都是政治人,但在《鸟》中,佩斯特泰罗斯是个政治人,欧埃尔庇得斯却不是。

　　向新神献祭(848,862)引发了某种困难,因为这行动可能意味着鸟儿向鸟儿的献祭(对观,853-854)。或者说,难道我们必须将新神理解为奥林珀斯诸神?佩斯特泰罗斯叫来一个人类祭司,暂时解决了这个难题,祭司向奥林珀斯山的鸟们(the Olympian birds)祈祷,祈求他们保佑云中鹁鸪国的鸟,但佩斯特泰罗斯认为祭司的祈祷对象太多,尤其那些食肉鸟对他没用,因为没有那么多祭肉给它们吃。因此他叫祭司滚蛋,准备亲自来献祭。这时,来了一个穿得破破烂烂的穷诗人,他曾经写过各种赞美云中鹁鸪国的诗歌,现在他用诗歌无耻地向新生城邦的创立者乞讨礼物。佩斯特泰罗斯叫祭司把衣服脱了给诗人暖身。诗人离开时,开始背诵另一首献给新生城邦的诗歌。佩斯特泰罗斯对这个诗人的来访并不太高兴,但他的第一反应是惊奇,新城邦创立的消息居然这么快就传到了诗人耳朵里。虽然对此人来说没有什么是不可能的,但他仍然感觉得到容易的事和不容易的事之间的差异;在他和诗人打交道的过程中,他本着这样的信条:人们必须帮助诗人。他正准备献祭,又被打断了,这次是个[175]预言家(soothsayer),带来的是巴克斯(Bakis)对新城邦的神谕。他说,按照神谕,佩斯特泰罗斯要是拒绝给他丰厚的礼物,就变不成云中的鹰。佩斯特泰罗斯背诵了阿波罗的神谕作为回答,表示预言家是个该打屁股的吹牛者;来访者吓得落荒而逃,才逃过挨打的厄运。佩斯特泰罗斯还没来得及转身,第三个打扰他的人就来了。他一共见到五个不速之客(祭司是他请来的,所以不在其中),只有中间的这个来客被提到了名字,他叫默通(Meton),是个著名的几何学者和观天家。默通靠罗盘帮助来"丈量"大气,为新城邦的规划布局。他说,大气作为整体的形状很像一只炉子(stove)。他希望新城邦的市场能像一颗星。佩斯特泰罗斯听他这一说,对他非常崇拜,简直就像斯特瑞普西阿得斯崇拜苏格拉底一样——斯特瑞普西阿得斯听苏格拉底的学生说,苏格拉底靠罗盘的帮助为他那群人获得晚餐,就佩服得五体投地(《云》175 – 180,95 – 96)。在阿里斯托芬笔下的人物中,默通最近似于苏格拉底(及其学生)。与先他而来的诗人和预言家截然不同,默通没有提任何神性存在者,甚至连缪斯也没有提;他也没有要任何礼物。佩斯特泰罗斯告诉默通,他爱他,但是(完全不同于斯特瑞普西阿得斯)默通对他没有用;新城邦里的公民激烈地反对所有的说大话者,因此这些公民将会强烈地反对默通。在与诗人和预言家打交道的时候,佩斯特泰罗斯没有指出公民的这种反对。默通听说有危险威胁到他,急着想离开;他还没来得及跑,佩斯特泰罗斯的拳头就到了。无论他多么爱默通或崇拜默通,他才是新城邦的创始人;新城邦不需要机巧(subtleties),至少用不着默通提供的那类机巧(比较亚里士多德《政治学》1277ª18 – 20)。默通的机巧不同于来自诗人和预言家的机巧。我们不该忘记阅读《骑士》得到的教训,也就是说,天然的统治者(the natural ruler)不需要任何教育。我们禁不住想知道,欧埃尔庇得斯会对默通有什么反应。因与阿纳克萨哥拉(Anaxagoras)的关系而发生在伯利克勒斯身上的事情,不可能发生在佩斯特泰罗斯身上。显然,佩斯特泰罗斯含蓄地拒绝"苏格拉底",所依据的原则根本上不同于鸟儿们含蓄地拒绝"苏格拉底"所依据的原则:鸟儿们不关心城邦的需要。两个比默通后来的访客是必需的,由此默通将占据访客场景的中心位置;当然,这不是要否认他们有助于造成笑的效果。后两位来客中的前一个是[176]雅典城邦派来的视察员(a supervisor),有意像对待雅典的其他属国那样对待云中鹁鸪国。后一个来客是卖法令的(a seller of decrees),他希望向佩斯特泰罗斯兜售新的法律(new laws)——民主社会不区分法令和法律;他卖的法律当然是雅典的法律。最后来的两个人象征着雅典帝国主义,他们自然被体现了更崇高、更全面的帝国主义的佩斯特泰罗斯正当地打了一顿,扔了出去。佩斯特泰罗早就抛弃了雅典城邦的权威。

紧接着五位访客场景的是第二插曲。在《和平》中,第一插曲完全是献给诗人的,第二插曲则完全献给农民。《鸟》中的第一插曲完全献给鸟类，我们不妨暂且称之为"鸟论"（birdism）；第二插曲一方面需要献给雅典，另一方面需要献给诗人，这好像是显而易见的。在第一插曲之后，佩斯特泰罗斯说过，接下来要做的两件事情是为新城邦命名和向神献祭。尽管好城邦是最出类拔萃的城邦（the city par excellence），是符合自然的城邦，它依然离不开习俗性事物。这个新城邦已经取了名字，但献祭还没有进行；我们所期待的献祭那场戏成了五个来客的一场戏。由于默通事件处于那场戏的中心，我们也许会说，献祭的戏被驱逐默通的戏所代替，或者说，献祭与驱逐默通可以互相置换。但是，不用说，献祭没有简单地被取消；它只是在第二插曲中完成于"室内"。这让我们想起了《云》，其中的第二插曲隐藏了费狄庇得斯在室内的受教。

在第二插曲的短歌首节（strophe）中，鸟儿们说自己是宙斯的继承人：它们俯瞰万物，君临一切，所有的凡人都要转而向它们献祭、祈祷。它们默认了自己并不是看见一切，而只是看见地上的一切：它们没有上升到阿里斯托芬笔下屎壳郎的高度。与此相似，它们说，它们给凡人的唯一好处是杀死一切害虫。它们不再提在第一插曲中的要求；它们似乎多少已经意识到自身的局限。在后言首段（epirrhema）中，鸟儿们宣布，它们将模仿雅典人的做法（雅典人迫害无神论者——那个米洛斯人狄阿戈拉斯［Diagoras of Melos］，也迫害僭主们），对捕鸟者等人施以重刑；它们甚至比雅典人所施的惩罚更厉害，这也许是因为，捕鸟者对鸟儿的危险远大于无神论者和僭主对人类的危险。我们肯定已经从默通的遭遇获知，不虔敬和叛国在新旧城邦同样是罪。[177] 在短歌次节（antistrophe）中，鸟儿们通过显示自己在四季的不同活法赞扬它们的幸运；我们高兴地知道鸟类不反对林泽神女（nymphs）和美惠女神（the Graces）。后言次段（antepirrhema）让我们想起《云》的第二插曲，在其中，鸟儿们不再只以鸟的身份发言，而是作为《鸟》的歌队发言；因此，第二插曲的两首短歌及后言首段彼此相属，构成一个整体，其中心自然就是后言首段。这个整体与整个的第一插曲一样是戏剧行动的组成部分。在后言次段中,鸟儿们对评判员说,无论公正与否,如果他们评给歌队优胜,歌队就会送他们好处,如果他们投票反对,他们就会受到相应的惩罚。我们本来指望第二插曲是献给雅典尤其是献给诗人的,结果多少落空了,尤其是考虑到这样的事实:甚至在后言次段中,歌队对《鸟》的优点(virtues)也保持沉默。也就是说,在《鸟》的两次插曲中,阿里斯托芬都没有谈论自己。这种沉默再恰当不过,因为这出谐剧表现的是对城邦崇拜的一切神的成功背叛,是对所有旧神的成功背叛,换句话说,这出谐剧表现了一个雅典人的胜利,他既背弃了雅典城邦,又背弃了诸神。对诗人的沉默与欧埃尔庇得斯的消失紧密相关。几乎没有必要再强调,第二插曲不再包含哪怕一丝暗示,劝诫人们与鸟儿一起生活或是像鸟儿一样生活。

佩斯特泰罗斯重新登场,他已成功地完成了室内的献祭。他表示吃惊,怎么没听到关于城墙建设任何进展的消息,话音刚落,信使就来了。信使将佩斯特泰罗斯称为头儿(the ruler):鸟儿们已经意识到,统治它们的不是一只鸟,这就解释了何以它们已经意识到自身能力的局限。信使告诉佩斯特泰罗斯,城墙筑好了,这个最美最雄伟的工程超过巴比伦城墙,雅典卫城更不能与之相比,它是由鸟儿们而且全由鸟儿们一手建造:我们猜测,奉佩斯特泰罗斯之命勘察城墙情况的欧埃尔庇得斯在传达任务后就已经回家了(对观1160–1161与841–842)。尽管是佩斯特泰罗斯建议鸟类建筑城墙围住大气,但看到计划真的完成,他非常高兴:"这些东西在我看来简直像是假的。"顺着歌队的暗示,我们相信,佩斯特泰罗斯认为像是不可能的东西并非计划的执行,而是执行计划的快速。[178]显然,鸟儿们惊人的壮举不会危及他的统治,因为谁不知道,城墙的建筑者——无论本事多高、建设速度多快,无论其建设的城墙多高大宽阔——要听命于政治统帅?鸟儿们不仅服从佩斯特泰罗斯的统治;它们甚至无偿地为他效劳。鸟儿们对城墙的快速建筑在接下来的一场戏中闪亮登场,这场戏由另一个信使的到达开启,这个信使太兴奋了,以至于忘了叫佩斯特泰罗斯头儿。他报告,从宙斯那里刚来了个神,趁卫兵把守不严,已经闯入新城邦,也就是大气中。他没有说擅自闯进来的神是谁,他只知道这个神有翅膀;猛禽们已经受命前去缉拿他。佩斯特泰罗斯发布了城邦动员令,他自己也武装停当。这个局面是鸟类对付不了的;鸟儿不像它们的人类统治者,没有力量反抗诸神。歌队宣布,鸟类与诸神之间不可言说的战争爆发了。要不惜一切代价,阻止任何神越雷池一步,进入天地之间的大气。这时,已经进入大气的神进入了视野,她是伊里斯(Iris)。能够证明她是神的既不是她的面貌也不是她的名字。她完全没有意识到闯入了禁地;显然,鸟儿不能飞升到云端之上的天堂,去警告诸神不得擅自闯入它们的城邦。长了翅膀的佩斯特泰罗斯下令,将长了翅膀的伊里斯逮捕起来。鸟儿们没有服从他的命令:它们被这女神的翅膀迷惑住了吗?为了保住鸟类的联合阵线不分裂,佩斯特泰罗斯被迫与伊里斯展开嘴上交锋(对观1211)。看起来,伊里斯进入新的城邦没有受到城墙的阻挡,或者说,没有受到守城卫兵的阻挡,换句话说,佩斯特泰罗斯不能信任鸟类。为了挽救他的事业,他必须说伊里斯犯了死罪;但伊里斯轻描淡写就打败了他,她回答说,她是不朽的,所以不可能被处死。佩斯特泰罗斯才不管什么不可能,他拒绝接受伊里斯无懈可击的三段论的结论。在他所处的这种情况下,苏格拉底或狄阿戈拉斯对他根本没有任何用:如果面对一个就在那里的神,否定神的存在能有什么用?在这种情况下,人们只能采纳斯特瑞普西阿得斯的看法,神虽然存在,但神的能力可能丧失。佩斯特泰罗斯拯救了他的事业,他暂时搁置神的不朽,转到一个伊里斯不知道的事实:我们这些鸟儿现在才是统治者,你们这些神无论能不能被杀,都得俯首称臣。诸神即使不能被取性命,也会受严重的伤害,因为正如我们所见,通过承认不可能事物的[179] 可能性,阿里斯托芬笔下的人物没有被迫否认下面两者之间的区别:有容易迅速完成的事情,也有需要长时间才能艰难完成的事情。事实上,神是需要献祭的:伊里斯经过大气从天上到人间是为了告诉人们,应该向天上的奥林珀斯诸神献祭。佩斯特泰罗斯现在把问题完全挑明了,他不承认奥林珀斯诸神还是神;因为成为神意味着成为人类的神,现在人类的神是鸟儿。有人可能会说,正如没有神就不可能有人,没有人也不可能有神。假装成是宙斯的克里昂终究要依靠德莫斯(demos),① 这事实有助于理解宙斯自身的地位。佩斯特泰罗斯默默地将神的本质是不朽的观点,替换为神的本质是为人而存在(to be gods for men)的观点。要理解他的言下之意,只要想一下,作为神的鸟儿声称自己是不朽的(688),尽管它们仍然害怕捕鸟者。鸟儿们可能将它们族类的(their races)不朽误解为鸟儿个体的不朽;与此相似,若是因为作为种(species)的伊里斯(彩虹)是不朽的,就推断佩斯特泰罗斯面对的个体伊里斯就是不朽的,那就错了。伊里斯只能鄙视佩斯特泰罗斯的愚蠢:狄刻(Dike)[译按:正义女神]将用宙斯的霹雳让他和人这个族类灭绝。伊里斯的威胁反而提升了佩斯特泰罗斯一度因为守城鸟儿失误而受到损害的权势。他丝毫没有被女神抬出来的宙斯的权力吓倒,当然他也丝毫没有怀疑宙斯的存在;他毕竟不是蛮夷奴隶,他知道宙斯不可能用霹雳或任何其他手段杀死他。宙斯能激怒他,但他也能激怒宙斯,他可以派合适种类的鸟儿去把天上闹个底朝天。这到底可能还是不可能,我们不必太在意,但指出这点并非不合适:我们不知道佩斯特泰罗斯的鸟儿是否到了天上,而我们知道屎壳郎到过。佩斯特泰罗斯威胁要对伊里斯非礼,不顾自己上了年纪,还有同性恋倾向。她离开时丢下一句狠话,威胁说她的父亲宙斯将阻止他的肆心(hubris)。看到头儿打败伊里斯,鸟儿们非常满意。它们认识到诸神还没有听说禁止进入新城邦的禁令——派往诸神的信使可能没有进入天堂,于是再次公布了禁令,严禁诸神擅自闯入大气,同时向人类宣布,严禁人类向诸神献祭。对我们而言,[180]我们已经看到,考虑到不可能事物的可能性,没有佩斯特泰罗斯与鸟儿们的合作,针对诸神的造反是不可能的。只有作为一只鸟来讲话且为

---

① 见前文页110。

鸟儿们讲话，佩斯特泰罗斯才能克服苏格拉底没能力克服的困难。也许指出下面这点并不是太无关痛痒：如果可能事物与不可能事物的区分不维持在一定的范围内，就不可能有阿里斯托芬的谐剧；斯特瑞普西阿得斯不可能变成苏格拉底，反之亦然。

有人也许会怀疑，打败伊里斯这场戏之后，佩斯特泰罗斯是否仍然会认为自己是凡人。他想知道，派去人间的传令官会不会回来。佩斯特泰罗斯第一次想到自己，恰在此时，传令官回来了：一切如他所愿，大获成功（对观 1119 – 1121 和 1269 及以下）。传令官首先赞扬了佩斯特泰罗斯的好运和智慧，然后向他呈上世人因他的智慧献给他的金色王冠。佩斯特泰罗斯接受了王冠——他知道凭他的智慧受之无愧——但他想知道，世人因为他哪方面的智慧和成就授予他这一殊荣。传令官说，他得到尊崇，是因为他建立了空中之城，他为人类指出了全新的最令人满足的生活方式。此前，所有的人都疯狂地热爱斯巴达城邦——除了欧埃尔庇得斯（125 – 126，813 – 816），而苏格拉底，由于其极端的自制和忍耐，看上去像个拉孔尼亚人（Laconizer①），现在，他们都疯狂地热爱像鸟类一样的生活。他们过去疯狂地爱斯巴达，是因为他们爱法律；当他们理解到自然对于法律的优先性，他们便不再爱斯巴达，转而爱符合自然的鸟类生活。传令官暗示了这种想法，但他马上改口；因为，作为一只鸟或鸟类城邦的一个公民，他所解释的对鸟类生活的模仿，实际上就是雅典人的日常生活；他是只超级爱邦的鸟。不过，他只是夸大其辞；他说雅典盛行鸟卜（ornithomania），并举了些例子来说明，让人不得不信。成千上万的人迫切地要到鸟这里来，渴望获得一副翅膀和鸟爪。传令官暗中警示佩斯特泰罗斯只给他们翅膀，不给鸟爪，因为若给了人们鸟儿的武器，怎能期望他们还臣服于鸟？佩斯特泰罗斯当然暗地同意。他吩咐奴仆尽量准备翅膀，准备好好地接待移民们。他急不可耐等奴仆去拿翅膀的时候，鸟儿们在尽情狂欢，为

---

① ［译按］拉孔尼亚人可视为斯巴达人的别称。参《马蜂》部分相关译注。

了它们的城邦所传布的爱,为了其远播的名声和即将到来的成长。人类对新城邦的[181]反应并不让鸟儿们感到奇怪,因为美好的一切,在这里应有尽有;凡被提到的住在鸟城邦的神,全部是[各种美好事物的]"化身"(personifications)(对观1320–1321,《和平》456)。他们中至少还有赫修喀伊亚(Hesychia)(安宁[rest])。鸟类对安宁的赞美与不安宁的(restlessness)佩斯特泰罗斯形成鲜明对照。正如传令官的话所充分表明,对鸟儿城邦的实践上的普遍渴望来自欧埃尔庇得斯的情趣(sentiments),而不是佩斯特泰罗斯的情趣,来自鸟的精神(birdism)而非提坦式的造反精神(titanism)。但鸟类不具有内在的力量抵制佩斯特泰罗斯;它们受到他的不耐和匆忙的感染;它们在新城邦的定居并没有使它们摆脱飞来飞去。

由于预期的移民们分属人的不同种类,所以必须为他们准备不同的翅膀,鸟类向佩斯特泰罗斯指出了这一点。它们说,必须先把翅膀分成三类:缪斯鸟(Music birds)的翅膀、预言鸟(prophetic birds)的翅膀、海鸟(sea birds)的翅膀。鸟类的预言很准,因为正好有三类人陆续到来。第一个是决心弑父的年轻人。他希望变成老鹰,也就是变成预言鸟。他似乎不太关心长翅膀,他关心的是和鸟类住在一起,或者按照鸟的法律生活。佩斯特泰罗斯问他:"你要哪条法律?因为鸟类的法律很多。"年轻人回答说,他喜欢鸟类所有的法律,但最喜欢的一条就是,对鸟儿来说,吃父亲、杀父亲是高贵之举,他的回答表明他比佩斯特泰罗斯还欠考虑(对观《云》1430–1431)。佩斯特泰罗斯向宙斯发誓并作为一只鸟说话,他承认,无论如何殴打父亲在鸟儿这里是高贵的表现。年轻人没有看清殴打父亲与杀死父亲之间的细微区别;殴打父亲对他没有用;他必须杀死父亲才能得到家产。他显然不想和鸟类一起生活或作为一只鸟来生活;他希望占尽人类的便宜和鸟类的便宜,其实两方面都不可能。因为,佩斯特泰罗斯告诉他,"我们鸟类"还有一条古法,老鹳喂大了小鹳(鹳是云中鹁鸪国的守城卫士),小鹳有义务赡养老鹳作为补偿。这个想杀死父亲的儿子立刻意识到,在这条法律下与鸟类一起生活，还不如他在人间。送他走之前，佩斯特泰罗斯给了他一副翅膀，一把距刺，一顶鸡冠；既然他好斗，就应该去当兵，或远征或戍边。年轻人走的时候向狄奥倪索斯发誓，要听佩斯特泰罗斯的话。无论鸟类的行为依据的法律是什么，人类不应该依照鸟类的行为去做，而是应该按照鸟儿佩斯特泰罗斯的命令去做，正如[182] 宙斯可以锁住他的父亲克洛诺斯（Kronos），但在宙斯的统治下，宙斯不希望人类模仿他的做法。无论是在宙斯统治的旧秩序之下，还是鸟儿统治的新秩序之下，都不允许人殴打父亲，更别提乱伦。佩斯特泰罗斯知道，作为城邦的创立者，尤其是作为一个将要包括所有神和所有人的城邦的创立者，自己的职责所在。或者说，既然佩斯特泰罗斯作为一只鸟在说话，[他该知道，]很不同于奥林珀斯诸神的存在者也可能是神，但要成为一个神，首先得满足一些条件；尤其是，神不能允许人去做殴打父亲这等事：一个神必须与城邦的基本要求保持一致。佩斯特泰罗斯驱逐观天家默通，与他严禁殴打父亲的道理相同；研究天象和殴打父亲之间的联系在《云》中非常清楚。相比默通，他对想弑父的年轻人要好得多。首先，他很容易劝年轻人放弃邪恶的念头，但要劝默通不研究天象很难。其次，在那过去的城邦，由于严禁人弑父，年轻人并没有殴打或杀掉自己的父亲：他来到新城邦寻求法律帮助，表明他关心合法性，因此在某种意义上表明了他的正义。最后，年轻人向狄奥倪索斯发誓，这个酒神抚育了创造出佩斯特泰罗斯的阿里斯托芬。我们应该记得《马蜂》中殴打父亲的好处。换句话说，歪理是殴打父亲者（《云》904 - 906，911），但不是观天家。

　　第二个自诩的移民是诗人克涅西阿斯（Kinesias）。他是以爱若斯恋人的身份唱着歌来的（抄件行 1372 注释）。他想变成夜莺。以较少诗意的或者说更为如实的方式，诗人说，他希望要一副翅膀，从云中采撷新式的抒情诗序曲。《和平》中的特律盖奥斯从天上回人间的时候，看到酒神颂诗人的灵魂在天上飘来飘去采集抒情诗序曲，但显然不是从云中采集（《和平》827 - 831）。但是，克涅西阿斯认为，酒神颂诗人的诗艺靠的完全就是云，因为他们的诗肯定不但高渺（lofty）而且阴郁（cloudy）。根据在《云》中获得的知识（350），我们必须说，与谐剧不同，酒神颂诗极其阴郁（dark）。克涅西阿斯的诗歌散发着最不虔诚的气息。① 佩斯特泰罗斯不但没有给他翅膀反而还用翅膀打了他。不过，佩斯特泰罗斯建议他留下，教鸟儿们合唱。但克涅西阿斯不希望杀父，也不希望与鸟儿同住；他只想获得鸟儿的某种德性。因此，他拒绝了佩斯特泰罗斯的建议，他认为佩斯特泰罗斯是要羞辱他。佩斯特泰罗斯的建议无疑是[183]荒唐可笑的，但荒唐可笑和严肃的界限在阿里斯托芬的谐剧中并不总是容易区分。佩斯特泰罗斯肯定不会像特律盖奥斯在某个场合宣称的（《和平》173）那样说，他在开玩笑。

第三个也是最后一个来客是个传案人（sycophant②）。他对鸟儿的印象就两点，一是没钱，二是会飞，这个事实足以反映出他的本性。从一开始，他就清楚地表明来这里目的无非是要一副翅膀。他需要的是海鸟的翅膀，因为他是海岛上的告密者（informer）。佩斯特泰罗斯并不看好他的生活和职业；他试图劝这人走正道来谋生。但这年轻人拒绝听从他的忠告；他反复说要翅膀。佩斯特泰罗斯只好对他说，用言语给他装一副翅膀如何：所有人都是被言语鼓动起来才有了翅膀；通过得体的言语（decent speeches）——传案人最清楚，世上还有不义的言语——人们能从事合法的职业。传案人拒绝佩斯特泰罗斯对他的疗救。这个主题完全是雅典的主题，两个人甚至都忘记了他们身在何处，说起话来就像他们还在雅典。既然这个无可救药的无赖不能用言语来安上翅膀，佩斯特泰罗斯这个新城邦的创立者就以正义的名义，像个正义者那般用鞭子当翅膀做礼物，把他赶跑。在他的城邦里，既不允许殴打父亲，也不允许其他任何不义。

看来传令官的话太乐观，或者说太自夸了，因为没有自诩的移民

---

① 《希腊抒情诗》（*Lyra Graeca*），J. M. Edmonds 编，III, 262-264。
② [译按] sycophant 一词在此指专事法庭控告的人，据罗念生译本作"传案人"。

真正来投奔新城邦。就我们所知，除了欧埃尔庇得斯，没有人希望来与鸟类同住，像鸟类一样生活。这三个来客只是来要翅膀，借鸟儿的羽翼丰满人的权力。三人中占中间位置的是诗人克涅西阿斯，也只有他才被直呼其名；正如耽搁了献祭的五个来客中居于中间位置的是观天家默通，也只有他才被直呼其名。诗歌和天象学完全属于同类：高渺、难以理解、自吹自擂。它们也是对立的，这从城邦最卓越的创始人佩斯特泰罗斯对诗人和观天家的不同态度可以看出。我们应该记住，在第一组来客中，只有诗人收到了佩斯特泰罗斯的礼物。佩斯特泰罗斯驱逐了默通，但他设法留下克涅西阿斯，不管他的诗歌多么差强人意。佩斯特泰罗斯对诗人有几分畏惧（931-932）；默通无论如何没有什么力量。阿里斯托芬只是重述了赫西俄德（Hesiod）的鸟儿寓言——隼与夜莺，也就是国王与歌手——的训谕，这个寓言必须置于 [184] 诗人与其不义兄弟皮尔斯（Perses）的冲突之中才能理解：国王能够轻易地杀死歌手，但他不能杀死歌手唱出的真理。佩斯特泰罗斯比赫西俄德的隼要聪明得多。与此相关的事实在于——正如我们看到的，他站在正确（Right）一边。他为维护正确而赶跑了三个来客，他们急着来要翅膀，是为了获得超越于人的权力；对他们来说，有了鸟儿的翅膀就相当于有了冥王的帽子（对观793-797）。佩斯特泰罗斯给了他们言辞做翅膀；他建议他们要正义，他没有给他们超人的力量。然而，这意味着唯一有翅膀的人是佩斯特泰罗斯。这是否也意味着他独自保留了施行不义但又不受惩罚的权力？这个问题的答案有赖于人们如何看待他企图剥夺神（旧神）的权力。毕竟，这样说并非不合情理：崇敬那些神对正义（justice）而言至关重要。同样，这样说也并非不合情理：正确的最高守护者不能简单地服从正确，而是必须放开自己的手脚。①

---

① 人们也许会想，这三类鸟（预言鸟、缪斯鸟和海鸟 [1332-1333]）与三个来客（弑父青年、诗人和传案者）的配合，是否指向以下三种对待正确（Right）的姿态：1）将正义等同于合法（legality）；2）认为正义与合法不同；3）彻底拒绝正义。

佩斯特泰罗斯离开舞台后，鸟儿歌队用歌声庄严地表达了它对克勒奥倪摩斯的惊奇，这人既是告密者也是胆小鬼，它们还表达了对强盗奥瑞斯特斯（Orestes）的惊奇。这些话与戏剧行动没有关系，与歌队该关心的事情也没有关系。我们第一次碰到这类自白。与此有点相似的只有《阿卡奈人》（1150 – 1173），但在那里，歌队谴责并诅咒了安提马科斯（Antimachos）让他们没有晚餐，这显然与戏剧行动相关：狄凯奥波利斯的自私关注的只是自己的快乐。鸟儿们提到的人和事，都是它们飞行中看到的；它们谴责克勒奥倪摩斯告密，与前面一场戏中佩斯特泰罗斯公正地打发掉传案人有点儿关系，那个传案人也是告密者。但是，这整首歌与前面三个场景（佩斯特泰罗斯先后打发了三个来客）有更深刻的联系。我们如果依然记得《阿卡奈人》的前述场景中发生的事情，就可以看出鸟儿们的整个歌曲与佩斯特泰罗斯相继打发三个自称的移民的场景之间更深刻的关联。鸟儿们对佩斯特泰罗斯很失望，如同阿卡奈老人对狄凯奥波利斯很失望；它们愤怒的是，佩斯特泰罗斯篡夺了王权，或者说，佩斯特泰罗斯暗中排除了鸟儿们参与鸟儿城邦统治的权力。鸟儿们不能反抗他，有了他，它们才再也不会被人类捉住或杀掉；鸟儿们意识到佩斯特泰罗斯的权力，它们最多泛泛地提到其他不义之人，尤其是其他不义的雅典人，但它们不敢逾此界限来谴责不义。

[185] 这时，又有一个来客，他急着要见佩斯特泰罗斯。他蒙着脸，因为害怕天上的诸神看见，他还带了一把伞。当他从佩斯特泰罗斯这里了解到宙斯正在集云时，他倒不害怕宙斯的霹雳，反而立刻松了口气：宙斯不可能透过云层看见他（对观 1608 – 1609）。他于是揭开面纱；佩斯特泰罗斯立刻认出他是普罗米修斯，伟大的人类热爱者和诸神憎恨者。普罗米修斯要他别声张，别叫他的名字，因为他仍然怕宙斯。但是，普罗米修斯告诉佩斯特泰罗斯，宙斯完蛋了；因为鸟类的空中城邦建立后，人们不再向诸神献祭，因此，诸神都快饿死了。住在奥林珀斯诸神之上的蛮族神公开威胁宙斯，如果他不开辟商埠，提供食物，他们就立刻开战。这符合佩斯特泰

罗斯的利益。这些威胁奥林珀斯诸神的蛮族神，当然不是蛮族崇拜的、特律奥盖斯用来威胁奥林珀斯诸神的日神和月神（《和平》406－413），尽管鸟儿的神性，也只有鸟儿的神性，排除了太阳和月亮的神性，也排除了蛮族诸神和奥林珀斯诸神的神性。佩斯特泰罗斯驱逐默通，与他没有从求助于奥林珀斯诸神转向求助于日神和月神，这中间可能有联系吗？蛮族诸神是天上的特里拜洛斯人（Triballian）（一个色雷斯［Thracian］民族），正如奥林珀斯诸神是天上的希腊人。普罗米修斯告诉佩斯特泰罗斯，上面的宙斯和特里拜洛斯要派使节来与鸟类讲和，他建议佩斯特泰罗斯向宙斯提出要求，把王杖还给鸟类，把巴西勒亚（Basileia）（王位）嫁给佩斯特泰罗斯为妻。起初，人们理解的是，鸟类自己为自己要求王位（549－550）；现在，普罗米修斯改变了这个意图，变得对佩斯特泰罗斯有利。巴西勒亚是最漂亮的姑娘，掌管着宙斯的霹雳和其他一切工具或权力资源；拥有巴西勒亚，佩斯特泰罗斯将拥有一切。普罗米修斯为佩斯特泰罗斯出主意，是因为众所周知，他爱人类：他并不关心将宙斯的权力转交给鸟类。普罗米修斯自己是神，但他恨所有的神，从而他也恨他自己；他因此不会为了自己的利益而行动。如果他不是神，他会像虔诚的尼基阿斯。他默认，作为人的佩斯特泰罗斯比所有神高明。

佩斯特泰罗斯和普罗米修斯之间的谈话让鸟类更加无奈而气愤。首先，天性上爱人不爱神的普罗米修斯肯定让鸟儿们想到，它们在天性上恨人类而不是恨诸神；因而，［186］它们与佩斯特泰罗斯联手对抗神有违本性——现在它们陷于这种联盟无处可逃。其次，作为一切技艺的发明者，热爱人类的普罗米修斯也是抓捕、杀害、烹煮鸟类技艺的始祖。最后，普罗米修斯既然公然仇恨所有神，那么，他对作为神的鸟类来说也没有用。因此，毫不奇怪，普罗米修斯离开后，鸟类唱了一首歌，提到两个人，这两个人就是苏格拉底及其同伴凯瑞丰，在普罗米修斯来之前那场戏中，它们在歌中也提到两个人，即告密者克勒奥倪摩斯和强盗奥瑞斯特斯，比起这两个不义之人，苏格拉底和凯瑞丰更加不义，仿佛他们与演说家佩珊德若斯（Peisandros）搅在一起。佩珊德诺斯这个名字让我们联想到佩斯特泰罗斯，让鸟儿们多少联想到奥德修斯（Odysseus）。这首歌刚唱完，天上派来的使节就到了；他们与佩斯特泰罗斯的交谈没有平息鸟儿的愤懑。他们离开后，鸟儿们唱了第三首，也是最后一首歌，这首歌表面上与戏剧行动没有关系，或者说与歌队应该关心的问题没有关系。这首歌讥讽了高尔吉亚及其雅典弟子菲利珀斯（Philippos）的狡诈；菲利珀斯一直是马蜂的义愤的牺牲品（《马蜂》421）。通盘考察这三首关联合唱，我们注意到，这里一共提到七个不义之人，其中至少有三个（苏格拉底、凯瑞丰、高尔吉亚）是结合了修辞术（rhetoric）与自然学（physiologia）的人。鸟儿对苏格拉底（因此也是对凯瑞丰）的态度根本不奇怪；鸟儿的起源学说旨在驱逐普洛狄科的起源学说。佩斯特泰罗斯的行动——迄今已经证明，不只反对旧神，而且也反对新神，其目的在于一个人的普遍的统治，从而神化（divinization）一个人——自然地让鸟儿们联想到苏格拉底；因为，怎能期待鸟儿们理解苏格拉底意图的非政治特征？我们也必须注意到，在这七个人中，没有一个是诗人；鸟类是歌手，它们不反对诗人。无论如何在这方面，鸟儿们与佩斯特泰罗斯一致：城邦，以及更有理由的（a fortiori）符合自然的城邦，与诗歌相谐，甚至需要诗歌，但它不能容忍天象学和自然学。最后，我们注意到，《鸟》中上述这类歌曲虽然与此前的谐剧不同，但在《鸟》中却非常贴切，因为只有这出谐剧，在主人公取得决定性的胜利之后，**歌队与主角之间还发生了冲突**——这场冲突涉及统治（《阿卡奈》人中的相应冲突不涉及统治），源于主人公对合唱队的欺骗（腊肠贩子没有欺骗骑士或得摩斯特涅斯）。

[187] 天上来的使节由三个神组成：波塞冬、赫拉克勒斯和一个特里拜洛斯神。神中贵族波塞冬解释说，如果诸神不是生活在民主时代，他们不会派个特里拜洛斯神——诸神中最野蛮的神——做大使。赫拉克勒斯对居然敢挡他道的佩斯特泰罗斯十分恼怒，他扬

言要掐死他;波塞冬肯定提醒了他,事实上派他们来就是和这个人议和的;他们认为鸟类在这场谈判中无足轻重。然而,恰恰是赫拉克勒斯,由于其贪婪,最后证明了是三个神中最有包容性的神;他向佩斯特泰罗斯屈服,正如他向特律盖奥斯屈服(克涅西阿斯只对赫拉克勒斯发誓,1391)。佩斯特泰罗斯一开始注意到的就只是赫拉克勒斯。因为当三个神来的时候,他正忙着准备他的饭菜。肉是鸟肉;是一些被鸟类中的民主派判处死刑的贵族鸟身上的肉(因此富有、肥硕、多汁)。正如奥林珀斯诸神总是希腊人的神,因此当希腊人进入民主时代,奥林珀斯诸神也进入民主时代,新当上神的鸟类即使没有变成希腊人,也至少变成了民主派。但鸟类的政体只是名义上的民主制;事实上,这个鸟城邦是由鸟儿们中的第一人,或更准确地说是唯一的人在统治,这个人牢牢地掌握了大权,以至于他不必放弃享受精心烹调味道鲜美的鸟肉,即便他吃的是正规判刑且正规处决的鸟。一个严厉的人可能会说,佩斯特泰罗斯的行为比食人族(cannibalism)更坏,因为鸟类现在是他的神。波塞冬开始谈判,他表示要修复众神与鸟类之间的和平。佩斯特泰罗斯同意讲和,他说,我们(我们鸟类)愿意达成公正的和平,正义要求宙斯把王权还给鸟类。暂时,他紧守最初建议鸟类要提的条件(554);他还没有按普罗米修斯的建议去做。他只做了一点让步:如果神的使者们答应他的要求,他可以管一顿饭。赫拉克勒斯立刻满口赞成,这让波塞冬很反感;正如波塞冬告诉他的,赫拉克勒斯因为一顿饭,就准备剥夺他父亲宙斯的王位。由于这个论据有些分量,佩斯特泰罗斯只好挑明,和平将给宙斯及诸神带来长久利益:如果鸟类统治下界,或者说如果诸神与鸟类结盟,诸神的势力范围将会更大;因为诸神居于云天之上,即使人作伪誓欺骗他们,他们也看不见,而如果与鸟类修好,鸟类看见了就会代诸神惩罚人。诸神希望惩罚作伪誓的人,但却无能为力;鸟类有能力惩罚,只不过此前不愿意代劳。佩斯特泰罗斯由此认同了[188]苏格拉底的看法,即诸神不惩罚作伪誓的人;但不同的是,苏格拉底由此推断诸神不存在,佩斯特泰罗斯则由此推断神的能力不足。波塞冬立刻明白了佩斯特泰罗斯的意思：如果鸟类利用它们自然的或习得的能力壮大神的势力，对于神只会有百利而无一害。但是，由于鸟类不需要与诸神联盟，而神却需要与鸟类联盟——因为神急切渴望惩罚人但鸟类却不想——也由于主导联盟目的与用途的是鸟类，因而佩斯特泰罗斯的提议等于要求诸神将王权让渡给鸟类。佩斯特泰罗斯的智取加上赫拉克勒斯的催促，使另两位神使接受了条件。在取得了这一阶段性胜利后，佩斯特泰罗斯才依普罗米修斯的建议而行；他也智取了普罗米修斯。佩斯特泰罗斯深知一纸和约应该看起来像交战各方的妥协，于是他同意将赫拉（Hera）留给宙斯，但要求将巴西勒亚给他。波塞冬一口回绝。佩斯特泰罗斯假装对和约不感兴趣，或者本来就不感兴趣。他继续准备饭菜，当然没有神使的份。赫拉克勒斯受不了。他抛下所有神性的矫饰，甚至说波塞冬就是个人，他拒绝为了一个女子继续这场战争：他不会犯希腊人在特洛伊战争中犯的错误，也不会犯雅典人在伯罗奔半岛战争中犯的错误（对观《阿卡奈人》524－527）。波塞冬对赫拉克勒斯的愚蠢大为震惊。他忘了他自己已经同意佩斯特泰罗斯的条件，对赫拉克勒斯说，如果把王权让渡给鸟类，宙斯一死，他就是穷光蛋，任人宰割。神的不死性，佩斯特泰罗斯先前质疑过（1224），现在遭到了神们自己的否认：诸神至多不过是人类。佩斯特泰罗斯反驳波塞冬的论证，他告诉赫拉克勒斯，按照法律，赫拉克勒斯是宙斯的私生子，宙斯的财产根本就没他的份儿。这些神是希腊人的神，要服从希腊的法律；或许是因为宙斯的婚姻具有乱伦的性质，他唯一合法的继承人是雅典娜。因此，如果赫拉克勒斯答应佩斯特泰罗斯的要求，将巴西勒亚许配给他，他其实没有损失。相反，佩斯特泰罗斯告诉他，如果他加入鸟类，佩斯特泰罗斯将帮助他当王。听他这么一说，赫拉克勒斯表决赞成将巴西勒亚嫁给佩斯特泰罗斯，但波塞冬仍然表决反对。这样，决定权就落在特里拜洛斯神身上。特里拜洛斯神的话谁也不懂，如何解读他的决定，波塞冬和赫拉克勒斯各执一词，最后还是佩斯特泰罗斯出面，判定他支持赫拉克勒斯；波塞冬被迫服从多数的意志。

[189] 赫拉克勒斯建议，佩斯特泰罗斯和"我们"一起上天庭，去迎接巴西勒亚"和一切"。他不怀疑，佩斯特泰罗斯不需要屎壳郎的帮助，就能飞得像特律盖奥斯那样高；他显然比鸟类要飞得高。但我们看不到天庭中的佩斯特泰罗斯，阿里斯托芬只让我们看到在天庭的特律盖奥斯。由于阿里斯托芬的分寸感，我们甚至没有听说佩斯特泰罗斯是否遇到他的前任宙斯，或者宙斯如何接受逊位。赫拉克勒斯之所以这样建议完全是为自己，他想吃到佩斯特泰罗斯允诺的那顿饭；他无意返回天庭。但佩斯特泰罗斯紧抠他的建议的字眼：你和"我们"一起上天庭。赫拉克勒斯的让步尺度之大可谓空前绝后，可他最后连口饭也没有换到。

接下来，信使来向万分幸福的鸟儿族类报信，头儿要回家了：佩斯特泰罗斯坐在金光闪闪的大殿上，熠熠生辉，超过任何灿烂的明星，他一手携着美丽绝伦的新娘，另一手握着宙斯的霹雳。佩斯特泰罗斯的光彩既胜过了奥林珀斯诸神，也胜过了宇宙众神（the cosmic gods）。信使召集鸟儿吟咏神圣的缪斯启发它们唱出的颂歌。佩斯特泰罗斯把鸟类拿来做交易，鸟儿们无论对他有多失望，现在都无法抵挡自己那种压倒一切的感觉印象，尤其是视觉和嗅觉印象，何况，作为佩斯特泰罗斯和巴西勒亚的臣民，它们也多少沾了新婚夫妇的光彩，更不用提鸟类的反复无常了。毕竟，正是在鸟儿城邦庆祝佩斯特泰罗斯和巴西勒亚的婚礼；而鸟儿们时刻都记得，它们城邦的胜利是因为"那个人"。外交上非同寻常的成功弥补了内政中丧失自由的损失。因此，它们配合信使的召唤。它们将佩斯特泰罗斯和巴西勒亚的婚礼与宙斯和赫拉的婚礼相比。这个比较也许从每个方面说都不贴切，但说不上是说大话。佩斯特泰罗斯威严地享受鸟儿的高贵歌曲，但他觉得他们也应该歌颂一下他现在拥有的权力，这些权力此前由宙斯拥有。他们高贵地满足了他高贵地表达的愿望，它们在歌声中挑明，巴西勒亚［王权］已经取代了狄刻［正义］（Dike）。不管巴西勒亚是不是他从天庭迎回的，他现在将带着新娘上升到天庭庆祝他的婚礼。鸟儿歌队最后的话——也是谐剧最后的话——是恭贺佩斯特泰罗斯成为诸神中的至高者。

在迄此讨论的谐剧中，《鸟》最惊世骇俗。[190] 一句话或一个举动如果违背了权威的意见，或更具体地说，如果违背了诸神、演说家、肃剧诗人或大多数人的意见，都是惊世骇俗的。① 《鸟》颂扬了一个雅典公民的胜利，这个人在背弃自己的父邦后（35），剥夺了宙斯及其他诸神的权力，使自己成为最高的神，成为宙斯的继承人。佩斯特泰罗斯的行动让我们想起苏格拉底的行动；像苏格拉底一样，佩斯特泰罗斯不关心他的父邦，挺身反对诸神。人们甚至可以说，佩斯特泰罗斯的行为比苏格拉底的行动更惊世骇俗，因为苏格拉底的行为来自完全不可信的假设——诸神甚至不存在，因此他的行动注定彻底失败，但佩斯特泰罗斯的行为起始于一个自相矛盾的假设，而且最终取得了最辉煌的胜利。《和平》中的行动远没有《鸟》中的行动令人震惊：在意见的法庭（tribunal of opinion）面前，特律盖奥斯违反宙斯明确的禁令是有正当理由的，事实上，他的目标是公共的和平，而佩斯特泰罗斯的行为却没有可以公开为之辩护的理由。《鸟》的惊世骇俗特征最能表现在这样的事实中：相比其他角色对苏格拉底的接近，佩斯特泰罗斯接近诗人［阿里斯托芬］自己的程度更甚；佩斯特泰罗斯坚决反对殴打父亲和天象学；发展了他的俄耳甫斯式神谱（Orphic theogony）的缪斯鸟（Music birds），正好与非诗艺的（un-Music）苏格拉底针锋相对。这些事实显然与诗人在此剧两次插曲中对自己的彻底缄默若合符节。

在我们还记得阿里斯托芬的种种偏爱（preferences）迄此如何出现时，让我们考虑一下是什么原因促使佩斯特泰罗斯发动这场革命。佩斯特泰罗斯最初的计划是找个地方，远离在雅典如此惹他烦恼的争讼，尤其是热心于采用审判或惩处（judge or condemn）形式的争

---

① 见前文，页33。

讼。但这计划解释不了他的革命行动，除非人们假定，惩处的激情和诸神的权力之间有联系。这样的联系在《马蜂》中得到暗示：菲洛克里昂热心于惩处，因为他相信，如果他不惩处别人，神就会惩罚（punish）他。佩斯特泰罗斯没有解释他为什么放弃了原初的计划，转而赞成篡夺神位的计划。也许，这两个计划的关联在于：一个城邦，如果周围的邻邦让它不得清静，它就不可能清静；只有一个没有邻邦的城邦，一个包容所有人的城邦，才可能清静。但这样的城邦必须要有神们来做统治者；奥林珀斯诸神从未试图建立这样一个城邦；我们从《和平》中得知，奥林珀斯诸神甚至没有无条件地赞成希腊人之间的和平。那些神［191］自己都与蛮族崇拜的神或蛮族神不睦；佩斯特泰罗斯的行动将奥林珀斯诸神与蛮族诸神带到一起，如果诸神不服从一个人的统治，没有一个城邦会清静。但佩斯特泰罗斯知道，不可能有其中没有诸神的城邦。因此，他需要新神。他选择鸟类无疑纯属偶然，但用偶然并不能解释阿里斯托芬的选择，因为正是阿里斯托芬选择了那种偶然。人们通常认为，作为存在者种类（species of beings），神是与人不同的；但神并不是完全与人不同，他们与人类交媾生子（对观，557–560），而鸟类则不会有与人交媾的欲望。神是人们仰望的存在者；他们居住在上面；但旧的神灵住得太高了，除了旧的神，就数鸟类飞得高，可无论如何鸟类与人类近（726–729）。鸟儿们恨人，但旧的神也恨人，尼基阿斯在《骑士》中对诸神存在的证明，以及《鸟》中爱人类的普罗米修斯那无关紧要的出场都表明了这一点；但鸟儿们也怕人。确实，鸟类缺乏智力，因此佩斯特泰罗斯才不得不也才能够亲自出马当鸟类的统治者，进而成为最高的神，成为所有神和所有人的统治者，但他不完全是一个人：他有翅膀。

有人也许会说，在雅典公众的眼中，以下事实足以抵消《鸟》的惊世骇俗的特性：剧中颂扬的行动——在纯粹的伟大意义上，可以说超逾过往未来的一切行动——是由一个雅典人完成的；因此这出戏甚至比《和平》中的特律盖奥斯的登天之举更为雅典添光加彩。① 我们可以借此机会重申，尽管阿里斯托芬的谐剧是一面镜子，照见了雅典的诸般恶，但它也赞美了雅典，因为它表现的是雅典人可能做出的奇妙的事情，是雅典人甚至可能对诸神做出的奇妙事情，它不同于诸神实际上对雅典人所做的一切。这些事都是雅典的私人（private men）独力完成的，没有法律授权，没有城邦委命；正因为有这样的公民，雅典自身就有解药，能够治愈折磨她的沉疴。难道苏格拉底在每一个与政治相关的意义上都威胁到正义吗？不需要法律的帮助，不需要官方出手，斯特瑞普西阿得斯一个人就解决了这种威胁。斯特瑞普西阿得斯确实非常杰出，只因为他来自两个阶级中间，来自每个雅典人都有资格属于的中间阶层。然而，佩斯特泰罗斯也许更杰出，甚至可以说超过了阿尔喀比亚德：他成功地将[192]对普遍统治的追求与极端的不虔诚结合起来，阿尔喀比亚德也有同样的追求，只是他失败了。阿尔喀比亚德的计划失败了，但并不像克里昂的计划那样受人鄙视；阿尔喀比亚德的计划不可能成功，因为他必须利用雅典为底座，而佩斯特泰罗斯可以运用一个不同的底座：谐剧将不可能的东西表现为可能。《鸟》因而是一面镜子，照出公元前415年的雅典，表明了雅典人实际上奉行的政策——向西远征②以及以渎神之名迫害阿尔喀比亚德——既是不可能的，与此同时也有欠堂皇。

也许不难进一步说，《鸟》不可能惊世骇俗，因为可笑的东西不可能惊世骇俗，佩斯特泰罗斯的行动可笑，因为这行动明显不可能。不仅宙斯将在奥林珀斯山上笑佩斯特泰罗斯的大话，大家也都知道没有人能建个空中城邦饿死诸神。《和平》可以说传达了这样的暗示：当下虽然和平，但继而迟早要有战争；《鸟》或许可以说在暗

---

① 对比《米诺斯》（Minos）（$318^e6 - 319^b2$、$320^e2 - 321^a1$）中指出的虔诚与热爱城邦（诗歌）之间的冲突。

② 见前文页103。

示：当下宙斯虽然退位，但继而他与其说迟早不如说很快要复位。如果说，起初王位是从鸟类通过人类转移给诸神，而在本戏中王位是从诸神通过鸟类转移给人类，那么，有理由相信，戏结束后，王位将从人类手中转移给神。每个人都知道，宙斯不可能被废黜王位。尽管如此，宙斯自己还是害怕他可能被废黜（埃斯库罗斯《阿伽门农》170 - 172,《被缚的普罗米修斯》755 以下）。进而，虽然"每个人"都知道宙斯存在，但苏格拉底并不知道这点，他拒绝承认宙斯的存在，不只是好笑，而且惊世骇俗。不过，苏格拉底的行动只是更大的整体行动的一部分，对这个大行动，斯特瑞普西阿得斯要负责；然而，斯特瑞普西阿得斯的行动并不惊世骇俗，因为他企图借助明显不当的手段来犯罪。如果说斯特瑞普西阿得斯的行动不惊世骇俗，那么，佩斯特泰罗斯的行动更不可能惊世骇俗。如果有诗人这样表现一个社会，否认诸神存在，允许殴打父亲，允许乱伦，大家还过得幸福，他一定会令每一个人惊骇；但是，如果他同时还表现了社会要求实现但又不可能实现的条件（比如消灭贫穷，终止战争，根除疾病，或人人都很美很有才智），人们的惊骇就会少得多。在某种程度上，他会让人惊骇，因为他的戏剧传达的信息很暧昧。他可能确实在暗示，像不可能消灭贫穷等东西一样，消灭诸神也不可能；但他也可能在暗示，消灭诸神和消灭贫穷一样值得期待，或换句话说，诸神也是一种恶，即便只是一种必要的恶。这将使虔诚降格为"把神圣的东西当成必要事物来承受"；这将与热爱诸神有冲突（对观修昔底德 II 64.2、亚里士多德《修辞学》$1391^{b}1-3$）。

[193] 我们想知道，阿里斯托芬笔下那些取得成功的计划，他是不是就赞同，那些最终失败的计划，他是不是就反对。如果佩斯特泰罗斯的成功只是逗乐，那么，苏格拉底的失败也只是逗乐。苏格拉底的胜利难道不会与他的失败一样逗人乐吗？那么，为什么阿里斯托芬选择让苏格拉底失败，而让佩斯特泰罗斯胜利？不可能回答这个问题，除非求助于诗人自己的说法——他的作品不只是博人一乐，还要教导何为正义。正因为如此，没有一部阿里斯托芬的谐

剧只是简单的惊世骇俗,也正因为如此,苏格拉底的失败和佩斯特泰罗斯的胜利都具有教化意义。苏格拉底的失败具有教化意义,因为他的行动纯粹就是惊世骇俗,让人无法忍受,因此特别不受阿里斯托芬赞同。苏格拉底的行动与佩斯特泰罗斯的行动之间的区别,有助于理解苏格拉底与阿里斯托芬之间的区别。佩斯特泰罗斯的行动不纯粹是惊世骇俗,因为建立空中城邦这等事情明显不可能;苏格拉底否认神的存在可能完全惊世骇俗,因为那种否认明显是可能的。佩斯特泰罗斯的行动不只以奥林珀斯诸神的存在为前提,而且以城邦仰望诸神的必要性为前提。确实,他不但扩大了传统的万神殿,还用新的万神殿取代了人们承认的万神殿;但另一方面,他反对殴打父亲,他驱逐观天家;佩斯特泰罗斯与苏格拉底的根本区别在于,他的行动符合城邦的根本需要。正是出于这个原因,阿里斯托芬借助佩斯特泰罗斯的胜利教导了正义。换句话说,阿里斯托芬在一般意义上尊重的不可能,乃是成功地否认城邦的根本需要的不可能。

那么,我们是否有资格断言,一部戏作的结局圆满与否,向我们揭示了诗人对引发戏剧行动的计划的判断?只要恰切地去理解,这断言是合理的。《云》剧不圆满的结局揭示了诗人不但不赞成斯特瑞普西阿得斯的计划,而且不赞成苏格拉底对斯特瑞普西阿得斯的做法。《骑士》的圆满结局揭示了诗人某种程度上赞同得摩斯特涅斯的计划,因为只有这个计划才可能导致腊肠贩掌权,但是,恰恰腊肠贩上台这个事实,也暗示了诗人对得摩斯特涅斯本人的严厉批评。《马蜂》的结局并不完全与布得吕克里昂的计划一致,因为他确实成功地医治了父亲喜欢审判的欲望,但他没能把父亲变成一个贤人;不过,在阿里斯托芬看来,布得吕克里昂[194]并非纯粹的失败者。如果不考虑佩斯特泰罗斯与欧埃尔庇得斯之间的区别,我们也不可能恰切地判断《鸟》的结局。欧埃尔庇得斯和佩斯特泰罗斯都不再依附奥林珀斯诸神。佩斯特泰罗斯要用鸟类的统治来取代奥林珀斯诸神的统治,这个计划对欧埃尔庇得斯更有吸引力,让他觉得更好玩。但是，与他辉煌的同伴截然相反，欧埃尔庇得斯仍然是个出世的（apragmon）、悠闲自在的人，是个在私人状态下热爱清静隐居生活的人。他绝不说大话；他毫不犹豫地宁可和鸟类一起生活，喜欢由鸟类统治鸟类，喜欢通过鸟类统治诸神和世人；他是个乡下人（585；对观494 - 496、110 - 111）；总之，他比佩斯特泰罗斯更接近阿里斯托芬。欧埃尔庇得斯在戏剧中途就消失，通过这一事实，诗人毫不含糊地表示了他对佩斯特泰罗斯的异议——这种异议不是出于正义的考虑。但人们也必须说，《鸟》并没有表现欧埃尔庇得斯计划的可行性，而它却表现了佩斯特泰罗斯计划的可行性：欧埃尔庇得斯以自己的方式，像苏格拉底一样对政治生活的需要视而不见。《鸟》中两个主角的区别，对应着诗人阿里斯托芬与公民阿里斯托芬之间的区别，对应着智慧与城邦之间的区别。

6 《吕西斯特拉特》

[195]《吕西斯特拉特》（*Lysistrate*）是唯一用个人名字做标题的谐剧。只有这出谐剧在标题就点出了主角，或者说点出了负责实施戏剧计划的人。这出谐剧的标题与《和平》（和平女神[Eirene]）的标题最接近；两出谐剧追求的都是公共和平。但和平女神与一尊神像相差无几，吕西斯特拉特却是人间女子；《吕西斯特拉特》彻头彻尾是一出人的戏剧。

戏剧以女主角的抱怨开始。吕西斯特拉特很恼怒，因为她不得不等待她召集起来的其他女人。但她等的时间没有狄凯奥波利斯和斯特瑞普西阿得斯那么长；克洛尼克（Kalonike）差不多立刻就到了。《吕西斯特拉特》是唯一以简短的独白开场的戏剧。克洛尼克的到来并没有使吕西斯特拉特的心情明显好转。除了由于还是要等待别的女人之外，还因为她现在能向她温和的朋友发泄心中的恼怒了：让她不断等待的女人证实了男人对女人的恶评，就是她们宁愿在家赖在床上，也不来商议要事。克洛尼克承认，女人担此坏名声是活该,但针对吕西斯特拉特的具体抱怨,她也为女人开脱:女人走出家门不容易,她们要照料丈夫和仆人,最重要的是得照料孩子。人们可能会想,吕西斯特拉特有孩子吗?想必,她觉得此时照料孩子不是最紧要的事情;为了和男人亲热,那些女人可以毫不犹豫把孩子抛一边儿。就算女人的位置是在家里,可如今家正受到城邦的威胁;女人如今的当务之急必须是照料城邦。吕西斯特拉特先前没有对其他女人说她要和她们商议什么要事。她现在也没有告诉克洛尼克。她只是告诉她,整个希腊得救的[196]希望如今就要靠咱们女人;所以,她才不仅把雅典女人叫来,也把斯巴达和波奥提亚的女人都叫来:女人臭名昭著的善变是希腊唯一的希望,因为只有依靠女人的善变,才有希望终结当下的战争。

米利娜(Myrrhine)和其他雅典女人先到了,吕西斯特拉特接待她们不是太友好。与此极为不同的是,当斯巴达人拉默比托(Lampito)作为敌邦阵营的妇女领袖到达时,吕西斯特拉特却报以热情欢迎。雅典女人对拉默比托和其他敌邦女人的美印象深刻——触动她们的不是她们灵魂的美,而是她们身体的美,不是头部的美,而是头部以外部位的美;她们以阿里斯托芬谐剧的角度来看待美,从下面来看待美。经过再三催促,吕西斯特拉特才揭开了她的计划,她问那些女人,是否渴望自己孩子的父亲,因为她知道,这些女人的丈夫都在战场;她没有提自己的丈夫。她首先把她们都看成孩子的母亲,来博得她们的同感。她们说,丈夫出战好几个月了,在家时间很短。她于是问她们,如果她找到一个办法,她们是否愿意和她一道结束战争。她们衷心地回答说愿意。看来,她们答应帮忙,首要的动机是母爱。但吕西斯特拉特认为还有必要提到,因为战争,她们没有了丈夫的滋润,也没有了其他性满足的资源;在此,她提到"我们女人",她诉诸她们的母爱的同时,至少也诉诸她们的性渴望。这时,吕西斯特拉特提出了她简便的方案:女人要想享受丈夫的爱,必须迫使男人缔造和平,她们唯一能实行的强迫办法就是拒绝与男人上床;只有放弃对眼前的好事的享乐,她们才能一劳永逸地享受这好事。起初,女人们都不同意:不上床比什么都可怕。她们不再提母爱。相应地,吕西斯特拉特甚至也不再试着让她们想起母爱。她唯一的资源就剩下寻找实例。唯一没有公开反对她的建议的是拉默比托,当吕西斯特拉特专门征求她意见的时候,她犹豫了一下,点头同意。此时,克洛尼克代表其他女人发言,说要重新考虑她的反对意见,只要吕西斯特拉特能够表明,拒绝和丈夫上床,和平就会［197］来临。吕西斯特拉特不费吹灰之力就证明了:如果丈夫看到,和平是满足性欲的必要条件和充分条件,他们一定会求和;每个女人都必须挑得丈夫欲火中烧,但自己切莫引火烧身。克洛尼克没有说,这可能会让女人勉为其难。她只是说,丈夫可能索性把妻子抛下,换句话说,他们还可以出去找其他女人满足欲望;但吕西斯特拉特迫使她承认,其他女人对丈夫的吸引力不如自己的妻子。这里还有一个明显的困难:没有理由假定,女人比男人的自制力强,或者说,没有理由相信,即使女人的自制力强于男人,就有力量征服男人。当然,斯巴达的女人比男人更有权力,但拉默比托怀疑雅典是否一样。不管雅典女人怎么做,雅典男人都能够发动战争,因为他们有海军和战争物资。吕西斯特拉特向她再三保证,她们在这里商量大事的时候,她已经安排雅典老妇前去占领储备战争物资的卫城;她暗示,海军没有了供给,也就无用武之地。在摆平所有反对意见之后,吕西斯特拉特说服女人们立刻下下庄严的誓言。吕西斯特拉特提议向战神阿瑞斯（Ares）发誓（188 - 190;对观埃斯库罗斯《七将攻忒拜》43 - 45）,因为尽管她们的目标是和平,但她们必须发动战争打击与和平为敌的男人:只有战争才能带来和平。然而,祈求和平却要对战神发誓,这总让人感觉有点不恰当;同样不合适的是,立誓时她们不是歃血,而是干下纯酒:对极端节制的承诺竟是以不节制的行为来确立。吕西斯特拉特吁请说服女神（Lady Persuasion）;她或另一个女人向阿佛洛狄忒发誓。庄严的誓言由吕西斯特拉特领头诵读,其余的人重复,誓言开始就是女人们承诺要拒绝男人,无论丈夫还是情人。因为很显然,如果男人能和妻子之外的女人上床，他们就不可能因为性饥渴而听妻子的话。但是，接下来的誓言中只提到丈夫：情人们是配角，可以忽略不计。

《吕西斯特拉特》与《马蜂》和《和平》一样，行动计划在谐剧开始前就设计好了（26－27），但《吕西斯特拉特》的行动计划，需要自由人的配合来实施，而不是像另外两出谐剧那样，需要奴隶的配合来实施。因此，私人审虑（private deliberation）的计划，必须拿出来共同协商（common deliberation）（14），同一个计划才能得到共同采纳；尽管［198］最初的审虑先于戏剧，戏剧开始时还是对那个审虑有所再现。结果是，不需要有人来对观众解释为什么要制定这个行动计划，更不需要有人来为诗人代言。出于同样的理由，《吕西斯特拉特》不需要像《阿卡奈人》和《云》中那样的开场独白。总之，与前面讨论的谐剧不同，《吕西斯特拉特》没有欧里庇得斯式的开场。我们无法知道，吕西斯特拉特私下的理由是否就是她公开表述的理由。

按照吕西斯特拉特的行动计划，女人要让男人欲火中烧，然后再泼冷水。在此意义上，《吕西斯特拉特》是阿里斯托芬最有伤风化的作品。但是，手段虽然有伤风化（indecent），目的却最合礼得体（decent），也最正义。此外，这都是发生在合法夫妻之间的事情，情有可原。《吕西斯特拉特》把最私人的床帷之事搬到大庭广众固然有伤风化，但它并没有违背正义、亵渎神灵。这足以让读者想起《阿卡奈人》和《和平》中主人公的行动计划，他们也都是为了追求和平。在阿里斯托芬的作品中，《吕西斯特拉特》最有伤风化，同时也最道德（最无害，或者说最少革命性）。或许这就是它最受欢迎的原因。

盟誓后，众人依次喝酒，还没喝完，就听到有人在叫喊，原来是老妇占领了卫城。吕西斯特拉特吩咐拉默比托回斯巴达去找人共举义事，但她把别的敌邦女人留在雅典做人质。雅典少妇在吕西斯特拉特的带领下，支援夺取卫城的老妇，防止雅典男人反攻，因为壮丁都离开雅典远征了，所以前来反攻的都是老汉。老汉们组成歌队登场。他们匆忙赶往卫城,准备从女人们手里收复失地。他们准备好了正式打仗;他们认为女人占领卫城就仿佛受到敌军进犯。这帮老汉似乎不在吕西斯特拉特的打击目标之列,然而,看起来却正是他们危及了她的全盘计划。他们带了柴火,准备烧死叛乱的女人。他们特别恨一个女人——吕科恩(Lykon)的妻子(270)。我们不清楚这个女人是不是带头的老妇,或者是不是所有女人共谋活动的带头人(即吕西斯特拉特),我们也不清楚老汉们恨她是不是还有特别的原因。这个事实表明,我们对吕西斯特拉特所知[199]甚少,对她的丈夫或孩子、对她的生活方式及社会地位等等都不甚了解:尽管整个戏剧行动是由吕西斯特拉特挑起的,尽管该行动表现的是夫妻关系,我们却一点不了解她自己的丈夫。她的丈夫会不会刚好是个老头?会不会性无能?她难道是因为她的情人(或情人们)外出打仗,才想到采取非常的措施?毕竟,只有和平重临,情人才能回来。难道只有挑起其他正值盛年的少妇拒绝与她们正值盛年的丈夫上床,她才能带回和平?在这种情况下,要求女人极度节欲,吕西斯特拉特的牺牲就比任何其他女人都少。在阿里斯托芬谐剧的主人公中,我们知道只有佩斯特泰罗斯[的性欲]才像吕西斯特拉特一样少。吕西斯特拉特堪称佩斯特泰拉(Peistheraira)。吕西斯特拉特是不是女人中的佩斯特泰罗斯?佩斯特泰罗斯用饥饿来让诸神投降,吕西斯特拉特则用[性]饥渴来让男人屈服。如果说佩斯特泰罗斯是超男,那么,吕西斯特拉特是不是超女?[不同的是,]佩斯特泰罗斯成了宙斯的继承人,吕西斯特拉特却从来做梦都没想过反抗诸神。吕西斯特拉特试图紧跟埃斯库罗斯,她的男性对手佩斯特泰罗斯(很不同于他们的同代人斯特瑞普西阿得斯)则支持欧里庇得斯(188-189,283,368)。

妇女歌队带着水进场。她们是为了对抗老汉们的火攻,或者确切地说,为了灭火,因为这帮老汉威胁要用燃烧的树枝把占领了神圣卫城的老妇熏出来烧死。他们说这些女人"遭欧里庇得斯所恨,遭诸神所恨",他们说自己是来营救雅典娜的,但是,女人们祈祷雅典娜助她们一臂之力，她们骂这帮老汉亵渎神灵。与男人们截然不同的是，她们只向雅典娜祈祷。男女歌队仇人相见，分外眼红，他们相互威胁、辱骂、挑衅。但事实证明，女歌队及她们的水的威力强过男歌队及他们的火；男歌队浑身湿透，节节败退。就在此时，一个普罗布洛斯（a proboulos）（一个议事会官员）带着卫士赶来。他来为海军运取战争物资，但卫城中的女人拒绝他入内；他于是和浑身湿透的老汉们同样气愤。他从发生的事中看到女性放肆（female license）的另一个迹象，这种放肆尤其体现在深受女人们喜爱的新奇崇拜中；他认为男人要为女人的放肆负责，因为是他们无意中鼓励他们的妻子去通奸，才酿成了今日恶果。眼前的情形让他想起雅典人做出远征西西里的灾难性决定［200］时发生的事情：那次，有个女人哭喊，"我的阿多尼斯（Adonis），你何时才能回来"，结果成为那次远征的不祥之兆（对观普鲁塔克《尼西阿斯传》［*Nicias*］13.7）。这个事实似乎证明，雅典人本来应该有智慧地听取女人的声音。但是，这样一来会让女人目前的举动有理，为了开脱男人的罪行，普罗布洛斯这个显贵必须把西西里远征的灾难归咎于女人的放肆。因此，他从一开始就揭示了雅典男人的地位在雅典女人面前的脆弱，从而无意中预言了女人的胜利。尽管如此，他还是命令弓箭手武力开道，攻开卫城大门。

弓箭手正要动手，吕西斯特拉特出来了：要对付吕西斯特拉特这样明理的（sensible）人，动武没有必要，也不明智；要用的是明智（sense）、说服力和头脑。她希望不战而胜。普罗布洛斯不同意她所说的需要的是明智而非武力的观点；他下令把她抓起来。吕西斯特拉特被威胁说，她会用武力来对付武力。弓箭手吓住了。普罗布洛斯再次命令两个弓箭手动手抓人，这时其他女人纷纷出来帮忙；她们凭女神们发誓，不会让人动吕西斯特拉特一根毫毛，弓箭手们因此不敢上前。普罗布洛斯整理队形，准备发起一次攻击。吕西斯特拉特警告他，全副武装的妇女们就站在门后。见他还不罢休，她叫出神色自若地举着弓箭的战友。因为女人们渴望和平，所以她们必须准备好对付战争,甚至准备好发动战争;她们必须变成愤怒的马蜂;她们运气好,碰到的对手是些病残的公民和来自蛮族的奴隶。女人们声称只打防守战;毕竟,她们只想守住她们征服的卫城。看到普罗布洛斯和他的特遣队一样失败,先前失败的老汉们恢复了自尊,相比之下,他们没有多少尊严可丢。相应地,老汉们建议普罗布洛斯跟他们联手,去问问女人们为什么要占领卫城;普罗布洛斯心想,假装当个公诉人,他还能保留点尊严。他够精明,于是依计而行。明智和沉着的化身吕西斯特拉特告诉他,她们占领卫城,是为了掌握国库,使钱财不再用于战争;女人能帮男人把家务管理得井井有条,当然也能管理好公共财富。公共财富是战争的本钱,如果没有打下去的本钱,雅典不就得救了吗?拯救雅典的将不是战争,而是女人。战争与和平不就是女人的事吗?看看男人把战争 [201] 搞得多乱。起初,女人们本来是保持了一贯的谦逊,什么也不说,尽管她们意识到男人们犯下了愚蠢的错误。接下来,她们又将苦难深埋于心,赔着笑脸问丈夫,人民(the demos)怎么决定;吕西斯特拉特的丈夫就告诉她,这不关她的事,要她闭嘴,而她比别的女人更怕丈夫,或者说更尊重丈夫,于是只能闭嘴。但是,随着战事持续,男人的愚蠢越来越离谱儿。女人们实在憋不住,就直说出了她们的不满。谁知男人用武力威胁,要她们保持沉默,还引用荷马笔下赫克托(Hektor)的话来教训她们:"战争,是男人的事。"但男人们自己逐渐承认,这个国家(country)没有一个真正的男人。女人听说后立即聚集起来,决定她们必须来拯救希腊:现在正是男人闭嘴要听女人说话的时候了。女人有能力行动,也有能力迅速行动,而男人却没有行动能力,于是女人要求统治男人的权利。这种权利要求按老派的说法是自然秩序的颠倒,对于普罗布洛斯来说,当然完全无法容忍。他不甘心就此认输,即使荷马的"战争,是男人的事"在希腊语中与"战争,是女人的事"合辙押韵。尽管相同的韵脚表明新秩序听上去与旧秩序一样美,但实质已经变化:吕西斯特拉特当前的计划需要的是一次激变(upheaval),不只是家庭内部的激变,而且还是城邦的激变;剥夺男人的性快乐是不够的,还必须要求男人在政治上退位。现在,重点完全落在了政治变革上。先前,吕西斯特拉特对女人说话的时候诉诸女性的需要,现在,在对男人说话的时候,她必须诉诸整个城邦的需要。女歌队对形势有很好的理解,她们历数女人的所有美德,证明女人应该有统治的资格;女性的谦逊和节制不在她们的美德之列。她们似乎险些忘了临时掌权的目的,忘了必须依靠的主要手段:首先挑起男人的性欲,然后以此来影响男人(553)。吕西斯特拉特提醒了她们,她们都心知肚明,但普罗布洛斯不明白。吕西斯特拉特似乎意识到,如果男人太早明白,会破坏她的伟大计划。或许她担心的是,如果远征的男人意识到妻子罢工,他们就不急于回家,换句话说,她相信,妻子必须把禁欲当成对[202]丈夫的奇袭。普罗布洛斯只知道女人的目的是结束战争,但他不知道她们使用什么手段达到这个目的。他承认,女人也许能够制止战士从市场上老太婆手里买花或橄榄枝等可笑的行为,但他否认她们能够收拾城邦眼前遭受的巨大混乱。吕西斯特拉特可以说预示了柏拉图《治邦者》(*Statesman*)中的埃利亚异乡人(the Eleatic stranger),她告诉普罗布洛斯,女人能够打理羊毛,就能够打理城邦,使城邦事务的混乱局面重归秩序,恢复雅典的和平,重塑雅典的政治辉煌;她的一番话除了别的事情以外,还教导了以开明的政策对待侨民的智慧。普罗布洛斯没有停下来考虑一下,吕西斯特拉特为什么将政治技艺与梳理和编织羊毛的技艺相对照。他认为女人的要求是无稽之谈,理由很简单:她们对战争一无所知,或者如他所说,她们根本与战争不沾边。他这么愚昧不堪,难怪要立刻垮台。正如吕西斯特拉特告诉他的,战争中的女人比男人苦:母亲们必须送儿子上战场;年轻的妻子们只能独守空闺,孤枕而眠,无法享受生命中最好的时光;少女出嫁无门,只能成为老处女。普罗布洛斯反驳不了吕西斯特拉特关于母亲和年轻妻子所说的话,他只是说男人一样老于疆场。但是,吕西斯特拉特回答说,女人的青春比男人短,战场归来的老男人还能娶妙龄少女,但年轻男子不会娶老姑娘。吕西斯特拉特说得有理有据,普罗布洛斯为了反驳她,仍试图证明男女在战争的苦难面前平等,他指出,老处女还可以嫁给比她大的老男人,但吕西斯特拉特粗暴地叫他闭嘴,她告诉他,婚床上不再有他的位置,等着他的只有墓穴。相应地,吕西斯特拉特和其他女人对他如尸体一般,极度轻蔑地将他赶下台去。

吕西斯特拉特指出的女人因战争而受的苦,差不多接近谐剧所能表现的限度。她当然没有说——也或者是普罗布洛斯不许她说(590)——战场上失去儿子的母亲(或父亲)的悲惨。然而,何以吕西斯特拉特与普罗布洛斯之间臻于高潮的交锋对此略而不谈?这个论题的超逾谐剧的特性(transcomical character)并非解释这个省略的唯一理由。吕西斯特拉特区别了三类女人,只有其中的第二类[少妇]才有丈夫在战场,因此她们是其计划成功之所系:她们正当韶华,有幼小的孩子[203]需管教(18-19,99-100),而第一类女人[老妇]的儿子正是当兵的年龄。吕西斯特拉特提到老妇的苦痛时,其实暗示了她们阵亡的儿子;当她提到少妇的痛苦时,则并没有暗示他们丈夫的阵亡。由此,她暗示了她的计划存在根本的缺陷,或者说她的计划建立在不可能的基础之上。她从女人中抽掉了战争寡妇,阵亡士兵的寡妇。那些寡妇不可能与吕西斯特拉特合作,因为她们的拒绝不能带回或无助于带回她们的丈夫。而且,被妻子们拒绝的丈夫并不必然会被这些寡妇拒绝,她们也是韶华之年的妇人,她们也许很有理由相信,破坏妻子们的罢工,也算是尽到爱邦的职责。战争寡妇就是人们常说的后备军(reserve army),每次战争必然会产生这样的人。可以想象,除非抽掉战争寡妇,否则吕西斯特拉特的计划不是解决办法。《吕西斯特拉特》荒唐地罔顾这个事实:战争增加了女人对男人的需要,因为战争减少了男人的供给。对战争寡妇的抽除也就是对阵亡丈夫的抽除,或者一般而言,就是对死亡的抽除。女人们将普罗布洛斯当做尸体对待,这使那种抽除以适合谐剧的方式得到了补偿。

普罗布洛斯遭到奇耻大辱,从此销声,紧接着就是插曲。由于吕西斯特拉特的目标是和平——也包括男女之间的和平——由于男女的冲突仍然紧张,或者更确切地说,由于情节需要两支敌对的歌队,这出谐剧的插曲就不同于前面讨论的几出谐剧的插曲:在插曲正文中不可能有单一的歌队对观众说话;这点就足以解释为什么《吕西斯特拉特》的插曲完全不提诗人。因为情节需要两支歌队,标题没有办法以歌队命名。《吕西斯特拉特》的插曲完全是谐剧行动的一部分,对诗人闭口不谈的《鸟》中的插曲也是如此。但是,我们回想到,《吕西斯特拉特》与前面讨论的几出谐剧最不同的地方是,它缺乏欧里庇得斯式的序幕,尤其缺乏诗人的代言人——比起前面讨论的谐剧,《吕西斯特拉特》更加缺乏诗人的在场。《吕西斯特拉特》和《鸟》的另一个共同点是,两者都指向两个完全不同的戏剧行动。《鸟》中有两个不同的行动,一是鸟类作为新神进行普遍统治或者说宙斯作为旧神退位,这个行动的高潮在于佩斯特泰罗斯成为宙斯的继承人,二是人类追求像鸟类一样生活和与鸟类一起生活。《鸟》的插曲同时提到了这两个[204]行动,尽管——或因为——其中一个行动更接近诗人的心意。在《吕西斯特拉特》中,至少女人家庭内的行动(妻子们的罢工)与她们政治上的行动(女人取代男人掌权)之间有所不同;其中的插曲对前一个行动闭口不谈。看起来没有理由去猜想其中哪个行动更接近于诗人的心意。当女人自比为屎壳郎时(695),她们也许提醒我们想起屎壳郎(在《和平》中)对获得和平的帮助,但她们没有理由提醒我们想起谐剧诗人[阿里斯托芬]的技艺。

　　插曲表明,女人取得胜利——在她们取胜的程度上——只是通过行动;男人完全不服。老汉组成的歌队得到的唯一结论是任何没有卷入女人的秘密的人都能得出的。他们想当然地以为女人一心想改朝换代,建立僭政,他们强烈怀疑女人们与斯巴达人狼狈为奸——否则如何解释她们渴望与完全不值得信任的斯巴达求和?但老汉们不会向僭政低头;他们将追随雅典剪除僭主者(tyrannicides)的榜样,迎头痛击女人。面对威胁,女歌队以牙还牙。她们对观众说出了她们的资历；她们已经完成了雅典少女的荣誉课程（cursus honorum），被挑选出来为阿尔忒弥斯和雅典娜服务；如今她们成人，为城邦生育了战士。尽管她们是女流之辈，但她们有资格为城邦奉上善策良方，尤其是在男人束手无策之际。然而她们没有给城邦任何建议，无论好坏：男人不会听她们的言辞，只会看她们的行动。此外，推动《吕西斯特拉特》的行动计划很宽泛；因而，她们给城邦的建议无不由女人们在戏剧本身的进程中实施。女人们没有否认她们有意建立僭政。难怪对亲身经历过的僭政并对阿玛宗人（the Amazones）的遭遇记忆犹新的老汉们，期待着来自女人的政治和军事行动的最严重危险，他们准备再次披挂上阵；女人也不甘示弱，她们现在几乎在暗示与敌人的谈判，暗示她们决定终结民主制，决定发布政令，终结民主制的统治。

这场威胁战并没有打响，因为另一个领域出现了危机。女歌队的目光随之从老弱病残的男歌队转移到了她们精力充沛的女领袖吕西斯特拉特身上。吕西斯特拉特再次出场，这次她不再神采奕奕，而是非常沮丧。女人们抛弃了她；她们的欲望［205］压倒一切；她无力阻止她们远离自己的男人；她们急着想回家。她提到四个女人，她及时发现她们想溜。我们在台上还看到五个要逃的女人。在这种情况下，吕西斯特拉特也许是第一次对阿佛洛狄忒发誓：她祈祷阿佛洛狄忒帮助她的计划成功，但谁知正是这个女神在威胁着她的计划。但她成功地使这些女人接受了自己的不济时运，她向她们保证，她们的丈夫所受的苦一点不亚于她们，更重要的是，她向她们引述了一个神谕，其中允诺，如果她们继续待在卫城不回家，就满足她们所有的欲望。尽管她不需要神谕来开始她的行动——至少是她的公共行动，她却需要神谕来完成行动。或许更应该注意到的是，通过一个同样不仅仅是人的行为，某种变化发生了：起初，离家打仗的是丈夫，在家的是妻子，但现在，在家的是丈夫，离家保卫卫城的是妻子。这个变化与安菲特奥斯往返斯巴达的旅程一样神奇，没有这样的变化，吕西斯特拉特的计划本来注定要失败。在起初的情形中，妻子们的禁欲本来不难，但恰恰因为这个理由，她们的禁欲完全无效。只有在现在的情形中，即将女人留在卫城，与男人隔开，禁欲才能生效；只不过现在也有更难的一面，尤其因为使她们禁欲的最初动机——渴望自己的丈夫回家——已经不存在了。尽管如此，由于吕西斯特拉特的精力充沛和领袖才能，她的计划可能会很成功，只要妻子们比她们的丈夫更节制。也许可以说，丈夫们的回家一方面危及妻子们的决心，另一方面也增强了她们的决心。

吕西斯特拉特成功地阻止了手下人马溃散。因此，政治-军事局势似乎与插曲结束时一样：老汉歌队和老妇歌队势不两立。但刚才插入的一幕具有一种微妙的效果：男女双方不再专注于彼此的斗争。老汉歌队赞扬古时候的一个年轻的单身汉，他憎恨女人，所以躲进了深山老林，不愿返家；如果男人们结婚在家，至少就像一部分雅典战士现在那样，他们会失去一切——老汉歌队不希望接受盛年男子的帮助来反击女人。女歌队赞扬提蒙（Timon），他憎恨的不是所有人，甚至不是所有男人，而是所有邪恶的男人，但他热爱女人：女歌队不像男歌队那样敌视异性，女人们知道并承认她们在男人中有盟友。尽管如此，男歌队［206］对女歌队的态度也逐渐变得友善。男女歌队的对白比插曲中的对白还色情。色情增加了，与之匹配的是，政治热度下降了：男人甚至也不再提僭政的危险了。妻子们的罢工取得成功，改变政制就没有必要。因此，男歌队的立场开始软化。

妻子们罢工的成功取决于她们比男人更节制。接下来一场是示范性考验。吕西斯特拉特把女人们叫过来；她看见来了一个男子，明显处于性兴奋状态：阿佛洛狄忒在他身上施了魔力。吕西斯特拉特阻止妻子们回家，丈夫现在只好到卫城来。来人是米利娜的丈夫克涅西阿斯（Kinesias）。吕西斯特拉特提醒她遵守誓言，然后叫她和其他女人先避开，她单独留下。克涅西阿斯到了卫城，身后跟着手抱主人家男孩的奴隶（我们还记得特律盖奥斯的两个女儿）。我们立刻明白为什么女人必定击败男人：男人性兴奋起来，身体的反应比女人更难忍受，或者说，他们的身体反应与女人相比是更可见的不利因素；就凭这一点，诗人阿里斯托芬证明，男人节制性欲比女人更难。吕西斯特拉特在合宜得体的限度内，竭力把克涅西阿斯的欲火煽动起来。她告诉他，米利娜强烈地想念他。克涅西阿斯说，既然这样，为什么吕西斯特拉特不让他们团聚；吕西斯特拉特答应放米利娜回家。我们无从得知，克涅西阿斯此前是否离开过家。米利娜走上城头，但她拒绝下去见克涅西阿斯，甚至当克涅西阿斯让儿子叫妈妈时，她也不理；当米利娜得知，她走之后，儿子六天没有洗澡没有吃奶时，她改变了主意。但她仍然假装孩子是个拖累，假装完全不在意家里的一切。当她亲吻孩子的时候，她不准丈夫碰她。克涅西阿斯现在才第一次知道妻子的奇怪举止的原因：米利娜告诉他，男人不结束战争，她的行为就不会改变。他没有露出丝毫惊讶；在他要满足自己的情况下，他关心的只是对妻子言听计从，以便好好享受她。于是，他不只答应要停战，还答应女人提的任何别的要求；他唯一提的条件就是先和她在这里躺一会儿。米利娜见再也躲不过允诺同意，就找了各种理由拒绝，然后又找了各种理由来推迟允诺的实现；在［207］吊足了丈夫的胃口之后，她最后开溜了。在先前的场景中，她曾从克涅西阿斯那里敲诈到另一个关于和平的允诺；但到了最后，他允诺的只不过是他会仔细考虑和平。妻子们的罢工也许事与愿违，甚至爱妻子超过一切女人的克涅西阿斯现在也开始怀疑，他是否该退而求其次，去找别的女人。妻子们的罢工能否成功于是仍然悬而未决。这使人们再次怀疑，女人通过改变雅典政制能否成功地结束战争。看见米利娜调戏克涅西阿斯，老汉歌队非常愤怒，他们十分同情克涅西阿斯。他们刚才看见女人渴望丈夫，本来已弱化了对女人的憎恨，现在他们看见米利娜顽固不化，就又获得了些许先前那种憎恨的强度。至少同样重要的是，老汉们似乎根本没有明白吕西斯特拉特的宏伟计划。

斯巴达传令官的到来令一切悬念都揭开。他受斯巴达官方委派，前来了解雅典官方是否准备议和。当雅典主和派（女人）和主战派

（男人）的斗争尚未得出偏向前者的决定时，拉默比托领导的斯巴达妻子的罢工已经大获全胜。拉默比托早就指出（168–171），斯巴达妻子的能力大过雅典女人：斯巴达女人能够左右她们的男人，但雅典女人搞不过雅典人民（demos［译按］demos 由男性公民组成）（对观亚里士多德《政治学》$1269^{b}12–1270^{a}8$）。在斯巴达，主和派的胜利不需要类似的政体改变的威胁；或者不妨说，斯巴达早已是女权政治（gynaecocracy）。完全由于斯巴达人心意的改变，才对支持和平起到决定性作用。雅典还在内乱不止，斯巴达已经是上下同心；这种情况下，雅典人要是主动求和，可能最欠缺政治考虑。和平的唯一希望在于斯巴达人的主动。吕西斯特拉特的绝招就在于抓住了这点希望，促使斯巴达人不但愿意求和，而且主动求和。直到计划成功的时刻，雅典男人才明白吕西斯特拉特的苦心，不过也只明白了一部分；斯巴达传令官的到来才使他们意识到眼下的阴谋不是女人要建立僭政（1008）。局势现在十分清楚简单，即便没有得到议事院授权，雅典官员普利坦仍告诉斯巴达传令官，斯巴达官方应该立刻派全权使节到雅典［208］议和，他也将提议雅典议事院尽快选举和谈使节。在此形势下，毫无疑问，雅典将答应停战，因为斯巴达人已经主动求和。

斯巴达传令官离去之后，也就是雅典女人不用被迫改变政制就赢得谋取和平之战后，男女歌队的和解时机相应到来。被打败的老汉歌队仍然发泄着他们憎恶女人的情感——那种欧里庇得斯笔下的希波吕托斯（Hippolytos）激起的情感。但是，女歌队只几句好话就打消了他们的不快。他们感动得流泪，生气地承认女人的小恩小惠并不总是令人讨厌。两个歌队第一次在观众面前合唱，表达了对整个城邦的好感和善意，他们明确表示，从此不再说任何人一句坏话，并且口头承诺给每个人发钱加上一顿美餐。如果此剧的立意允许有第二插曲，这时应是合适时机。

斯巴达使节很快到达，由于斯巴达的女人还在继续罢工，因此斯巴达的男人急于求和。雅典男人一样为女人的罢工折磨得筋疲力尽。因此,两个阵营的男子都必然向吕西斯特拉特问计议和。吕西斯特拉特不请自来。男歌队告诉她,由于希腊的要人都推她当仲裁——她当然不是统治者,甚至不是雅典的统治者——她必须同时具备看上去矛盾的品质,一句话,她必须善恶兼备(1109。对观色诺芬《回忆苏格拉底》卷二 2.2、卷三 1.6 及《居鲁士的教育》卷一 6.27)。她命令阿佛洛狄忒和美惠女神的同伴狄亚拉吉(Diallagē)(和解女神[Reconciliation])——尽管她并非一尊塑像,却是个无声的存在者——先握住斯巴达使者的手,再握住雅典使者的手,将他们带到她面前。吕西斯特拉特对和解女神下令,这清楚表明和平的源头纯然在人类自身。吕西斯特拉特以特殊礼节对待斯巴达人。她能够胜任仲裁,一来她天生聪慧,二来她受父亲及其他老人的言辞耳濡目染(她没有从丈夫身上学到任何智慧);她意识到女人次于男人(inferiority)。她同时谴责斯巴达和雅典,虽然同宗同祀,有共同的蛮族敌人,但却互相残杀。她责备双方罔顾对方应得的利益。既然已经迈出走向和平的第一步,斯巴达使者干脆就承认自己有错。到此,两个交战城邦要达成协议,既可以说容易也可以说困难,因为斯巴达人与雅典人都充满了[209]对美丽的女孩狄亚拉吉或吕西斯特拉特本人的强烈欲望,在现在这种状态下,他们根本分不清自己究竟是渴望美女还是渴望敌方占领的战略要地。幸运的是,他们身体当下的需要压过了一切政治上的考虑。吕西斯特拉特建议,女人将在卫城盛情款待两个城邦的男人,正式的和平协议将在卫城达成,随后夫妻双双可把家还。阿里斯托芬没有告诉我们,吕西斯特拉特的丈夫是否在女人招待之列。

歌队表达了对和解的满意,为此他们又一次口头承诺要给所有人礼物;他们关心和平,所以不再说任何公民的坏话,但是,由于战争带来的贫困,他们没有办法许下真正的诺言。接下来一幕比较隐晦:一群人阻止斯巴达人进入宴饮大厅,受到暴力威胁。这些人是顽固守旧的主战派吗?观众似乎想看一场械斗,但械斗没有发生:在此,阿里斯托芬默默地拒绝了粗俗谐剧的伎俩;在《吕西斯特拉特》中,诗人只是用无声的方式谈及自己。和平宴会开得极让人满意;斯巴达人和雅典人都尽了兴;一个雅典人说,斯巴达人有魅力,而酒席上的雅典人是最智慧的赴宴者。歌队最后说,以后赴斯巴达的雅典使节,要在喝醉状态下(即善意状态下)才能办事。由阿佛洛狄忒[爱神]开始的工作必须由狄奥倪索斯[酒神]来完成——以雅典人的方式(柏拉图《法义》637^{a-b})。一个斯巴达人提议,大家一起载歌载舞,以使雅典人和斯巴达人双双满意;他的提议当然得到热烈响应。他讴歌了雅典人在阿尔特米西昂(Artemision)的功绩,也讴歌了斯巴达人在特尔莫皮莱(Thermopylai)的功绩。但他没有提及雅典和斯巴达在普拉泰霭(Plataiai)的共同功绩;他祈祷神圣的处女——狩猎女神阿尔忒弥斯(Artemis)——保佑雅典和斯巴之间有长期的和平:两个城邦之间没有永久和平的前景。随后,吕西斯特拉特把扣留为人质的斯巴达妻子们带出来与她们的丈夫团聚;斯巴达与雅典聚首谈和之后,自然是夫妻的团聚——主战派与主和派的团聚。吕西斯特拉特忠告妻子要陪伴丈夫,丈夫也要留在妻子身边;剧中她最后说的一句话是"今后我们还要小心提防,以免重蹈覆辙"。当然,她指的是斯巴达人和雅典人不要再犯类似的错误,但在这个语境中也暗示了[210]丈夫们和妻子们的错误。雅典人歌队向阿尔忒弥斯、阿波罗、狄奥倪索斯、宙斯及赫拉祈祷,随后又向见证了阿佛洛狄忒带来的甜蜜宁静的神们祈祷;他们没有提雅典娜,也没有提雅典。应一个雅典人的要求,一个斯巴达人唱了一支新歌;斯巴达人赞颂了阿波罗、雅典娜、狄奥斯库里(Dioskuroi),然后颂扬了斯巴达,尤其是贞洁的海伦引领的斯巴达少女歌队:斯巴达少女将为最好战的雅典娜增光。戏剧就在这支歌中结束。这部颂扬和平的戏剧以对女战神雅典娜的赞颂结束(对观《云》967)。正如我们在《和平》中得知的,和平之后迟早是战争,无论是不是只针对蛮族的战争,换句话说,没有战争的威胁,和平也不能维系。《吕西斯特拉特》没有以雅典人与斯巴达人齐声合唱结尾。结尾处雅典人与斯巴达人各自的歌曲暗示,两个城邦的和解要求的是不抹杀他们之间的差异：和平是由雅典人吕西斯特拉特首倡的，她信任爱神阿佛洛狄忒在斯巴达的力量，而吕西斯特拉特的奇思异想源于阿里斯托芬，他是由酒神狄奥倪索斯养育的。只有斯巴达人在最后的歌声中才赞颂雅典娜。

乍看上去，《吕西斯特拉特》与其他两部和平戏的区别是：在《阿卡奈人》和《和平》中，和平由谐剧诗人的行动引发——这个行动要么得到神的帮助，要么得到神的阻挠；而在《吕西斯特拉特》中，和平由女人的行动引发，这行动既没有得到神的帮助，也没有受到神的阻挠，在决定性的行动已经完成的时候，和解女神才在吕西斯特拉特的命令下行动。但是，撇开和解女神不说，诸神在《吕西斯特拉特》中并非就缺席：和平是爱神阿佛洛狄忒的作为（1289-1290）。至于诗人阿里斯托芬的缺席，我们必须记住，狄凯奥波利斯在他私人的和平成果中，只分了一点给他同情的害相思病的女人；这种同情为《吕西斯特拉特》提供了动力，在《吕西斯特拉特》中，女人赞成和平，男人——除了诗人心照不宣的例外——赞成战争：女人代替了诗人阿里斯托芬的位置。作为诗人的阿里斯托芬在《吕西斯特拉特》中比前面几部戏更少现身：这出戏中既没有角色代表诗人或凭狄奥倪索斯发誓，也没有角色担任诗人的代言人，而且此剧对城邦的根本要求没有任何质疑（吕西斯特拉特甚至没有质疑女人本质上次于男人的观念）。如果说战争是男人的事，那么似乎就可以说，和平是女人的事，热爱和平的诗人必定站在女人这边。这种性别的差异反映在［211］《和平》的神学里，反映在和平女神（及她的侍女）与战神（及他的侍从）的对立中。但恰恰是在《和平》中，战神的存活性（being alive）比和平女神的存活性更清晰。在《吕西斯特拉特》中可以看到类似的暧昧。和平似乎是爱神阿佛洛狄忒的作为，但阿佛洛狄忒不完全是一个和平的女神。由于诗人在《吕西斯特拉特》中没有行动，女人就必须行动；她们必须像男人一样行动（战争必须变成女人的事）。她们必须像阿玛宗人一样战斗，同时她们必须拒绝亲近自己的丈夫，停止照料自己的孩子：她们必须摧毁生活而不是使生活延续。她们带来和平，不是通过做阿佛洛狄忒的"绝妙之举"（the golden deeds），而是通过模仿处女女神（virgin goddesses）阿尔忒弥斯和雅典娜；这两个女神在《吕西斯特拉特》中比在其他谐剧中更强有力地在场（同样表现于女人们向她们发的誓言和祈求中）。然而，狩猎女神阿尔忒弥斯和极度好战的雅典娜比起爱神阿佛洛狄忒来更不像和平的女神。这出戏的结尾将强调的重点完全放在雅典娜身上，这个好战的女神不仅自己没有生育，而且自己也不是父母所生，她体现着对生命的拒绝。如果我们能信任佩斯特泰罗斯的话，她是宙斯唯一正当的后嗣（《鸟》1652 - 1654），要不是佩斯特泰罗斯成了宙斯的继承者，她本当成为宙斯最合法的继承者。

和平不是爱神阿佛洛狄忒带来的，而是吕西斯特拉特带来的，是由吕西斯特拉特煽动妻子对丈夫罢工的结果。如果丈夫不在家，这场罢工不可能奏效，但雅典女人采纳了吕西斯特拉特的计划，理由正是男人不在家。此外，如果妻子的自制力不强过丈夫，她们的罢工也不可能奏效。女人的自制力比男人强，这种假设得到两方面的支持：一是女人期待的东西；二是有阿尔忒弥斯和雅典娜这样的女神存在。最后，也是最重要的，仅当没有战争寡妇当后备军时，这场罢工才可能奏效，也就是说，女人的罢工只有在下面这些条件下才可能奏效：要么与自然相反，军队中的丈夫杀不死，要么除非通过合法夫妻的婚内性行为，否则性满足就不可能实现。或者说，性满足的快感只有在婚内和通过婚姻才可能：离开妻子的丈夫（或丈夫下地干活时的妻子）必须没有机会得到性满足（954 - 958，1091 - 1092；《地母节妇女》491 - 496）。由于战争违背自然，吕西斯特拉特的计划要成功，必须有自然（physis）与礼法（nomos）的非自然巧合（unnatural coincidence），按照这种非自然巧合，战争将是反自然的，因为战争判处男人与女人性饥饿，或者说阻止了[212]后代的繁衍。然而，别的不提，少量的男人就能让大量的女人受精：战争与自然之间没有根本的不谐，或者说，战神阿瑞斯与爱神阿佛洛狄忒之间没有根本的不谐。吕西斯特拉特要自己和其他女人效法处女女神们，试图以此来克服战神与爱神之间的根本和谐；相应地，人们会认为是那些贞洁女神带来了自然与礼法的巧合。因此，《吕西斯特拉特》可以说表现了礼法的成功，在这方面，它与《云》类似，与迄此讨论的其他戏剧不同：其他几部戏全都在颂扬礼法的失败，这两部戏则都颂扬了遭欧里庇得斯（或苏格拉底）憎恨的存在者的胜利。在这两部戏中，胜利者之所以取胜，功劳不在言辞，而在行动。与所有这些相应的是，《吕西斯特拉特》最后指向雅典娜，从而以诗作的方式（poetically）回答了诸神的神性（the godness of the gods）这个问题。

和平是斯巴达妻子对丈夫罢工的结果带来的。在雅典，光靠性罢工（sex strike）还不够，因为凭雅典女人的微弱力量战胜不了雅典人民：政治上最积极的人民是在家的公民，也就是那些雅典老汉，他们不会因为性饥渴而臣服；老汉们必须首先由老妇们去对抗，正是这帮老妇攻克了卫城，掌握了国库。但这次行动只是为女人掌握政治权力做点铺垫。吕西斯特拉特的计划除了要求性罢工之外，还要求改变政制。有人也许会说，性罢工是少妇们（妻子）对抗壮夫们（丈夫）的行动，而政治行动首先是老妇对抗老汉的行动；剧中没有暗示政治行动是妻子们对抗她们丈夫的行动。至少，在斯巴达传令官到达之前，我们还不确定，雅典女人是否能够成功地促使雅典男人求和，或者说，雅典人是否要先改变政制才求和。无论是妻子罢工，还是女人掌权，都是不可能的。但在《吕西斯特拉特》中，女人是主和派，男人是主战派。我们不妨假设女人代表了赞成和平的男人，男人代表了赞成战争的男人。如果这样，这出戏可能就表明，在此背景下实现和平的唯一方式是改变雅典的政制：赞成和平的男人要掌权，就需要斯巴达的支持来控制人民。出于这个理由，这类男人将如吕西斯特拉特所做的那样，已经和斯巴达人达成和约。这样的政策要求最高程度的机密，因此，需要一个有名无实的政策来隐藏为改变［213］政制进行的准备。《吕西斯特拉特》中的行动用可笑的方式反映了这一局势，因为主和派将性罢工当成严格的机密，但这并没有抵消这样一种印象：这个行动的目标在于政治颠覆，在于建立"僭政"。这出戏的行动的可笑特性完全局限于性罢工。有人会奇怪，改变政制——这与佩斯特泰罗斯发起的政制转变不同——究竟是不是诗人阿里斯托芬的严肃提议。如果是的话，《吕西斯特拉特》会比所有其他谐剧都更接近于提出一个严肃的政治提议。因为，只需提一下最具政治色彩的谐剧《骑士》，可以说诗人在其中严肃地提议放逐克里昂，但他没有严肃地表明如何实现这一放逐行为。不过，一个严肃的建议难道能与完全的谐剧相容吗？依靠斯巴达的支持建立起来的政制所指导的雅典，难道不会是个失去了阳刚之气的雅典吗？通过女人的行动，阿里斯托芬点出了身居高位也更危险之辈的行动。他明确表示，他不会用谐剧的方式对待区区"人类"，尤其是女人（《马蜂》1029–1030，《和平》751）。不管另外两部女人戏如何，对于《吕西斯特拉特》来说，此言非虚。

7 《地母节妇女》

[214] 《地母节妇女》（*Thesmophoriazusai*）像《鸟》一样，以两个雅典公民的对话开头，但其中一个公民是欧里庇得斯。与此相应，在《鸟》中可能有某些疑问，究竟哪个公民应该为戏剧的行动计划负责，可在《地母节妇女》中，应该没有疑问，戏剧的行动计划来自聪明的诗人欧里庇得斯。戏剧开始，欧里庇得斯的姻亲墨涅西洛科斯（Mnesilochos）抱怨诗人一大早就拉着他出来转，却不告诉他去哪里。《地母节妇女》开头的台词让我们想起《云》的开头，但《地母节妇女》是唯一在字面上用"宙斯啊"开头的谐剧。欧里庇得斯拒绝告诉同伴他们要去哪里：对即将目睹（seeing）的东西，没必要耳闻（hearing）为先。墨涅西洛科斯认为，欧里庇得斯的意思是他不必听闻任何东西；他把有条件的东西理解为无条件的东西。智者（the wise man）欧里庇得斯心中想到的是两个领域之间的自然

差异(natural difference):在一个领域中,亲眼目睹具有确切意义上的优越性,而对传统的耳闻多多少少不合时宜,在另一个领域中,只有对传统的耳闻才是正义的,因为亲眼目睹是不可能的——这是一种基于纯粹目睹与纯粹耳闻之间自然差异之上的区分(distinction)。尽管——或因为——墨涅西洛科斯意识到欧里庇得斯讲话聪明,他的理解仍然是他既不必耳闻也不必目睹,因为不听(not hearing)的自然本性与不看(not seeing)的自然本性有差别。欧里庇得斯甚至没有试图反驳亲戚的结论,即也许有些人既不应该也不能目睹或耳闻,但他回答了亲戚的问题:如何从以太神(Ether)的设计来推断不听的自然本性与不看的自然本性之间的差异。墨涅西洛科斯依然无法理解欧里庇得斯的意思,但他虽然缺乏理解力,却并没有妨碍他对欧里庇得斯的智慧充满佩服,于是他再次 [215] 暂时忘了他的腿都快走断了,因为智者欧里庇得斯拉他转了半天了。幸运的是,他们不一会儿就到了目的地。欧里庇得斯向墨涅西洛科斯展现了一扇小门(24-25;对观《云》91-92),以便他不必听有关此门的任何话,而是能默默地注视它。但由于这扇小门的什么意义是看不到的,他仍然需要听;因此,他必须不做声地听,也就是说,边看边听。他听见欧里庇得斯说,这扇门属于肃剧诗人阿伽通(Agathon)的家。墨涅西洛科斯问哪个阿伽通,就他记忆所及,他没见过那个阿伽通,然而,欧里庇得斯断言,墨涅西洛科斯与那个臭名昭著的同性恋像姑(pathic homosextual)发生过性关系。阿伽通的仆人带着火把和香桃木从门后出来献祭,正如欧里庇得斯所料,他乞求阿伽通诗歌创作成功。欧里庇得斯和亲戚躲在一边,好观察仆人的举动。仆人庄严地要求肃静,不只是要人类肃静,还要求以太保持宁静,海上不要起浪涛,鸟儿不要鸣叫,野兽不要乱跑,因为阿伽通将要开始写作戏剧;阿伽通诗歌的极度技巧性或人工性(artfulness or artificiality)要求万物都保持极度的庄严肃静。仆人庄严祈祷的时候,墨涅西洛科斯在旁表达了对其夸张或吹嘘的反感,仆人听到了他的话,但没有看见他。当仆人开始充分意识到有不速之客时,墨涅西洛科斯和欧里庇得斯才依次从藏身之地出来。仆人和亲戚起了激烈的口角,欧里庇得斯语带权威地制止了他们,欧里庇得斯命令仆人把阿伽通请出来。仆人知道主人的尊严就是他的尊严,所以他把欧里庇得斯的命令当成是恳求,于是说,不必请,阿伽通一会儿就会出来,他正在写诗,时值冬季,不到门外来晒晒太阳,不容易把诗打磨得圆润。欧里庇得斯对由此带来的短暂等待大为恼怒。墨涅西洛科斯不理解他的不耐烦是怎么回事,因为他不知道为什么欧里庇得斯急着见阿伽通,或者说,为什么诗人欧里庇得斯一大早就拖着他出来转:大人物习惯于下命令不给任何解释;大人物习惯于隐藏他的意图。欧里庇得斯现在才告诉亲戚,今天他有大难临头:妇女们要在地母庙开会,判他死刑,因为他以肃剧方式写女人(treating them tragically),说过她们的坏话。他希望说服肃剧诗人阿伽通乔装打扮成女人,混进地母庙,必要时替他说话。墨涅西洛科斯对欧里庇得斯聪明的奇思异想很是佩服:大家都知道,女里女气的阿伽通以女里女气的性行为而闻名,[216] 与他截然不同的欧里庇得斯则是个大男人,不适合装扮成女人。

这么看来,《地母节妇女》的主题是对一个诗人的迫害。我们在《阿卡奈人》中见证到对诗人的迫害,但在那出戏剧中,受迫害的人不是作为诗人受到迫害。他是个谐剧诗人,处在没有受审就立刻被判死刑的危险中;他从肃剧诗人欧里庇得斯这里借了些道具,最终逃过一劫。现在,欧里庇得斯自己因为他的诗歌而遭到迫害,他不能利用自己的道具逃过此劫,他必须求助于另一个肃剧诗人。欧里庇得斯和苏格拉底有很多共同点。我们在《云》中见证过苏格拉底遭到迫害,但苏格拉底不是受政治迫害或司法迫害,因为他只冒犯了一个人,另外,他的修辞术使司法迫害奈何不了他。但是,欧里庇得斯冒犯了(雅典)全体女性,他的修辞术对他没有任何帮助,因为他的案子是在一个集会中审判,他不能合法地进去并为自己申辩。在《云》中,我们是苏格拉底罪行的证人,因为这些罪行并非众所周知;欧里庇得斯的罪行则在他的肃剧里犯下,是众所周知的。

欧里庇得斯和墨涅西洛科斯的对话让我们想起苏格拉底和斯特瑞普西阿得斯的对话，最令人吃惊的是这两对人之间的差异。苏格拉底不负责《云》的行动计划，面对斯特瑞普西阿得斯的报复，他手足无措；但是，欧里庇得斯独自为《地母节妇女》的行动计划负责。在《云》中，苏格拉底和斯特瑞普西阿得斯究竟谁是主角可能存在疑问，因此苏格拉底的罪行到底多大也存在疑问，但《地母节妇女》中欧里庇得斯是主角则毋庸置疑。欧里庇得斯受到迫害，因为他以肃剧的方式对待女人，讲了女人的坏话。以肃剧的方式对待某人当然不是冒犯，但以谐剧的方式对待某人肯定与讲某人的坏话一样；阿里斯托芬的敌人（尤其是克里昂）指控他的理由，就是他以谐剧的方式对待城邦和人民（demos）（85，181－182；对观《阿卡奈人》630－631、《马蜂》1284－1291）。暂且不说迫害苏格拉底的理由，相比之下，迫害欧里庇得斯的理由看起来还没有迫害阿里斯托芬的理由那么严重，也就是说，迫害欧里庇得斯的理由更适合于谐剧。

阿伽通以奇怪的方式出现。此前已经两次宣布他就要出来（66，70）。实际上，他是躺在用于舞台道具的卧榻上被推出来的。阿伽通的出现方式与《阿卡奈人》中欧里庇得斯的出现方式一样（408－409），但［217］与欧里庇得斯和苏格拉底截然不同的是，阿伽通出现前不必敲他的门，而欧里庇得斯和苏格拉底都需要敲门才出现。阿伽通是不请（uncalled）而自现。他看起来几乎整个儿像个娇宠放荡的女人。他正在创作一出肃剧，他以几分少女歌队的口吻唱了一首赞歌，轻易就劝说她们敬奉诸神，但她们不知道该赞美什么神。他告诉她们，为了纪念地母节庆祝的两个女神（地母［Demeter］和地女［Persephone］），她们要赞美阿波罗、阿尔忒弥斯和勒托（Leto）。欧里庇得斯对这首赞歌不予置评。墨涅西洛科斯告诉阿伽通，这首歌女里女气，而且淫靡甜腻，尽管他老了，听了还是不由得被激起了性欲。在性欲方面阿伽通可是臭名昭著，但这位诗人对墨涅西洛科斯来说完全是个谜：有明显的迹象表明他是个年轻男人，可同样有明显的迹象表明他是个女人，难道人们只好从他的歌中来决定阿伽通是男是女吗？墨涅西洛科斯问阿伽通的时候，明显借用了某些埃斯库罗斯的台词，在埃斯库罗斯的戏剧中，这些话是对狄奥倪索斯说的。因此，阿伽通并不觉得受了冒犯。他巧妙地回答说，不能根据他的诗歌来判断他的性别，因为诗人总是随物赋形，适应他的题材。比方说，当他写女人戏的时候，他的装束和举止就女性化，也就是说，他得模仿女人；若是他要写男人戏，就得浑身具有阳刚之气。因为他厌恶一切粗鲁原始的东西，所以他不写羊人剧（satyr play）。对于诗人来说，重要的不在他有男子气，而在他自然而然是美的：无论题材是男是女，美的诗人将制作出美的戏剧，只要他举止服饰装饰得体，照顾好他的自然美。阿伽通追溯到自己的自然本性，为他诗歌的极端做作特性（artificial character）进行辩护：他与任何别的诗人一样，具有美的自然本性；他之所以与别的诗人不同，因为他的本性不那么有男子气，甚至可以说，他是男女同体的（hermaphroditic）；但恰是这个事实将阿伽通与戏剧之神狄奥倪索斯联系到一起。

墨涅西洛科斯与阿伽通交谈时，欧里庇得斯只是在一旁默默地听。我们认为，他本来不会赞扬阿伽通的表演，至少在目前情况下，赞扬显得有点势利，更何况，欧里庇得斯这样的人在任何情况下都吝于赞美之辞。墨涅西洛科斯公然谴责阿伽通，这可能并不合欧里庇得斯的心意，因为他需要阿伽通的帮助。但阿伽通能巧妙地对付墨涅西洛科斯，就证明［218］他像他希望的那样也能对付女人，他的自我辩护等于是最能干的、最高的自我赞美。因此，在欧里庇得斯看来，墨涅西洛科斯与阿伽通之间的对话产生的效果，要比欧里庇得斯直接夸阿伽通的表演更好。但他现在不能再耽搁时间。他打断两人的谈话，说他开始写诗的时候跟阿伽通的存在方式一模一样，他对阿伽通的歌不置一词。他坦言相告，他来的目的，是希望求得阿伽通的帮助，因为妇女们准备灭了他，因为他讲过她们坏话。只有阿伽通乔装成女人，混进妇女大会，替他在那里辩护，才能够救他——只有阿伽通能够以欧里庇得斯认为有价值的方式说话。阿伽通问他为什么不亲自到妇女大会为自己辩护，欧里庇得斯回答道：首先，她们都认识他，其次，他是个老人，又有胡子，他没有阿伽通所有的女人般的容貌或声音。阿伽通断然拒绝满足欧里庇得斯的请求，因为他怕将会遭受的危险；他拒绝的理由，恰好是欧里庇得斯自己关于审慎或保命的教导；欧里庇得斯应当自己去冒生命危险。看见像姑般的阿伽通不答应，墨涅西洛科斯非常气愤，但欧里庇得斯克制自己不与阿伽通结仇，他只是声称自己现在处于绝望状态。墨涅西洛科斯很可能从来没有看见也从来没有听说过这个智者会灰心绝望，于是不由得心生同情，答应为他献出一切，供其驱策。欧里庇得斯毫不犹豫，欣然接受了他的自荐：他的亲戚将不得不取代阿伽通混进妇女大会。可是，墨涅西洛科斯看上去也许比欧里庇得斯还不像女人。但这没有让欧里庇得斯抽空想想，他也许可以自己装扮成女人混进妇女大会。接下来，欧里庇得斯请阿伽通借给他一些道具，帮他把墨涅西洛科斯打扮得看上去更像女人。此时，阿伽通愿意热心帮助欧里庇得斯，正如欧里庇得斯当初愿意热心帮助狄凯奥波利斯。欧里庇得斯向阿伽通借了剃刀和火把，为墨涅西洛科斯刮胡子、脱毛。这个可怜的老男人虽然很痛苦，但他强忍过去。然后，欧里庇得斯请求阿伽通借给他各种各样的女人服装，还特别强调了一句，"无论如何，你是不会说没有这些东西的"（251）。我们刚才耳闻目睹了阿伽通扮演虔诚少女为诸神作赞歌，但他从没有对任何神发誓，就像欧里庇得斯在《阿卡奈人》的相应场景中一样。阿伽通当然愿意帮助欧里庇得斯，欧里庇得斯一丝不苟地把墨涅西洛科斯［219］打扮成女人。墨涅西洛科斯穿戴好后，开始像女人一样关心自己的容貌。阿伽通等欧里庇得斯要的东西齐了之后，马上就躺在卧榻上，让人推进屋。欧里庇得斯最后警告墨涅西洛科斯，要模仿女人的声音。应墨涅西洛科斯的要求，欧里庇得斯发誓，如果亲戚遭遇不测，他会千方百计去救他。起初，欧里庇得斯没有对宙斯发誓，而只是对宙斯的住所以太发誓，墨涅西洛科斯觉得区区住所不足凭以为誓，欧里庇得斯就对所有的神起誓。墨涅西洛科斯还是不放心,因为欧里庇得斯在他的《希波吕托斯》(*Hippolytos*)中曾疑似为发伪誓辩护。虽然不放心,墨涅西洛科斯还是服从欧里庇得斯的命令,匆忙前往地母庙的妇女大会。欧里庇得斯则打道回府。

对于欧里庇得斯来说,这简直是好运,他希望阿伽通救他一命,但希望破灭后,幸好还有亲戚帮助他。换句话说,这可以看作在欧里庇得斯找不到出路的时候,阿里斯托芬为他找了出路,或者说,阿里斯托芬声称自己比聪明的欧里庇得斯更聪明。某种意义上,这恰是阿里斯托芬的看法,正如《蛙》(*Frogs*)所表现的,但我们不应该低估阿里斯托芬对欧里庇得斯的聪明的尊重。我们没有权利忽视一种可能性:欧里庇得斯带着亲戚一起去见阿伽通,是因为他预料到阿伽通可能不会满足他的请求。女里女气又聪明的阿伽通显然不是女人迫害的靶子,他本来是为欧里庇得斯辩护的最理想人选,但是,阿伽通把欧里庇得斯当强大的对手,不能指望他有出于友情的强烈动机来帮助欧里庇得斯,进而危及自身。另一方面,墨涅西洛科斯虽然不够聪明,长得也不像女人,可他有出于亲戚关系的强烈动机——尽管只是姻亲——帮助欧里庇得斯(210)。阿伽通的拒绝以可见的方式(ad oculos)证明,欧里庇得斯的乞援根本没有必要,或者说命令他的亲戚来帮助他没有必要;墨涅西洛科斯亲眼看见,欧里庇得斯如果有别的选择,是不会麻烦他的,也不会置他于危险境地。更不用说,为了不让任何女人知道有男人乔装打扮混进妇女大会,欧里庇得斯只有找某个男人,借用此人所拥有的女性用品,而阿伽通的家是最佳场所,能够把墨涅西洛科斯装扮成女人。我们在此或许还注意到,欧里庇得斯与苏格拉底不同,他有亲戚帮助他反抗迫害,而苏格拉底的长期同伴凯瑞丰对他没有任何帮助,因为凯瑞丰[220]也像他尊敬的主人一样被牵连到同样的指控中(《云》1505 – 1507)。欧里庇得斯的罪行可能比苏格拉底更昭著,因此他可能比苏格拉底更危险;但另一方面,他不像苏格拉底那么孤立,苏格拉底的主要关注是思考或担心天上的事儿。

墨涅西洛科斯进入举行妇女大会的地母庙。他乔装成女人,假装向地母和地女献祭，祈祷她们至少让他逃脱今日的盘查，给他（她）女儿一个最称心的丈夫——有钱，但不要有脑子。传令女号召妇女一起向地母、地女和另外五个（或五组）神祈祷，保佑这次大会圆满成功，对雅典城邦和雅典妇女有益；保佑胜利归于提出最好主意的女人，这样的女人无论在言辞还是行动方面，都是雅典人民和女性人民（the demos of the women）中的最优秀者。传令女也号召妇女为自己的安康祈祷。妇女组成的歌队随后呼吁传令女没有提到的诸神（宙斯、阿波罗、雅典娜、阿尔忒弥斯、波塞冬、海中神女们 [the Nereids] 和山岳神女们 [the Oreads]）保佑她们。接下来传令女呼吁她们对所有的神祈祷，如果有人阴谋加害女性人民，如果有人与欧里庇得斯及波斯人议和损害女人利益，如果有人向丈夫告发通奸的妻子，如果有人以任何方式伤害女人，就诅咒他不得好死。妇女歌队跟着加入祈祷，她们省略了对欧里庇得斯的诅咒，但诅咒了做事不虔敬者、向城邦行不义者及向敌人泄密的人。最后，传令女庄严宣布，今日大会的主要议题是讨论对欧里庇得斯处以怎样的惩罚，他的罪状已得到全体妇女的认定。妇女大会的议程本来是庄严的，但招来的却是受欧里庇得斯唆使的墨涅西罗科斯在亵渎神圣。欧里庇得斯的行为具有亵渎神圣的特性，这一特性既得到了强调，也遭到轻视，因为妇女大会的议程以可笑的方式模仿了雅典公民大会严肃神圣的开幕式。不过，亵渎神圣的与其说是欧里庇得斯，不如说是阿里斯托芬。

第一个大会发言人说，欧里庇得斯说了许多关于女人的坏话。她列举了诗人在肃剧中侮辱女人的七个绰号或污蔑之词。她还说，他的话引起了行动。通过在戏院中呈现女人的种种手段，他使女人的这些手段不可能或极难再奏效（比如，通奸，对婴儿[来历]的猜测）。他使[221]男人对女人起了彻底的疑心；他教丈夫对妻子采取防范措施，这是以前从来没有在她们身上发生过的事。不用说，男人不再信任妻子的忠诚；他们甚至不再相信女人会诚实地管理家务。这位发言人提议，对欧里庇得斯这种教人作恶、破坏家庭的人，得想个办法干掉，毒死也行，用别的方法也行。对欧里庇得斯的其他指控不适于公开宣告，就由发言者以书面方式记录保存。歌队对她这席发言非常满意；她们从来没有听到一个比她更会讲话的女人。歌队的赞美令人吃惊：第一个发言人并没有质疑欧里庇得斯对女人的谴责的真实性。第二个发言人说，前面的人已经说得很好，她只想补充几个别的要点。但是，尽管她没有说，甚或她自己并不知道，其实她对欧里庇得斯的指控比前一个人要严重得多。她没有让诗人对女人失去非法的享乐或利益负责。她是个可怜的母亲，有五个幼小的孩子，丈夫死在塞浦路斯（当然不是在西西里［446］；对观《吕西斯特拉特》590），她因为欧里庇得斯失去了一半以上的收入，这点收入起初刚够糊口：她靠在市场上编织花冠为生，可欧里庇得斯说服男人相信，世上没有神，结果再也没有男人买花冠祭神。她请求敦促所有的妇女同伴惩罚欧里庇得斯；但她没有要求判他死刑。她的话不多；因为她急着回市场，照料她的惨淡生意。这个卖花女头脑简单，歌队就要有才智得多，歌队看出来她的发言比前面那位更有才智：她让欧里庇得斯的肆心（hybris）无可置疑。第二段讲辞比第一段讲辞更高明，因为它提出的是能公开表达的指控，而第一段讲辞的指控理由只能背着男人、背着人民或城邦悄悄说。这个卖花冠的女人请大家"为许多理由"惩罚欧里庇得斯：她没有像赫耳墨斯在《云》的结尾那样补充一句，"特别是因为，你们知道，他以不义的方式反对众神"（454，《云》1508–1509）。她关注欧里庇得斯的无神论，全是因为这毁了她的生计。不用说，这并不意味着她就不关心神是否存在：欧里庇得斯没有劝说女人相信，根本没有神。这意味着，她完全不理解欧里庇得斯对诸神存在的否认：在《云》中，斯特瑞普西阿得斯也不理解苏格拉底对诸神的存在的否认，但相比之下，她可能比斯特瑞普西阿得斯更不理解。她没有屈尊去指责欧里庇得斯不虔敬，因为诗人的观点十分荒谬，根本不能认真对待，她只［222］需指出这观点对其生计的负面影响就够了；这个可怜的女人没有像斯特瑞普西阿得斯在《云》的结尾中那样意识到，否定神的存在已经——或者可能会——对每一个人或整个城邦产生负面影响。描写一个令人同情的战争寡妇，以此指控欧里庇得斯宣扬无神论，从而激起反对他的最大公愤，使欧里庇得斯为毁掉这女人一半的生计而被彻底毁掉，对阿里斯托芬来说，这是再容易不过的事；描写植根于经济利益的宗教迫害，对阿里斯托芬来说，也是再容易不过的事；但他没有这样做。这个高明的女人说完话后立刻离开，这几乎就能肯定，接下来的戏不会再纠缠于欧里庇得斯否认神的存在这个话题。

墨涅西洛科斯回答了前面两人的指控，他为欧里庇得斯做的辩护颇为聪明。他完全不提欧里庇得斯教导无神论的话题；他集中火力对付第一个女人。他说，女人对欧里庇得斯很生气并不奇怪，因为他给了她们如此坏名声；在这一点上，他自己（她自己）也恨他。但是，他转过话头，挑明了第一个指控者几乎暗示到的事实，欧里庇得斯写的那些女人的事都是真的，所以不必怪罪于欧里庇得斯，更何况，欧里庇得斯其实只是抖搂了女人的小部分坏事，这点在座的女人都应该承认。他（她）以亲身经历为证，原原本本地交代了他（她）如何偷人，说这类事情欧里庇得斯就从没有在戏剧里公之于众。然后，他举了另外四个有失妇德的妇女，她们的共同点是趁丈夫出去打仗，在家偷人。不妨说，墨涅西洛科斯以这样的方式为欧里庇得斯辩护：就算诗人讲了女人的坏话，给她们带来了伤害，但他本来可以给她们比实际所给的更多得多的伤害的，所以，他不是女人的敌人。但为了说明他的观点，墨涅西洛科斯必须额外坦白。难怪歌队对他的大胆非常吃惊，她们难以相信，一个女人会在妇女大会中如此不知羞耻地讲话，但是——想想看——要在邪恶方面超过天生不知羞耻的女人，那也只能是一个女人。歌队显然没有否认墨涅西洛科斯（或欧里庇得斯）对女人的指控是真的。歌队明显意识到了这点，所以一时无话可说，不知怎么反驳墨涅西洛科斯（和欧里庇得斯）。只有一个妇女没有被墨涅西洛科斯的言辞迷惑，她不但坚持要继续惩罚欧里庇得斯的议程，而且提议要适时惩罚这个为欧里庇得斯辩护的女性背叛者。她提议的惩罚措施碰巧要让辩护者的性别露出马脚，因此，[223]对于欧里庇得斯的计划相当致命。墨涅西洛科斯于是提出抗议，说他可是在正义地为欧里庇得斯辩护。这个女人不为他的修辞所动，她说，辩护者是唯一敢替欧里庇得斯说话的女人，而那家伙伤害女人最深，他戏剧里尽写坏女人，从来不写佩涅洛佩（Penelope[译按]奥德修斯之妻，贤良女性的典范）那样合礼得体的女人；欧里庇得斯不但远没有写出女人的真相，相反，倒是不义地隐瞒女人的真相；欧里庇得斯的辩护者应当受到非同寻常的惩罚，因为她用非同寻常的不义手段来为一桩严重的不义之举辩护。墨涅西洛科斯知道，最好的防守就是进攻，他索性攻击在场的所有女人，以此为欧里庇得斯辩护。他的攻击有个前提：好的东西都是过去的东西，现在不再有佩涅洛佩那样的好女人。他的唯一对手愤慨地否认他的论点，墨涅西洛科斯于是又开始数落现今女人的种种不端之举。他的对手只能诅咒他，最后与他打起来。要不是突生变故，墨涅西洛科斯可能就打赢了。总而言之，所有雅典女人对欧里庇得斯的庄严指控最终以两个女人大打出手的闹剧收场。欧里庇得斯的计划大获成功，他唯一没有料到的是，在妇女大会上有人会拿他的无神论（甚至公然教导无神论）来做文章。他的成功全要归功于他的能力———一种苏格拉底缺乏的能力——模仿女人的能力或让别人来模仿女人的能力，或者说，他的成功要归功于他是个（肃剧）诗人（比较《王制》396°2）。他接受亲戚的主动要求，同意他去为自己在妇女大会上辩护，这已证明是个明智的决定：阿伽通可能不会做得更好。然而，如果真是这样，为什么他要白费力气劝阿伽通出马为他辩护呢？

歌队要亲戚与女人停止打斗，她们看见另一个女人正朝大会匆匆赶来。来人是臭名昭著的同性恋者克勒斯特涅斯（Kleisthenes），一个扮成女人的男人，因为他的举止类似女人，所以他爱女人。他在市场上刚刚听到一件大事，他赶来是叫她们提防。妇女大会原本不准任何男人参加，否则就有血光之灾，但为了感激他对女人的关爱,为了保护这个甜蜜的小男人不受伤害,歌队把克勒斯特涅斯称为孩子。克勒斯特涅斯报告说,他听人讲,欧里庇得斯今天派了个老头混进会场;这人是欧里庇得斯的亲戚,他把亲戚的毛烧焦,拔光,把他乔装成女人,以刺探她们的言论。墨涅西洛科斯徒劳地试图说这是无稽之谈;克勒斯特涅斯向妇女们保证,他是从知情人那里听说这个故事的。[224] 阿里斯托芬没有告诉我们,风声是如何走漏的。我们拿不定主意要不要这样说:这类秘密总可能泄露,因此如何泄露并不重要。克勒斯特涅斯像阿伽通一样,是个同性恋者(206,《吕西斯特拉特》1092)。如果欧里庇得斯成功劝说阿伽通到妇女大会上为他辩护,这个秘密还会泄露吗?在那种情况下,对阿伽通最有好处的就是保守秘密。但欧里庇得斯的亲戚取代了他之后,他保守秘密还有什么好处?谁不喜欢讲有趣的故事,尤其讲给相好的人听——同时还不必仔细盘问每个相好是否同他一样喜欢那个骗子而不是被骗者?我们的结论是,欧里庇得斯试图说服阿伽通去为他辩护,是非常明智的做法。

女人们听到居然有个男人混进来,不再蔫头耷脑;她们全都来了精神,要把这人找出来,还要求克勒斯特涅斯帮忙一起找。这是个明智的要求,因为她们必须查明,是否有个看起来是女人、自称是女人的人实际上是男人;在这情形下,只有男人脱掉男人的衣服,女人脱掉女人的衣服,才合法或合礼。但事实是,似乎只有男女合作才能找到假冒者,正是这事实使得男人或女人各自参与搜索变得不可能:墨涅西洛科斯(或欧里庇得斯)的罪行似乎不可能查到,或者说,耳闻的事情要转换成目睹的事情,似乎在现在这件事情上不可能做到。克勒斯特涅斯尝试利用排除法克服这个难题:某人只要有旁证说是女人,而旁证也有旁证,就可排除是伪装的男人。最后,只有墨涅西洛科斯没有证人。但是,没有女人证明的人并不必然就是男人,这是显而易见的。可欧里庇得斯的亲戚说不出丈夫的名字,说不出地母节上只有女人才知道的议程。现在可以肯定,这个辩护者就是女人们要找出的男人;克勒斯特涅斯必须脱下他的衣服。墨涅西洛科斯绞尽脑汁掩饰他的性别，但所有的努力都落空了。那个唯一没有受他言辞迷惑的女人宣布奸细找到了，也解决了何以女人会袒护欧里庇得斯这个谜。墨涅西洛科斯自然是垂头丧气。他被女人看管起来，以防他跑掉；克勒斯特涅斯则前去通知当局。欧里庇得斯的计划完全失败，不但女人认为他亵渎神灵，而且城邦也会认为他亵渎神灵。歌队立刻开始调查，看有没有别的男人混进[225]妇女大会。墨涅西洛科斯差点蒙混过关，明显让她们提高警惕到最高级别。她们原本要保持安静肃穆（660），可一旦开始搜索，她们都在大喊大叫，她们宣布，要是发现有男人犯了不敬神的罪偷听女人们的议程，他就要受到惩罚，成为一个以儆效尤的范例，叫别的男人看看肆心、不义之举和不信神的下场。他从此会公开说，诸神存在，他会教所有人崇拜种种神并公正地行虔敬和合法之事；要是他没有这样做，被人抓住，女人与凡人（mortals）都将清楚地看见，神当场就会惩罚他不守法、不敬神的举动。歌队搜遍了每个角落，没有发现别的男人。某种程度上，歌队是看到墨涅西洛科斯做的事情，才断言恶有恶报；显然，在他被人类抓到之前，没有任何神惩罚过他的不敬神之举。另一方面，没有迹象表明，墨涅西洛科斯（或欧里庇得斯）被抓到之后，要宣布诸神存在，要教导男人崇拜神。因此，歌队没有具体点墨涅西洛科斯的名，也没笼统地说些旧事，而是用将来时说到对不敬神者的惩罚。神要立刻惩罚不守法和不敬神的行为（acts），这种总是当下的真理总要在神将来的行动中显现，只要那些行为（acts）被人类发现；总是在做出的断言总需要将来的验证。这就是她们要搜寻是否有别的男人不敬神地混进会场的理由：她们必须重申虔敬的法则（law of piety）。没有找到别的男人，她们至少表明，神没有惩罚那个男人符合虔敬的法则。无论是否如此，先前第二个指控者附带提及需要注意欧里庇得斯的无神论时，她们完全不关心，但现在，发现墨涅西洛科斯受欧里庇得斯的煽动，做出这等不敬神的事情后，她们差不多都关心起这个问题来。人们可能希望，发现了这种不敬神的行为，城邦将会惩罚诗人欧里庇得斯——对之施以严格理解的惩罚。因为，正如看起来那样，女人和诸神有共同点，她们不能——或没有——实施严格理解的惩罚。但是，如果如第二个指控者所言，欧里庇得斯已经用肃剧说服男人们相信世上没有神，那么，人们怎能期待城邦会惩罚诗人的不敬神行为呢？这种指控似乎可以得到以下事实的证实：是女人而非男人表示——无论多么有保留——相信神的惩罚，从而也相信诸神存在，正如女里女气的［226］阿伽通模仿少女歌队的口吻赞扬诸神。换句话说，如果女人缺乏严格意义上的惩罚能力，如果说人民本身之外还有女性人民是无稽之谈（306-307，335-336），那为什么欧里庇得斯还怕她们处罚他呢？

当歌队预言神将惩罚每个男人而非犯了不敬神罪的墨涅西洛科斯时，墨涅西洛科斯在想办法逃脱人的惩罚。他模仿狄凯奥波利斯摆脱愤怒的阿卡奈老人的举动，抢了曾是他唯一对手的女人的婴儿，威胁说如果不放他走，他就杀了孩子。婴儿的母亲和其他女人都大惊失色，手足无措；她们的唯一安慰是，永生的神不会帮他干不义之事。墨涅西洛科斯不屑地说她们废话连篇。女人们觉得受了侮辱，要他交出婴儿，否则就把他活活烧死。他坚决不从；他很可能让她们投降，就像狄凯奥波利斯让阿卡奈人投降。但他比狄凯奥波利斯做得绝；他把婴儿（一个女孩）的衣服解开，发现里面是只装满酒的皮囊；墨涅西洛科斯的死敌显然犯下了不敬神的罪，因为地母节这天女人要斋戒。但这等罪行在雅典妇女中很普遍，墨涅西洛科斯这一招虽然聪明，但用处不大。正因为女人像欧里庇得斯说的那样坏，她们才获得胜利。正因为欧里庇得斯说出了（女人的）真相，他才被击败。墨涅西洛科斯的聪明及不上狄凯奥波利斯。

墨涅西洛科斯看来慌了神。欧里庇得斯对他发过誓，如果需要，一定会来救他。但他怎么让欧里庇得斯知道自己的绝境？幸好，他记起一个办法，是欧里庇得斯在一部肃剧中为帕拉墨德斯（Palamedes）想的办法。在那出肃剧中，帕拉墨德斯把求援信刻在桨上扔进大海，去向他指望的救援者报信。但是，墨涅西洛科斯被羁留在远离大海的地母庙,找不到桨,只有用光滑的木板替代,毕竟,木板和桨好歹都是木头做的;没有大海的帮助,他就用空气作为传输渠道。

他现在无所事事,只有坐等欧里庇得斯来营救,由于他是用空气报信,考虑到这种元素的自然本性,看起来要他的得救完全不可能。在女人的严密看守下,墨涅西洛科斯只有坐在舞台上等。女人们也在等,但她们等的是来惩罚墨涅西洛科斯的议事会官员。墨涅西洛科斯的等待就像失败的男人等待他们失败的苦果,女人的等待就像胜利者等待胜利的[227]果实成熟。但女人之所以胜利,是因为她们坏。她们明智地利用等待这段时间上演插曲,抵消留给观众的坏印象。《地母节妇女》中的插曲只有一个目的,就是证明女人是好的,比男人好得多。她们很有智慧,不是在辩论中提供证据,而是在插曲中提供证据:这样就没人能反驳她们。正如《吕西斯特拉特》所表明的,女人能在与男人——甚至是身居高位的男人——的辩论中证明她们的优越性;但要反驳欧里庇得斯(或经他指点的墨涅西洛科斯),任何女人都做不到。与此相应,在这场插曲中,女人反驳的是一般意义上男人的指控,以此证明她们的好;可她们是当着欧里庇得斯的亲戚的面证明的,他这时像个哑巴,只有干瞪眼的份,一方面因为他是失败者(由于女人的坏),另一方面因为绝对的不可能——出于习俗,任何人不得打断插曲。这出戏的插曲的独特特征在于:插曲期间有一个角色在舞台上。在插曲之前的一场戏中,主角的盟友成功地戳穿了女人歌队的本性,但女人歌队仍然击败了这位盟友,这表明,歌队与主角欧里庇得斯之间的对抗在插曲期间仍没有解决。这支插曲只有两部分,正文和后言首段,插曲表达的唯一主题是女人的好。歌队在插曲中没有提到谐剧诗人阿里斯托芬,没有对任何神乞援,连缪斯也没有提,这些都无需赘言。不虔敬属于有能力的(即男性)当权者的法庭,这足以解释插曲何以不提女人的敌人的渎神(更别说无神论)罪行。

女歌队为女性进行辩护,反驳所有人对女性的指控,那些指控说人类的一切灾祸,尤其是内外战争,都源于女人。① 如果女人真是全然邪恶,为什么男人急着娶她们,为什么将她们留在身边,禁止她们出门,为什么见了别的女人就像丢了魂?男人渴望着女人的特有品性证明,女人不仅不是完全坏,而且至少比男人更好——即便或许不是完全好。每个性别都声称自己比另一性别更优越。要最终检验这个争议,只消比较一下女人与男人的名字就够了,因为人如其名,名实相符。女歌队列举了大量同代人的例子,都是观众耳熟能详的名字,以此证明女人比男人好。她们既可能提到了和平女神(Eirene)及其侍女(Theoria)的名字,也可能提到了战神(Polemos)及其侍从(Kydoimos)的名字。她们可能强调了这样的事实:[228]与美德相关的都是女性名字,即便相反的关联并不与预期相符。女人几乎不偷东西,因为,如果她们偷东西,最多偷点丈夫的小东西,这根本说不上是偷,而男人却大量盗取公共财富,结果还享受公共荣誉。说到别的罪行恶事,女人也比不上男人坏。首先,女人远比男人保守,能更好地保存祖制。按照前面指出的原因,歌队没有补充说,由于女人比男人更值得信任,她们比男人更可能说出关于诸神的真相。歌队没有谴责男人不如女人,甚至没有谴责男人是女人的正当统治者这样的断言。她们明确对城邦发言,仅仅指责城邦不仅没有给女人一些尊重——因为是女人生育了好公民尤其是优秀的军队统帅——反倒以生育了坏公民的母亲为耻辱。有人也许会说,女人的优越性(superiority)最有说服力的证据是,在各种各样的存在者中,她们才接受祖先的等级秩序(参前文,页208),这种等级秩序并不全以相关存在者的名字是否美为标志。尽管女人们的话似乎是废话,因为从一开始就不准男人反驳,但在结尾的时候她们向沉默的对手表达了这样的观点——这个观点有可能是最为重要的——从而为两性之间的和解做了铺垫:天生优越的存在者服

---

① 对观《阿卡奈人》中狄凯奥波利斯对伯罗奔半岛战争起源的看法(523–529)。

从于断言其低等（inferiority）的礼法（law）。欧里庇得斯再怎么有害于礼法（nomos），他断言女人［不如男人］低人一等却是有礼法支持的；他事实上利用了与礼法的这部分认同，来激烈攻击礼法，或者说攻击诸神，因为女性天生比男性更虔诚。他的推理方式让人想起歪理使用的方式。

墨涅西洛科斯眼睛都望穿了，欧里庇得斯还是没有来。他相信，这一定是因为让他想起如何传送信息的那出戏寡淡乏味，令诗人感到羞耻。因此，他决定用欧里庇得斯的新戏《海伦》（Helen），海伦等待丈夫墨涅拉奥斯（Menelaos），正如他等待他的姻亲欧里庇得斯。毕竟，他有成功假扮女人的成功经验，碰巧现在仍然是女人打扮。看守他的克里提拉（Kritylla）警告他不要捣鬼，他没有理会，开始扮演海伦，脱口就是《海伦》开场主人公的独白，女主人在其中说自己在等待丈夫墨涅拉奥斯。墨涅西洛科斯稍微改了点欧里庇得斯的［229］台词，他特别强调，他比海伦还迫切地期待解救者快快到来。他的期待是有道理的；欧里庇得斯信守了誓言；亲戚的失败将会是他的失败；他以海伦丈夫墨涅拉奥斯的名义出现。难道他收到了墨涅西洛科斯用空气传送的求教信号了？这似乎是最不可能的事，比解围之神（deus ex machina）还不可能，因为只有神才能做一切事情，而神不会帮助人干不虔敬的事情（715 – 716）。但是，如果说欧里庇得斯接到姻亲的求救信息不可能，那么，佩斯特泰罗斯建立"云中鹁鸪国"就更不可能。墨涅西洛科斯刚刚扮演海伦开口独白，欧里庇得斯立刻以海伦丈夫的名义杀到，人们不能就此断言，诗人没有接到亲戚的信息，因为诗人可能立即明白了形势，随机应变地采取行动。接下来，欧里庇得斯－墨涅拉奥斯与墨涅西洛科斯－海伦之间的对话部分复制了《海伦》中的场景，在那一幕戏中，海伦认出了墨涅拉奥斯，但墨涅拉奥斯相信他看见的只是海伦的幻影。不过，墨涅拉奥斯－欧里庇得斯认出了他的亲戚墨涅西洛科斯－海伦，后者不同于欧里庇得斯笔下的海伦，他强烈要求其姻亲以最快的速度带他（她）离开。安提西奥斯（Antitheos）的妻子克里提拉没有认出欧里庇得斯,把他当成背诵《海伦》台词的陌生人,她听了半天,完全没有明白这两个男人在说什么;不过,她还是比较聪明,没有上墨涅西洛科斯的当。她觉得幸运的是,正在这时,议事会官员带着一个斯基泰弓箭手(a Scythian archer)到达,阻止了罪人的逃跑。欧里庇得斯见势不妙,立即开溜,走之前,他对亲戚说,只要他还有一口气,就不会抛下他不管,除非他的千万条妙计不管用。欧里庇得斯与墨涅西洛科斯的对白很多都是借自《海伦》:欧里庇得斯用的是墨涅拉奥斯的台词,还有一次用了另一个男性角色的台词,墨涅西洛科斯用的是海伦的台词,还有一次用了另一个无名老女人的台词。墨涅西洛科斯将《海伦》中的台词移用到他情形,说神坛就是坟墓;克里提拉适时地为他的大胆之举责骂他,但她的责骂没能阻止欧里庇得斯也重复这么说。在克里提拉识破欧里庇得斯的阴谋之前,她责骂墨涅西洛科斯欺骗陌生人;墨涅西洛科斯先前对欧里庇得斯说,自己是个不幸的女人,到坟墓或神坛来避难,是为了躲避人们强迫她与一个僭主同床。克里提拉启发欧里庇得斯,告诉他这个自充的女人其实是个男人,他乔装成女人[230]混进妇女大会会场来偷女人的金子;她隐瞒了墨涅西洛科斯对欧里庇得斯的辩护,这通辩护结束时,女人并没占到多少上风。即使意识到陌生人是罪人的同犯后,克里提拉仍然想当然地认为只有墨涅西洛科斯会受到惩罚,她已经忘了召开妇女大会的本意。

与抢夺所谓婴儿、戳穿其面目那场戏一样,戏仿《海伦》这场戏也以失败告终。墨涅西洛科斯的那种做法使女人用行动证明了自己的坏,使她们在插曲中承认,尽管她们自称优越,但她们必须服从宣布她们低人一等的礼法。与此类似,戏仿《海伦》这一场戏证明了欧里庇得斯的优越性:尽管克里提拉知道,墨涅西洛科斯是受欧里庇得斯的指派混进妇女大会的,并且这个自称是墨涅拉奥斯的人是墨涅西洛科斯的同谋,但欧里庇得斯还是极其成功地骗过了克里提拉,没有暴露身份。欧里庇得斯极其成功地隐身。在另一个层面上,戏仿《海伦》这出戏可以说是欧里庇得斯的胜利,因为它以不言而喻的方式,彻底地反驳了女人的这一指控:欧里庇得斯恨女人。在《海伦》中,欧里庇得斯证明了海伦这个被骂为最不贞洁的女人的贞洁;《海伦》中另一个重要女性角色特奥诺埃(Theonoe)是虔诚和正义的化身,而戏剧中作恶的角色是一个男人。因此,戏仿《海伦》这出戏进一步为欧里庇得斯与女人之间的和解做好了铺垫。

代表城邦权威的议事会官员当着墨涅西洛科斯的面,宣布将会判他这个可怜家伙极刑。墨涅西洛科斯一时也没有办法,只能垂头丧气。议事会官员命令弓箭手把他带入内室,绑在木板上,再带出来示众,同时要严加看守,若有人胆敢接近,就用鞭子抽。墨涅西洛斯怕穿着可笑的女人衣服在公众面前丢丑。他要求脱下这身衣服,但遭到拒绝。他临死前还要受人嘲笑;他失去了一切获救的希望。在他被拖入室内绑到木板上的时候,也就是他不在场的时候,歌队赞颂了几个神(阿波罗、阿尔忒弥斯、赫拉、赫耳墨斯、潘[Pan]、林泽神女们及狄奥倪索斯)。她们不再将中心位置给阿尔忒弥斯,而是给了赫耳墨斯。她们明确地拒绝说男人的坏话:尽管欧里庇得斯教导男人否定神的存在,男人们毕竟遵照女人们的意愿,惩罚了墨涅西洛科斯。歌队没有提神的惩罚。墨涅西洛科斯看起来完全慌了神,但女人与欧里庇得斯的和解在暗中渐进。

墨涅西洛科斯被绑在木板上吊起来,弓箭手带他[231]到室外,对他很残忍。墨涅西洛科斯现在的处境让我们想起埃斯库罗斯的《被缚的普罗米修斯》(*Prometheus Bound*)中的普罗米修斯。考虑到他很快将被没有任何神帮助的欧里庇得斯所救,他与普罗米修斯的相似暗示出,他在痛苦之下呼求的"诸神啊,救主宙斯啊"(1009),远没有埃斯库罗斯笔下的呼求那么有力。趁弓箭手去拿席子来坐的间隙,欧里庇得斯穿着飞鞋,飞身而至,示意他扮演安德罗默达(Andromeda)——为了让赫拉和波塞冬息怒,安德罗默达的父亲把她绑在石头上喂魔鬼。欧里庇得斯自己则扮成拯救了安德罗默达并娶她为妻的珀耳修斯(Perseus)。《安德罗默达》和《海伦》

都是诗人的近作。但是，模仿《帕拉墨德斯》和《海伦》行骗是墨涅西洛科斯的主意，模仿《安德罗默达》行骗却是欧里庇得斯的主意。墨涅西洛科斯－安德罗默达痛苦地抱怨他（她）的不幸。他对女人们说，他恳求那人救他，是那人把他胡子刮光，打扮成女人，送到女人们所在的地母庙来的。也就说，他第一次向女人们承认他的罪行，最重要的是，他表明了自己不是主谋。人们想知道，他是不是想牺牲欧里庇得斯来换取自己的解放。欧里庇得斯接下来扮演林泽神女厄科（Echo），《安德罗默达》中的另一个角色：为了击败女人，或者说，为了争取女人，他自己必须变成一个女性存在者。墨涅西洛科斯听到［欧里庇得斯以］厄科的声音告诉他，去年在这同一地点（也就是在剧场），她是欧里庇得斯的帮手；在《地母节妇女》中，欧里庇得斯比其他角色更有力地破坏了戏剧的幻觉。作为厄科［译按：回声之神］，欧里庇得斯先是对墨涅西洛科斯－安德罗默达的可怜的抱怨发出回声——后者在他的命令下，为了引起女人的同情抱怨不迭。但墨涅西洛科斯被回声惹得不耐烦，骂欧里庇得斯是"老婆子"并诅咒他。然而，欧里庇得斯对墨涅西洛科斯的回声只是他对弓箭手回声的预演。现在弓箭手拿了席子回来了，他被回声弄得晕头转向，辨不清声音来自哪里，只好相信有女人在嘲笑他。趁弓箭手的注意力转向旁边的女人并向她发怒时，欧里庇得斯装扮成珀耳修斯自空而降，自称他是来接近像女神一样漂亮的处女安德罗默达的，因为单单发出回声解不开绳子。安德罗默达恳求陌生人解开她身上的绳子。然而，虽然弓箭手很笨，但他还没有愚蠢到看不到小姑娘和老男人的区别；在这件事情上，即使欧里庇得斯的言辞在这个野蛮人的亲眼见证之下也无用武之地，［232］哪怕他愿意承认，欧里庇得斯爱上了绑在木板上的人。他当然拒绝让欧里庇得斯为墨涅西洛科斯松绑。欧里庇得斯离开时暗下决心，要另想个适合于说服蛮子的办法。模仿《安德罗默达》的戏段就像模仿《海伦》一样，以失败告终。但是，欧里庇得斯现在第一次变成了一个女性存在者，尽管有官方的严格禁令，他还是成功地接近了墨涅西洛科斯,并且事实上进入了妇女大会。他现在知道他必须对付野蛮的弓箭手。最重要的是,由于戏仿《安德罗默达》这出戏越来越像是足智多谋的诗人与野蛮弓箭手的交锋,他们之间的反差——希腊诗歌与蛮族鸟语之间的反差——必然导致雅典女人支持欧里庇得斯的效果。

欧里庇得斯离开会场,想办法如何营救他的亲戚,这时,歌队唱了另一首歌,赞扬几个女神。作为女性人民,歌队首先邀请的是痛恨僭主的雅典娜,然后邀请的是地母和地女,她们的庄严庆典是不允许男人观看的。这是歌队首次当着墨涅西洛科斯的面庄严地邀请一些神,尤其是地母和地女,这时她们已经知道墨涅西洛科斯是男人。歌队已没有必要再重复前面插曲中所说的:她们不会再讲男人的坏话(960－964)。歌队甚至没有暗示墨涅西洛科斯的不敬神行为。

在全部努力失败之后(我们看到,并非没有一点成功),欧里庇得斯不再迟疑,向女人提议和解,答应以后不再说女人的坏话。女人没有拒绝他的提议:她们不再坚持要求为他对她们的伤害而惩罚他。她们只想知道,他为什么提出这个建议。欧里庇得斯告诉她们,这个绑在木板上的男人是他的亲戚,只要放这人走,他再也不讲女人的坏话,但如果她们不答应,他就等她们丈夫从军队回来后,告诉他们离家期间她们干的事(参前文,页222)。因此,他其实是在告诉女人,他过去对她们说的坏话还有保留,没有充分释放杀伤力;他只是重申了墨涅西洛科斯为他辩解的理由。女人对那段惊心动魄的辩解仍然记忆犹新,更何况,唯一没有吓倒的那个女人很快就被墨涅西洛科斯戳穿她所谓的孩子不过是酒囊,弄得名誉扫地,因此,她们接受了欧里庇得斯的建议。欧里庇得斯深谙女人之道,他有能力[233]使女人之道众所周知,他有能力模仿女人,这些使他有能力战胜女人,拯救自己。这不是要否认,他若不做出重要让步,就不能让女人投降。由于他没能说服阿伽通为他在妇女大会上辩护,他只好退而求其次,满足于以次优的办法解决麻烦。他被迫用亲戚替代阿伽通,并且成功地摆脱了惩罚,只是以置亲戚于虎穴为代价;如果不对他的迫害者做出重大让步,他也救不了亲戚。但是,虽然女人们答应放走墨涅西洛科斯,但他仍在弓箭手的威胁之下。欧里庇得斯必须亲自说服弓箭手放人。这是女人对他的唯一惩罚。欧里庇得斯对这种局面早有预料。他带了舞女和吹箫女来,在弓箭手面前扮做一个老鸨。他在来地母庙的路上已经吩咐好舞女该怎么办,箫声更是激起了这个蛮子的欲望,使他忘记了自己的看守职责。看到欧里庇得斯的指令,舞女立刻跑开,弓箭手跟在后面追。当弓箭手一离开舞台,欧里庇得斯马上解开亲戚的绳索,和他一起溜走。女人们没有干预。弓箭手回来,发现自己上了当,她们就故意骗他犯人是怎么逃跑的。因此,欧里庇得斯救人成功,也有她们的功劳:她们非但没有惩罚他,还出手救了他。戏剧结尾歌队的歌声足以让我们想起《云》的结尾。

女人原本因为欧里庇得斯说她们的坏话而要惩罚他,但在戏剧进程中,她们几乎把这点罪行忘得一干二净。女人关注的焦点转移到亵渎神的墨涅西洛科斯身上,尽管(或因为)墨涅西洛科斯乔装成女人,在大会上对女人说话,加重了说女人坏话的罪行。但欧里庇得斯本人的另一个罪行比说女人坏话更严重:他讲神的坏话,因为他教导男人神不存在。这是最严重的罪行,但在剧中却一笔带过。而且,尽管欧里庇得斯说服男人相信神不存在,但男人还是以不敬神的罪名迫害他或墨涅西洛科斯。这些事情该如何理解?讲女人坏话和讲神坏话之间有什么关联?如果欧里庇得斯真的说服男人相信神不存在,那么,现在只有女人相信神是存在的。尽管欧里庇得斯与男人达成了一致[234]意见,但他与女人之间却歧见甚深:他恨女人,他讲她们的坏话;女人也不示弱,针锋相对。亵渎神仍然是需要惩罚的罪行,因为城邦保留了对神的崇拜——即使只是为了女人的缘故;诸神固然凭礼法的名义(by nomos)[而存在],但更大程度上,它凭借的尤其是出于女人的需要的一种礼法,或者说,它凭借的是由于女人而产生的一种礼法。插曲曾以某种方式暗示过这一点,在那里,女人认为自己天生比男人优越,但却受限于礼法,宣称她们比男人低下;天生比诸神优越的男人,也可能因受限于礼法,宣称他们低于诸神。因而,执行涉及不敬神的法律,某种程度上取决于具体情形下女人坚持那种执行的力度。正因如此,欧里庇得斯比女人的能耐大,足以让他逃避城邦的迫害。

不过,哪怕我们只知道《云》,我们也应该知道,《地母节妇女》中潜在的假设是不可能的:欧里庇得斯不可能说服城邦——或者说人民,使其相信神不存在。有人也许会说,佩斯特泰罗斯成为宙斯的继承人本来就够不可能了,一个无神论的城邦更加不可能,更别说不可能有一个解围之神,更别说女人不可能对讲她们坏话的男人动用司法审判权。欧里庇得斯最多能劝一些城邦里的男人相信没有神;他要试图劝说整个城邦相信这一点只会导致他的覆灭,除非他得到男人的宠爱,成为一种男人情绪(a sentiment)的喉舌,这种情绪必须要像信神一样贴心,比如对女人的仇恨。我们想起《吕西斯特拉特》中的老男人说,"欧里庇得斯和所有神"都恨女人(283)。更严肃地说,欧里庇得斯可能已经使城邦中的一部分人认同他的情绪;就像狄凯奥波利斯,他原本可以造成城邦分裂,来拯救自己。在《吕西斯特拉特》中,男人与女人的区别对应着主战派与主和派的区别。如果假设这出戏中的男人与女人对应着否认神存在和承认神存在的两类男人,正如《骑士》中的得摩斯特涅斯与尼基阿斯之间的差异所刻画的那样,那我们不妨拭目以待,看看接下来到底还会发生什么。当然,"阳刚"男人将在理性范围之内尊重"阴柔"男人的情绪,继续将不敬神当成是犯罪,但是,只有当后一种类型的男人坚持惩罚的时候他们才会惩罚;人们可以设想这种情形,一个不敬神的男人能够对有害于他〔235〕的情形施加压力以便逃脱罪责。无论如何,《地母节妇女》并不违背阿里斯托芬的说法,他并没有以谐剧的方式对待女人(参前文〔=原文〕页213)。

如果把《地母节妇女》与《云》作对比,我们将看到,诗人——至少是戏剧诗人——比哲人高明,戏剧诗人能以各种伪装的面目出现，哲人只知道为天上的事儿焦虑，从而缺乏那种能力。戏剧诗人能够讲敌人（或朋友）的坏话（或好话），因此能够对敌人（或朋友）做坏事（或好事），诗人行使权力（wields power）。在讨论《鸟》时，我们说过佩斯特泰罗斯善待诗人而不是观天家，与此相关的考量没必要再重复了。《地母节妇女》表现了欧里庇得斯的成功：他逃脱了极刑。在此意义上，他对女人的让步根本无足轻重。但他的失败在《蛙》中得到表现。他的失败是否对肃剧诗歌与谐剧诗歌之间的关系有所揭示，值得拭目以待。

8 《蛙》

[236] 阿里斯托芬的谐剧中，只有《蛙》（*Frogs*）开篇就让我们看见神的身影、听见神的声音，也只有《蛙》的戏剧行动来自某个神的计划。与前述戏剧不同的是，《蛙》的开篇是主奴之间的对话。主人是狄奥倪索斯（Dionysos）本身——戏剧之神。他的奴隶克珊提阿斯（Xanthias）问他，自己能不能说一个叫观众听了习惯性大笑的笑话。狄奥倪索斯说，随便你，只要别说让我受不了的笑话。他的禁止提示我们注意粗俗笑话与阿里斯托芬谐剧之间的区别，这之间的区别我们从前面戏剧的插曲中有所了解；狄奥倪索斯说出了一般由阿里斯托芬本人说出的偏好。毕竟，阿里斯托芬是狄奥倪索斯养育的（《云》519）。显然，只有《蛙》用这个问题开篇：戏剧中的角色怎样才能使观众发笑？这意味着，只有《蛙》这出谐剧才不完全是以抱怨或呻吟开头。不过，克珊提阿斯急着想说笑话，是因为他希望摆脱肩挑行李的痛苦，尽管他挑着重担骑在驴子身上，而他那出身高贵的主人徒步而行。克珊提阿斯抱怨肩疼。我们在此没有必要跟随狄奥倪索斯的逻辑。他问克珊提阿斯，他自己被驴子负担着，怎么会有负担。处理完这个困难以后，狄奥倪索斯继续追问，**既然克珊提阿斯说驴子没有帮到忙，那为什么他不扛着驴子走**。狄奥倪索斯的口才和品味都比克珊提阿斯好；他做主人当之无愧。

对于我们来说，更重要的是认识到，在《蛙》的开始，**抱怨并没有缺席**，它实际上是潜藏在消除抱怨的笑话和笑声之下。先有苦难，才有笑声；不是先有笑声，后有苦难。无论如何，[237] 狄奥倪索斯在戏剧开头看起来关心的是真正的谐剧，但很快我们将发现，他最关心的是真正的肃剧。

狄奥倪索斯叫克珊提阿斯从驴子上滚下来，不是为了要他扛着驴子走，而是因为他们到了这位神的第一个歇脚点，[他同父异母的兄弟] 赫拉克勒斯（Heracles）的家。身披狮皮、手提大棒的狄奥倪索斯粗野地敲门，开门的是赫拉克勒斯本人，显然他家没有仆人：类似的开门场景涉及《阿卡奈人》中的欧里庇得斯和《云》中的苏格拉底，但赫拉克勒斯与他们截然不同，他显然有空。**狄奥倪索斯本来以为赫拉克勒斯见他这身打扮会害怕**（不过克珊提阿斯不这样认为），但出乎狄奥倪索斯意料的是，赫拉克勒斯不但不害怕，还忍不住大笑，因为狄奥倪索斯乔装成赫拉克勒斯的时候，忘了脱下他的女式丝袍。狄奥倪索斯显然不是来找赫拉克勒斯借伪装用品的，他与求助欧里庇得斯的狄凯奥波利斯和求助阿伽通的欧里庇得斯不同，他是戏剧之神，精通所有伪装术。赫拉克勒斯问，**他穿得这么好笑究竟要去哪里**，狄奥倪索斯说，他参加了阿吉纽西（Arginusai）海战。一个声称有赫拉克勒斯式勇武的人或神，必然能够做许多雅典公民甚至奴隶做过的事情。他假装战功赫赫，临危不惧，就像莎士比亚笔下福斯塔夫（Falstaff）① 的前身。戏剧之神狄奥倪索斯与战士赫拉克勒斯站在对立的两极。尽管为《蛙》中戏剧行动负责的是一个神，但按照阿里斯托芬谐剧的惯例，司职这项功能的必须是雅典公民。狄奥倪索斯告诉赫拉克勒斯，他在去阿吉纽西（或返回）的战船上，读到欧里庇得斯的《安德罗默达》，突然对这个死去的诗人心生莫名的强烈渴望：没有人能劝阻他（赫拉克勒斯尤其不能）下到冥府（Hades）把欧里庇得斯带回来，因为活着的诗人都比不上

---

① ［译按］Falstaff 是莎士比亚剧作《亨利五世》中的主要角色之一。

他。赫拉克勒斯认为狄奥倪索斯带有一种和蔼的轻蔑（a good-natured contempt），这个兄弟喜欢欧里庇得斯，他不大认同。赫拉克勒斯问，为什么不设法从冥府中带回索福克勒斯而要带回欧里庇得斯——他甚至没有想到要带回埃斯库罗斯。狄奥倪索斯选择欧里庇得斯而非索福克勒斯的关键理由是，欧里庇得斯是个滑头，能千方百计溜出地狱，而索福克勒斯活着时性情平和（因此安于现状且正义），现在死了也性情平和（[238]因此安于现状且正义）。赫拉克勒斯提示狄奥倪索斯注意别的肃剧诗人，比如说阿伽通，佩服欧里庇得斯的狄奥倪索斯也佩服他，但连赫拉克勒斯也认为，阿伽通还是比不上欧里庇得斯。狄奥倪索斯说，再也找不到欧里庇得斯这样天生想象力丰富的诗人了，他敢于大胆构思，写出"时代的步伐"这等诗句，狄奥倪索斯为这样的诗句疯狂，但赫拉克勒斯认为这些诗不过是无病呻吟。人们难免会想，在《鸟》中显出可怜样儿的赫拉克勒斯，面对狄奥倪索斯的迷狂却相当清醒，正如《马蜂》中的凯瑞丰，在面对菲洛克里昂的最后疯狂时，转而支持法律和秩序。但在狄奥倪索斯眼中，赫拉克勒斯只知道吃，根本就不懂诗。因此，他单刀直入说起他来的目的。他决定下到冥府，但他需要赫拉克勒斯的指点，因为他对冥府完全不熟悉；无论如何，赫拉克勒斯说狄奥倪索斯和冥府是一样的，这话毫无道理。① 狄奥倪索斯需要赫拉克勒斯的指点，主要是因为他的软弱（softness）或贪图享受；他希望知道到达冥府的最舒服的道路，希望知道赫拉克勒斯去领回克尔贝罗斯（Kerberos）时，在下界利用了哪些朋友。他穿上狮皮，带着大棒，就是想到了地府之后，人们把他当赫拉克勒斯招待。他的软弱也是他需要克珊提阿斯为伴的理由；他颇需要一些行李，因此需要携行李的仆人。人们想知道，是不是因为他软弱，他才热爱欧里庇得斯。赫拉克勒斯说他一定疯了，居然敢下冥府，但是，狄奥倪索斯去意已定；他太爱戏剧，以致他的怯懦也无力抵挡这爱。当初，

---

① 第尔斯（Diels），《前苏格拉底残篇》（*Vorsokratiker*），第7版，fr. 15。

赫拉克勒斯下冥府带回克尔贝罗斯是身不由己，如今，狄奥倪索斯下冥府想带回欧里庇得斯，是因为他热爱欧里庇得斯的诗歌。赫拉克勒斯建议他用三种自杀办法下地狱，狄奥倪索斯都拒绝考虑，因为他还想回来。他急切盼望赫拉克勒斯告诉他赫拉克勒斯下冥府时所走的路，因为赫拉克勒斯回来了。赫拉克勒斯说，那条路很危险，先要过一个深不可测的大湖，必须坐喀戎（Charon）的小船渡湖，然后要看到无数的巨蛇和十分恐怖的野兽，最后是粪便的海洋，永不断流的污水，上面漂满了大恶人（其中就有殴打过母亲的人，但没有欧里庇得斯）。狄奥倪索斯并没有被吓倒。莫非他不相信冥府很恐怖？他显然期待发现旅途中的一切舒适。尽管赫拉克勒斯没怎么说冥府中人怎么接待他，但他真诚地补了一句，狄奥倪索斯［239］在经过前面的险途后，将看见如同阳光般最美的一道光，看见举行秘密仪式的幸福男女，他们将告诉他他想知道的一切，因为他们就住在冥王府（Pluton）的大门口。最后，赫拉克勒斯向狄奥倪索斯致意告别，他不再试图劝他的兄弟打消下冥府的念头。他没有问狄奥倪索斯为什么希望在冥府看起来像他的样子。对狄奥倪索斯这种奇怪的愿望，我们提出这样一种解释：为了能够看见欧里庇得斯，狄奥倪索斯不希望有谁认出自己；他相信他必须偷走欧里庇得斯，正如赫拉克勒斯偷走了克尔贝罗斯，因为他认为，冥府中的诸神都想留住最好的诗人。冥府中的人也许会怀疑赫拉克勒斯，但肯定不会怀疑他是来偷欧里庇得斯的；狄奥倪索斯只有装扮成赫拉克勒斯的样子，才不会让冥府中的人怀疑他要偷走诗人。

在狄奥倪索斯与赫拉克勒斯交谈的时候，克珊提阿斯当然要靠边儿站，但他不想理所当然受冷遇。他三次抱怨说，没人注意他；毕竟，他的肩还在痛。他习惯了主人对他的注意；狄奥倪索斯说不上是很好的主人，但算得上随和，对自己的奴隶也能平等相待。克珊提阿斯请求雇一个同路的正在出殡的死人做挑夫，代替他下冥府，狄奥倪索斯立刻同意。狄奥倪索斯明智地拒绝了死人提出的异常高的价码，正在讨价还价的时候，明智的克珊提阿斯又宣布他愿意继续当挑夫。狄奥倪索斯和克珊提阿斯与其说是主奴,不如说像朋友。刚才,克珊提阿斯之所以不想继续陪主人,不是因为他对冥府的恐惧,而是因为他疼痛的肩膀。

狄奥倪索斯和克珊提阿斯来到湖边,准备坐喀戎的渡船。喀戎不允许克珊提阿斯上船,因为他是奴隶,按照雅典的法律,除非他参加过海战,赢得了自由权,才有资格坐船。克珊提阿斯老实承认,他没有参加过海战;他不像他家主人,他没有撒谎。这个可怜的家伙只好挑着行李绕湖走。看来自由人与奴隶之间的区别,不只在人间重要,到了冥府同样重要。喀戎粗暴地命令狄奥倪索斯必须划船,但狄奥倪索斯完全缺乏海战经验。喀戎安慰他说,他们很快就会听到群蛙歌队的歌唱,歌声会使划桨变得轻松。蛙的美妙歌声赞美的是狄奥倪索斯,那是在雅典节日上献给宙斯之子的酒神曲。蛙们没有意识到酒神正在[240]听他们歌唱。他们和喀戎都没有认出狄奥倪索斯,但不同的是,他们关心狄奥倪索斯。狄奥倪索斯讨厌蛙们的音乐,但他们没有停歇,声称缪斯、潘(Pan)和阿波罗都喜欢他们的歌声。蛙声的聒噪折磨着狄奥倪索斯灵敏的耳朵,粗重的船桨折磨着他细嫩的手掌。蛙们意识到他们大大激恼了狄奥倪索斯,就故意继续激恼他。为了让蛙们闭嘴,狄奥倪索斯只好大叫,压过蛙的聒噪,他成功了。可以说,这出谐剧的歌队与负责戏剧行动的个体之间存在一场比赛,比赛的结果是"主角"获胜,这一点与《阿卡奈人》《马蜂》和《鸟》一样。但在《蛙》中,比赛不是通过言辞进行,也不是发生在戏剧的中心。《蛙》中歌队与主角的冲突只是因为歌队没有认出主角。蛙没有认出狄奥倪索斯,是否是因为狄奥倪索斯乔装打扮了,我们不得而知。有人也许会认为,狄奥倪索斯在与蛙的比赛中获胜,对他的旅途是个好兆头,但也必须说,我们只有狄奥倪索斯的一面之词,他说他击败了蛙;他声称击败蛙的时刻,正是喀戎的渡船到达终点的时刻,也即他离开蛙的水域的时刻。

狄奥倪索斯和克珊阿提斯在湖的另一端碰头,俩人都说看见了赫拉克勒斯说过的要犯们(archcriminals);但无论如何,狄奥倪索斯划船过湖的时候，一点儿也没流露出他看见过这些要犯的迹象。显然，他现在还不能肯定下一步该怎么办。克珊提阿斯建议继续走，因为这里是赫拉克勒斯说过有凶猛野兽（monstrous beasts）出没的地方。但是，按照赫拉克勒斯说法，过了凶猛野兽之地才能见到要犯。狄奥倪索斯现在肯定，赫拉克勒斯关于冥府的说法有误，或者更确切地说，赫拉克勒斯夸大了冥府的恐怖，为的是一方面吓唬他（劝狄奥倪索斯放弃将自己不喜欢的欧里庇得斯带回来），另一方面夸大自己下冥府的壮举。狄奥倪索斯下冥府途中，唯一让他恐惧的就是蛙，而他轻取对手。现在他有了自信，迫切希望碰到冥府真正的鬼（monster）。克珊提阿斯告诉他，说自己看见了埃普剎（Empusa）。狄奥倪索斯没有看见，要么是因为它根本不存在，要么是因为他惊吓过度，两眼一抹黑什么也看不见。狄奥倪索斯吓得请坐在剧院前排的他的祭司救救他。他由此摧毁了戏剧的幻觉，然而又没有充当诗人阿里斯托芬的代言人（297；对观276）。但是，恐怖[241]——吓倒狄奥倪索斯的唯一的冥府恐怖——很快就过去了。狄奥倪索斯不必再想究竟是哪个神企图毁了他。克珊提阿斯告诉他，他所说的神其实是他对欧里庇得斯的欲望，换句话说，欧里庇得斯对狄奥倪索斯来说是种危险。这个假设没起作用，因为这时主奴俩听到了箫声，看见了燃烧的火炬；他们已经离开了恐怖区域，来到幸福男女举行秘仪的区域。他们退到旁边，观看秘仪的进程，这些举行秘仪者组成了本剧的主要歌队。只有在《蛙》中，两支歌队不是互相对抗（《吕西斯特拉特》中的男歌队与女歌队相互对抗），而是相继出场。本剧的标题没有用主要歌队的名字，而是用了蛙歌队的名字，这支歌队在与狄奥倪索斯的简短比赛后就销声匿迹了。歌队的二元性对应着冥府的恐怖与冥府中的福乐这个二元性。蛙歌队取代了可能由冥府中的要犯——即欧里庇得斯的崇拜者们（771-780）——组成的歌队，让这些要犯来组成歌队会令人难以忍受，因为这会是一个要犯歌队——要犯组成的人民（a demos of archcriminals），这些人承认的是不义的原则，死后的惩罚也没有让他们转变。本剧的标题引我们注意这样一种可能的不可能性（this possible impossibility）。

在冥府中参加秘仪的男女当然仍是雅典人，他们举行的秘仪进程模仿了活着的人举行埃琉西斯（Eleusis）秘仪的进程。他们呼吁伊阿科斯（Iakchos①）参加他们神圣欢快的舞蹈，但他们没有说伊阿科斯与狄奥倪索斯的关系。他们打发走不获秘仪接纳的人（the uninitiated），也就是那些非诗艺者（a-Music）以及政治上的罪犯；在此语境中，他们提到了与谐剧相关的狄奥倪索斯；他们三次提到谐剧，但从来没有提到肃剧。这符合他们模仿的节日，不过他们只取其嘲笑的形式，而舍掉了其低俗的部分。但秘仪举行者与蛙一样，也没有意识到狄奥倪索斯的在场（更别说意识到他的计划），后者也曾以某种方式模仿了赞颂狄奥倪索斯的庆典。按惯例，阿里斯托芬谐剧中歌队进场时唱的歌和说的话必须严格符合其戏剧功能（比如《阿卡奈人》中歌队扮演阿卡奈老人追查叛徒狄凯奥波利斯，等等），不能把歌队呈现为谐剧的歌队。然而，在《蛙》中，这支歌队在进场歌中不但自称是德墨忒尔（Demeter）的歌队（384－386），而且自称是这出戏剧的歌队，渴望在谐剧比赛中获胜（392－393）。秘仪举行者组成的歌队以不言而喻的方式表明，狄奥倪索斯在冥府中备受推崇，他本来应该在那里受到好好款待，不管他是阿里斯托芬笔下的狄奥倪索斯，一个文明的雅典人，[242] 还是欧里庇得斯《酒神伴侣》（Bakchai）中的狄奥倪索斯——这个狄奥倪索斯与德墨忒尔一起，是蛮族最崇拜的神（但阿里斯托芬笔下的狄奥倪索斯即使到了冥府也没有见到得墨忒尔的女儿）。狄奥倪索斯和克珊提阿斯故意让歌队看见，不过他们没有透露自己的身份，歌队问他们要不要一起嘲笑一下某个雅典人（416 及以下），也就是说，要不要像狄奥倪索斯那样嘲笑某个人。狄奥倪索斯如果以真实面目下冥府，本来

---

① ［译按］Iakchos（也拼写为 Iacchus）在埃琉西斯秘仪中是仪式呼喊声"iakkho'iakkhe"的化身，他被认为是宙斯与德墨忒尔的儿子，在仪式队列中手持火炬。Iakchos 也是狄奥倪索斯的别称。

不会有风险。因此，他冒充赫拉克勒斯看起来是多此一举。因为，如果他以真实面目出现，即使冥府不择手段要留住欧里庇得斯，他也可以与诗人偷偷碰面，并伺机双双逃离。

歌队嘲讽了三个雅典人之后，狄奥倪索斯要求他们指点冥王的住所，他根本没提到进场歌触及的主题。狄奥倪索斯得知，他已经站在冥府的门口。歌队继续庆祝德墨忒尔或冥后珀耳塞福涅（Persephone）的仪式，并歌颂了为那些参加秘仪的虔诚者保留的福乐。狄奥倪索斯刚到冥府，不知道怎么敲门。克珊提阿斯建议他按赫拉克勒斯的方式做，因为他正伪装成赫拉克勒斯的样子。狄奥倪索斯于是依计敲门，埃阿科斯（Aiakos）开门问是谁，狄奥倪索斯自我介绍说是赫拉克勒斯。于是，埃阿科斯接待他就像《和平》中赫耳墨斯接待特律盖奥斯，劈头盖脸就是一顿臭骂，说他拐跑了克尔贝罗斯，今天就要跟他算账，要让他受尽冥府的折磨。埃阿科斯说的这些冥府中的酷刑众所皆知，赫拉克勒斯当初没有提起，或许是因为他逃得快没挨上。狄奥倪索斯吓得瘫在地上；克珊提阿斯看不起主人，说他是诸神和凡人中最胆小的一个，尽管如此，他还是帮了主人一把。狄奥倪索斯否认自己胆小，但承认他不如克珊提阿斯勇敢；克珊提阿斯既不怕埃普刹也不怕埃阿科斯的威胁。不过，狄奥倪索斯毕竟比他的奴隶机智，他已经认识到，乔装成赫拉克勒斯下冥府不但是多此一举，而且是搬起石头砸自己的脚，他建议克珊提阿斯交换身份；克珊提阿斯将冒充大英雄赫拉克勒斯，他来做挑行李的家奴。克珊提阿斯见主人承认他的勇武，很自豪也很高兴，于是满口答应。狄奥倪索斯和克珊提阿斯惯于平等相待，因此他们互相交换角色并不太令人意外。他们紧接下来碰到的不是冥府中的恐怖，而是冥后珀耳塞福涅的侍女，她来自女神［243］的寝宫：冥后听说赫拉克勒斯来了，立即派她来恭候，专门摆酒备餐为他接风洗尘。显然，冥后对他偷走克尔贝罗斯并不怀恨在心。门内恭候的还有个极动人的吹箫女和几个舞女。克珊提阿斯一听说还有舞女，立即欣然接受邀请，还叫扮成奴仆的狄奥倪索斯拿起行李跟着他进去。

在这种情形下，狄奥倪索斯当然要收回与克珊提阿斯互换角色的安排。克珊提阿斯提出严正抗议，为了说服他，狄奥倪索斯被迫告诉他，他一个奴隶，一个凡人，居然要冒充赫拉克勒斯，简直是痴心妄想，愚蠢不堪。克珊提阿斯服从了。他这样安慰自己，狄奥倪索斯说不定很快要后悔改变主意。歌队现在仍然不知道狄奥倪索斯的真实身份，他们赞扬他最懂随机应变（533，540），像那个骑墙派特拉梅尼斯（Theramenes），在任何局面下都能占到便宜。狄奥倪索斯完全赞同歌队的赞美。这恰是应该的：狄奥倪索斯崇拜欧里庇得斯，而特拉梅尼斯是欧里庇得斯的门生（967－970）。狄奥倪索斯某种程度上与欧里庇得斯有亲缘关系。

不过，狄奥倪索斯还没有碰到冥府真正的恐怖。由于冥后的干预，他不用再受埃阿科斯的怒骂。现在，冥府的草民承担起埃阿科斯未竟的事业。两个老板娘把狄奥倪索斯认做赫拉克勒斯，这个无赖有次在她们饭馆饱食一顿，不但不给钱，还拔剑威胁她们；现在他要为恶行付出代价；她们派人去叫克里昂，要在当天就将他绳之以法。克珊提阿斯很高兴，狄奥倪索斯不让他当赫拉克勒斯。马上就遭报应；他确信这两个妇人渴望惩罚这个假赫拉克勒斯。狄奥倪索斯再次吓得瘫软，对女人的斥骂不敢回嘴，他现在最渴望的是再次扮演克珊提阿斯，同时，他也希望克珊提阿斯再次扮演赫拉克勒斯。他说自己非常后悔，非常自责；他发誓不再取消克珊提阿斯扮演赫拉克勒斯的资格，这才劝诱克珊提阿斯同意再次成为赫拉克勒斯。歌队也敦促克珊提阿斯扮演赫拉克勒斯这个神（the god Herakles）。歌队支持克珊提阿斯，不如说是支持这个神对付老板娘。两个老板娘把狄奥倪索斯认做赫拉克勒斯，这使歌队确信，克珊提阿斯不是赫拉克勒斯，尽管歌队有充分的机会观察到，胆小的狄奥倪索斯根本［244］不像赫拉克勒斯，但他们宁愿相信老板娘的判断也不相信自己眼睛，或者不妨说，歌队被伪装的狄奥倪索斯所欺骗。歌队在前面对应的诗节中赞扬了狄奥倪索斯的随机应变，现在，他们没有赞扬克珊提阿斯，他们意识到狄奥倪索斯更优秀。

狄奥倪索斯的行动似乎越来越明智，因为威胁赫拉克勒斯的惩罚实际上是法庭职权以外的，因为克里昂没有理会老板娘的请求，就像他不曾理会马蜂的请求。埃阿科斯带着几个奴隶出现，他下令将克珊提阿斯－赫拉克勒斯捆起来。克珊提阿斯摆出赫拉克勒斯的架势，准备放手一搏，但三两下就栽在埃阿科斯的奴隶手下。狄奥倪索斯赞成为赫拉克勒斯的恶行而惩罚克珊提阿斯－赫拉克勒斯，既是出于害怕也是想趁机报复克珊提阿斯。克珊提阿斯反过来也报复狄奥倪索斯，他矢口否认来过冥府，并请求埃阿科斯对他的奴隶（狄奥倪索斯）严刑拷打，以便找到真相。这让狄奥倪索斯很受不了；他现在索性承认他是狄奥倪索斯，宙斯的儿子，而那个自称赫拉克勒斯的人则是他的奴隶。克珊提阿斯不只否认狄奥倪索斯的断言，他还要求多打狄奥倪索斯几鞭，因为如果他是神，就感觉不到痛。狄奥倪索斯反戈一击：既然克珊提阿斯同样说自己是大力神赫拉克勒斯，那就必须跟狄奥倪索斯挨同样多的打。克珊提阿斯承认狄奥倪索斯的提议公平：同时鞭打他俩可以让埃阿科斯判断谁不是神，首先被打哭的人就不是神。狄奥倪索斯提议鞭刑，是避重就轻，对他自己有好处；克珊提阿斯附和鞭刑这个提议，因为他硬实，不像软弱的狄奥倪索斯那样怕痛。按照克珊提阿斯的意思，这时考验的不是对严格而言的鞭刑本身的麻木，而是这种麻木的程度；诸神与凡人之间没有类别上的区别，只有程度上的差异。对疼痛的敏感与脆弱（vulnerability）相似，而脆弱反过来又与必死性（mortality）有关。在此，我们想起《鸟》中对神的不死性的讨论（见前文页188）。埃阿科斯赞扬克珊提阿斯的公平；我们不清楚他是否把克珊提阿斯当作赫拉克勒斯；他显然认为这是个凡人（640，652），是个一打就会露馅的骗子。在克珊提阿斯的诱导下，埃阿科斯假定他俩其中一个是神。他要么是推理出来的，因为如果两者都说自己是神，但却否认对方是神，那么，必有一个是神；要么是他知道，他要对付的两个存在者中，必有一个是赫拉克勒斯。无论如何，鞭刑比赛的结果不是［245］定论：如果不怕鞭打之痛是神性的标志，那么，克珊提阿斯至少与狄奥倪索斯一样是神。在鞭刑比赛之前，埃阿科斯确信克珊提阿斯是人，但在比赛之后，他不再有把握。因此，他只好叫他们进屋，让他家主人自己去判断，冥王和冥后本身是神，他们能够分清真相。他这样做有个假设，谁只要不被别的神认定是神，谁就是伪装成神的凡人。这与《地母节妇女》中女人的假设类似：谁只要不被别的女人认定是女人，谁就是伪装成女人的男人（见前文页224）。人们可能认为，这意味着只有神才能分清一个既定的存在者是不是神，或者说，人类本身不能知晓诸神（这显然带来了神的真实性这个进一步的问题：究竟如何分辨推定的神与真实的神）。埃阿科斯最后决定把狄奥倪索斯和克珊提阿斯交由冥王和冥后来处理，狄奥倪索斯说，他应当在鞭打他们之前就想到这点。这句话不只表明狄奥倪索斯怕痛，最重要的是，它表明连狄奥倪索斯自己也没有想到判断神性的真正试金石。我们不可能说，那是因为他急于不惜一切代价地掩饰他是狄奥倪索斯，因为他在挨鞭打之前已经对埃阿科斯揭示了身份。

这是很清楚的：狄奥倪索斯缺乏远见。他决定乔装成赫拉克勒斯下冥府就足以表明这一点，正是这个决定，使他像奴隶一样受鞭打。我们不由得怀疑，他下冥府的动机——渴望带回欧里庇得斯——是不是缺乏远见的结果：就评判肃剧而言，那个愚蠢又饕餮、憎恶欧里庇得斯的赫拉克勒斯，难道不比他这个戏剧之神更强？就指导诗艺事物（Music things）而言，赫拉克勒斯式的勇武（即便伴随着愚蠢与饕餮），难道不比一个花花公子的软弱（softness of a playboy）更强？——花花公子的软弱正是狄奥倪索斯的特征，尤其是他热爱"激进"诗人欧里庇得斯的基础。欧里庇得斯是诸神的敌人，狄奥倪索斯没有意识到，他想法带回欧里庇得斯，其实会消除人类对于诸神的敬畏。他对欧里庇得斯的喜爱合乎情理，大致类似于法国革命前一部分法国贵族对启蒙哲人们（the philosophes）的喜爱。狄奥倪索斯能够沉湎于他的舒适习惯（soft habits），靠的是我们所说的社会地位。在鞭刑比赛中，他的社会地位明显遭到质疑，这使他的神性完全成为问题。欧里庇得斯质疑世所公认之神的神性（889-894；[246]《地母节妇女》451）。狄奥倪索斯挨了一顿鞭子之后，第一次意识到，欧里庇得斯的不敬神对他的族类造成了伤害，因此也对他造成了伤害；他从鞭刑比赛的险胜中领悟到，他要最终得救，还得靠其他的神：他上了一堂政治课。接下来我们肯定想知道，狄奥倪索斯因为热爱欧里庇得斯才卷入了麻烦，这些麻烦是否能治愈他的那种爱。可以肯定的是，我们从《地母节妇女》中得知，在聪明和无赖程度两方面，狄奥倪索斯都比不上欧里庇得斯。当人们判断狄奥倪索斯是否能治愈他对欧里庇得斯的爱时，必须考虑到狄奥倪索斯相比欧里庇得斯的这种劣势；从某种意义上说，他能治愈这种爱，至少部分是他愚蠢地决定乔装成赫拉克勒斯下冥府的后果。

　　冥王和冥后在室内判断狄奥倪索斯与克珊提阿斯究竟谁是神的时候，歌队登台表演插曲。《蛙》中的插曲明显不同于别的插曲，它唯独没有插曲正文。插曲正文是歌队向观众谈论诗人阿里斯托芬的固定地方。《蛙》中的插曲与前面三出戏剧一样，对诗人也闭口不谈。但与前面所有戏剧不同的是，它甚至不提歌队，即秘仪参与者本身。虽然插曲以乞灵于缪斯开篇，但它不只没提到其他的神，也没提到诗艺的事物（things of Muses）。《蛙》中的插曲全然与政治相关；歌队说自己是神圣的歌队（675，686）。要理解《蛙》中插曲全然与政治相关的特性，必须考虑到《蛙》歌队的出场曲对诗艺事物的独特强调。歌队模仿或预期了发生在狄奥倪索斯灵魂中的动向。在考察《吕西斯特拉特》和《地母节妇女》的时候，人们能注意到插曲某种程度上变得弱化了，与之相随的是为诗人代言的必要性也弱化了。在这两部戏剧中，插曲弱化现象有不同的原因：《吕西斯特拉特》异乎寻常地关乎政治，《地母节妇女》则异乎寻常地超越政治；《蛙》中插曲的相对弱化原因何在，仍有待考察。事实上，歌队刚才已经理所当然站在自称是赫拉克勒斯的人一边反对两个老板娘，现在他们建议城邦施行平等，如果有谁受了寡头的蒙蔽而犯错，要给他们痛改前非的机会，对所有那些为雅典而在海上浴血奋战的人则更要慷慨大度。他们谴责城邦对贤人们不公——这些人出生高贵、行为节制、处世公正,受过良好的体育和音乐训练,他们既像古老的硬币又像新的金子,为城邦弃之[247]不用,城邦偏要选最近铸造的铜币,也就是外邦人以及出身底层的底层人。不过,歌队也明确表示,城邦即使重新起用贤良,也不一定就能成功。

在插曲期间,室内重要的裁决也有了结果。我们从埃阿科斯和克珊提阿斯的对话中知道了这个结果。但是,我们听到的内容并不充分,如同我们在《云》中听到的苏格拉底的密室教育也不充分。这里,我们注意到,只有在《云》和《蛙》中,触发戏剧行动的计划完全没有实现:狄奥倪索斯没有带回欧里庇得斯,正如斯特瑞普西阿得斯没有赖掉债务。我们从埃阿科斯和克珊提阿斯的对话中得知,现在大家知道克珊提阿斯是个奴隶,但这并不必然意味着大家都知道狄奥倪索斯是个神:埃阿科斯称狄奥倪索斯是"高贵的人"(737),而在鞭刑比赛之前,他也称克珊提阿斯是"高贵的人"(640)。埃阿科斯对狄奥倪索斯渐生好感,因为狄奥倪索斯为人随和,善待他的奴隶。不用说,他和克珊提阿斯都是从奴隶的角度来看待狄奥倪索斯或一般而言的主人的。我们不必太在意埃阿科斯没有称狄奥倪索斯是神;要判断神性,奴隶也许是最没资格的裁判。但如果真是如此,他们很可能也最没资格判断其他种类的优秀。克珊提阿斯听到冥府内有人在吵闹。埃阿科斯告诉他,那是埃斯库罗斯与欧里庇得斯在对骂。他们对骂的原因是:根据冥府的法律,任何宏大且聪明的手艺行当中的最佳手艺人(craftsman),都可以坐在靠近冥王宝座的王座上。冥府与雅典不同,在冥府,一个人最大的野心是在像肃剧那样的艺术中出人头地。这尤其惹人瞩目,因为众所周知,冥府的统治者们根本不懂这些艺术(对观 810-811)。此前,肃剧的王座(throne)属于埃斯库罗斯,但自从欧里庇得斯来到下界,他就对死人中人多势众的罪犯炫耀自己的种种把戏,引起了他们的狂热迷恋;他也因此自以为了不起,声言要夺取肃剧的王座。冥府中的人民嚷着要求评比,看看这两位肃剧家中到底谁的艺术更高明。然而，支持埃斯库罗斯的人很少，因为合礼得体的人（decent people）不多，正如埃阿科斯所言"就像在这里［冥府］"，埃阿科斯的评论摧毁了戏剧的幻觉。尽管如此，这里的人民——也就是无赖（779，781）——并非彻底堕落，因为他们完全愿意听从裁判的判决。不过埃阿科斯和克珊提阿斯都是奴隶，他们注意不到这些细微之处；他们像贤人一样憎恶乌合之众（亦参768），[248] 正如他们像赫拉克勒斯那样讨厌欧里庇得斯。幸好，冥府不是民主社会，肃剧的王座如何决定，要由冥王说了算，而冥王已经决定，两个肃剧家立刻举行比赛（冥王的统治地位可以解释为什么冥府中最高的野心不是政治的野心，或者说，为什么那里没有政治比赛）。既然在冥府中有一个权威，既独立于贤人，也独立于人民，那么，克珊提阿斯的疑问就是合理的：为什么这场比赛受限于一方受到贤人的支持，另一方得到民众的青睐？为什么索福克勒斯不争肃剧王座？埃阿科斯告诉他，索福克勒斯来到地下，十分高兴地接受埃斯库罗斯的优越地位：他在冥府的心态是既来之，则安之（80-82）。除非埃斯库罗斯输了，他才肯与欧里庇得斯决战。索福克勒斯对埃斯库罗斯的姿态类似于克珊提阿斯对埃阿科斯的姿态（对观788-789和754-755）。由于索福克勒斯没有参加比赛，所以他不是《蛙》中的角色。我们是否有资格说，索福克勒斯不适合成为谐剧的角色，而埃斯库罗斯和欧里庇得斯却适合，因为他俩代表了两个极端，因此需要夸张的模仿或者说谐剧式再现，而索福克勒斯则代表了中道？是否肃剧在最高的形式上不受谐剧式处理的支配，而谐剧在最高形式上却因其本质的极端性而受这种处理的支配？无论怎样，在自我断言方面，欧里庇得斯与索福克勒斯恰站在对立的两极；欧里庇得斯而非埃斯库罗斯才对肃剧比赛的形式负责，也就是说，对准确衡量两位诗人的肃剧的尺度负责。唯一的困难是谁来做裁判，因为，埃斯库罗斯和欧里庇得斯都认为，智慧者少见。机缘凑巧，狄奥倪索斯下到冥府；两位诗人都接受他为裁判，因为他是诗艺的行家。

　　两位肃剧诗人的比赛是要决定"诗艺方面谁更智慧"（780）。

前面的鞭刑比赛是要决定"两者中谁是神"（664）。正如埃斯库罗斯与欧里庇得斯的肃剧将要接受考验（802），狄奥倪索斯与克珊提阿斯已经接受了考验（642）。即将举行的肃剧比赛是要决定参赛双方谁的艺术更高明，鞭刑比赛决定的是参赛双方谁更不怕痛。要理解肃剧比赛，我们一定不能忘记鞭刑比赛。我们还不能忘记的是，[249] 在鞭刑比赛之前，狄奥倪索斯与蛙们之间也有一场比赛。这三场比赛中，只有中间这场比赛考察狄奥倪索斯的身份——他是谁以及他是什么这个主题。在第一场比赛中，狄奥倪索斯的身份甚至没有遭到质疑，而在第三场比赛中，他的身份已经公开。第一场比赛也许没有结果，但第二场比赛肯定没有结果。我们再次提到第一场比赛，并不是说它的重要性可以与另外两场比赛相比。对《蛙》而言至为重要的是，它先后呈现了一场鞭刑比赛和一场音乐比赛，正如它先后出现了两支歌队。

对于即将到来的恶战，歌队用壮观的语言对参赛双方进行了对比：埃斯库罗斯气势恢弘、勃然大怒，而欧里庇得斯巧言刻薄、醋意十足。歌队在更高的层面上表达了赫拉克勒斯及克珊提阿斯和埃阿科斯这两个奴隶的同样偏爱。在《蛙》中，唯一偏爱欧里庇得斯的人物是狄奥倪索斯（欧里庇得斯本人除外）。然而，剧中似乎表明，狄奥倪索斯能被接受为两位诗人的裁判，这个神的观点既不同于无条件支持埃斯库罗斯的贤人，也不同于无条件支持欧里庇得斯的乌合之众。其次，我们应该没有忘记，狄奥倪索斯为他渴望见到欧里庇得斯付出了昂贵的代价。最后，狄奥倪索斯起初只关心准备逃离冥府的最佳肃剧诗人，而不那么关心谁是最佳肃剧诗人；正因为他认定欧里庇得斯最好，他就排除了索福克勒斯，至于埃斯库罗斯，他则根本没有想过。他不准备带走索福克勒斯，因为索福克勒斯生性平和；但埃斯库罗斯却是性情平和的反面（对观《马蜂》883–884），因而可能最愿意离开冥府。无论如何，狄奥倪索斯现在被迫为埃斯库罗斯与欧里庇得斯的肃剧高下做出选择，完全顾不上考虑埃斯库罗斯是否愿意回到人间。在他陪着两个诗人一起上台前，他曾建议欧里庇得斯放弃对肃剧王座的要求。要明白他为什么这样做,我们必须考虑到,他曾对冥王解释他来冥府的目的,并且他已经郑重向欧里庇得斯承诺要把他带回雅典(1411–1414,1469–1470)。冥王可能认为狄奥倪索斯的行动是由神派遣的:欧里庇得斯一走,冥府中要求推翻现有秩序(即埃斯库罗斯的至尊地位)的纷闹宣传自然就会消失。然而,冥王已经决定让这两个诗人进行比赛。除非欧里庇得斯公开退赛,否则冥王难逃喧闹的人民指责他不义。因此,他可能要求过狄奥倪索斯说服欧里庇得斯[250]放弃对肃剧王座的要求。不过,如果欧里庇得斯退赛,就等于他默认了埃斯库罗斯艺高一筹;欧里庇得斯处处都想与众不同,要他自己认输,这对他简直难以忍受:雅典给肃剧家的任何荣誉,都比不上冥府中的肃剧王座。对于欧里庇得斯来说,这两种愿望都是完全可能的:他既想回到雅典,也想要冥府认定他配得上肃剧王座,因为他知道自己迟早还得返回冥府。

埃斯库罗斯听到欧里庇得斯拒绝退赛,用沉默表示轻蔑,欧里庇得斯把这当做对手众所周知的摆谱之举。欧里庇得斯的侮辱最终成功地诱使埃斯库罗斯以牙还牙。对于欧里庇得斯指责他写的是野蛮人,埃斯库罗斯反唇相讥道,欧里庇得斯写的是乞丐和废人,不消说还有乱伦。狄奥倪索斯警告欧里庇得斯不要激起埃斯库罗斯可怕的暴怒(这位神对欧里庇得斯抱有同情),他请求埃斯库罗斯克制住愤怒(他对埃斯库罗斯说话的口气仿佛后者是神):诗人不应该像泼妇。欧里庇得斯宣布他已做好了准备,愿意先把他的戏剧拿出来检验,无论标准有多严。然而,埃斯库罗斯不想在冥府与欧里庇得斯交锋:他的诗歌仍然存活在人间,而欧里庇得斯的诗歌已经与作者一起下到冥府。但是,为了表示对狄奥倪索斯这位神的尊重,他接受了欧里庇得斯的挑战。于是,狄奥倪索斯命令歌队用歌声乞求缪斯女神降临,他要祈祷自己能够用最符合缪斯的样式做出裁判。歌队自然听话配合,召唤神圣的缪斯密切关注即将到来的关涉智慧的较量——这是一场双方都将使出浑身能力和机巧(cunning）的比赛。歌队在狄奥倪索斯的命令之下祈祷，现在他们完全保持中立——像云神在正理与歪理比赛前保持中立那样（《云》952-956）。

接下来，狄奥倪索斯命令两位诗人开始比赛前的祈祷。埃斯库罗斯立刻服从。他祈祷哺育他心智的得墨忒尔，让他配得上她的秘仪。得墨忒尔正是歌队所从属的女神。欧里庇得斯迟疑了片刻才服从狄奥倪索斯的指令，因为他祈祷的不是埃斯库罗斯和其他所有人（苏格拉底之流除外）祈祷的神，而是"另外的神"，只是他专有的神；他向滋养他的以太神祈祷，那是赋予他流畅语言的神，他也向智力神与天资神（Intelligence and Flair）祈祷，希望自己可以正确地反驳对手的言辞。欧里庇得斯的神不是本地的神或本邦的神，而是普遍的 [251] 神或宇宙神。他关于神的创新并没有促使歌队放弃中立。毕竟，人们总是期待诗人的创新或原创。

欧里庇得斯不等狄奥倪索斯点名，就率先开启论辩。埃斯库罗斯现在就像自己笔下的阿基琉斯和尼奥贝（Achilles and Niobe）（832，911-913）那样保持沉默，而刚才，在比赛前的祈祷中，没有等狄奥倪索斯点名就率先发言的是埃斯库罗斯。欧里庇得斯之所以要开启论辩，是因为他像歪理一样（《云》940-944），无意于以对手的前提做论证。他崇拜以太神，埃斯库罗斯崇拜得墨忒尔，他们之间没有共同基础。两位诗人对神的看法不一致，这在比赛前的祈祷中就已挑明，这也足以解释欧里庇得斯为什么没有像他最初打算的那样（862-864），去讨论他俩肃剧的诗艺和技巧的特质（poetic and technical qualities）。欧里庇得斯认为，埃斯库罗斯是个说大话的人，致力于用蓄意的晦涩唬住头脑简单的观众——比如，让主角长久地沉默，或者说出公牛般宏亮的新奇而晦涩的话语。欧里庇得斯对埃斯库罗斯的批判，让我们想起费狄庇得斯对那个诗人的批判（《云》1366-1367），他自己代表的则是清晰、直接和理性。因此，他运用了他戏中的开场白和民主方式（对观柏拉图《泰阿泰德

180°7 – ᵈ5）。狄奥倪索斯建议他这个忒拉默尼斯（Theramenes①）的教师少谈点儿他的民主制，欧里庇得斯指出，他在剧中带入人们熟悉并理解的家庭题材，教会了观众——《蛙》的观众（954，972）——谈话、思考、观看、渴望、理解、争论和怀疑，使他们能够判断诗人行事的智慧（对观《马蜂》1179-1180）；他打破了埃斯库罗斯的习惯，后者老是用超出观众经验的题材引人吃惊。他使雅典人获得了思考、辨别和提问的习惯，尤其在涉及家政事务方面（对观《地母节妇女》383-432；色诺芬《回忆苏格拉底》卷三 4）。狄奥倪索斯强烈认同他说得有理：欧里庇得斯使雅典人更有才智或更具智识。这位神完全确信，欧里庇得斯胜过埃斯库罗斯。

歌队也觉得欧里庇得斯的控告很厉害。他们怕的不是埃斯库罗斯懒得搭理。他们怕的是他克制不住自己的暴怒和义愤。但埃斯库罗斯用最理性的方式开始回答。欧里庇得斯只提到他与埃斯库罗斯之间的对立差异——他的肃剧清晰明了，使雅典人更有才智，而[252]埃斯库罗斯的肃剧则蒙昧晦涩。埃斯库罗斯没有反驳欧里庇得斯所说的他们之间的差异，他也没有证明他的肃剧使雅典人更有才智。他只是要欧里庇得斯想一想，诗人因为什么受到钦赞；换言之，他提醒欧里庇得斯他们之间更根本的共性而非差异。欧里庇得斯说，使城邦中的人们变得更好的诗人才受人钦赞：像欧里庇得斯这样使人变得更有才智究竟好不好，取决于有才智者是否必然是个好公民这个问题的答案。欧里庇得斯和埃斯库罗斯（当然也包括阿里斯托芬）都同意，这才是评价诗人的最高标准。欧里庇得斯此前不曾提到那个标准：他此前不提诗歌的政治功能，正如苏格拉底完全不关心城邦。只不过，苏格拉底即便自担风险也这样去做，他付得起这代价，欧里庇得斯却付不起，因为他是诗人，要对城邦发言。埃斯库罗斯继续追问欧里庇得斯，如果他做的正好相反，把得体高

---

① ［译按］Theramenes 为活跃于伯罗奔半岛战争期间的雅典政客，三十僭主之一，曾于公元前 406 年参与对阿吉纽西海战将领的审判。

贵的人彻底变成了坏人，那该受何惩罚。狄奥倪索斯既没料到也不希望欧里庇得斯自判极刑，就代为回答说：对这种诗人的恰当刑罚是死。几乎看不出欧里庇得斯还能有什么别的答案。但也不容易看出软弱怯懦的狄奥倪索斯为什么会那样回答，除非我们记起他在冥府中刚刚在政治责任方面受过某种初级训练。他同意比赛双方定的优秀诗人的标准，但他有点怀疑，即便是埃斯库罗斯也未必能完全达标。为了说明他的观点，埃斯库罗斯举了他充满战斗精神和爱邦主义的肃剧为例，但同时理所当然地表明，高贵的诗人也可能传授宗教仪式，叫人弃绝杀戮，疗救疾病，向人传授神谕和农事，教人何时播种、何时收获；此外，神圣的荷马以教导战斗阵形、勇敢行为和人的武器装备著称。追慕荷马的埃斯库罗斯教出了不少勇士，其中最杰出的例子就是拉马科斯。我们回忆起，在《阿卡奈人》和《和平》中，拉马科斯正是诗人阿里斯托芬本人笔下的反面人物。埃斯库罗斯描写的是勇猛的战士，因此培育出的是勇士；欧里庇得斯尽描写下贱的妇人，从而使女人充满不法的欲望。欧里庇得斯不否认他没能培育勇士这个指控。但他否认败坏观众的指控，他说是女神阿佛洛狄忒给了他灵感，众所周知，阿佛洛狄忒对埃斯库罗斯来说完全是陌生的：阿佛洛狄忒是和平女神（狄凯奥波利斯在欧里庇得斯的帮助下为自己赢得了和平女神的赐福）的同伴［253］（《阿卡奈人》989），阿里斯托芬唯独关心的就是阿佛洛狄忒和狄奥倪索斯（柏拉图，《会饮》177°1-2）。然而，爱欲的神性（the divinity of eros）还不足以反驳城邦的诉求。欧里庇得斯无法否认，他描写爱神的力量，结果削弱了高贵的女人们对不法之爱的抵御力。欧里庇得斯像其他面临这种攻击的诗人（和并非诗人的人）一样，不得不声辩说，他描写阿佛洛狄忒的强大力量只是陈述了事实。埃斯库罗斯以城邦的名义发言，一口否认这是个有效的辩护：诗人的职责是隐匿罪恶；若诗人将坏人坏事表现得充满魅力，他就是在传授恶，因为诗人是青年人的老师；诗人只应该讲合礼得体（decent）的事。这点事关大体，欧里庇得斯无法反驳埃斯库罗斯。他只好绕开这个问题，转而否认埃斯库罗斯庄严华丽的辞藻是教人合礼得体的恰切途径。埃斯库罗斯合乎情理地回应说，表达宏伟的决心和思想，必须用宏伟的话语和外表；欧里庇得斯为了使人同情肃剧主人公，运用低俗的话语和外表。但在欧里庇得斯看来，引起同情是件好事。正如欧里庇得斯回避了诗人是否有责任隐匿罪恶这个问题，埃斯库罗斯回避了肃剧诗人是否有责任引起同情这个问题。埃斯库罗斯继续表明，欧里庇得斯败坏了肃剧，从而败坏了雅典的公民素质；埃斯库罗斯对欧里庇得斯的指控与正理指控歪理的罪名相同：欧里庇得斯使公民们更关注能说会道而非体育锻炼，由此破坏了平民百姓对比他们好的人的遵从。但是，狄奥倪索斯不敢肯定，埃斯库罗斯要欧里庇得斯负责的这种变化是不是越变越坏。这种怀疑促使埃斯库罗斯将当今雅典遭受的所有困厄都归结到欧里庇得斯身上。貌似赫拉克勒斯的狄奥倪索斯高兴地承认，雅典的体育健儿已经丧失了昔日风采。他可能开始怀疑欧里庇得斯是否真的胜过埃斯库罗斯；他显然尚未确信，埃斯库罗斯就胜过欧里庇得斯。至于歌队，毫无疑问的是他们认为这场比赛还未分胜负；他们认为最后胜负全要看比赛下半场的表现，下半场将要讨论的不是肃剧的意图，而是肃剧意图的执行，即两位诗人的作品的诗艺的或技巧的得失。观众若非拥有高度的鉴赏力，就不能充分理解那种讨论。歌队向两位诗人保证，雅典人总是拥有卓［254］越的天性，而且现在已不再是外行，也不再天真未凿。歌队由此点破了这个事实：观众是欧里庇得斯式的，不是埃斯库罗斯式的（对观 954 – 959，1069 – 1076）。

重复一下，迄此，两个诗人之间的比赛还没有结果，正如鞭刑比赛没有结果。埃斯库罗斯站在城邦、战神（Ares）和愤怒一边，他没有被站在家庭、爱神（Aphrodite）和同情一边的欧里庇得斯驳倒。同样，欧里庇得斯也没有被埃斯库罗斯驳倒。这不应该令任何人感到吃惊，因为，不消说，比赛实际上还没有结束，而在《云》中，在与这场比赛颇为相似的两种理（two Speeches）的比赛中，甚至是歪理获得了胜利。这两场比赛彼此相属；它们不同于其他这类比赛，因为它们的主题超越了政治问题本身，甚至超越了那些涉及"云中鹁鸪国"的基石或迫害欧里庇得斯的政治问题。如果不能认识到苏格拉底的立场与两种理的立场存在着根本区别，我们就会误解两种理之间的比赛。由此，人们想要知道，阿里斯托芬或阿里斯托芬的老师狄奥倪索斯（他起初甚至没有想到埃斯库罗斯）的立场，是否既不同于埃斯库罗斯的立场，也不同于欧里庇得斯的立场。实际上，狄奥倪索斯是这场口头比赛的旁观者，不是参与者，他可能会促使人们提出那个问题。可以肯定的是，两位诗人都没有彻底被对方驳倒。双方的立场都既有长处也有软肋。埃斯库罗斯没有给爱神和同情应得的地位；欧里庇得斯则没有给城邦和好战的爱邦主义应得的地位，忘了有必要隐匿不利健康的真实。也许，阿里斯托芬认为，有两类异质的需要（heterogeneous needs）必须由肃剧来满足，但除非用两类不同的肃剧，否则无以满足这两类需要。埃斯库罗斯满足的这类需要是首要的，但这并不能证明欧里庇得斯满足的这类需要就低等。这只意味着阿里斯托芬和他笔下的狄奥倪索斯一样，并非埃斯库罗斯的同党。充满愤怒的埃斯库罗斯惯于义愤填膺，他滋养了好战的爱邦主义，隐匿了不法的爱欲的魅力。没有人能严肃地怀疑好战的爱邦主义和严厉的自制，更不消说对古老的诸神的崇拜，这些是城邦的根本支柱。但是，正如我们在《马蜂》等地方看到的，马蜂式的愤怒（waspishness）变成了一种危险，即便不是对公民的危险，也肯定是对人的危险；那种教化城邦的方式需要加以矫正。[255] 在同情和笑声的软化下，马蜂陪审团的怒气渐消（见前文页 120）。埃斯库罗斯的肃剧同时需要欧里庇得斯的肃剧和阿里斯托芬的谐剧加以补充才能圆满。打趣地说，阿里斯托芬在与欧里庇得斯竞争而不是与埃斯库罗斯竞争，或者说，阿里斯托芬是欧里庇得斯的敌人。欧里庇得斯和阿里斯托芬联合起来反对埃斯库罗斯，这个事实显然与下面这种可能性可以兼容，即阿里斯托芬认为埃斯库罗斯是比欧里庇得斯更伟大的诗人；他实际上是否真这么做，只有从诗人比赛的下半场才能看清。我们也不能排除这个可能性：上半场比赛提出的根本问题的主张只是临时性的,也就是说,阿里斯托芬心中想的是戏剧式诗歌(dramatic poetry)的两种功能的异质性,而不是由单个剧作家或在一部剧作中实现这些功能的不可能性。毕竟,他自己宣称,他的戏剧就实现了这两种功能:教化(edifying)功能与矫正(corrective)功能。或许,一切优秀的剧作家都能同时实现这两种功能,只不过各自的方式不同。人们也许会想,此剧对索福克勒斯的沉默不言是否就是这个方向的指针。我们也不要忘记连接战神和爱神的纽带。

下半场比赛一开始,欧里庇得斯抢先说,好吧,就来研究一下埃斯库罗斯的开场白;他指责埃斯库罗斯的开场白含混不清。他辩称,那种含混不清很大程度上是同义反复,即冗词赘句造成的。他用相当长的篇幅讨论了总共只有三行台词的一个例子。他断言这些台词的每一行都有许多错误,但他根本就没有讨论中间这行诵读两次的台词。狄奥倪索斯认为,埃斯库罗斯为第一行做的辩护是在亵渎神灵。埃斯库罗斯对第三行的辩护虽然让狄奥倪索斯满意,但让这位神印象更深的是欧里庇得斯的反驳,尽管他承认,欧里庇得斯的意思他丝毫不懂。接下来,埃斯库罗斯又诵读了另一句开场白,对第二个例子的讨论很简短,欧里庇得斯仍然认为,埃斯库罗斯又犯了老毛病,翻来覆去说同样的事,但他这次批评没有奏效,因为他没有考虑到,埃斯库罗斯是在对死人说话,难度多大可想而知。埃斯库罗斯在这一环节取得胜利,立刻转守为攻,要检视欧里庇得斯的开场白写得如何。欧里庇得斯说过,他没有犯重复的错误,他的台词没有冗词。埃斯库罗斯默认了他的说法(参1184–1185)。但他以彼之道还施其人,也成功地采取欧里庇得斯纠缠细枝末节的做法来考察欧里庇得斯自己的开场白,他借助诸神的力量表明,欧里庇得斯造句的方式使人轻易就能插入"他丢了他的小瓶子"这样的短语。更一般地说,埃斯库罗斯表明,尽管他自己的开场白可能有些含混,但欧里庇得斯清晰的开场白却有[256]失单调。欧里庇得斯又举了三个开场白为例,但埃斯库罗斯的成功反驳让狄奥尼索斯感到沮丧，欧里庇得斯没有放弃战斗，但他首次对德墨忒尔发誓。他再举了三个开场白，但埃斯库罗斯又成功地一一反驳。至此，埃斯库罗斯已经考察了欧里庇得斯的全部七个开场白；人们也许会发现，其中第四个开场白（1217 - 1219）其实是对埃斯库罗斯批评第一个开场白的答复（1182①）。欧里庇得斯还想背诵一段开场白，让埃斯库罗斯插不进去"他丢了他的小瓶子"这句话，这时，狄奥倪索斯出于心血来潮或是确信，力图隐匿欧里庇得斯在这个环节的比赛中的失败，他要求欧里庇得斯转而考察埃斯库罗斯的歌曲。埃斯库罗斯似乎本可以在开场白的较量中稍占上风。

欧里庇得斯宣布，他可以轻而易举地表明埃斯库罗斯是个拙劣的抒情诗人（lyrical poet）。歌队疑心欧里庇得斯如何能成功地证明其观点，因为埃斯库罗斯在这方面占有明显的至尊地位；歌队在双方较量开场白的时候没有表达同样的情感。进而，由于欧里庇得斯急于求胜，埃斯库罗斯在歌曲较量的部分拥有最后的发言权，正如他在开场白的较量中拥有最后的发言权一样；事实上，埃斯库罗斯在比赛的各个环节都有最后的发言权。更引人注目的是，狄奥倪索斯没有宣布埃斯库罗斯是胜利者；实际上他根本没有对两个诗人的优劣下判断。他突兀地命令两位诗人停止歌曲比赛。埃斯库罗斯也写了大量的歌曲，他希望把欧里庇得斯引到歌曲的秤上来称量两位诗人的诗句：唯有这一称量才能决定俩人比赛的胜负。在比赛的下半场，这是埃斯库罗斯首次决定比赛的某项主题。事实上，从一开始［埃阿科斯］就提供了通过秤来称量肃剧的主意（796 - 802）。但欧里庇得斯宣称，他改变了肃剧人物——在把埃斯库罗斯的肃剧人物接手过来之后，他减轻了他们的分量或重量（939 - 941）。埃斯库

---

① ［译按］欧里庇得斯举的第一个例子是"当初，俄狄浦斯是个幸福的人"（1182），埃斯库罗斯的第一个批评是"宙斯作证，根本不对，他从来是个不幸的人"（1183）；欧里庇得斯举的第四个例子是"没有人活着能事事幸运，有人出身高贵，却生计艰难，有人出身低贱……"（1217 - 1219）。此处埃斯库罗斯的批评似应位于1183行。

罗斯得出结论说，对两位诗人的诗句进行称量将使比赛对他有利：即便是狄奥倪索斯也一定会看见，埃斯库罗斯的诗句压低了秤。狄奥倪索斯接受了提议。歌队很吃惊，居然有这样新颖的奇思异想，用两位诗人比较诗句重量的方法来决定比赛胜负：没有其他人——除了埃斯库罗斯？除了阿里斯托芬？——会想到这个办法；显然，聪明人也会付出各种各样的辛劳。就像在前面的比赛中那样，这次还是欧里庇得斯先开口。在比赛的这个最后阶段，胜负很快就见分晓；在三个回合中，两位诗人各出三句诗放在秤上，三次埃斯库罗斯都赢了。我们只需提第二回合就够了。欧里庇得斯的诗句是，说服之神（Persuasion）——吕西斯特拉特的女神（《吕西斯特拉特》203）——唯一的殿宇就是理（Speech），但［257］狄奥倪索斯认为，说服之神轻灵有余，才智不足；埃斯库罗斯的诗句则是，死神（Death）是唯一不渴望礼物的神，这一点甚至连欧里庇得斯也无法否认，死神是最重的灾难。人们也许会发现，一旦重变成衡量诗歌是否优秀的标准，欧里庇得斯必输无疑，因为他最崇拜以太神（对观1352-1353）。埃斯库罗斯至少像先前一样确信他取得了胜利。只有这部分比赛才有明确的结果，哪怕是最笨的人也能理解，在这部分，埃斯库罗斯无疑胜出了。在最轻或最薄的基础上——在一个他明智地选择的基础上，他证明了他是两位诗人中更有分量的那个。不过歌队对比赛结果仍沉默不语。然而，狄奥倪索斯必须说话。阿里斯托芬大大地恭维了狄奥倪索斯，他让狄奥倪索斯拒绝裁定埃斯库罗斯比赛获胜，因为即便假定诗人相互较量的大部分内容先前对这个神都像团乱麻一样，在最后那个清楚简单的部分得出一目了然的结果之后，还是需要相当的努力才能记得那团乱麻。狄奥倪索斯拒绝裁定比赛胜负，理由是他希望跟两位诗人都保持友好关系，他认为一个充满智慧另一个令人愉快。为了仍然与两位诗人保持友好关系，他既不说谁智慧也不说谁令人愉快。虽然他的某句话用这两种观点都能解释（对观916-918），但我们还是倾向于相信，狄奥倪索斯认为埃斯库罗斯比欧里庇得斯更智慧，但欧里庇得斯比埃斯库罗斯更令人愉快。因为，暂且不论教化与矫正之间的区别，单就诗歌的分量而言，埃斯库罗斯明显要重于欧里庇得斯，但沉重本身并不让人愉快，死亡的例子足以表明这一点。其次，我们在《蛙》和《地母节妇女》中都多次看到，欧里庇得斯智慧不足。最后，如果宣布欧里庇得斯在智慧上高于埃斯库罗斯，这等于是否认诸神的存在（对观《地母节妇女》450－451）。无论如何，最明智的做法就是搁置判断，只说两位诗人之间的肃剧比赛胜负未定，正如狄奥倪索斯与克珊提阿斯之间的鞭刑比赛胜负未定。

要判断谁是真正的神，不能靠鞭刑，只有求助于冥王来解决。同样，谁是肃剧之王的比赛，既不能由检视两位诗人的作品来解决，也不能由狄奥倪索斯来解决，只能由冥王出面干预来解决。如果冥王不干预，诗人比赛的自然结果将会是埃斯库罗斯继续占据［258］肃剧王座；这本将完全符合狄奥倪索斯把欧里庇得斯带回人间的渴望。但冥王的干预恰恰阻挠了这个简单的解决计划。只有狄奥倪索斯对比赛的胜负下决断，冥王才会满足他带走一位肃剧诗人的渴望。冥王说，如果狄奥倪索斯不宣布谁获胜，他下到冥府这一趟就算白跑；要带回——比如说——欧里庇得斯，就意味着宣布欧里庇得斯获胜，或者说意味着宣布欧里庇得斯而非埃斯库罗斯应得肃剧的王座。冥王实际上是说，狄奥倪索斯不能仅仅凭心血来潮或个人喜好来选择某位诗人；他必须负责地行事。然而，狄奥倪索斯证明自己没能力从诗艺的卓越上来选择自己的偏好。为了摆脱尴尬，他用以下方式向两位诗人解释了他下冥府的目的：他现在宣称，他下来是为了得救后的城邦能举办歌队比赛；相应地，两位诗人中谁能给城邦良好的忠告，他就带他一起回雅典。换句话说，他带回的这个诗人必须能拯救城邦，并由此为雅典戏剧舞台的卓越提供外部条件保障。这意味着狄奥倪索斯将要宣告的裁决不是基于诗学的理由而是基于政治的理由。当初，他伪装成赫拉克勒斯打算下冥府来偷走欧里庇得斯的时候，根本没有想到城邦。但后来，为了不再挨鞭子，他不得不向冥王表白自己的身份和计划；他认识到，他需要依靠他所从属的共同体——诸神的共同体，由此他才能获得某种重力（gravity）。现在，不再存在偷偷带着欧里庇得斯逃出冥府的问题。而且，冥王逼他当裁判，也就是说，要他不偏不倚地对诗人比赛做出裁决，这使他注意到欧里庇得斯的不足——尤其是他作为城邦中的人类教育者的不足；狄奥尼索斯显然认识到，他不给出一个选择欧里庇得斯的理由，就不能带回欧里庇得斯，这个理由得在政治上站得住脚。他在鞭刑比赛中已懂得了共同体的重要性，所以他最终以共同体为标准来裁定这场比赛。恰恰是在冥府，恰恰在这个诗歌的地位比在雅典更高的地方，狄奥倪索斯认识到城邦作为诗歌的条件的意义。

只要在神性比赛中采用最初的标准（对痛的麻木），谁是真正的神就无法判定，但换个标准（得到别的神的承认）之后，裁决立刻出现。同样，只要在肃剧诗歌至尊地位的比赛中采取最初的标准（诗艺的卓越），[259] 谁是最好的肃剧诗人就无法判定，但换个标准（提出好的政治忠告）之后，裁决立刻出现。其次，神性比赛要求更换裁判；第二个裁判（冥王）解决了这场比赛，因为冥王与第一个裁判相比截然不同，他具备辨别神的能力。然而，在诗人比赛中没有更换裁判；某种程度上，人们理所当然认为，狄奥倪索斯有能力判断谁是最好的肃剧诗人，他也有能力判断政治智慧。此外，有人肯定会怀疑，一个能够提供更好政治忠告的肃剧诗人是否必然就比别的诗人更可取；如果这种怀疑有理，诗人比赛就依然胜负未决；在神性比赛中，与此类似的情况将是，人们不知道狄奥倪索斯或克珊提阿斯究竟是不是神。最后，对这两场比赛进行比较使人认为，裁定神性比赛的依据是，狄奥倪索斯比克珊提阿斯对城邦更有用。

狄奥倪索斯首先问两位诗人，他们对阿尔喀比亚德有什么看法，因为城邦对他难以形成决断。埃斯库罗斯首先问，城邦对阿尔喀比亚德有什么看法；他似乎认为，如果不知道城邦的愿望，就不能给城邦任何建议。狄奥倪索斯告诉他，城邦渴望阿尔喀比亚德，既恨他，又希望得到他。欧里庇得斯立刻明确表示反对阿尔喀比亚德：阿尔喀比亚德从长远来看也许对父邦有用，但他首先会极大地伤害城邦；他擅长照料自己，但却无力照料城邦。狄奥倪索斯赞赏他说得好，接着问埃斯库罗斯怎么看。埃斯库罗斯为阿尔喀比亚德说好话：城邦最好不要养头狮子，可一旦把它养大了，就必须屈从它的方式。狄奥倪索斯没有赞赏埃斯库罗斯的回答，这个回答比欧里庇得斯的回答更合城邦的心意。无论如何，狄奥尼索斯仍然无法裁决：一个诗人说得那么明智，另一个又说得那么清晰。这个结果并不让人奇怪；狄奥倪索斯从一开始就把阿尔喀比亚德的问题只当成是他的第一个问题。他现在抛出最后一个问题给两位诗人。既然不知道阿尔喀比亚德是否能救城邦，他就问两位诗人有什么拯救城邦的办法。欧里庇得斯似乎认为狄奥倪索斯的期望很荒谬，于是提供了一个赢得海战的荒谬方法，很像谐剧家的构想。随即，埃斯库罗斯打断他的话，说他知道一个办法，希望他们听他道来。欧里庇得斯于是被迫给了一个严肃的答案：我们必须不再［260］信任我们现在所信任的公民，必须将城邦事务托付给我们现在没有托付的那些人，因为既然当前的政策导致灾难，那么顺理成章可以用相反的政策来拯救城邦。他的建议让人想起歌队在插曲中提出的建议（713－737）。狄奥倪索斯盛赞他说得好，他问这答案是不是欧里庇得斯自己想到的；欧里庇得斯说是他自己的，但他说了刚才那个荒谬的建议最初的灵感来自他的合作者或仆人克菲索丰（Kephisophon）；因此，在埃斯库罗斯的打断所形成的压力之下，他否定了自己先前那个可笑的建议。狄奥倪索斯接着问埃斯库罗斯的意见。埃斯库罗斯还是先问了些情况：城邦现在用什么样的人，是合礼得体的人吗？当他得知并非如此，尽管城邦并不喜欢受坏人统治时，他觉得城邦没有得救的希望。狄奥倪索斯催促他，假如想回到人间，就要想个拯救城邦的办法出来。埃斯库罗斯显然也急着想回人间，但他回答说，他将到"那儿"才给出他的建议，他不想在冥府回答。然而，狄奥倪索斯一再要求他现在就说，埃斯库罗斯只好在冥府给出了他的建议：雅典人必须视敌人之国土为己有，视己有之国土为敌有；必须视他们的海军为财富，视他们的财富为障碍。他建议雅典人回到伯利克勒斯或忒弥斯托克勒斯（Themistokles）的政策。对于狄奥倪索斯最后这个问题，两位诗人因而给了两个完全不同的答案，欧里庇得斯的第一个答案非常可笑，埃斯库罗斯的第一个答案则公然令人沮丧；两位诗人都给了第二个答案，这两个答案都是他们陷入压力时提出的，都与行动相容。狄奥倪索斯有些怀疑，埃斯库罗斯建议的政策在现有环境下是否切实可行。他显然不像赞扬欧里庇得斯的建议那样赞扬埃斯库罗斯的建议。冥王催他作出裁决。狄奥倪索斯答应，他将选择他的灵魂偏爱的诗人。大家都在高度紧张中默不作声地等他宣布答案，急于取胜并返回人间的欧里庇得斯忍不住开了口。他告诉狄奥倪索斯——仿佛狄奥尼索斯没有选择的自由，一定要选择他：在作出选择时，狄奥倪索斯一定不能忘了他对诸神发过誓，要把他带回去。这口气对狄奥倪索斯来说太过分了。欧里庇得斯是最后一个能要求狄奥倪索斯（或任何其他的神或人）守住誓言的人。狄奥倪索斯引用了欧里庇得斯的一句台词——"发誓的是我的舌头，不是我的心"，然后，他宣布选择埃斯库罗斯，裁定他是胜利者。欧里庇得斯勃然大怒，指责狄奥倪索斯行事卑鄙，狄奥倪索斯再次差不多直接地引了句贴切的欧里庇得斯的台词作答。欧里庇得斯倒在［261］自己的武器之下。表面上看，狄奥倪索斯只是没能抵挡住诱惑，想要智胜才智敏捷的欧里庇得斯，或者说，他的裁决只是出于心血来潮。但其实，诗人比赛的裁决绝非心血来潮的产物，这与鞭刑比赛的裁决一样。鞭刑比赛赌的是神与人之间的区别；为了誓言的神圣性，诸神必须在本质上有别于人（对观《云》395–397）。欧里庇得斯不能两全其美：一边否认诸神会惩罚发伪誓者（或否认发伪誓是罪），一边期望他者遵守对他许下的誓言。欧里庇得斯否认诸神存在，狄奥倪索斯通过将胜利奖项颁给埃斯库罗斯来惩罚他，这是公正的。这不是否认，欧里庇得斯破坏了誓言神圣性的基础，狄奥倪索斯对他进行了惩罚，但他自己也犯了发伪誓罪；

他确实行事邪恶，但又像云神一样正义（《云》1462）。狄奥倪索斯原本是个不负责任的花花公子，但现在已经担负起了教化的重任。有人也许会质疑狄奥倪索斯行为的正义性，理由是我们不能让一个诗人为笔下人物的话语负责，"发誓的是我的舌头，不是我的心"这句话是希波吕托斯（Hyppolytos）说的，现在要欧里庇得斯来为这句话负责，而根本没有考虑到这句话的语境，这等于说，阿里斯托芬让笔下的苏格拉底说了宙斯不存在，阿里斯托芬就需要负责。我们也不要忘记，狄奥倪索斯之前已经打破了一个庄严的承诺（526–529，586–589，591–601）。

狄奥倪索斯宣布欧里庇得斯失败之后，冥王邀请狄奥倪索斯和埃斯库罗斯进屋，要在他们离开前宴请他们。他们进屋之后，不曾为阿里斯托芬代言的歌队以对照两位诗人的方式总结了比赛的结果，他们赞扬极为明理的埃斯库罗斯有福气，他将要重返家园，为他的同胞公民、亲人和朋友们造福；他们谴责疯狂的欧里庇得斯与苏格拉底沉瀣一气，摆弄空洞无用的言谈，他丢弃音乐，抛开了肃剧艺术的最高部分。为了不彻底误解这首歌，或者说，为了不将歌队这席话误解为是阿里斯托芬本人的话，我们必须提醒自己，欧里庇得斯不是从苏格拉底那里学会要支持爱神的主张的，阿里斯托芬也不是从《蛙》中的埃斯库罗斯那里学会成为和平女神的拥护者的（如他在《蛙》中表现的那样）。歌队表达的观点和本剧作为整体传达的观点都是埃斯库罗斯的观点，或者说是阴曹地府的（chthonic）观点，这是一种片面的观点，事实上是一种低的观点：一种属于冥府的观点。不要忘了还有高的观点或者说天上的观点，这观点尤其体现在《和平》中。只有这样，人们才能认识到，即便是在冥府中，[262]（不同于教化式肃剧的）矫正式肃剧（corrective tragedy）也得到了多么强有力的呈现。

冥王携狄奥倪索斯和埃斯库罗斯再次出场。冥王对埃斯库罗斯说再见，敦促他用良好的忠告去拯救"我们的城邦"，并让他转告某些讨厌的雅典人，如果不想被冥王用暴行捉拿，就快快自杀，早点到冥府报到：城邦不需要的人，冥府是个合适的收容所。埃斯库罗斯说，他接受这些任务，并反过来敦请冥王，在他离开冥府期间，将他的王座交给索福克勒斯，因为他认为索福克勒斯的诗艺仅次于他，若是他还要回来，再将王宝还给他：埃斯库罗斯其实希望不再返回冥府。他继续请求冥王，别让那个混蛋、骗子和小丑——也就是欧里庇得斯——坐上肃剧王座。我们注意到，埃斯库罗斯没有说欧里庇得斯是个说大话的人（参909）。最后关于欧里庇得斯的话全是埃斯库罗斯的，不仅冥王没有允诺他会执行埃斯库罗斯最后的愿望和嘱托，而且狄奥倪索斯在最后一幕也完全没有出声。欧里庇得斯受够了惩罚，他被留在（埃斯库罗斯不想回来但迟早要回来的）冥府，他不得不再死一次（对观色诺芬《齐家》结尾）。由于欧里庇得斯已经死过一回，人们也许会发现，他受到的惩罚没有苏格拉底受到的惩罚严厉；没有谁能干预他向大量的崇拜者炫耀自己非凡的奇思异想。我们已经看到，为什么他的惩罚应该比苏格拉底轻微。冥王对埃斯库罗斯最后的请求没有表态，但他让歌队用埃斯库罗斯自己的歌曲送他回人间，以此安慰诗人。克珊提阿斯到哪里去了，阿里斯托芬没有说，也许他留在冥府，如同屎壳郎留在天上，阿里斯托芬也没有说谁来帮狄奥倪索斯提行李。歌队祈祷冥界诸神，保佑埃斯库罗斯旅途平安，保佑他为城邦的重大利益想出好主意，歌队还暗示了和平的希望。

《蛙》表现了阿里斯托芬的教育者所受到的教育：狄奥倪索斯先是无条件地崇拜欧里庇得斯，最后却偏向了埃斯库罗斯。这一教育过程发生在冥府。这是个十分雅典化的冥府，狄奥倪索斯下去这一趟并不十分成功，与此形成对照的是，特律盖奥斯十分成功地升上天堂，他升上天堂能够成功，靠的是希腊诸神与宇宙神之间的冲突。狄奥倪索斯决定乔装打扮成赫拉克勒斯下冥府，这个决定性的错误为他后来的转变埋下伏笔，因为那个错误引出了鞭刑比赛，这场鞭刑比赛与接下来埃斯库罗斯与欧里庇得斯之间的智慧比赛既如出一辙，又截然不同。

9 《公民大会妇女》

[263]《公民大会妇女》(Assembly of Women)与《阿卡奈人》和《云》一样,以独白开头,独白的是发起戏剧行动计划的珀拉克萨戈拉(Praxagora)。但相比于狄凯奥波利斯和斯特瑞普西阿得斯,珀拉克萨戈拉作为戏剧行动的发起者更不容置疑,因为狄凯奥波利斯的计划预设了安菲特奥斯的干预,而斯特瑞普西阿得斯的计划如果没有云神的干预也不会实现。珀拉克萨戈拉提醒我们想到吕西斯特拉特,吕西斯特拉特作为女主角在该剧中也以独白开场,不过她的独白出奇地短。珀拉克萨戈拉像吕西斯特拉特一样,在等待她的妇女同胞,但与其他人物的开场白不同的是,她的开场白超脱了个人的境遇。她向手中的陶灯祈求,那是她给同伴的接头信号:唯有这盏灯能照亮女人们的秘密和她们隐秘的欢愉——她们的隐私和她们的偷情(thefts),这些秘密可不能暴露在阳光底下;这盏人造的陶灯见证的是日月都看不见的秘密。珀拉克萨戈拉仿佛在召唤艺术来纠正法律。这盏灯也将见证她们事先拟订的行动计划。女人们决定趁夜色集结,乔装成男人,在天明前抢占公民大会上的席位。珀拉克萨戈拉一直在等她的朋友们,但她不像同样等人的吕西斯特拉特那样烦躁,因为她知道,女人晚上离家,不让男人知道是多么难;更何况,现在是和平时期,男人都不用出去打仗。这时,其他女人(这些人都是已婚的城里妇女)陆续出场,有的成群结队,有的独自一人。等她们全都到齐,珀拉克萨戈拉吩咐大家坐下,让她看看在此前的女人集会上所做的决定是否都已做到,在今日的公民大会上她们必须全都看上去像男人。她们这会儿看上去还不完全像男人——比如,[264]她们还没有戴上准备好的假髯——因为如果现在戴上,彼此就很难分清。珀拉克萨戈拉满意地检查完各人的准备工作后,交代了些别的事情,这些都需要在破晓时分公民大会开始前处理完。她们决定要在今天实施的任务非常艰巨:为了城邦的利益,

她们必须接管城邦事务。为了确保成功,她们必须排练在公民大会上的行动和发言。排练很有必要,因为,除了珀拉克萨戈拉之外,别的女人都缺乏参与公民大会的经验(242-244)。如果到时说错话,尤其是女扮男装之后却向女神发誓(只有女人才向女神发誓),就会暴露身份,为此珀拉克萨戈拉做了示范,告诉她们在公民大会上如何为争取女人利益发言。她首先向诸神祈祷,希望他们保佑公民大会圆满成功,然后,她谈到了城邦现有统治者的拙劣品性,这个缺陷要归咎于人民的拙劣品性:城邦的状况在以前没有公民大会时要好得多。人人都只想到私利,没有人顾及公共利益。城邦如果想得救,就只有把城邦的权柄交给女人,她们既然能管理好家务,也就能管理好城邦。女人比男人有更好的性格:她们在所有方面都遵循古老的法律和古老的惯例,而男人——至少是雅典男人——则个个都想标新立异,即便眼下的惯例相当健全。因此,珀拉克萨戈拉呼吁男人将城邦交给女人,任由女人治理,不要过问。女人既是母亲又是家政管理者,这些特质可以给她们足够的担保。特别是,她们本身就是玩弄骗术的高手,因而不会上当受骗(她们现在的行动就表明,她们是多么擅长欺骗)。珀拉克萨戈拉认为,优秀的统治者遵循古法,是善意的欺骗者。在回答完与她自己以及公民大会相关的问题之后,珀拉克萨戈拉下令,大家穿上男人的服装,像男人一样迈开步伐,赶往公民大会:如果不能在天亮前及时赶到,她们就拿不到公民大会参与者(the assemblymen)的报酬。既然女人们必须表现得像男人,那她们就必须像男人那样关心私利(对观205-207)。

珀拉克萨戈拉的提议与吕西斯特拉特的提议有某些相似之处(《吕西斯特拉特》493-495),但是,对于所要达成的目标,吕西斯特拉特动用的是武力,而珀拉克萨戈拉——人如其名①——动用的是

---

① [译按] $Πραξάγορα$ [珀拉克萨戈拉] 一名由 $πρᾶξις$ [行动] 和 $ἀγορά$ [集会;集会场所;公开言论]组合而成,因此可以表示"在公共谈话场所[公民大会]采取行动的人"。

话语或谎言。最重要的是，吕西斯特拉特的目标比珀拉克萨戈拉的目标要小得多。吕西斯特拉特希望带来的是和平；珀拉克萨戈拉希望带［265］来的是闻所未闻的政制变革。吕西斯特拉特的行动计划与此前讨论过的所有其他剧作（《鸟》除外）一样，那些计划全都缺乏珀拉克萨戈拉的计划的广度。珀拉克萨戈拉的计划的广度反映于她在戏剧开场时观察的广度。

除了珀拉克萨戈拉和另外两个女人，其他妇女在我们眼前组成了歌队，正如在《鸟》中，歌队在舞台上形成。歌队长提醒手下，如果穿帮，后果不堪设想；随后半支歌队就开始高歌，装成赶赴公民大会、急于去领报酬的男人。她们一度故态复萌，暴露了自己的女人身份。另外半支歌队化装成从乡下来的男人，他们赞扬过去的好时光，那时候，虽然报酬低，但公民们不为报酬才履行公民义务。两半歌队都没有抱怨老年问题；她们也许能够成功地扮演男人，但她们要扮演老男人肯定不会成功。

女人离开集合地（珀拉克萨戈拉家的门前）后，珀拉克萨戈拉的丈夫布勒庇洛斯（Blepyros）出场了。他搞不懂，眼看天快亮了，妻子怎么却不见了。他注意到妻子失踪，是因为他需要他的鞋子和大氅，他需要这些东西，因为他急着要去方便一下。最后，他没有办法，只好穿上妻子的衬裙和拖鞋。他妻子的自愿乔装迫使他非自愿地乔装。他不担心他现在的样子，因为天还没有亮；所以他还能随处坐坐。他想到自己的狼狈（这让我们想起斯特瑞普西阿得斯的狼狈样子）的根源，不由诅咒自己：年纪一大把，还娶个小媳妇；她很可能出去偷情了。他唉声叹气，把一个邻居吵醒了。这下家丑将要外扬了。幸好，他的邻居像他一样狼狈，至少他的妻子也不见了，她也拿走了他的大氅和鞋子。邻居说，或许妻子是被友伴叫去吃早饭去了，他这样说是想安慰自己，也是想安慰布勒庇洛斯。他俩都急着要赶去参加公民大会，但他们现在走不了，邻居走不了是因为只有一件大氅，可偏偏找不到，布勒庇洛斯走不了是因为他有便秘，憋得慌，需要先解决。布勒庇洛斯指望不上别人的帮忙，绝望之下，他向帮助妇女生育的女神祈祷,别让他这样胀死了,成为一把夜壶,落为谐剧舞台上的笑料。他的状况迫使他将注意力放在自己的消化上,顾不了妻子。他［266］不断地抱怨,好不容易解决问题,正要站起来,这时赫勒梅斯(Chremes)出场了,他刚参加完公民大会回来。布勒庇洛斯上厕所所用的时间,就是公民大会开会所用的时间。正如我们即将看到的,当珀拉克萨戈拉攀上城邦中的人类所能达到的最高高度时,她的丈夫跌到了最低的低处。在屎壳郎身上统一起来的东西现在一分为二,分别落在珀拉克萨戈拉和布勒庇洛斯身上,布勒庇洛斯更接近屎壳郎最低抱负的目标,其程度甚于珀拉克萨戈拉所接近的屎壳郎的最高抱负的目标。布勒庇洛斯置身的是阿里斯托芬笔下最可笑的处境,我们可以在其中找到任何阿里斯托芬笔下的角色,如果我们参照他妻子在同时间段内的处境来观看,这点显得十分清楚。我们一向认为,最绝顶的可笑情形是矫饰(pretense)或说大话。但布勒庇洛斯用最为戏剧性的方式提醒我们,还有一种可笑,它无论如何与说大话没有关联,除非人们发现,他娶一个年轻妻子构成说大话之举。这另一种可笑存在于一切谐剧中,尤其是存在于大多数(如果说不是所有)男女主人公身上。显然,无论是狄凯奥波利斯或腊肠贩,还是欧埃尔庇得斯或吕西斯特拉特,都不是说大话的人。布勒庇洛斯这个老男人蹲在厕座上的时候,他的年轻妻子成了城邦的统治者,随即也成了他的统治者,他的可笑是因为他遭受一种无助或无能之苦,不会引起同情。他意识到他的处境的可笑特性:他害怕落为谐剧舞台上的笑料(371)。尽管他知道自己可笑,但他不像特律盖奥斯一样自嘲。他是该剧中唯一"凭狄奥倪索斯"发誓的人(344,357,422)。将布勒庇洛斯——这一点尤其与珀拉克萨戈拉截然不同——与谐剧诗人联结在一起的是这一事实:谐剧诗人也会不由自主地成为笑料。在阅读阿里斯托芬谐剧的时候,我们不但跟着阿里斯托芬并通过他作品的效果而笑,而且嘲笑阿里斯托芬本人;他创造了斯特瑞普西阿得斯等具有疯狂的奇思异想的人物,在某种程度上,他必定参与了他们的疯狂。每个人都能看到，谐剧这种必然的伴随物给其作者提供了什么保护。

赫勒梅斯看见布勒庇洛斯穿着他妻子的裙子，与邻居一样吃惊；布勒庇洛斯告诉他，他是偶然摸黑拿来穿上的；他明显不希望遭人笑话。为了避免更多尴尬问题，他问赫勒梅斯从哪儿来，结果得知他从公民大会上回来。赫勒梅斯告诉他，今天开会的人比任何时候都多。聚在一起的公民们看起来像鞋匠一样，因为他们都面色[267]苍白。此外，他们去得异乎寻常地早，晚到的人根本进不了场。赫勒梅斯认为，这么多人如此早去参加公民大会，乃因为今天大会商议的主题是如何拯救城邦。第一个抢先发言的人被轰下台，因为他连自己的眼睛都治不好，还谈什么拯救城邦。第二个发言的是个穿着破旧大氅需要别人帮助的小伙子。他提出民主的提议，要迫使布商和皮货商提供温暖的棉衣和温暖的住所给需要帮助的人。布勒庇洛斯赞扬这人说得对，他认为还应该补充一点，面粉商也应该负担这样的义务。也就是说，强制那些提供人们最迫切必需品的商人负起照料需要之人的义务，这是公平的。显然，第二个发言人拯救城邦的提议受命于他对拯救自己的无能为力。第三个发言人，也就是最后一个发言人，与前面两个完全不同。他是个大男孩，皮肤白皙。他提议应该把城邦的权柄交给女人。这个提议赢得了许多鞋匠的掌声，但遭到乡下人的嘘声；不过鞋匠们占了大多数。布勒庇洛斯说乡下人的反对很有道理。我们看见，珀拉克萨戈拉的计划完全成功了。美中不足的是她们想方设法变黑，但肤色还是太白（59-64）。第三个发言人用男人的恶行和女人的德性来证明其提议合理。他赞扬女人保守秘密的能力，这种能力今天就得到了严格的证明，他还赞扬女人彼此相待时诚实可靠。珀拉克萨戈拉没有再提她在排练时最强调的女性美德，即她们的信守古法或者说保守。事实上，她的提议在公民大会上能够被接受，主要是因为女人统治是城邦中唯一没有存在过的事。对于她在排练时的发言与在公民大会上的发言之间的矛盾，可以有不同方式来调和。首先，既然珀拉克萨戈拉知道绝大多数人会接受她的提议，她也就不用特别在意她的结论是否与她的前提特别是她在排练中的前提一致。其次,将城邦的权柄交给女人,这是完全新的秩序,作为最合理的秩序,它是依据自然的秩序,但自然比任何人的发明更古老。最后,如果遵循古老法律和古老惯例是最大的德性,如果女人在这方面做得比男人好,那么,古法要求女人听从男人就是自相矛盾的。赫勒梅斯对新的政治秩序十分满意。布勒庇洛斯也赞成增加他的舒适的革新,他唯一反对的是:如果女人掌握了权柄,她们会强迫她们的丈夫履 [268] 行婚姻的本分,而强迫式同居是最可怕的事。赫勒梅斯临走之前说,只要这种同居对城邦有利,每个男人就必须实行。也许,赫勒梅斯不像布勒庇洛斯那样年老力衰。

女歌队离开公民大会回家。她们仍然乔装成男人,仍然像男人一样昂首阔步;今天早上的行动计划能够取得成功,全赖大家相信,是男性公民投票同意女人当政(gynaecocracy)。歌队在珀拉克萨戈拉——唯一的女将军(the she-general)——屋前停住。珀拉克萨戈拉随后赶到。部分出于自发,部分出于珀拉克萨戈拉的吩咐(她比她们略迟片刻到家),她们迅速脱下男人装束。珀拉克萨戈拉急着进屋,准备把衣物偷偷放回原处,不让丈夫发现。其他女人都把自己完全当作珀拉克萨戈拉的臣民,她们认为雅典没有一个女人比她聪明。珀拉克萨戈拉就请她们留下,共同出谋划策。

珀拉克萨戈拉刚进门,就碰到了布勒庇洛斯;布勒庇洛斯问她到哪里去了。在随后的对话中,珀拉克萨戈拉仍然穿得像男人,她丈夫仍然穿得像女人。珀拉克萨戈拉回答说,"这里有你什么事儿",也就是说,就像布勒庇洛斯告诉她的,她的回答很愚蠢。因为,就算她取得了新的地位,不再需要向他解释自己的行踪,但除非她参加了公民大会,否则她还不知道自己的新地位,可她又不能承认她参加了公民大会。布勒庇洛斯想当然认为她出去偷情了。珀拉克萨戈拉反驳了他的猜疑;她暗示他还不太熟悉她的恋爱习惯。她大胆地撒谎,解释她为什么偷偷地穿着他的衣服出去,她的谎言轻易就能被揭穿。布勒庇洛斯从邻居那里知道,并不是只有珀拉克萨戈拉穿着男人衣物离家；他还从赫勒梅斯那里知道，今日公民大会上绝大多数人的脸都白得不行。无论怎样，他似乎觉得对妻子刨根问底，对他不会有好处。他只是说，由于她的过错，他没能参加公民大会，他还告诉她，公民大会已经决定，将城邦的大权交给妇女。珀拉克萨戈拉略表吃惊。她对这个惊人消息的反应是："向阿佛洛狄忒发誓"，这真是城邦的幸运，好日子就要来了。布勒庇洛斯问她为什么，她逮住机会说了女人（不如说是她自己）将如何运用新权力。

珀拉克萨戈拉不再说女人比男人更好。我们回忆起，否定女人的好，或者断言[269]女人不如男人，是欧里庇得斯和古法之间最重要的联系。① 珀拉克萨戈拉断言男人不如女人，不但已经悄悄地违背了古法，而且也悄悄地反对了欧里庇得斯。女人比男人强，这使她们有资格掌权。现在，重要的是，她们要利用女人的好，建立一种新秩序，把大家都改造成好人。比如，不再有谄媚者。迄此一直与谄媚为伍的布勒庇洛斯把这当作一场灾难。最重要的是，在新秩序中，没有人会嫉妒他的邻人，因为不再有穷人。赫勒梅斯完全同意珀拉克萨戈拉的目标，只是怀疑这目标能否实现。珀拉克萨戈拉很自信，她说她会证明一切，到那时，赫勒梅斯就会满意，她的丈夫也就什么都不会反对。歌队鼓励她运用自己的能力捍卫女人的事业，证明这全新的方案——新的不仅是行动，而且是言辞——能带来好处。歌队提醒她，观众既热爱新颖也热爱迅捷；他们憎恶古老和缓慢，也就是说，他们憎恶节制（moderation）。随即珀拉克萨戈拉透露说，这恰是她最大的忧虑：观众可能反对她的方案，因为他们对古老的事物有太强的依附（正因为有这种担心，她先前才把女人应该统治城邦的理由建立在女人比男人更信守古法之上）。布勒庇洛斯劝她不必为此沮丧：对古老事物的蔑视正是雅典人的审议的唯一起点。新秩序的起点，就是干脆拒绝将好的东西和古老的东西相等同。珀拉克萨戈拉比佩斯特泰罗斯走得更远，佩斯特泰罗斯至少

---

① 参前文，页228。

表面上努力恢复最古老的秩序,此外,他也没有将他的激烈变革带入雅典。珀拉克萨戈拉以自己的方式和歪理一样激进,但由于她意图带来对城邦有利的变革,一种政治变革,因此她的灵感来自正理。

在与布勒庇洛斯和赫勒梅斯的对话中,珀拉克萨戈拉提到的新方案完全是她个人的构想,她没有与同伴协商就提出了这个方案。珀拉克萨戈拉的口气听上去好像她是雅典唯一的统治者或立法者(594,597,673及以下),事实上,她也的确是:她作为将军的官方身份,比起伯利克勒斯的官方身份,更不足以揭示她真正的地位。她的新方案是完全合法的,因为公民大会是合法地召开,出席的都是男性公民,他们投票通过选举珀拉克萨戈拉为将军,将城邦的权柄交给女人;全体女人也默许甚至支持珀拉克萨戈拉的至高地位。珀拉克萨戈拉认为,女人以她们的好能使男人变好,不是靠以身作则,[270]而是靠铲除做坏事的理由。所有财富将为公民共有:不再有穷人和富人;所有人将有同一种生活方式。因节俭和合理持家而著名的女人将利用公共财富为男人提供食物和一切其他所需;再也不会有偷窃和欺骗的动机和机会。如下变化似乎确实是女人当政的必然产物:既然女人从此将照料城邦,她们就不能再照料各自的家庭。女人们担心男人马上起来反抗,所以才不把先前由女人完成的家务强加给男人;她们别无出路,只有将城邦转化为一个单一的家庭。财产共有,小家庭废除,这同样要求性关系有深远的变化。女人也必须共有(community of women)。但是,共有女人带来了财产共有不曾引起的麻烦:女人既然美丑不等,作为男人欲望对象的女人就不可能平等。正是这个理由以及与此相关的种种理由,使讨论共有女人的篇幅差不多等于讨论共有财富的篇幅的两倍。对于女人生来不平等所引发的问题,珀拉克萨戈拉诉诸法律来解决,她下令,为了实现所有女人的平等,应该优先照顾丑女人:谁想享受美人,就须先与丑女同居。有人也许会说,珀拉克萨戈拉用法律的平等取代了自然的不平等。① 但是,布勒庇洛斯反对说,这条

---

① Rousseau,《社会契约论》(*Contrat Social*) I 9 结尾,对观《阿卡奈人》718 前后。

法律虽然对丑女和老妇公平,但对老男人不公平,在新秩序中,老男人没钱买春,所以,他们的命运无论如何将会变糟。为了安抚丈夫的抱怨,珀拉克萨戈拉只好下令,女人必须优先满足丑(老)男人的需求,才允许同英俊(年轻的)小伙子睡觉。她指出,这种安排很民主,因为它将使尊贵者或自命不凡者变得可笑。这句话有助于更好地理解她的整个方案。女人当政本身是民主制前提下的结果,而女人当政还有另一个前提,那就是男女两性的不平等;这两个前提引出了这个问题:哪个性别最主张平等,因此最应该掌权?这个问题的答案只能对女性有利:每个女人都以某种方式和别的女人竞争,但并不是每个男人都与别的男人竞争。布勒庇洛斯还看见一个困难:在新秩序下,父亲怎能识别自己的孩子(我们不知道布勒庇洛斯和珀拉克萨戈拉是否有孩子)?珀拉克萨戈拉明确地说,女人的共有需要孩子的共有:[271]年轻一代将把老一辈的所有男人看成是自己的父亲。这样就不用担心频繁发生殴父甚至弑父的事件:到那时,每个人只要看到年轻人打老人,就会毫不犹豫站出来帮老人,因为他怕挨打的老人就是他父亲。由此,珀拉克萨戈拉可能充分防止了殴打父亲,但她肯定没有充分防止乱伦在新秩序下成为常态。正相反,既然新秩序下的子女与父母彼此不认识,按照法律,年轻人被迫与老辈人同床,那么父母与子女间的乱伦就既发现不了,又是合法的(参1041-1042)。严禁乱伦本是城邦的根本需求之一,珀拉克萨戈拉的新秩序产生的变化远比佩斯特泰罗斯引发的变化更激进。布勒庇洛斯和赫勒梅斯不关心乱伦问题这个事实,并不证明《云》的作者没有意识到这一点。珀拉克萨戈拉创建的城邦是没有家族或家庭的城邦。就我们所知,布勒庇洛斯不关心乱伦问题,是因为他没有孩子;他只关心公民共同享有的财富的生产或再生产;毕竟,在旧秩序中,穷人的数量远比富人多,谋生的种种需要足以诱使他们辛勤地劳动,现在,这种诱因将随贫穷的消除而消失。对这个问题的讨论位于珀拉克萨戈拉与布勒庇洛斯关于新秩序的对话的中间部分,但也是最短的部分(只占四行台词)。珀拉克萨戈拉的决定大意是，让奴隶去耕田，让女人去织布，男人无所事事，坐享奴隶和女人的劳动成果。布勒庇洛斯再问了一个问题：既然大家都没钱在手，如果打官司，怎么向法庭交纳罚金？珀拉克萨戈拉回答说，今后不再有任何官司。她提醒她的听众，今后将不再有任何与财富相关的官司。至于人身攻击的官司，就罚肇事方不吃饭。珀拉克萨戈拉表明，随着私有财产的废除，再也没有人赌博，这诱使布勒庇洛斯又提出另一个话题，这是他们对话中的最后一个话题：新的生活方式作为整体会怎样。珀拉克萨戈拉宣布，她将把城镇（town）变成一个单一的家族，铲除所有隐私（privacy），改法庭为食堂，把演说者的讲台用来放酒杯水罐；［272］以前用抽签挑选陪审员的方式安排公民名单，以后就用抽签来分配食堂座位。也就是说，民主制特有的种种制度将被废除：民主制将被废除（对观229–232）。人人都有丰裕的饮食，酒足饭饱之后的老男人还能享用最诱人的姑娘。布勒庇洛斯现在彻底称心如意；赫勒梅斯也没有话说。珀拉克萨戈拉必须去市场接受公民献给城邦的可动产，必须去张罗这天提供的第一顿大锅饭。下一步她将严禁卖淫，为的是歌队中这些受人尊重的女人能享受青年男子初夜的癫狂；她由此明确表明，在新秩序中，不再禁止通奸。出于同样的理由，她必须阻止自由的公民与女奴偷情。布勒庇洛斯紧随在她的身后，他要分享身为女将军的丈夫的荣光。

比起阿里斯托芬笔下任何其他关心城邦或统治的人物，珀拉克萨戈拉与古老事物的决裂更彻底、更公开。她的新秩序与先前的秩序之间有一个连接点：平等主义（egalitarianism）。从《云》中受到教育的我们会认为，她的创新的最严重之处在于默认父母与子女间的乱伦的正当性。这种创新来自两个前提的配合：将城邦变成一个单一的家族，用习俗的平等代替年龄美丑等方面的自然的不平等；那种平等其实是不平等，偏袒老人和丑人的更高权利。按惯例，老人比年轻人更珍视古老事物。作为珀拉克萨戈拉出发点的平等主义，在某种程度上抵消了她竭力废除古老事物的意愿。我们现在必须回到阿里斯托芬怎么看待珀拉克萨戈拉的方案这个问题。

珀拉克萨戈拉谈到新秩序的时候用的是将来时。不过，由于她的话就是法律，也没有迹象表明她的话遭到丝毫违抗，可见新秩序如今已然形成，她的计划也已然实现。相应地，人们会期待，这时候会有插曲。但是，在《公民大会妇女》中没有插曲。在接下来的唯一一部剧作《财神》（*Plutos*）中也没有插曲。这两部谐剧都写于雅典在伯罗奔半岛战争中失利之后，两部谐剧中插曲的缺席有可能要归因于阿里斯托芬的意图之外的东西，除此以外没有别的理由。然而，要厘清这个问题，人们必须注意从《阿卡奈人》到《蛙》以来插曲发生的变化。在最前面的五部谐剧中，阿里斯托芬本人是[273]插曲谈论的重要话题。在接下来的四部谐剧中，插曲不再谈论他。如果说，插曲最重要的功能是让诗人能够谈论他自己或他的作品，那么，后面几部谐剧中插曲对阿里斯托芬本人闭口不谈就等于插曲的一种弱化，插曲的弱化自然将导致插曲的消失。我们已经指出，阿里斯托芬在《鸟》和《吕西斯特拉特》中对自己闭口不谈如何与这些剧作的主题相连；① 至于《地母节妇女》和《蛙》，其中的插曲不提阿里斯托芬的原因在于，只有这两部剧作明显涉及诗人们的命运。无论如何，《公民大会妇女》不同于前面所有谐剧的地方不只是插曲的消失，它还因负责戏剧行动的主角的消失而与所有其他剧作不同，人们可以不无夸张地说，此剧主人公在戏剧中段之后就消失了。人们无法解释说，珀拉克萨戈拉的消失是因为她的行动计划已经实现，所以不再需要她了。狄凯奥波利斯的计划在《阿卡奈人》的中段也已经实现，但他直到戏剧结束的时候还在场。有人也许会说，狄凯奥波利斯必须坚持到最后，否则人们就无法知道他将如何运用他的私人和平；但鉴于珀拉克萨戈拉毫无保留地献身于公共事业，谐剧中唯一剩下的问题就是城邦如何运用她的新秩序。

　　珀拉克萨戈拉和布勒庇洛斯离开之后，诚实的赫勒梅斯准备把家里搬得动的东西都上缴城邦；他指挥奴隶们把杂七杂八的家当搬

---

① 参前文，页170及230。

到大街上，他在街上安排它们的运输，仿佛这些家当要为了雅典的荣光列队出征。布勒庇洛斯是否会服从新法律，我们不得而知，因为他一心随侍妻子左右。当赫勒梅斯依法行事之时，另一个公民出场了，他的观点相反：自己辛勤汗水的成果就这样付诸东流，却还不知道整个这件事究竟意义何在，这样做实在愚蠢。他首先拒绝相信赫勒梅斯真的要交出财产，然后他否认赫勒梅斯的论点，即人人都必须服从法律；除非看到多数人服从法律，否则只有傻瓜才服从法律。赫勒梅斯无法想象大多数公民都会不守法。那个不诚实的人不同意他的说法，因为新法违背了古老的习惯，人们习惯于从城邦获取东西，而不是上交东西给城邦。新法也违背诸神的习惯或他们的地位，因为诸神也惯于获取而非给予。赫勒梅斯无法应付旧法符合诸神的习惯这个反驳；他显然不能否认，新法要求与古老的习惯彻底决裂，但他的行动基于这个理由：[274]法律就是现行的法律，人没有资格模仿诸神行事。赫勒梅斯的对手提醒他注意更多的事实：即便按照法律，人们也并不总是有义务服从法律，更何况，雅典人可以废除确立财产共有的法律，就如他们多次在颁布法律之后很快就废除它们那样。赫勒梅斯回答说，现在有了翻天覆地的变化，现在是女人统治。赫勒梅斯相信公民们都会服从新法，但他也承认，如果多数人都拒绝将财产交给城邦，不能强迫他们这样做。两个男人的争论被一个女传令官打断，传令官呼吁所有公民都快去拜见珀拉克萨戈拉，由她来抽签决定就餐的席位；各种佳肴美味和赏心悦目之物全都在等着他们。没有等赫勒梅斯开口，他的对手就急着去遵从城邦的命令，尽他的公民职责。他不再拒绝将自己的财富交给城邦，因为拒绝的代价是食色两空，不过他打算推迟财产的上交。既然他由此默认了公民守法的义务，赫勒梅斯便允许他跟在自己后面一起去，但不许他碰自己的家当，免得他把这些东西说成是他的。在这场戏结束的时候，赫勒梅斯的对手还没有想出一个两全的办法，既可以保住他的财产又可以去吃大锅饭，但这并不妨碍他参与享用即将开始的大锅饭。这不禁让我们怀疑，废除私有财产的新秩序是否会生效。赫勒梅斯遵守新法，这并不能保证大家都遵守。新法的确立是完全不合法的，珀拉克萨戈拉提供的生财方式只是耕地和织布，没有其他途径，如果我们不理会以上两个事实，我们也许期望迄此不得不为谋生而辛勤劳作的大多数人会服从新法，并强迫其余的人服从新法；但诚实的赫勒梅斯显然对不劳而获没兴趣，或者说对牺牲城邦为代价的坐吃山空没兴趣。他服从新法，是因为他相信新法对城邦有利（471 - 472），因为新法许诺要打击犯罪、惩恶扬善、消除不幸（560 - 568）。然而，如果大多数人都不服从，新法只会是一纸空文，而赫勒梅斯并不知道大多数人是否服从。相应地，赫勒梅斯在反驳对手，为自己遵守新法进行辩护时，没有提新法会带来什么实际的好处。他遵守新法的唯一动机，是他相信守法是好的、正确的，也就是说，不管守的是什么法，不管是良法还是恶法，不管别的公民守不守法。他是 [275] 无条件守法的化身或傀儡。他与对手的争论使得我们想起正理与歪理的争论，但赫勒梅斯的正义和对手的不义完全以抽离有关诸神和古人的德性等问题的方式呈现出来；赫勒梅斯无条件忠诚的法律只是人为制定的法律，并且完全是新的法律。这一点并不能取消一个事实，即赫勒梅斯的对手完全不义：即便愚蠢的正义者也高于不义者。

在阿里斯托芬暗示我们将私有财产转化为共同财物带来的困境之后，我们期待他表明婚姻变为共夫共妻（community of men and women）如何行得通。然而，出人意料的是，他表现的是共夫共妻如何影响那些尚未结婚或不再结婚的人们。更确切地说，他表现的不是如何共妻，而是如何共夫。我们对此提出这样一种解释。珀拉克萨戈拉在剧中不再出现，我们只听说她的公共活动，但除了身为城邦的统治者外，她仍然是一个女人；我们禁不住好奇，作为女人，她在新秩序中会有怎样的命运。

接下来一幕（也就是紧接珀拉克萨戈拉消失之后这部分的中心）以老妇和少女的对话开场。她们正在等男人，少女等的是她的情郎，老妇等的是随便哪个男人。老妇的美出于涂脂抹粉，少女的美是丽质天成。老妇哼着情歌，试图以此吸引过路的男人，少女威胁着要唱歌回敬。她知道，尽管这种对话会惹恼观众，但这这类恼怒毕竟有趣，而且切合谐剧。少女用有趣让观众高兴，正如珀拉克萨戈拉用政治革新本身让观众高兴一样（581－587）。少女的兴高采烈来自她的年轻和美丽，也来自她对情郎的期待，她欢快地笑着，也乐于让自己陷于可笑的情境中；她知道，显得滑稽可笑的不是她，而是这个老女人。我们想起，布勒庇洛斯害怕成为谐剧中的笑料，因为他那个时候正处于最滑稽可笑的情境中（371）。他早已不再处于滑稽可笑的情境中，但这个姑娘很快就会发现她将置身滑稽可笑的情境中。从中我们也许可以推断，新秩序对少女不利，对老男人有利，尤其是对珀拉克萨戈拉的丈夫这样的老男人有利。更切近的检视将表明，拜新秩序所赐，布勒庇洛斯极其可笑，也极其快乐，而少女则极不快乐，她非但可笑，甚至还成为同情［276］的对象，就此而言，要对这种局面负责的新秩序成了义愤的对象。

老妇在箫声的伴奏下歌唱。她赞扬老年的智慧、性经验的丰富以及老人的忠贞；甚至在爱情方面，老人也比年轻人更具自然的优势。少女也在箫声的伴奏下以歌唱回敬，她赞扬年轻人在决定性的方面更明显的优势，告诫老太婆不要嫉妒少女们：尽管新秩序据说是要根除嫉妒（565），但嫉妒仍然持存。少女提醒她的对手，青春等于生命，老年同于死亡；丑老太（hag）气得只能高声诅咒。当然，诅咒摧毁不了少女的青春，少女忧心的不是丑老太的诅咒，她忧心的是情郎的迟到。这时，一个年轻男子登场。老妇假装来人是她的情人，她等的正是他而不是随便什么男人。少女为了向对手证明，来的是她的情人，当然是专门来找她的，于是先躲开一会儿。老妇没有办法，只好也跟着躲开。年轻人一想起新法，对少女的情欲立刻全消，因为依据新法，他必须先同老太婆睡觉；他发现这种情况对自由人来说简直难以忍受。但是，在老妇看来，新法恰恰最符合自由，因为它符合民主制，也就是说，它符合自由人作为平等者自由统治的政制，在这样的政制中，法律以牺牲自然能力较优的人为代价，赋予自然能力较差的人特权，从而达成所有人的平等；或者不妨说，自由的要求可能不得不让位于平等的要求。少女认为她已经把老妇骗进屋，于是招呼心上人快到她那里去，年轻男子早就巴不得如此。双方都乞求爱若斯帮助，也祈求对方答应。年轻人敲少女房门的时候，老妇从自家门口跑出，宣称依据新法，她有权先享用他；责成年轻人满足老妇的法律，只是授予他免费晚餐的法律的相反一面。老妇引用新法条文，按照规定，如果青年男子拒绝老女人而欲与少女上床，老女人可依法采取强制手段，迫其入房；她引用的条文没有规定老男人的权利，年轻男子想不出办法可以明确反对这种法律，这种女人的法律。就在他将要屈服的时候，少女跑出来成功地为情郎解了围，她像年轻人一样不满意这种女人法律，她指出，老妇老得可以当他娘了，新法导致了母子的乱伦，明显无效。但［277］少女的这一胜利——在新秩序中只有女人才可能获得胜利——非常短暂。第二个丑老太跑出来，她比第一个更老更丑，因此，依照新法，她比第一个老妇更有特权先享用年轻人，她的年纪太大，不可能是年轻人的妈，因而少女无法控告她母子乱伦；第二个丑老太宣布她有权享有这年轻男子，她要把他拖走。她没有像第一个丑老太那样假扮爱情中的女人，后者三次凭阿佛洛狄忒起誓，她只是援引法律条文。这时，第三个丑老太跑出来，她比前面两个老妇更老、更丑，因此，她甚至比第二个丑老太更有权享受年轻男子。她抓住年轻人，和第二个老妇抢，差点儿将他撕成碎片。最老的丑老太最终胜出。少女的痛苦难以言表。年轻男子的痛苦更是心上人的三倍，他怕（我们认为他理解有误）按照法律规定，在他最终享受少女之前，他还必须满足第二个丑老太。无论这种强迫性同居多么恐怖，它却可能对城邦有利（对观471–472），不过这种想法并不能安慰年轻人。在新秩序中，爱若斯不听情人们的祷告。死亡和老朽战胜了生命和青春。

　　第二场戏完全没有提到珀拉克萨戈拉，她赞同这些丑老太所犯的暴行与威胁吗？对女主人公的沉默某处程度上延续到了戏剧结尾。

最后一场戏的主角是一个微醉的女仆,她从来没有像现在这样开心过。她提到她的女主人最有福气:她的女主人会是珀拉克萨戈拉吗?女主人是派她来接男主人去赴宴的;她找到他时,她恭喜他有福气,极其幸福(thrice happy)。布勒庇洛斯之所以极其幸福,因为他是城邦统治者的丈夫。但女仆称男主人极其幸福并不是因为这个原因,而是因为在雅典公民中,到现在还没有赴宴的只他一人:只有他还有好事可期。因此,我们碰巧了解到,共夫共妻还没有实现:女仆的女主人和男主人仍然是夫妻;夫妻情谊仍然存在。女仆还邀请观众中的好心人也一起赴宴,她特别邀请了[谐剧]评判员中的好心人。她的男主人告诉她还要扩大邀请面,邀请所有人都到家里晚餐,而他将去赴公共晚餐。歌队的女人们也还没有吃饭,因此她们和女主人的丈夫同去。或许别的雅典女人也与她们一样还没有吃饭,就我们所知,她们忙着准备晚餐,忙着喝酒,因为微醉的女仆就是暗示。这次宴会据说美味应有尽有,其丰盛[278]令人难以置信也难以言喻——这明显是夸大其辞,没有人相信。我们不知道珀拉克萨戈拉的方案是否使雅典人快乐,她以牺牲城邦为代价,换取了全体公民一顿晚餐,至多在这一点上,她让雅典人快乐。我们唯一能够确认幸福的人是这个女仆和最老的丑老太。歌队的快乐不是来自珀拉克萨戈拉的方案,而是来自对胜出谐剧比赛的预期。

戏剧的结尾令人不满意。我们没看到共产和共妻是否行得通。我们没看到珀拉克萨戈拉带给整个城邦的是幸福还是不幸。在所有别的谐剧中,我们在结尾都能看到,负责行动计划的主人公要么成功,要么失败,或是成败兼有,从中我们也能看出诗人阿里斯托芬是否赞成计划,多大程度上有保留意见;无论如何,在这种意义上,其他戏剧的结尾都是令人满意的。在其他戏剧中,我们看见配得胜利的人或有价值的行动计划的胜利,看见应遭失败的人或无价值的行动计划的失败;如果是成败兼有,我们会看见在多大程度上他们成功或失败,也就是说,多大程度上他们配得成功或应得失败。布得吕克里昂成功地治愈了父亲对司法审判的迷恋,但没能把他变成贤人；欧里庇得斯没能完全得到女人们的无罪宣判，但成功地获得了有条件保释；狄奥倪索斯没能把欧里庇得斯带出冥府，但成功地带回了另一位肃剧诗人埃斯库罗斯。阿里斯托芬以这种简明的方式让我们看见有价值的行动计划与无价值的行动计划之间的差异，从而教导了正义事物。但是，由于这些行动计划（行动计划与目标本身不同，比如和平）都很可笑，因此，阿里斯托芬是用让我们发笑的方式来教导正义事物的。这些行动计划之所以可笑，因为它们（或多或少明显地）不可能［行得通］；通过使部分观众思考为什么一个这样的行动计划不可能行得通，阿里斯托芬针对智者（the wise）表达自己的观点，他们有别于那些一笑而过之徒（1155–1156）。

有人或许会说，《公民大会妇女》的结局与任何其他谐剧的结局一样令人满意，因为阿里斯托芬表明了他对珀拉克萨戈拉的方案的判断，他用最精巧的一幕刻画了新秩序的运作，在这幕戏中，他展示了老女人和年轻情侣之间的冲突。这幕戏表明，珀拉克萨戈拉其实没有给整个城邦带来幸福，她只给老女人带来幸福，她其实也没有给整个城邦带来不幸福，而是只给年轻情侣带来不幸福。换句话说，她的行动与任何革命行动一样，结果并不是消除不幸，而只是对不幸与幸福的再［279］分配。在旧秩序中，丑老太是不幸的，因为她们苦于一种匮乏（deprivation），如果她们想的话，这种匮乏将仍是私人的或秘密的，因此也是得体的；但在新秩序中，丑老太的幸福必然是公共的，不但有失体统，而且招人反感：应该遭受失败的正是那些人。这个让人震惊的事实只被最后一幕表面上的振奋特点稍加掩盖。《公民大会妇女》的结局招人反感，令人恶心，在这个意义上它是不能令人满意的，而所有其他谐剧的结局都让人振奋。要说《公民大会妇女》是最丑陋的谐剧，这还不够；它是唯一（the）丑陋的谐剧。《吕西斯特拉特》中，女人唤回了男人的理性；她们治愈了男人的愚蠢行为，但这蠢行并非一种堕落的愚行。在《公民大会妇女》中，女人诱使或迫使男人——尤其重要的是年轻男人——为了饱食终日和得到女人照顾而牺牲了对高贵事物和美的事物的一切关注：女人的行动剥夺了生活中所有的美。人们没有看见珀拉克萨戈拉的行动如何能促成雅典的荣耀。唯有在《公民大会妇女》这出谐剧中，引入行动的计划没有遇到任何人或物的强力抵抗；显然，这部谐剧缺乏以公开和公平的斗争方式取得的胜利之美，除非人们把那个年轻男子遭到的类似扣留的事实（quasi-arrest），当成是丑老太以公开公平的斗争方式获得的胜利。

人们也许会质疑上述论证的前提，据此前提，在阿里斯托芬的谐剧中，胜利的人物或行动原因本身就配得（deserves to）取胜，失败的人物和行动原因本身就应得失败：如果说丑老太的胜利并不意味着她们配得取胜，那也肯定没有其反命题那么招人反感。那么，阿里斯托芬笔下的胜利或失败究竟意味着什么？丑老太们取胜，难道只是因为她们的胜利会比她们的失败更好笑？苏格拉底失败，难道只是因为他的失败会比他的胜利更好笑？和平爱好者胜利，难道只是因为他们的胜利会比他们的失败更好玩？更合理的做法，是从《公民大会妇女》的显而易见的主题的独有特点，来理解其结局的独有特点。只有在《公民大会妇女》中，阿里斯托芬没有攻击司法体系等民主制度，没有攻击对斯巴达的战争政策，没有攻击克里昂等蛊惑人心的政客，他在其中攻击的是民主制的原则本身：平等主义。正是出于这个原因，阿里斯托芬这部谐剧的写作手法与前面讨论过的谐剧都不同，他在此剧中采取了反讽笔法（ironically），也就是说，他虽然拒斥极端的平等主义，但他假装接受这个前提，从而呈现出极端平等主义的一种最要不得的结果，仿佛它完全要得而且配得取胜：无论在［280］什么情况下，都必定不能允许反对平等的人获得胜利。阿里斯托芬没有表现平等主义的崩溃而是表现了平等主义的后果。平等主义要求废除一切不平等，因此，要求绝对的共产主义（涉及财产、女人和孩子的共有）；但是，由于最重要的不平等是天生的、不能根除的，平等主义于是要求给予弱者特权以弥补他们的缺陷；他们的嫉妒必须得到安抚。平等主义的荒诞性最易察觉之处不在于财产方面，而在于性方面，因为人之贫富既有赖于自然的不平等,又有赖于机运。这就解释了何以三个丑老太与年轻情侣之间的冲突场景在戏中既如此举足轻重,又如此一目了然。丑老太们的胜利反映了珀拉克萨戈拉的胜利。这是艺术对自然的胜利:珀拉克萨戈拉的徽记不是太阳,而是陶灯。正是因为珀拉克萨戈拉的方案某种意义上源于平等原则,所以在雅典,它才没有遭到抵抗。正是因为珀拉克萨戈拉——无论男女,都无人能够与之匹敌——是对不折不扣的平等主义的活生生的驳斥,所以在谐剧的下半场,我们只闻其人,不见其身。

不过我们一定不要忘记,珀拉克萨戈拉固然是一个杰出的人,但她也是个女人。她的丈夫又老又色,令人反感,而她却正当韶华。既然她的新法旨在满足自由女性的性需求(718 – 720),它们也就照顾到她自己的性满足。在她的新秩序中,通奸不可能再受禁止。我们已经看到,在新旧政治秩序交替阶段,夫妻之间的友情仍然存在:只要丈夫同意,珀拉克萨戈拉总是可以宣称,她已经尽了[与老男人上床的]法律义务,因此总是可以自由地与年轻男子同床。在新秩序中,她比以前幸福得多。新秩序因而不仅为令人反感的丑老太们带来幸福,还为嫁给老男人的年轻漂亮的妻子们带来幸福。新秩序中丑老太的特权是旧秩序中通奸所代表之物的一种对应物:一种公认不招人喜欢的特权取代了一种罪行;难怪,不惜任何代价的守法拥护者赫勒梅斯不反对新秩序(参 471 – 472)。因此,珀拉克萨戈拉的革命行动背后有强烈的私人动机,她的革命行动(即便不是偶然)必然赋予老女人这类人很大的特权。就我们对布勒庇洛斯的了解,我们有理由假定,他以他的方式对新秩序感到满意,如同他的妻子以她的方式对新秩序感到满意。这不是要否认,如果丑老太们对新法的解释是正确的,那么,珀拉克萨戈拉在享受年轻男子之前必须满足另一个[281]老男人;但是,谁能怀疑这种解释将不得不让位于对城邦统治者更公平、更能接受的解释?《公民大会妇女》的奇怪结局向我们隐瞒了珀拉克萨戈拉的私人胜利,她远远胜过所有男人和女人,也就是说,她的私人胜利是一个配得的胜利。

但是，阿里斯托芬没有表现珀拉克萨戈拉的这个配得的、令人振奋的胜利，而是表现了丑老太们令人震惊的胜利。有人甚至会说，既然我们没有看见珀拉克萨戈拉的胜利，我们甚至不能肯定她是否取得胜利。确实，我们把珀拉克萨戈拉的推测性的胜利无情地与丑老太的明显的胜利联系在一起。由此，我们开始倾向于返回这样的观点，珀拉克萨戈拉应得失败，或者说，尽管她可能配得取胜，她的方案却应得失败：如果她只寻求自己的幸福，如狄凯奥波利斯那样，一切本来会挺好。《公民大会妇女》奇怪的结局隐瞒了珀拉克萨戈拉的方案的失败。阿里斯托芬为什么要隐瞒那个失败？珀拉克萨戈拉的方案太大胆了，大胆得令人难以置信。她的方案在大胆程度上超过了佩斯特泰罗斯的方案，最重要的是，她的新秩序隐然为乱伦提供了便利，也就是说，该方案不尊重城邦的根本需求，而在别的方面，她的方案赶不上佩斯特泰罗斯的方案。显然，这方案是一个女人想出的最大胆的方案。要明白在阿里斯托芬的笔下这意味着什么，我们必须注意一个迄今还没有机会考虑的区别，即阿里斯托芬的女人戏与男人戏之间的区别。在男人戏中，诸神和神圣事物（比如，通过安菲特奥斯进行的神的干预、克里昂的神谕以及给予菲洛克里昂的神谕）对于引入行动的最初或最终的计划的成形，即便不是起决定性的作用，也是起了重大作用。在女人戏中，诸神和神圣事物没有起到这样的作用。我们还能想起，在《地母节妇女》中，女人们对欧里庇得斯的无神论并不关心，在《吕西斯特拉特》中，吕西斯特拉特的计划下潜藏着对自然与法律的特有等同。珀拉克萨戈拉的计划不管有多么大胆，没有人能指责她反对诸神。普罗米修斯（Prometheus）是个男人（a man）。大致说来，人们要求女人比男人更节制（moderation, *sophrosyne*）（亚里士多德《政治学》1277^b 20–23），要求男人比女人更有男子气（manliness）。让我们始终不要忘记两个伟大的处女女神，阿尔忒弥斯和雅典娜。通过隐瞒最杰出的女人构想出的最大胆方案的失败，阿里斯托芬隐瞒了女人的失败，隐瞒了女人的局限：他宽饶了女人。他笔下的欧里庇得斯需要的教训，他不需要。为了说得更明白，我们不妨夸大点说，《公民大会妇女》的丑陋反映了［282］节制的丑陋。我们不拘使用这样刺耳的表述，因为这有助于重新思考柏拉图贯注于《斐德若》（*Phardrus*）中的思想：对疯狂（mania）的赞美。可以肯定的是，如果——依照《王制》（*Republic*）中的文字（540°5）——不考虑苏格拉底与甚至最智慧的女人珀拉克萨戈拉之间的性别差异，就不能恰切理解苏格拉底对珀拉克萨戈拉的方案的校正；《王制》中的方案纯粹是男性的产物。

10 《财神》

［283］只有《财神》（*Plutos*）是以一个奴隶的独白开场。奴隶卡里昂（Karion）独白的时候，主人克瑞米诺斯（Chremylos）在场，但主人没有听他独白，或者说，根本就没有听见他的独白。卡里昂让我们回想起《和平》中的一个奴隶，他抱怨自己命不好，碰到个愚蠢的主人；因为一个奴隶的身体不受这身体的（自然）统治者掌控，而受买他的那人掌控，如果主人明智，奴隶的命运还能忍受。如果这出戏剧的标题不是《财神》（Wealth），我们也许不会说，奴隶是主人财富（wealth）的一部分。我们从卡里昂的独白得知，克瑞米诺斯的愚蠢和疯狂是阿波罗神谕造成的（像菲洛克里昂的疯狂）。为了求得神的指点，他们到德尔斐神庙求了神，得到神的回答，出来之后，克瑞米诺斯就一直跟着一个瞎子走，卡里昂问主人为什么做这等怪事，主人一直不理他。从神谕带来的疯癫效果判断，卡里昂开始怀疑，阿波罗是否是人们所说的高明医生和神示者（diviner）。毫无疑问，他对主人完全失去了耐心：克瑞米诺斯必须现在就告诉他，就在这里，为什么他要一直跟着个瞎子，并且还要强迫他也一直跟着；主人必须告诉他这瞎子是谁。克瑞米诺斯意识到自己是主人，略略迟疑之后才向卡里昂解释自己看似疯狂的行为。他为人虔诚、正义，但老受穷，而那些既不虔诚又不义的人却富有。

他因此逐渐相信,不虔诚和不义是通向家财兴旺的不二法门。但在这样一个事关重大的问题上,他不希望只依赖他自己的判断。因此,他去向阿波罗求证,他关心的不是他自己——他自己的人生已经报废——而是他唯一的宝贝儿子;他的儿子应不应该放弃他这种生活方式变得不义?阿波罗明确吩咐他,走出神庙后首先遇到什么人,就要紧紧跟着他,还要劝他 [284] 跟自己一起回家。这个瞎子就是他离开神庙后最先遇到的人,所以他就尾随他从德尔斐神庙一直到雅典。克瑞米诺斯像斯特瑞普西阿得斯①一样只有独子;不同的是,不义的斯特瑞普西阿得斯求助于苏格拉底,正义的克瑞米诺斯求助于阿波罗。

卡里昂听得目瞪口呆,他的主人居然如此死板地按字面理解神谕。阿波罗以最清楚的方式说,克瑞米诺斯应该要他儿子学他遇到的第一个人,也就是说,学当下的本地人的共同行止。这回答显然很容易明白,所以神不可能有别的意思;阿波罗毕竟是人们所说的睿智的神。换句话说,阿波罗说的是,他儿子应当服从习惯(custom)或礼法(nomos),也就是古老的习惯;但这个败坏了的奴隶辩称,遵从古老的习惯意味着有益,而在一个礼崩乐坏的时代,遵从古老的习惯明显无益;因此,阿波罗的意思肯定是让他儿子追随当时的败坏的行止。我们不应该忽视这样的事实,即阿波罗没有明白无误地建议克瑞米诺斯继续走正道。无论如何,考虑到斯特瑞普西阿得斯对苏格拉底的教导的反应,我们知道,字面理解并不总是愚蠢的。克瑞米诺斯拒绝相信卡里昂对神谕的解释。阿波罗不可能推崇不义的行止,此其一;其二,克瑞米诺斯离开神庙后首先碰到的人尽管是瞎子,却独自走到了雅典,到了克瑞米诺斯的家门口,仅

---

① 根据 Hall-Geldart 校勘本的第 5 个假设(Hypothesis),克瑞米诺斯(Chremylos)的名字来自"债务"(debt)和"欺诈"(deceiving)两层意思:"因贫穷而欺诈债主的人"(He who deceives his debtors on account of poverty)。[译按] Hall-Geldart 校勘本指 *Aristophanis Comoediae*, F. W. Hall 和 W. M. Geldart 编订,牛津版,1906 - 1907 初版。

仅这个事实就足以证明神谕必须按字面理解，神谕有比卡里昂所想象的更高的含义。要揭示那种含义，必须知道瞎子到底是什么人，他为什么带着克瑞米诺斯和卡里昂到了即便不服从神谕他们本来也要去的地方。卡里昂粗鲁地问瞎子是什么人，瞎子粗鲁地叫他滚蛋；可是，克瑞米诺斯礼貌地轻声问瞎子是什么人，瞎子还是粗鲁地叫他滚蛋。直到主奴两人威胁着叫他不得好死时，他才说，如果他们知道他是谁，他们一定会欺侮他，不肯放他走。尽管如此，只是在他们顺从了他的心愿，至少放开了他之后，他才告诉他们，他是财神（Plutos）。

这一揭示让克瑞米诺斯惊讶不已，尤其因为财神看上去根本不像财神，只是个可怜兮兮、污秽不堪的瞎子。财神将他的状况归因于宙斯嫉妒凡人。财神还年轻的时候，就威胁说他只去拜访正义、智慧、得体的人；为了阻止他这样做，宙斯把他弄瞎，叫他辨不清谁是值得敬重的人（the worthy）：宙斯非常嫉妒值得敬重的人。克瑞米诺斯发现宙斯的这一举动很奇怪，因为宙斯［285］只是由于值得敬重的人才受到尊崇，这或许是因为人的德性体验是神灵崇拜的温床。现在，他必须开始接受他从财神这里得知的事实，即宙斯嫉妒的不是富人和强人，而是正义、智慧和得体的人，也就是说，他嫉妒那些人们真正尊崇的人。财神向克瑞米诺斯承认，如果他能重见光明，他会避开坏人，去找正义的人。现在，他满足了克瑞米诺斯和卡里昂关于他身份的好奇；他们非常吃惊，以至于忘了问他为什么从德尔斐走到雅典，尽管克瑞米诺斯知道，要弄清阿波罗神谕的意义，他必须了解这个原因（53–55）。财神满足了他们的好奇，就要求这两个人以放他走作为回报。但是，克瑞米诺斯知道瞎子是财神后，当然比先前更不愿意放走他，先前他希望财神就留在他身边，因为按照神谕的字面意义，他要把离开神庙后首先遇到的人带回家。他哀求财神留下来，既然财神渴望与好人为伍，就应该和他在一起，因为他属于大好人之列。财神不答应；虽然他不怀疑克瑞米诺斯的正义，但他凭经验相信，人们真的得到他，成为富人之后，便会干出许多伤天害理的坏事。因此，他无意中为宙斯对他的举动做了辩白：如果财富绝对使人腐化，就必须想尽办法阻止财神接近他渴望为伍的好人；宙斯弄瞎他，不是因为他嫉妒值得敬重的人或者说他不义，而是因为他热爱值得敬重的人，因为他正义。克瑞米诺斯否认财神——或宙斯——的前提，说天下的富人并非都是坏人；但这一否认对财神丝毫不起作用。克瑞米诺斯只有换个方式劝他留下来，不再大谈他对正义的热爱，而是晓之以私利；他说，只要诸神许可，他会医治他的眼病。财神虽然不否认他的眼睛可能治好，但他表示不希望治好。卡里昂于是说这个人是个天生的可怜虫：财神似乎天生喜欢坏事，不喜欢好事，或者说，自然好像就是他的敌人；正是出于这个原因，他才相信，财富绝对使人腐化，或者更一般地说，所有的人都是坏人。但卡里昂大错特错。财神的敌人是宙斯：宙斯如果听说克瑞米诺斯恢复财神视力的计划，一定会收拾财神。但正如克瑞米诺斯所说，宙斯让他在黑暗中流浪，就已经是他的敌人了。财神不敢承认这一点：他非常怕宙斯。但现在，克瑞米诺斯却一点不怕。他原本很虔诚，虔诚地去德尔斐神庙，以最虔诚的方式解读神谕。他［286］对神的态度发生了变化，只因为他从财神那里知道了宙斯的真面目：他过去崇拜宙斯，是因为他相信宙斯的正义。他现在指责财神是所有神中最胆小的神：既然宙斯缺乏来自正义的力量，那么他拥有的只是来自财神的力量；只要财神再次开眼，只要正义且只有正义能够生财，宙斯就会失去那种力量。但财神还是怕宙斯，他拒绝听从克瑞米诺斯。克瑞米诺斯对"天"发誓，并让卡里昂作证，他向财神证明，他的力量超过宙斯：人们献祭宙斯，对他祈祷，全是为了财富，对人来说，一切灿烂、精致或美好的东西的自然增值都是财富。事实上，财富是人们一切作为和如何度日的唯一原因。人对一切其他东西都有餍足的时候，惟有钱财永不让人满足。财神过去从来没有意识到自己的力量，现在因听到凡人对他的爱而开始感到悲哀，他慢慢认识到，财富不只是具有一种坏的影响力，或者说，人并不全然是坏的。最终，他还害怕一件事：他看不到他何以能成为克瑞米诺斯和卡里昂所说的他拥有的力量的主人。既然财富并不能败坏所有的人,那么他有望满足心愿,与正义的人在一起;他已经消除了这样的信念:宙斯让他看不见,要他远离正义的人,这符合正义的利益。但他仍然怕宙斯,至少对反抗宙斯的做法不抱成功的希望。在克瑞米诺斯看来,这正好证明人们说的没错,富人(wealth)——也就是有钱人——都极度胆小。《财神》建立在不可能的基础之上,这一不可能性在于如下事实:财神既是纯粹意义上的财富,是人类的一种品质或附属物,但在另一方面,他也是一个神、一个自足的存在者,或不妨说,一个能够按字面意思讲话的存在者。① 克瑞米诺斯向财神保证,只要财神热心、愿意配合,他可以帮助他重见光明。财神表示怀疑,克瑞米诺斯不过是凡夫俗子,怎能做到这一点。克瑞米诺斯告诉他,阿波罗赞同他这样做,于是财神打消了疑虑。克瑞米诺斯还主动提到,他们有许多共同反抗宙斯的人类战友,他们都是正义的穷人,只要使他们变得富有,使他们看到变得富有的前景,他们就会有力量。没有等财神同意,克瑞米诺斯就吩咐卡里昂去召集很可能正在田间操劳的农民伙伴——因为他们正是当今的正义的穷人——让他们都到这里来,分享财神的财富。克瑞米洛斯现在称财神是最高的神,他请财神进家门,不管是用正当还是不正当的手段,务必要在今天使他家里充满财货。可以 [287] 理解,这句话重新唤醒了财神过去的信念,即所有的人都是坏人。克瑞米诺斯见财神开始后悔,立刻向他的神客(divine guest)表示,他不是一个爱走极端的人,他还明确告诉财神,每个人对财神说的都是真话,财神这才放心。财神的出现远非使人们变得不义,至少在某种意义上,他使他们变得正义了:每个人都真诚地告诉财神,他最爱的就是财神。甚至宙斯都告诉财神他弄瞎他的真正理由。至于克瑞米诺斯,他的确没走极端,没有把真

---

① 财神和金钱(也即最突出的习俗事物)之间尤其具有密切的关联(131,141,147,154,194–196)。

相告诉每一个人；他是适度的（moderate），或者说，他有一般水平的正义（average justice）。

克瑞米诺斯已经按阿波罗神谕的字面意思去做了。他拒绝聪明地理解神谕；如果聪明地理解神谕，将径直走向赤裸裸的不义。他从字面上理解神谕，最终恢复了财神的视力，也就是说，正义的行为开始有了回报，这是从未有过的事；他对神谕的解释表面上看起来最愚蠢或者说最荒诞，结果却是最正确的解释。阿波罗诱使克瑞米诺斯尾随财神，似乎是向他保证，当克瑞米诺斯恢复财神视力时，他将助他一臂之力（210 – 214）。克瑞米诺斯理解的神谕远比卡里昂理解的神谕对一个神而言更有价值。然而，要恢复财神的视力，就必须反抗宙斯的意志——正如在《和平》中，必须反抗宙斯的意志，才能恢复和平——而且，正如接下来将显示的，还必须剥夺财神以外的诸神的所有权力。可以肯定的是，这样的结果并非出于阿波罗的初衷。我们必须得出这样的结论，即克瑞米诺斯出了庙门首先碰到财神，这纯属偶然，阿波罗并没有预见到此，而且，漫无目的浪游的财神也是碰巧在从德尔斐神庙前往雅典（对观 121）。财神的盲目让我们想到机运（Chance）的盲目（有人因此会说，克瑞米诺斯让财神重见光明，也就消除了机运）。换言之，财神从德尔斐走到雅典，要不是有后来的结果，这件事本身有可能被理解为是个奇迹。这并不必然意味着卡里昂对神谕的解释就正确；阿波罗或许还不知道这个时代的败坏，或者说，这个时代也许不像卡里昂想象的那么败坏。但可以肯定的是，这意味着阿波罗没有料到克瑞米诺斯会凭着他的朴实（simplicity）或朴素的虔诚，愚蠢直白地理解神谕。更一般地说，与《鸟》中诸神的倒台不同，《财神》中诸神倒台的根本原因在于诸神中的一位有失远见（unprovident）的行为。因此，阿波罗的行为堪比乔装成赫拉克勒斯下冥府的狄奥倪索斯。卡里昂对神谕的轻浮解释［288］只会产生点儿小的麻烦，克瑞米诺斯对神谕的虔诚解释却以某种方式导致虔诚的毁灭。

让我们不要轻率。我们并不知道，阿波罗没有预见到克瑞米诺斯离开神庙后首先会遇到财神,并且财神将前往雅典;若是这样,则阿波罗的神谕可能意指,克瑞米诺斯若想保持正义,需要的是财富。阿波罗没有预见到的是,克瑞米诺斯会强迫财神告诉他自己的遭遇,他也没有预见到,这将产生后来的结果。换句话说,阿波罗对克瑞米诺斯的认识不够充分。克瑞米诺斯认为自己和其他乡下人都是正义的,这没有错。乡下人通常受到热爱与尊重,因为他们被认为是正义的人,因为他们依靠自己的劳动生活,不依靠别人(亚里士多德《修辞学》1381^{a}19 – 23)。阿里斯托芬在多大程度上认同这种说法,可以从他许多谐剧中看出端倪。农民的正义是柏拉图会称为庸俗的(vulgar)正义,一种原始类型的(a crude kind)正义,这种正义绝非对重大的诱惑有免疫力。如果克瑞米诺斯不怀疑让孩子走正道是否明智,不怀疑诸神是否坚决反对不义的风习,他就不会去德尔斐神庙。我们当然以为,财神的正义观念更严格,与此相应,他才得出结论,认为普天之下的人都是坏人,或者不妨说,自然与正义为敌,从而与热爱正义的财神为敌。克瑞米诺斯默默地否认了用这样严格的标准来要求人的必要性。他从财神那里获知,宙斯嫉妒正义的人,从而与他们为敌,因此,他让那些甚至只具有平常的正义的人实际上也不可能变得富有——宙斯甚至不拥有平常的正义。宙斯嫉妒正义的人,因为他希望成为正义者,但又知道他不可能是正义者。财神对宙斯的说法比他对所有人的说法更加可信,因为他在还能看见时观察到宙斯对正义者的嫉妒,却在瞎眼后形成所有人都是坏人的看法。但克瑞米诺斯认清宙斯的本来面目之后,没有就此推论他应该变得彻底不义,或者让他儿子变得彻底不义;在此意义上,他足够正义。他剩下的唯一选择是不再尊崇宙斯,而是要推翻宙斯的统治。他是正义的,他希望成为富人;他从财神那里得知,他的愿望符合财神的本意;他唯一要做的就是恢复财神的视力,从而恢复财神的本意。

卡里昂带着一群老农回来,这群老农组成歌队。卡里昂期望他们来保卫财神和主人,共同对抗宙斯的暴怒。但他走得急,没有说那么多，只是告诉他们快跟他去见主人。他们上气不接下气跟在他身后，就像是在追逃 [289] 亡的奴隶。现在，他们想知道为什么要叫他们来。卡里昂告诉这些热爱辛劳之人，他们将要摆脱那种艰辛，过自由快乐的日子。这些老人耳朵背，卡里昂又高兴过了头，乐得取笑他们，他们费了好一会儿才听清，克瑞米洛斯把财神带回家了，要使他们富起来。有片刻功夫这帮老人疑心这好消息是不是真的，但卡里昂的一个誓言差不多打消了他们的疑虑。卡里昂与歌队兴高采烈地以抒情诗的方式唱和，他们的对白明显带着嘲弄特点：卡里昂明确假定，他将模仿独目巨人（Kyklops）呼唤他的绵羊和山羊，他还要模仿将自己的追随者变成猪的喀耳刻（Kirke）；歌队觉得自己被卡里昂当成了绵羊、山羊或潜在的猪，于是明确宣布他们要模仿奥德修斯。这类嘲弄从来没有出现在别的谐剧的戏仿中，即使在《公民大会妇女》的戏仿中，女人们也只是假扮成男人。歌队暗中对弄瞎独目巨人的奥德修斯的影射，读起来像是对被宙斯弄瞎的财神即将复原的一种预示，正如歌队暗中对奥德修斯借助赫耳墨斯从喀耳刻那里拯救自己的影射，读起来就像对这出戏中赫耳墨斯的行动的一种预示。老农歌队和奥德修斯有共同点，他们都是在超人存在者（superhuman beings）的帮助之下击败了超人存在者。此外，我们还会想起，《马蜂》中的菲洛克里昂模仿奥德修斯逃出独目巨人的洞穴，《财神》中歌队的行动正如菲洛克里昂所为，他们纵然不知不觉，却服从了神谕。

卡里昂进入主人的屋子，想为他刚才的体力消耗偷些东西吃。克瑞米诺斯出来招呼乡亲，他用新的方式问候，以切合他们的新的处境：他们现在是财神的救星。歌队虽然还不知道财神的敌人是谁，但已经是同仇敌忾，摆出一副战斗的姿态。不用说，他们非常相信克瑞米诺斯；他们不需要也不可能与克瑞米诺斯争论，或者说，他们不会对自己伴随的戏剧行动有任何评论。然而，布勒普西得摩斯（Blepsidemos）的到来让局势起了变化。他也是匆匆赶来，他显然听说了有大事发生。他听到谣传说克瑞米诺斯突然成了富人。更让他吃惊的是，克瑞米诺斯正在呼朋唤友。一般来说，普通人只在有难的时候才呼朋唤友。克瑞米诺斯对他解释，他还没有富起来，这事情还有某种巨大的危险：克瑞米诺斯仍然需要朋友帮忙。布勒普西得摩斯怀疑，他的朋友们可能从阿波罗神庙偷了金银，或者干了谋杀以外的［290］其他劫财勾当，现在害怕被人发现。克瑞米诺斯越是发誓赌咒地抗议，布勒普西得摩斯就越肯定自己的怀疑。他断定，先前老实的克瑞米诺斯现在变得不老实了；他现在相信，所有人都是坏的，也就是说，人人都会屈服于获利。克瑞米诺斯随即怀疑，布勒普西得摩斯正急于分享不义之财。布勒普西得摩斯公然表示，他愿意保护克瑞米诺斯不受惩罚，如果有人指控，他愿意使点儿小钱去堵住可能的指控者，前提当然是他要分一杯羹，这就使克瑞米诺斯的怀疑得到证实。克瑞米诺斯相信他能使布勒普西得摩斯信服他的诚实，他对布勒普西得摩斯说，他打算只让那些正派得体的人富起来，但他的话只是使布勒普西得摩斯更加相信他偷了许多。不过，布勒普西得摩斯的回答表明，克瑞米诺斯的论证并非没有任何效果，因为他那样回答，就等于默认了有许多正派得体的人，也就是说，他默默地收回了先前所有人都是坏人的断言。布勒普西得摩斯收回了他的断言，就凭这点我们可以容易地相信他在某种意义上还是个正义的人。换句话说，由于克瑞米诺斯既希望他的朋友富起来，也希望正派得体的人富起来，因此，他似乎在对我们暗示，他的朋友都是正派得体的人。无论如何，克瑞米诺斯这才有机会告诉他的朋友布勒普西得摩斯，他把财神带回家了，为了从财神那里得到益处，他俩必须首先恢复财神的视力。布勒普西得摩斯现在完全恢复了对朋友的信任。虽然他还没有看见财神，但他相信克瑞米诺斯的话，即财神在他家。换个更可取的说法，事关诸神的陈述是否可信，不依靠于说话者的诚实，因为克瑞米诺斯没有经过验证就相信普卢托斯（Plutos）的神性，其依据是普卢托斯明显很正义。但是，在另一方面，他继续相信宙斯的神性，尽管他不再相信宙斯的正义。布勒普西得摩斯提议他们请医生，但他不知道这会儿可以找哪个雅典的医生。克瑞米诺斯说,最好还是照他一直所想的,把财神放在[医神]阿斯克勒庇奥斯(Asklepios)的庙里。他刚刚对布勒普西得摩斯说了,只要诸神同意,财神就能重见光明——他没有告诉朋友,恢复财神视力违反了宙斯的意志。布勒普西得摩斯对克瑞米诺斯的正义的不信任并没深到那地步。布勒普西得摩斯如其名所指示的,只是一个向人民(demos)看齐的人。

到此为止,一切都勉强顺利。克瑞米诺斯在布勒普西得摩斯的催促下,准备赶快将财神转移到阿斯克勒庇奥斯的神庙。就在这时,他们明显遇到人力不能逾越的障碍,[291]克瑞米诺斯早就意识到了这点,也为此一直在担心。现在,他的主要盟友布勒普西得摩斯亲眼看到了他的担心是多么有道理。反对他们的不只是宙斯和他的霹雳,而且还有财神的女对手,珀尼阿(Penia)(穷神[Poverty])。克瑞米诺斯和布勒普西得摩斯虽然穷惯了,却不认识穷神。穷神的样子和眼瞎的财神一样让人厌恶。她让布勒普西得摩斯隐约想起复仇女神中的一个(an Erinnys),一个可怕的女神。穷神破着个嗓子指责他们胆敢干出不虔敬和不合法的勾当,以前没有神和人敢干的事,他们居然有胆干——我们想知道他们是否比佩斯特泰罗斯还胆大——于是她威胁说今天就要灭了他们。没有理由假定她是宙斯派来的,但她的行为肯定代表了宙斯。财神对宙斯提出了控告,穷神则为宙斯进行辩护。但是,穷神与财神不同,她完全没提可能出于宙斯之手的任何惩罚。因此,克瑞米洛斯和布勒普西得摩斯看见她的时间越长,听到她说的话越多,他们的勇气就回来得越多。他们认为穷神就像恶狠狠的泼妇,对着一点儿没委屈她的人们大呼大叫。穷神说,他们确实严重委屈了她,因为他们企图把她逐出一切地方,特别是逐出雅典,而她穷神在雅典已经与他们同住了这么多年。布勒普西得摩斯听到对方说是穷神,吓得找地儿溜。然而,克瑞米诺斯现在表明,他比他的朋友更有勇气,正如他也更加正义;他们两个男人,不能因为怕单独一个女子,就丢下财神不管。为了对布勒普西得摩斯公平起见,人们必须说克瑞米诺斯比他朋友更有准备对付穷神,因为他在对付财神时有成功的经验;更何况,他知道,如果他们真有危险,那一定来自宙斯,而不是来自穷神。

克瑞米诺斯提到财神的力量,这让布勒普西得摩斯重新鼓起了勇气。当克瑞米诺斯一门心思劝他心怀畏惧的朋友时,穷神只在旁边默默地听,也就是说,她没有试图增加那种恐惧,现在,她再度指责他们恢复财神的视力,这是委屈了她。克瑞米诺斯不明白,他们为全人类谋幸福,怎么就委屈了她:若是某个存在者挡了普遍幸福的道,只会罪有应得,首先被逐出雅典,然后被逐出整个大地。换句话说,不管穷神是一个人还是一个超人存在者,她的行为都不义;为全人类(或者除了一人之外的全人类)谋福利的行为,哪怕对诸神的利益有害,也是正义的行为。如果一个神要与人类为敌,人类把他当敌人对待就是正义的。穷神于是争辩说,[292]只有她才为人带来所有好事,换言之,克瑞米诺斯委屈了她,因为他和其他人一直蒙受她的恩惠。她把财神的如下观点又大大推进了一步:贫穷是值得过的生活的必不可少的条件;财神的观点只吸引值得敬重的人,而穷神的观点还能够吸引不值得敬重的人,或者说,还能变得对不值得敬重的人有吸引力。而且,她的观点比财神的观点更合理,财神是既希望正义的人富有又不希望正义的人富有,因此,可以认为她比财神更可怕。穷神也不同意克瑞米诺斯的论点,即财富(或对财富的欲望)是一切善恶行径的唯一缘由(182 – 183)。对财富的欲望首先激励严格意义上的穷人,但它也激励富人,富人希望更富,从而认为自己还不够富,也就是说,他们认为自己在某种意义上依然是穷人;因此,可以说克瑞米诺斯的论点是,贫穷是一切善恶行径的唯一缘由。与此相应,穷神的观点也比克瑞米诺斯的观点更有吸引力。然而,无论穷神的观点多么有吸引力,她本身还是令人反感。为了成功证明自己的观点是对的,穷神愿意孤注一掷。她把使一切人都富起来的欲望等同于只使正义的人富起来的欲望,从而正确地暗示出,从正义开始有可见的回报这一刻起,所有的人都将是正义的人。穷神许诺说,她要用正当的理由来启发这两个人,但却遭到他们的反唇相讥。尽管如此,双方还是达成协议,谁在辩论中输了,谁就多死几次。无论辩论的结果如何,我们不该忘了,是穷神提议通过辩论而非强力(force)来解决争端。这不是要否认,她被迫求助于辩论,因为她的诅咒对克瑞米诺斯根本不起作用。神或人采取的最大胆的行为的结果靠的不是强力(尤其不是靠宙斯拥有的强力),而是辩论。

歌队插了两句话,鼓励克瑞米诺斯和布勒普西得摩斯在辩论中击败穷神。克瑞米诺斯率先开口:他和他朋友的大胆做法没有错,因为他觉得这是很清楚的,诚实的人顺利,而坏人和不敬神的人走狗运,这才是正当的;如果财神重见光明,最终大家都会变成诚实的人,尊敬神的事物,这显然是对人类再好不过的事。实际上,行得通的似乎是疯狂(insanity),或不如说某个恶魔的统治:许多恶人都很富有,许多好人却很贫穷。克瑞米诺斯没有把自己表现为异常大胆的人;他说恢复财神的视力是"我们"的主意,也就是说,至少是他和布勒普西得摩斯的主意。他对虔诚的赞扬也不可能被指责[293]为装腔作势,因为他比任何人都清楚,他渴望的幸福将由普卢托斯这个神带来。穷神没有片刻怀疑克瑞米诺斯和他的朋友能够恢复财神的视力,从而使所有的人都富有。她也不会质疑克瑞米诺斯的前提,即正义的人应该富裕,不义的人应该不幸。最重要的是,穷神像财神一样,不怀疑克瑞米诺斯的正义,除了他企图恢复财神的视力这一点。

穷神开口反驳就断然宣布,他们把所期望的傻事做成了,对他们没有一点好处:如果财神重见光明,如果大家都成了富人,就没有人会追求技艺(art)或任何种类的智慧。当克瑞米诺斯反驳说,这一切都有奴隶来干时,穷神告诉他,如果大家都富了,就不会有人做奴隶贸易,就不会有奴隶,因此,除了现在手头上的事情,克瑞米诺斯还将不得不做奴隶们所做的一切。另外,技艺的终止当然就意味着技艺产品的消失,也就是一切令人愉悦之物(amenities)的消失;现在之所以仍有那些东西,有大量令人愉悦之物,是因为穷神强迫匠人为其匮乏而制造它们。刚才，克瑞米诺斯对财神说过，所有技艺和聪明的发明都归因于财神，也就是说，归因于对财富的欲望，这意味着财富的缺席（160及以下）。他反驳不了穷神的观点，即财富来自人的劳动，而人要劳动，则是因为人的生活必需（need）或者说贫穷。但他否认穷人享受到自己为生活所迫而生产出的令人愉悦之物；穷人的生活令人厌恶、艰辛且污秽。穷神说，他把贫穷误解成乞讨了：乞丐一无所有，但穷人节俭度日，用心工作，既非富有也非赤贫。克瑞米诺斯觉得没有必要区分穷人和乞丐，在他眼里，这种区分仿佛是个谐剧的主题。尽管如此，穷神的论证仍然有明显的缺陷：证明穷人的生活比乞丐的生活好，并不等于就证明了穷人的生活比富人的生活好。应该提到的是，尽管穷神把耕地也包括在技艺之中，但她更强调的是其他技艺而非农作（另参617-618）。如果最典型的穷人是与农民有别的工匠，这就十分清楚：穷人为他人干活，而不是为自己干活。

穷神想法弥补她第一个论证中的缺陷，这段论证证明是整场辩论的中心部分。她先前无法否认富人过得比穷人好，现在却断言，她比财神更能使人们——在心灵和外观上——变得好。可以预料，这论点对克瑞米诺斯有吸引力，因为他对自己和朋友的正义感到非常自豪。穷神［294］声称，她能够使人像马蜂，成为城邦优秀的战士，她能够教人谦逊或得体，而财富只能把人教坏。她事实上重复了财神的观点：富人都是坏人。起初，她没有提她带来的好处中有正义。克瑞米诺斯提醒她，有些罪行穷人比富人更可能犯。在此，我们或许想起了布勒普西得摩斯怀疑克瑞米诺斯的财富是偷来的。穷神说，那帮演说家们（orators）在穷的时候，对人民（demos）和城邦是正义的；但是当他们损公肥私之后，立即变得不正义，谋划的是如何对付群众，发动对人民的战争。这是穷神展开的论证中唯一得到克瑞米诺斯认同的一点，但它显然并不具有决定意义：演说家们还贫穷时就盗取不义之财了。穷神没有说清楚，她赞扬的德性是不是为生活所迫的结果（534），正如技艺和从事技艺是迫于生活那样；显然，她赞扬的德性并不像比如骑士的德性那样，来自良好的教养。换句话说，她和克瑞米诺斯都完全抽取掉既不穷也不富的中产阶层，这类人可被认为比富人或穷人更切合德性（对观亚里士多德《政治学》1295^{b}1 – 34）。克瑞米诺斯说，如果穷神的话正确，穷比富好得多，那就无法理解为什么所有人要逃避她。但按照穷神的说法，这个事实恰好证明她使人们变好的论点：人们见了她逃避，就像小孩子见了父亲逃避一样。克瑞米诺斯反驳不了这个论据。因此，穷神看起来已经证明了她比财神更有助于德性。

但克瑞米诺斯并没有觉得心服口服。他过去认为宙斯是正义的，宙斯不是因为生活必需和贫穷才被迫正义。见了财神之后，他不再相信宙斯是正义的，但他仍然相信宙斯是富有的或者说依然富有（130 – 131，140 – 142）。因此，他这样反驳穷神关于穷比富好的断言，他说，如果她是对的，宙斯就会缺乏判断力，因为他拥有财富。穷神对这种老掉牙的观点只有鄙视：宙斯很穷。我们到了这一步，即，若要为宙斯的智慧和正义辩护，就要求在神学上有一个影响深远的创新：宙斯归于贫穷者而不是富裕者之列（对观《阿卡奈人》53，亚里士多德《修辞学》1391^{b}1 – 3）。但是，穷神没有走那么远，他没有说宙斯也处于贫乏（in need），也没有说正是他的贫乏才使他变得正义、仁慈和智慧；我们不妨猜想，她的意思是，宙斯之所以正义和智慧，恰是因为他并不贫乏，而这就等于说宙斯并不穷（对观色诺芬《回忆苏格拉底》卷一 6.10）。然而，如穷神所说，假使宙斯很穷，那么他就不太可能很有权力，而这个结论可以得到如下事实的确认，即只有穷神的言辞才能（如果最终可能的话）阻止财神得到治愈。［295］穷神当然不试图用宙斯缺乏权力来证明宙斯的贫穷；她证明宙斯穷，列举的事实是奥林珀斯竞技中，宙斯判给胜利者的奖励很廉价。克瑞米诺斯不无公正地指出，这个事实本身并不能证明宙斯穷，但可能是宙斯吝啬的结果。穷神只能回击道，比起说宙斯穷，说宙斯吝啬是一种大得多的侮辱或渎神。既然不能通过证明一个论题是渎神的来反驳它，那么，这局围绕宙斯的辩论最终打了个平手。穷神想起了她在前面两局辩论中明显占上风,于是重申她的观点,即我们一切好处都是拜贫穷所赐。克瑞米诺斯此时径直提到另一个神(赫卡忒[Hekate])的言行,试图以此反驳穷神。他不给穷神反击的机会,就用粗俗的侮辱言辞赶走了她。穷神虽然绝不承认她被击败,但她不再说克瑞米诺斯今天死定了(433)。她现在只是放出话说,他将来一定会请她回来的。但戏剧进程表明,她的诅咒或恐吓与《蛙》中冥王(Hades)的恐吓一样[没有下文]。

如果只考虑普通人都能判断的这部分辩论,人们可能貌似有理地说,在行动中落败的穷神以言辞击败了克瑞米诺斯。人们或许会进一步说,穷神的论证是理性论证(rational argument)的谐剧对应物(comical equivalent):谁能怀疑没有人的劳动财富无以产生,而人的劳动则来自必然性的驱策?但最令人吃惊的事实是,克瑞米诺斯非理性的行动计划最终大获成功。在阿里斯托芬的谐剧中,只有《财神》的行动计划遭到更加合理的意见的坚决反对,这个行动计划没有通过言辞取胜,最终却毫无歧义取得了胜利。如果考虑到穷神讴歌诚实的劳动,人们会乐于把她的论点与正理的论点进行比较:正理也败于言辞,但《云》的结局为他的失败复了仇,而《财神》的结局却支持穷神的失败。至于《鸟》,完全可以说,佩斯特泰罗斯的计划没有遭到合理的反对。在阿里斯托芬的谐剧中,只有《财神》是个例外,其他谐剧的得胜理由(victorious causes)都是配得取胜的理由;如果某个理由不一定配得取胜,比如《公民大会妇女》的理由和某种程度上《马蜂》的理由,它就不一定或者说不会毫无歧义地取胜。单独看,穷神的失败与《公民大会妇女》中丑老太对年轻情侣的胜利一样令人震惊。因此,人们不由会说,《财神》以自己的方式与《公民大会妇女》一样丑陋。

但是,无论穷神的话语多么合理,她还是令人反感。她为什么[296]令人反感?为了说清楚,我们不妨夸张点儿问,为什么良好的判断力(Good Sense)令人反感?为什么尽管她胜于言辞,结果却败于行动?究竟是什么使得理性(Reason)变成非理性(Unreason)?

穷神论证中最有力的观点是，财富归因于人的劳动，这点连克瑞米诺斯也无法置疑。但这个真理与本剧的基本前提相违背，按照这个前提，财富是神，他与谁在一起，谁就富裕，或者说，财神这个神不需要穷神作为自己的基础。因此，财神恢复到原初状态的过程就是穷神彻底消失的过程。由于财神的存在，她那合理的论点变得显而易见地荒唐。站在财神的角度来看，穷神就是令人反感。换句话说，穷神断言贫穷比富有更可取，实际上是说，一切事物的现状都是好的；而克瑞米诺斯的行动计划暗示人的生活现状很不完美，因此需要一种剧变；诸神存在这个事实明显造成了这种不完美。

财神与所有别的神都不一样。宙斯嫉妒正义的人，财神却热爱他们。财神得知，随着自己视力的恢复，他将使所有人都变成正义的人（此外，他还得知，他有许多好人支持），此时他就不再怕宙斯了。别的神也会满足人不可能依靠自己的劳作满足的欲望或愿望。但是，别的神只是偶尔做的事，财神（一旦他的视力恢复之后）却要一直做下去：他使得人的劳动完全多余，正是这个事实使所有人变得正义。而现实是，财富的生产需要从事技艺，但从事技艺只是生产财富的必要条件。人的安康除了需要劳动，还要靠好的运气；除了技艺之外，人的安康还需要占卜（divination）、献祭和祈祷（对观色诺芬《回忆苏格拉底》卷一 1.6-9）。其他神的帮助（helpfulness）让我们想到的是机运的随机特点，财神的帮助却是普遍且必然的。既然如此，人们一旦意识到财神的力量，就将他当作唯一的神崇拜，或至少把他当成是最高的神崇拜，他们不应为此受到责备。我们不妨说，财神区别于所有别的神，因为只有他就是帮助本身，善（goodness）不得不以普遍的方式传达自身。这不是否认，财神与别的神截然不同，为了得到自己应有的声誉，或者说为了成为他自己，他需要人，需要人的帮助。某种程度上，他就是神性本身——是使一个神成为神的东西。若真是如此，宙斯的辩护者穷神就会被迫表明，财神——克瑞米诺斯仍然崇拜的唯一的神——不是一个神，也就是说，"甚至并不存在"。但她没有试图证明这一点，她甚至没有试图证明财神的视力不能得到恢复。她［297］甚至丢人地没有试图去实施她最重要的任务，可以说这正是她令人反感的秘密所在。

下面这一点似乎很清楚：如果没有财神，穷神就不会显得令人反感。但这句话需要一项限制条件。穷神声称她是人所拥有的所有好东西的唯一原因（470 - 472）。这并不必然意味着人没把任何好东西归功于诸神；他们显然把穷神的在场和效力归因于宙斯弄瞎了财神的眼睛。穷神是技艺得以产生的必需（the need），或者说是要求技艺存在的必需。这意味着赤裸裸的必需——没有技艺的必需——是坏的，或者说构成了剥夺，也就是说，这样的必需令人反感。让我们暂且说，穷神是没有技艺但实际上指向技艺的人的本性（human nature）。人的本性单独看是坏的，但借助技艺和法律，人性可以变好或得到解救（对观《城邦与人》页 42 及 86）。如果法律是个负担，① 那么，自然（nature）也是个负担。但是，人们认为诸神免除了所有负担。不管别的神如何，财神使得技艺成为多余；他取代了技艺。在他彻底宽厚的统治之下，无需任何努力就能满足种种必需，以至于所有人实际上都将变得正义。再也不用对自然施暴。多亏财神，自然将不再是一个敌人，甚至不是一个已经征服的敌人。

但是，我们离这个幸福的圆满结局还很遥远：财神仍然是个瞎子。克瑞米诺斯的行动计划要成功，除了要在言辞上战胜穷神，还要在他没能力实施的行动上取得胜利。他仍然需要一门技艺：医术。由于一种奇怪的巧合，他们现在找不到这样的医生（406 - 409）。因此，财神的视力必须以奇迹的方式由医神（Asklepios）来恢复——诸神使得技艺没有必要。在卡里昂的帮助下，克瑞米诺斯和布勒普西得摩斯匆忙把财神送到医神的庙里过夜；在这件事上，他们不得不遵从礼法（nomos）。布勒普西得摩斯仍然担心，"有谁"——穷神

---

① 参前文，页140。格劳秀斯（Hugo Grotius），《论巴达维亚共和国的古老》（*De aequitate etc.* ［译按］此书完整标题为 *De aequitate reipublicae Batavicae*）2. 2：*leges omnes, quatenus libertatem impediunt, habent aliquid acerbi, contra iis liberari dulce est*（一切法律，就其对自由的妨碍而言，都是某种灾难，因此摆脱它们而获得自由是美好的）。

之外的谁——可能会干预他们的行动。他对宙斯的恐惧后来证明完全没有根据。

医神庙里发生的事情对克瑞米诺斯行动计划的成败至关紧要。我们没能目睹里面的一切；其间的进程，我们只是从卡里昂第二天早上的汇报中得知的，他是最先从医神庙回来的人。他恭喜迄今贫穷但值得敬重的农夫们及其同类有福了：多亏医神的治疗，财神的视力已经恢复了。歌队齐声赞颂医神。克瑞米诺斯的妻子一直在家等候消息，她听到外面在唱赞歌，急忙从屋里出来；她先从卡里昂那里得知了好消息的梗概，然后是神庙中所发生的所有细节。或许因为医神的神性［298］给他们留下太深的印象，但显然也因为财神的外观和举止太不像神（对观78，118），卡里昂和他的女主人谈起财神就好像他只是个人。卡里昂说，神庙里的一切都是在最黑暗、最安静中发生的，或更确切地说，这种条件下要进行观察，听比看更适合。所有病人和陪护都躺在那里，其中的大多数睡着了。卡里昂肚子饿，睡不着。他观察到医神的祭司偷吃祭坛和神龛上献给神的贡品。早先，他就注意到一罐子麦粥，就在一个老妇头顶附近。他看见祭司偷东西吃，认为自己去偷吃麦粥也是正当的。他怕的不是神，他怕的是神先下手取到罐子；他成功地使那妇人相信，他是医神的一条蛇。等到医神出现时，卡里昂偷偷地观察他的行动。医神先医治了一个多少有点儿瞎的小偷兼传案人（sycophant）；为了惩罚他的邪恶，医神把这人的眼睛弄得更瞎，让他饱受最剧烈的痛苦。然后，他来到财神身边，在他的女儿们和两条大蛇的协助下展开救治；在短得令人难以置信的时间内，医神就治愈了财神；随后，医神和他的神蛇立刻从视线中消失，卡里昂这才叫醒克瑞米诺斯。表面上看，医神治疗财神的时候，并不知道病人是谁；诸神的行动并不相互配合。另一方面，财神与医神属于同类，医神对传案人的治疗方式清楚表明，除了财神之外，医神也是正义的，对人也有帮助。甚至可以说，医神比财神更高明。这不只是因为健康与财富相比是更大的好处（633-636）；而是因为，医神不同于财神——更别说阿波罗了(11),他有智慧。《财神》没有提到医神与阿波罗之间的关系。

医神在上半夜就治好了财神。那些睡在财神旁边的人醒来向他祝贺,整个后半夜都没有再睡觉,直到天明。财神不能像卡里昂一样一早就离开,因为他周围有一大群迄今贫穷而正义的人,他们高高兴兴来向他致敬,他一时走不开。那些凭不义获得财富的富人当然怀着巨大的担心。那些钱财来路清白的富人对财神重见光明有何反应,阿里斯托芬没有说,但他暗示过有这样的富人(对观110)。现在,财神和那些因他而变得幸福的人正在回到克瑞米诺斯家的路上。最先进入观众视线的是财神。他恭敬地礼拜了太阳,随后礼拜的 [299] 其实不是雅典娜,① 而是她的土地。我们在此注意到,《财神》中"凭天"(by the heaven)发誓的次数比阿里斯托芬其他谐剧加起来的次数还多(129,267,366,403,1043;对观《骑士》705)。财神为以前的不幸和错误感到羞愧,他以前和不值得敬重的人待在一起,却逃避了值得敬重的人;他现在治愈了自己的无知,他将从头到脚改变自己的生活。克瑞米诺斯过了一会儿才回来;因为大家都认识他,所以围在他身边的人比围在财神身边的人还多。克瑞米诺斯的妻子急忙拿出无花果干和其他甜点欢迎财神,就像欢迎新买的奴隶,但财神觉得对他来说收礼不合适,更应该分发礼物。在室外(即在舞台上)收礼会尤其不合适,他实际上不得不把礼物抛给观众,因此迫使他们大笑。在财神看来,这样做配不上阿里斯托芬:重见光明的财神扮演了诗人阿里斯托芬的代言人。像阿里斯托芬一样,财神使人变得更好或变得正义(《阿卡奈人》649–651;《蛙》1008–1010);像阿里斯托芬一样,他不由得与自己碰到的勉强称得上正义的人分享他喜欢的或拥有的好东西,或不由得博他们一笑(758)。

不妨说,财神代表阿里斯托芬说的那四句台词取代了此剧中的插曲。这几句台词显然发生在其他谐剧中插曲发生的位置,也就是主人公完全取得胜利之后,胜利果实尚未表现之前。等其他角色进

---

① 参前文,页212。

了克瑞米诺斯的屋子，卡里昂出来表达了他作为这一家的成员感到的快乐：无需任何投资，无需任何不义之举，我们就变得富有了，这样富起来真是件快事。就连他卡里昂都成了正义的人。他告诉我们，现在家里不仅有好吃的、好喝的，还有金子、银子和象牙。奴隶们也可充分享用财富。表面上，他们的法律地位没有变，但事实上，他们至少与主人一样富裕：当克瑞米诺斯以前所未有的规模宰杀献祭的动物时，他妻子在旁边准备着丰盛的宴席，娇气的卡里昂为逃避油烟溜出家来，他的男女主人则耐心地忍受烟熏火燎。

第一个访问财神的来客是个正义者，他多亏财神才变得富有，于是急于来向他祷告致谢。他对卡里昂说，他从父亲那里继承了一笔丰厚财产，他用来帮助缺钱的朋友，以为这是人生有益的友谊之举，结果钱财打了水漂。在那种情况下，他成了穷人，从前那些朋友见了他都躲，还轻视他。表面上看，他不像克瑞米诺斯那样，还没有开始［300］怀疑不义是不是比正义对人生更有用。他在极度的贫穷中生活了13年，没有反抗自己的命运。可以肯定的是，在新秩序中，他秉持或期待的这类正义（帮助朋友或感激）将没有必要存在，也不可能存在。正当卡里昂和第一个来访者交谈时，第二个访客到了。他是个传案者（sycophant），因为财神遭了厄运。他愤愤不平，因为财神答应，如果他重见光明，将使"我们大家"立刻富起来，可是现在其他正义的人都富了，只有他破产。这个传案者自认是个正义的人，他认为自家的财产就是被眼前的卡里昂和正义者不义地盗取了；他习惯难改，威胁着要他们去见官。他们只是嘲笑他。这个传案者自认为是正义的人，因为他毕生都协助既定的法律，指控违法者，因为根据法律，只要愿意，人人都可以当原告。他说他完全是为城邦而活。既然他在旧秩序下是富有的，那么不妨说，他暗示了旧秩序下正义的人（即具有公共精神的人）得到了法律的回报。但是，正义者认为，正义的人不是通过政治行动获得生计，而是通过种地、经商，或各种技艺谋生；他们不是好管闲事者。传案者对这种私人生活只是充满鄙视，他认为这样的生活是羊群的生活，即使财神本人把所有的钱都给了他,他也不会放弃自己为之献身的控告人的生活。除了穷神之外,他是戏剧中唯一彻底拒绝新秩序或闲散生活(idle life)的人(921-923)。既然在财神的统治下所有人都将是正义的,亦即所有人都过私人生活,或者说只管自己的事情,那就再也不会有法庭,也不会有传案者;传案者是宙斯时代的特色。在改朝换代的过渡期,传案者和其他不义者依然受到惩罚。在某种意义上,这个传案者已经受到财神本人的惩罚:财神剥夺了他的财富。但这种非正式的行动是不够的。因此,他遭到了卡里昂的正式惩罚,现在,卡里昂取代了传案者在旧秩序中扮演的角色(928-929;对观918-919);卡里昂征得正义者同意,拿走了传案者崭新的大衣和鞋子,他还迫使传案人穿上正义者那身破衣服。这个传案者势单力薄,无以抵抗,但他没有死心。他意识到卡里昂只是财神的代理,于是威胁说,如果他找到帮手,在今天他就会叫"那强大的神"受到惩罚,因为这神凭一己之力就破坏了民主制度。这点说到了要害;如果所有人都正义,那将不再需要法律,从而也不再需要立法机构。传案者的威胁当然完全无效。由于[301]财神的革命,传案者将与正义者易位,正如在《骑士》中克里昂与腊肠贩易位,对此不妨这样理解,即多亏财神出现,不再需要有人类统治者。只要比较一下卡里昂对这个传案者和医神对另一传案者的不同惩罚(716-726),人们立即能看到新秩序是多么温和。传案者落荒而逃之后,卡里昂和正义者进了屋,以便正义者能够向财神祈祷。

第三位来客是个装得像娇滴滴的年轻女郎的老妇。她告诉出来接待她的克瑞米诺斯,自从财神重见光明,她遭受了可怕的不义,生活变得无法忍受。她有个男友,人很穷,可是长得帅,对她百依百顺,他有什么需要,她也同样帮他。男友要的钱不多,只是拿来给他自己、兄弟姊妹和妈妈买东西。看上去,他是家里唯一的男人,为了留住他,她这个老女友就只有帮他"照料"全家。可以肯定,男友让她彻底相信他对她无私无尽的爱。谁知,他现在完全变了。男友过去不是恶人,因此现在富裕了,他如今把她当礼物的糖果退了回来，还对她的年纪说了难听的话。他对她的态度前后判若两人，实在令人吃惊，难免叫人怀疑财神是否应该让他富有。丑老太当然相信财神做得不对。克瑞米诺斯一边为财神开脱，一边向她保证，她正义的苦衷会得到补偿。她要求强迫她以前的情人偿付欠她的债。克瑞米诺斯答道，男友迄此和她在一起生活，这就算付过了欠她的债。老妇说，男友答应过她，只要她活着，就永远不离开她。克瑞米诺斯正想法化解这道难题，男友本人出场了。他已经对自己的老情人施加了很多伤害，现在更是百般羞辱；克瑞米诺斯不但赞成他这样做，还加入其中。然而，无论他觉得这个可笑的丑老太多么好玩，他的正义感还在，并没有忘记她正义的诉求：年轻人既然喝了她的酒，就必须把她的酒渣也喝掉。年轻人拒绝听克瑞米洛斯的话；他说要不是尊敬他是个老人，他可能会揍他。年轻人来的目的是要敬拜财神，克瑞米洛斯就让他进屋。当丑老太说她也想进去跟财神谈谈时，年轻人便急于离开，但克瑞米诺斯向他保证，他不会再遭到任何强迫。年轻人违背了诺言，他可能不得不补偿丑老太，不过，我们可以肯定，这点补偿不会让他太为难。年轻人的情况比起传案者的情况［302］明显复杂得多，因此，它比后者更有助于我们理解这个新旧秩序的转型期。年轻人对丑老太的义务是他先前贫穷造成的，但他不能用付钱的方式来废除他的义务。由于他不再非常需要老相好的帮助，而要他行使对丑老太的义务又超过了他的忍耐限度，因此就必须有克瑞米诺斯这样的人出来仲裁。年轻人和丑老太这幕戏让我们想起《公民大会妇女》中丑老太们阻止年轻人迷恋姑娘那场戏。如果我们对比《公民大会妇女》中丑老太们的胜利与《财神》中丑老太的可怜下场，我们就看到，比起财神或克瑞米诺斯的行动计划，珀拉克萨戈拉的行动计划处于下风。珀拉克萨戈拉为了法律上的平等，无情地牺牲了自然上的不平等（或者说，为了自然上的劣势者在法律上的优越性，牺牲了自然上的优越者），财神废除了习俗的不平等，从而恢复了自然的不平等的全部影响力。因为，无论丑老太可能从违背诺言的男友那里得到什么补偿，从此再也没有年轻人因为贫穷而被迫去做她的男友所做的事。珀拉克萨戈拉和财神都将爱欲（eros）从财富的奴役中解放出来；不过，珀拉克萨戈拉把爱欲从财富的奴役中解放出来之后，把爱欲关进了法律的笼子，这对爱欲的伤害反而更深，而财神将爱欲从财富的奴役中解放出来之后，没有再使爱欲遭受任何其他奴役。财神借助财富或法律来终结爱欲的颠倒状态，他使爱欲开始得到自己应有的声誉，正如他使财富得到自己应有的声誉，不再遭受败坏人心的诽谤。这可以说是财神对穷神的回答，令人反感的穷神让人想起令人反感的丑老太：人类在贫富上的不平等确实扰乱了自然秩序。财神消除了穷神带来的对自然的可能怀疑：穷神是——或者关心的是——必需，但爱欲不只是必需；各种技艺也许是穷神的孩子，但爱欲不是。借用第俄提玛（Diotima）的话说，爱若斯（Eros）是穷神与富神（Wealth）交媾的产物。

  第五个访客是赫耳墨斯。他希望和克瑞米诺斯及其全家而非财神谈谈。他从来没有称财神是神。他没有和克瑞米诺斯（及其全家）谈成，因为他在门口就被卡里昂挡住，他与卡里昂谈了话，就没必要再与克瑞米诺斯谈。他的意图是告诉克瑞米诺斯，宙斯想要惩罚克瑞米诺斯和他的全家（我认为，[宙斯要惩罚的]虽说不上是全部正义者，但包括他的朋友们），为他们的不虔诚，因为，自从财神重见光明之后，再也没有人来向诸神祭祀。卡里昂答道，停止献祭不会变，而且那是正义的，因为以前诸神并不照顾人：诸神就像正义者[第一个来客]的朋友那样不义，也就是说，诸神[303]比此剧中出现的任何人都更不义。赫耳墨斯没有反驳他；他甚至没有重申宙斯的威胁。他只关心一件事：他要饿死了。在卡里昂看来，赫耳墨斯的不义使他命该如此。但是，卡里昂这个多少有些小偷小摸的奴隶对贼神（god of thievery）赫耳墨斯心怀同情，因为赫耳墨斯好几次像朋友般对他暗中相助。因此，他准备尽最大努力帮助身处困境的贼神。赫耳墨斯希望跟人生活在一起，尤其是成为卡里昂一家的成员。他毫不羞愧地承认，他离弃了自己的同类，离弃了宛如父邦的地方，因为谁在哪里过得好，哪里就是他的父邦。如果说正义就是管好自己的事情，除此无他，那么，赫耳墨斯就是正义的。但是，正如财神统治下他的命运所显示的，他与别的神一样，并非真正正义。因此，他不能分享从此保留给正义者的财富；他必须凭劳作谋生。他提出各种受雇种类，但这些活都被证明不再需要。他最后提议去做音乐比赛和体育比赛的主持：因为财神的统治带来了普遍的闲暇，这类比赛比以往有更多需求。卡里昂答应把他留下来，但明确告诉他，他只能靠当人类的仆人来谋生。一个奴隶就能对付宙斯的威胁，对付赫耳墨斯的苦衷或要求，这事实充分表明在多大程度上财神的统治就是人的统治。在《财神》的新秩序中，财神占据的位置相当于《鸟》的新秩序中鸟类占据的位置。

最后的访客是救主宙斯（Zeus the Savior）的一个祭司。他也是来找克瑞米诺斯而不是财神的。他也从不称财神为神。他也快要饿死了，因为大家都富起来后就不再献祭；人们不再光顾神庙，而是藐视它。宙斯的祭司也急于离弃诸神，要和克瑞米诺斯一起住。克瑞米诺斯劝他别担心，只要财神不反对，他就可以留下，因为，正如他所说，救主宙斯已经主动来到这里：真正的救主宙斯就是财神。在新秩序里，既需要比赛的主持也需要祭司。正好，人们就要开始供奉财神，在他以前、在过去的好时光里受供奉的地方，也就是说，让他做雅典娜的*后房*（opisthodomos）的看守，那里是雅典的国库。克瑞米诺斯安排好仪式进程。他给宙斯的祭司和那个丑老太布置了任务。丑老太从克瑞米诺斯那里得知，她的男友今晚就会去她那里；我们可以期望，这将是男友对她最后的拜访。财神某种程度上是仪式进程中最重要的角色，但却彻底销声匿迹了。

年轻人和他令人反感的女友之间的关系让我们想起［304］克瑞米诺斯与穷神之间的关系，随之也让我们想起克瑞米诺斯与宙斯时代的关系。与此相符，在财神的六个访客中，最后提到的只有丑老太和宙斯的祭司，只有他们与仪式进程有关联。多亏克瑞米诺斯的动议，基于强制和只供单方面快乐的不光彩的依赖，才最终让位于对情不自禁完全善良的财神的依赖——这种依赖实际上是人对财神的利用或者说控制。人们还必须记住年轻人离弃丑老太与祭司离弃宙斯之间的相似之处。

《财神》庆贺了雅典梦寐以求的复兴——摆脱当今的衰落，恢复往昔的富有（1191 – 1193），它以一种奇迹般的、不可能的、可笑的方式，呈现了那种复兴的发生。除了《公民大会妇女》，阿里斯托芬的其他谐剧与《财神》一样：它们全都以奇迹般的、不可能的、可笑的方式，庆贺了雅典或某个雅典人梦寐以求的幸福；烧掉苏格拉底的思想所意味着对雅典的一种祝福。《财神》开始所处的现状是低的，不仅与雅典过去的巅峰时代——伯罗奔半岛战争失败之前的雅典或伯罗奔半岛战争开始之前的雅典——相比如此，而且，它之属于宙斯时代与克洛诺斯时代相比也是低的，或不如说，《财神》开始时所处的时期与财神仍然年轻且看得见的时代相比（88 – 89，95，221，581）亦是低的。为了使正义得到酬报，为了所有人都变得正义，《财神》将宙斯的下台描绘为必然的。阿里斯托芬赞同克瑞米诺斯的行动计划并不令人惊奇：诗人提到的正义意味深长。宙斯统治的结束不是神的统治的结束，因为财神代替了宙斯。几乎不用说，城邦的另外两个根本需求——禁止弑父和乱伦——在从宙斯统治到财神统治的过渡阶段未经触及。

《鸟》也庆祝了宙斯的倒台，在其中，城邦的三个根本需求也同样受到尊重。不过，在《鸟》中，负责行动计划的人自己变成了宙斯的继承人，而在《财神》中，成为宙斯继承人的不是负责行动计划的人，而是财神。在《鸟》中，行动计划完全是佩斯特泰罗斯发起的；而在《财神》中，行动计划发起于虔诚的克瑞米诺斯字面上理解并服从阿波罗的神谕。因此，有人也许会说，在《财神》中，奥林珀斯诸神的倒台，与其说是因为一个人的普罗米修斯式的行动，[305] 不如说是因为神们自身的缘故，因为他们的不称职。一定不能忘了医神的无意之举对谐剧结局起到的决定性作用：医神做梦也没有想到会让财神重见光明，因为财神已经瞎了几个世纪；他是否知道他医治的瞎子就是财神,更值得怀疑。佩斯特泰罗斯那个超级阿尔喀比亚德(super-Alkibiades)关心的是成为所有神与人的唯一统治者。克瑞米诺斯这个粗鲁的正义农民关心的是他与同类的正义是否得到财富的回报。克瑞米诺斯引发的变革发生在雅典;佩斯特泰罗斯引发的变革明显影响到所有人。克瑞米诺斯是阿里斯托芬所创造的最乏味的男主角。与此相应,《财神》也是他最乏味的谐剧。它缺乏别的谐剧拥有的光彩——即便是不同等级的光彩,因为别的谐剧中有男性或女性的天生统治者,有苏格拉底、欧里庇得斯甚至阿里斯托芬本人。《财神》完全是一部老人戏:克瑞米诺斯的儿子从未登场,只是为丑老太的缘故才有必要安排一个年轻人;舞台上没有漂亮的女人,无法美化本剧。我们多次听到财神重见光明;但我们没有听说他再度年轻英俊。《财神》没有像《鸟》一样以婚礼结束。克瑞米诺斯与财神的状况,就是他们带来的新秩序的状况。在新秩序中,所有人都将富有从而正义:其中没有传授正义和贤人品格的位置。这就是克瑞米诺斯的儿子从未出场的理由:正是关心他的教养,克瑞米诺斯才去德尔斐神庙求取神谕。新秩序中也没有技艺或匠艺(crafts)的位置。老年、死亡和疾病依然存在;既然不再有医生,人们将比以前更需要好神阿斯克勒庇奥斯的帮助。不再有人类政府,因而统治的欲望将会消亡。不过,犯罪不只因为对财富和统治的渴望。犯罪同样因为爱欲。乱伦就是这样一种罪。人们难道应当说,在新秩序中,乱伦将不会被认为是罪?奴隶制得到保留这个事实似乎表示,家庭也将得到保留。因此,更好的说法是,在《财神》中,爱欲遭到忽视,至多只是用丑老太的出现来影射一下;在此剧中,只有她凭阿佛洛狄忒发誓(1069 – 1070)。在新秩序中,没有人会因爱欲或任何其他动机而犯罪,因为一旦犯罪,立刻就会以贫穷来惩罚。这不是要否认,在新秩序中,爱欲将不再因财富而变态,但这只是消除贫穷的不可避免且[306]无意的后果。考虑到爱欲与音乐或一般意义上智慧的关系,人们确实可以这样说,在新秩序中,没有庸俗的匠艺或政府的位置,但更没有爱欲和智慧的位置。不过，人们必须立刻补充一句，《财神》并不在这个基础上庆贺新秩序：老年（和死亡）及朴实的幸存比爱欲和智慧的幸存更可见。财神能代表诗人阿里斯托芬发言（796 - 799），因为此剧庆贺的是财富的统治，而不是[爱神]阿佛洛狄忒的统治。《财神》的乏味特征不能归咎于对宙斯的废黜，这点在《鸟》中得到充分的证明。

宙斯的力量也比在克瑞米诺斯引导下的财神小得多，正如宙斯的力量也比公然接受佩斯特泰罗斯统治的鸟类小得多。克瑞米诺斯代表财神的行动，不只让我们想起佩斯特泰罗斯代表鸟类的行动，也让我们想起特律盖奥斯代表和平女神的行动。财神就像和平女神一样，对自己的胜利没有或几乎没有贡献。尽管毫无疑问财神有生命，能走会说，但他缺乏和平女神的美。财神和和平女神以不同的方式各自就是严格意义上的神性本身。一旦财神重见光明，他就必然而且普遍地变得对人有帮助，财神取代了迄今被技艺、礼法和机运占据的位置，或者说，财神仿佛就是技艺、礼法和机运的统一体。① 然而，这意味着财神只是神性事物（the divine）的一个组成成分（one ingredient）。正如解放和平女神遭到战神的反对，解放财神也遭到穷神的反对。战神和穷神代表宙斯而行动，或者说他们的行动与宙斯的或明或暗的意志保持一致。和平女神和财神有吸引力或者说亲切，战神和穷神却惹人畏惧（438，575）。战神和穷神很容易被挫败。那个神性事物的组成成分在谐剧中的对应者是财神而非和平女神，他的未被击败的对手是做好战斗准备的雅典娜（Athena pammachos）——她在《吕西斯特拉特》的结尾受到讴歌——而非战神。通过观察穷神和战神的对应之处，我们开始意识到，这种对贫穷的公开赞扬并不处处与那种对战争的公开赞扬相配。

《财神》这出谐剧庆贺了财神取代宙斯的统治：随着宙斯统治的终结，人间的不义也随之终结。谐剧中赫耳墨斯的事例似乎表明，在新秩序中，诸神也别无选择，只有保持正义。在此剧开场，财神

---

① 参前文，页296。

大致信服宙斯让他变瞎是智慧之举，因为他信服财富绝对地腐败人心。不过，他也相信宙斯是不义的，因为他将宙斯把他变瞎归因于宙斯嫉妒正义。穷神［307］为宙斯的正义辩护，她从财富的腐败特征推断宙斯的贫穷和正义。最重要的是，如果财富绝对腐败人心，财神本身就必定绝对不义。可以肯定的是，如果财富绝对腐败人心，那么所有人都是坏人。但这出谐剧表明，这种关于人（以及财神）的观点并不真实：如果正义明显得到回报，或者说，如果没有施行不义的机会——换句话说，如果正义是获得财富的必要和充分条件——那么，所有人都将是正义者。财神的胜利是正义者的胜利和不义者的失败，这个事实证明了财神的正义。财神的统治是完美的正义的秩序；他的统治完全实现了法律仅仅寄望实现的一切，也就是酬报正义者、惩罚不义者；因此，财神的统治使法律变得多余。《财神》因而可以说庆贺了法律精神（the spirit of law）的胜利。法律并不指望人只是因为一件事正确就去做正确的事，只是因为一件事错误就避免错误，因为法律依靠的是奖惩。与此相应，财神或克瑞米诺斯的新秩序是基于这个前提：所有人凭天性追求的不是守法或正义，而是财富，因此，对财富的欲望，更别说对获取的热爱，就其本身而言并不是坏的。《财神》为热爱财富而辩护，而不是为热爱正义而辩护，从而为废黜宙斯作出了辩护。在财神的统治下，正义的地位很安全，因为它明显是必要的（necessary）。正义比从前更为"必要"，因为，既然所有人都富了，肆心的危险就比从前更大，而不义将立刻通过贫穷受到惩罚。正义是必要的，也就是说，它不是因自身的缘故而可欲；人们对生活的享受，与其说源自他们意识到自己的正义，不如说源自爱欲、音乐以及诸如此类的东西。《财神》透过拥有原始正义（crude justice）的贫穷老农的视角，展现了这种正义观，并以这样的方式展现了那种观点在谐剧中的对应物。正如阿里斯托芬的谐剧所表明的，这种正义观与极为严肃、极为迫切地教导正义的愿望完全可以并行不悖。

第四章　结语

[311]我们首先考察阿里斯托芬的《云》，然后转向他另外的作品，因为我们无法从《云》中得知，阿里斯托芬在多大程度上已经考虑到了他对苏格拉底的判断（即他对苏格拉底的思想或教诲，尤其是他关于诸神的思想和教诲的判断）的隐含意味。我们从不指望阿里斯托芬对苏格拉底的判断等同于他对一般意义上的智术师或哲人的判断。阿里斯托芬让自己听命于这样的法则，该法则要求他选择一个雅典的智术师-哲人，而在雅典的智术师-哲人之中，苏格拉底最不同凡响：苏格拉底的身体与灵魂的特质，使他异于雅典其他的智术师-哲人，也不同于诸如普洛狄科那样来自异邦的智术师-哲人。尽管如此，或正因为如此，就诗歌与哲学本身之间古老的争执与对立①——这两种智慧形式中的每一方都声称压倒对手——而言，阿里斯托芬对苏格拉底的刻画，作为这种不和在诗歌一方的体现，是我们能够利用的最重要文献。

阿里斯托芬其他的谐剧印证了这个观点，即阿里斯托芬自认比他最伟大的对手在自知（self-knowledge）和审慎（prudence, phronesis）方面更胜一筹：苏格拉底完全不关心养育他的城邦，而阿里斯托芬非常关心城邦；苏格拉底不尊重或者说不遵从城邦的根本要求，而阿里斯托芬尊重且遵从城邦的根本要求。[哲学]这门智慧，竭尽全力忘我地研究天上的事儿，推论其结果，它无法保护自己不遭敌

---

① 柏拉图《王制》607^b5-^c3；《法义》967^c5-^d1。

人的攻击，因为它没能力通过抵消城邦的马蜂式易怒来对城邦产生影响，使城邦富于人性；它没能力这样做，因为它没有首先认识到那种愤怒的必然性。然而，诗人——无论谐剧诗人还是肃剧诗人——能够保护自己不受迫害。可以肯定的是，在［312］上述意义上，阿里斯托芬如他历来所宣称的那样在教导正义事物，或者说，他全部的谐剧都是真正的正理。阿里斯托芬看到了正义的必要性，实际上也就看见了正义的局限性。换句话说，他遵从城邦的根本要求，但完全无需以城邦看待这些根本要求的方式来看待它们，因而，他对正义事物的教导就等于他以谐剧的方式来对待它们，正义事物与可笑事物在他的谐剧中并不是肩并肩地发生，而是密不可分地相互交织：阿里斯托芬不但把不义的东西表现得很可笑，而且把正义的东西也表现得很可笑，由此表明他的谐剧是全面的（total）；阿里斯托芬笔下所有重要人物无不举止可笑，更不消说明智的化身（good sense incarnate）了。① 这并不意味着，在阿里斯托芬看来生活作为整体就是一出谐剧，若真是这样，就没有必要为非谐谑的东西（noncomical things）找寻谐剧式对应。阿里斯托芬的谐剧只是生活的部分写照，因此，它指向的是逃离生活的东西，或超逾生活的东西。② 如果更夸张一点，人们可以说，阿里斯托芬的谐剧指向的是肃剧的专有领域，因为没有理由假定，比如，苏格拉底对斯特瑞普西阿得斯和费狄庇得斯的室内教诲是肃剧性的，这一室内教诲因其非谐谑的特征才避开观众的视线。阿里斯托芬的谐剧当然以肃剧为先决条件，它建立在肃剧之上；在这意义上，无论如何，它比肃剧更高。阿里斯托芬的谐剧尊重可能性，在可能性的限度内，它变戏法似的为我们显现出一种纯粹愉快的假相（falsehood）：一种没有战争、没有法庭、没有诸神和死亡引起的恐惧、没有贫穷，也没有强

---

① 尤参莫里哀（Moliere）《恨世者》（*Misanthrope*）中的人物 Philinte（以及卢梭［Rousseau］在《致达朗贝论剧院的信》［*Lettre a d' Alembert*］中对这个人物的批判）。
② 最明显的例子是《蛙》中涉及索福克勒斯的那句台词（82）以及索福克勒斯在此剧中的相应缺席。

制或者说拘束或是礼法（nomos）的生活。这种假相指向的是真相；生活的真相是不可避免的苦难，既由自然（pysis）又由礼法（nomos）造成的苦难总是与人同在。那种严酷的真相同样也由人类关于诸神的论说带来的困惑所指出；不过，诸神的敌对力量不同于严格意义上的礼法以及自然造成的严酷，这种敌对力量很容易克服，如果将《公民大会妇女》与《和平》《鸟》和《财神》进行比较，这点就尤其明显。有人也许会说，肃剧和谐剧都描写了对神圣法律的僭越，肃剧将之表现为肆心（hybris）之举，谐剧将之表现为说大话（alazoneia）之举。这不是说，在一部特定的谐剧中，最突出的角色（如《骑士》中的腊肠贩）或负责行动计划的角色（如《骑士》中的得摩斯特涅斯）就是一个说大话者。吕西斯特拉特和克瑞米诺斯也不是说大话者。在《阿卡奈人》中，说大话的不是狄凯奥波利斯，而是拉马科斯。在狭隘、粗俗的意义上——从极普通的人的视角来看，每一个有丝毫过人之处的人，[313] 每一个有"某种特别之处"从而被认为"希望具有某种特别之处"的人，都是说大话者，对阿里斯托芬的谐剧来说，在这样的视角之内向区哄笑者表现各种事物具有举足轻重的意义。大话说得最好的人，在非粗俗意义上说大话的人，是谐剧诗人阿里斯托芬自己；毕竟，他在自己的谐剧中庆祝的对神圣法律的那些成功僭越，是由他负责设计的。这并不是要否认他有时候也说些粗俗的大话（参《阿卡奈人》646–654）。如何根据他对诸神是否存在的暗示来重申这一判断，在前文相关处已有极清晰的阐述。

根据阿里斯托芬的看法，苏格拉底与诗人有别的第二个特性是，他在判断人类和待人接物方面不称职。苏格拉底最重要的事是操心天上的事儿，他对形形色色的人的举止和灵魂具有极不恰当的认识：从高处看人，是看不清人的本来面目的（《和平》821–823）。因此，苏格拉底从不会提出，更不会回答关于诸神的神性（godness）问题，能够提出这个问题并解答这个问题的是诗人而非智术师-哲人。有人也许会说，苏格拉底是灵魂的向导（或鬼魂 [ghosts] 的向导——

《鸟》1555），却不是灵魂的知者（knower）。若的确如此，智术师－哲人洞悉到的天上事物的真理，必须整合进诗人关心的某个整全之中，尽管那个整全是智术师－哲人关心的无所不包的整全的一部分。因为，我们没资格断言（尽管我们可以推测），在神圣事物（the divine）的两种成分的二元论与诸如爱和恨、运动和静止这类二元论之间有一种关联。在此，只需要提醒读者想想鸟类的神性－宇宙起源说（theo-cosmogoney）就足够了。

最后一点，阿里斯托芬笔下的苏格拉底具有非爱欲（anerotic）的特征。这与他非政治（apolitical）的特性有关：家庭是城邦的细胞。家庭与城邦之间有不和谐，有张力；但是，与此完全并行不悖的是，家庭需要城邦。非爱欲的苏格拉底也是非诗艺的（a-Music），或者说，苏格拉底不爱任何形式的美的事物，包括用美的方式利用丑陋事物；他是伟大的揭穿真相者（debunker）。出于同样的理由，他缺乏血气或马蜂式易怒，而血气和马蜂式易怒是谐剧诗人必不可少的成分；苏格拉底的倨傲和他对愚蠢的不耐，不能被误当作愤怒或义愤（对观亚里士多德《修辞学》1383^b3-8）。

伊索克拉底（Isocrates）在向雅典人演说时告诉他们：

> 我知道，很难反对你们的意见，尽管有民主制度，[314] 但除了在这里［即公民大会］演说的那些最无脑子、根本不关心你们的人，除了剧场里的谐剧诗人之外，根本没有说出一切的自由。(《论和平》[On the Peace] 14)

伊索克拉底对在公民大会上能否说出一切心存怀疑，修昔底德笔下的狄奥多托斯（Diodotos）的演说漂亮地印证了这一点。伊索克拉底并不置疑这样的观点，即无论如何，谐剧诗人享受或使用说出一切的自由。但是，我们看到，阿里斯托芬在某处画了一条线，正如他所说，他与其服从善的或贤人式品味的指令，不如服从智慧的指令。他嘲笑苏格拉底，不是因为苏格拉底竭力向圈外人保守他的教导的秘密，而是因为苏格拉底不能称职地为他的教导保密。

在上述几乎所有方面，色诺芬和柏拉图笔下的苏格拉底都不同于阿里斯托芬笔下的苏格拉底。在他们笔下，苏格拉底是最有实践智慧的人，或者说，至少是最渴求实践智慧的人（《斐多》68°2）；他是雅典唯一真正的政治人；他不只尊重城邦的根本要求，还尊重城邦的所有法律；他是最好的公民，尤其是个模范战士；他在判断人类和待人接物方面是个无与伦比的大师，他知悉各类灵魂并善加引导；他是最有爱欲的人，是缪斯们的信徒，尤其是最高的缪斯的信徒；他对愚蠢有无限的耐心，永远彬彬有礼。相应地，柏拉图笔下的苏格拉底在智慧上高于诗人：诗人洞悉的真理必须纳入哲人关心的包罗万象的真理之中；或者说，关于各种灵魂的真正知识，从而灵魂的知识，是宇宙论（关于天上事物的知识）的核心。人们很容易得到这样的印象，即柏拉图和色诺芬刻画的苏格拉底有意反驳阿里斯托芬对苏格拉底的刻画。当然，不可能说清楚，柏拉图－色诺芬笔下的苏格拉底的存在，其归因于诗歌的成分是否像阿里斯托芬笔下的苏格拉底一样多（对观柏拉图《书简二》314°1－4）。几乎同样难说的是，阿里斯托芬笔下的苏格拉底与柏拉图－色诺芬笔下的苏格拉底之间的深刻差异，是否必定不能追溯到苏格拉底本人的一场深刻转变，即追溯到他从少年式地鄙视政治或道德事物、鄙视人事和人，转向成熟地关心政治或道德事物、关心人事和人。就我所知，对这种可能性最清楚、最深思熟虑的阐释，可见于拉齐（Muhammad b. Zakariyya al-Rāzi）的《哲学的生活方式》（*The Philosophic Way of Life*）一书。①

---

① 参见 Paul Kraus 校勘，《拉齐文选》卷 I（Raziana I），见《东方学刊》（*Orientalia*），1935，页 300－334。

附录

苏格拉底与阿里斯托芬

克莱因（Jacob Klein）
张 缨 译

无论这本书具有怎样的内在优点，它都可作为作者一生著述的增补得到最好的理解，此书深刻且富挑战性的重要意义，迄今仍未得到足够的认识和欣赏。这本书处理了构成我们这个世界的两个杰出的人：其中一位专注于理解这个世界，却不考虑人在其中的运气（lot），另一位则在各种程度上与城邦生活的事实纠结在一起；一位罕有着手［城邦生活的事实］，必然受另一位的抵制，另一位不可避免地以其作品深远的隐含意味得到理解，却几乎未曾获得这样的理解。

此书的书名多少有点——且故意如此——模棱两可。书名意含的对抗位于阿里斯托芬与阿里斯托芬笔下的苏格拉底之间：前者乃阿里斯托芬在其各部谐剧中揭示的他本人，后者则是《云》所呈现的苏格拉底。与此相应，这本书分为两个部分：第一部分致力于［解读］《云》，第二部分致力于［解读］所有现存的阿里斯托芬谐剧。［此间，］柏拉图和色诺芬笔下的苏格拉底从未遭到遗忘。

除《云》以外，作者采用编年顺序来处理其他［阿里斯托芬］剧作。作者的解读顺序是：先复述剧中的情节及语句，然后转向他本人对这些情节及语句的解释性分析，对其中有问题之处提出自己的观点——这些观点常常只得到暗示。这样的写作顺序要求最为细心的阅读。作者的谋篇布局在于"把（阿里斯托芬）谐剧特定的两维空间转换为超谐剧的（trans-comic）三维空间"（页51）。正是这个新的维度，连同作者本人克制的反讽兼不动声色的机智，为作者提供了配合诗人［阿里斯托芬］的当下谐剧效果的机会。大体上，施特劳斯并不直接关注各部剧作中那些令人惊异的冗词赘句，那些精巧的双关和既滑稽又引人发笑的情景。它们都属于那种谐剧式两维空间的光彩。作者的任务是：在［阿里斯托芬］以谐剧方式甚或以闹剧方式乔装之处，侦查出深刻的严肃性，同时无需把诗人的智慧降格为干巴巴的正题与反题的（thesis and antithesis）展示。因为"谐剧本身是智慧最有效的伪装"（页64）。施特劳斯试图从我们在一部既定剧作的一个——或不止一个——角色那里听到或看到的东西里，发现诗人有时直言不讳但大多数情况下隐藏起来的立场，他试图在歌队插曲（parabaseis）所明言或未明言的内容中，从事关角色们的所言所行而存在于各剧间的关系中，发现诗人的立场。正是诗人的这种立场与《云》中苏格拉底的立场形成反差。［此书］最重要的角色被分派给《云》剧中的正理（the Just Speech）与歪理（the Unjust Speech）。作者在正理与歪理身上倾注时间，还在评论其他剧作时为他们倾注时间。然而，正理与歪理两者都不代表阿里斯托芬本人的立场，也不代表他笔下的苏格拉底的立场。

施特劳斯倾向于把阿里斯托芬笔下的苏格拉底视为青年苏格拉底，青年苏格拉底关注"天上的事儿"，关注天象学和 physiologia ［自然学］，但他没能力理解人，他不知道爱若斯（Eros；或"爱欲"）的秘密，他缺乏 phronesis ［实践智慧/审慎］，而且既是彻底非诗艺的（a-Music）又是彻底非政治的（apolitical）（页4、51、173、313-314）。作者在柏拉图的《斐多》（Phaedo）、《帕默尼德》（Parmenides）和《会饮》（Symposium）以及色诺芬那里找到了对这个观点的首肯。有人会奇怪，苏格拉底何以能获得 phronesis ［实践智慧/审慎］，阿里斯托芬笔下的苏格拉底何以能成为柏拉图或色诺芬笔下的苏格拉底。对这种改变的可能性，施特劳斯在此书结尾给出提示，他要我们参考拉齐（Muhammad b. Zakariyya al-Rāzi）的《爱智［哲学］的生活方式》（The Philosophic Way of Life）一书。无论如何，将《云》中的苏格拉底与阿里斯托芬本人决定性地区分开来的，是他们各自与城邦共同体的关系。阿里斯托芬笔下的苏格拉底无视城邦的"三个根本要求"：接受神的统治（divine rule），禁止弑父，禁止乱伦；阿里斯托芬则遵守这些要求。就第一个要求而言，《云》中的苏格拉底断言"宙斯不存在"，但他没有逾越这个断言。正是在这一点上，阿里斯托芬可以说占了苏格拉底的上风："苏格拉底从不会提出，更不会回答关于诸神的神性（godness）这个问题，能够提出这个问题并解答这个问题的是诗人而非智术师-哲人"（页313）。在分别以两位神的名字命名的剧作中，财神（Wealth [Plutos]）及和平女神（Peace [Eirene]）体现了神性事物的两种组成成分，在此意义上他们"各自就是神性本身"（页306）：和平女神是一个美丽的雕塑（她对痛苦毫无知觉）；财神"为了得到自己应有的声誉，或者说为了成为他自己，需要人，需要人的帮助"（页296）。最终——正如施特劳斯从《蛙》中推断——只有"别的神也称其为神的，才是神"（页245），而对于这个宣称的真实性，人无法确定。这只是最透彻解释了阿里斯托芬谐剧的这本书中的一个（即便或许是最重要的）结论。这篇简短的评论不能假定自己传达了施特劳斯著作迷宫般的丰富内涵。

索 引

（以下阿拉伯数字为原书页码，即本中文版方括号中的页码）

Aeschylus 埃斯库罗斯　6，8，83，231，318，319

Anaxagoras 阿纳克萨哥拉　175

Aristotle 亚里士多德　3，107，316，317，318，319，320

Benardete，Seth 伯纳德特　317

Burnet，John 伯内特　315，316

Cicero 西塞罗　318

Diogenes of Apollonia 第欧根尼　316

Empedocles 恩培多克勒　173，316

Euripides 欧里庇得斯　7，8，60，63，64，139，198，203，
　　　　　　　　　　208，212，318

Goethe 歌德　317

Grotius 格劳修斯　319

Hegel 黑格尔　51，315

Heine 海涅　315

Heraclitus 赫拉克勒斯　238

Hesiod 赫西俄德　63，171，183，316

Isocrates 伊索克拉底　313－314

Kaibel，G. 凯贝尔　317

Kraus，Paul 克劳斯　320

Löwith，Karl 洛维特　315

Machiavelli 马基雅维利　59

Molière 莫里哀　320

Nietzsche 尼采　6，7，8

Parmenides 帕默尼德　173

Plato 柏拉图　3，4，5，6，8，36，51，65，105，107，109，173，202，253，282，288，314，315，316，317，318，319，320

Plutarch 普鲁塔克　318，319

Razi, Muhammad b. Zakariyya al – 拉齐　314

Rousseau 卢梭　319，320

Schlegel, Friedrich 施莱格尔　315

Shakespeare 莎士比亚　107

Simonides 西摩尼得斯　318

Sophocles 索福克勒斯　7，8，316

Spinoza 斯宾诺莎　85

Taylor, A. E. 泰勒　316

Thucydides 修昔底德　4，51，83，95，314，316，317，318，319

Xenophon 色诺芬　3，4，5，33，51，314，315，316，317，318，319

图书在版编目（CIP）数据

苏格拉底与阿里斯托芬 ／（美）列奥·施特劳斯（Leo Strauss）著；李小均译. -- 2版. -- 北京：华夏出版社有限公司，2021.6

（西方传统：经典与解释）

ISBN 978-7-5222-0012-5

Ⅰ. ①苏… Ⅱ. ①列… ②李… Ⅲ. ①苏格拉底（Socrates 前469-前399）－哲学思想－研究 ②阿里斯托芬（前446-前385）－喜剧－文学研究 Ⅳ. ①B502.231 ②I545.073

中国版本图书馆CIP数据核字（2021）第038485号

Socrates And Aristophanes
By Leo Strauss
Licensed by The University of Chicago Press, Chicago, Illinois, U. S. A
© 1966 by Leo Strauss. All rights reserved.

版权所有　翻印必究
北京市版权局著作权合同登记号：图字01-2007-3455号

苏格拉底与阿里斯托芬

作　　者	[美]列奥·施特劳斯	
译　　者	李小均	
责任编辑	李安琴	
责任印制	刘　洋	
出版发行	华夏出版社有限公司	
经　　销	新华书店	
印　　装	北京汇林印务有限公司	
版　　次	2021年6月北京第2版	
	2021年6月北京第1次印刷	
开　　本	880×1230　1/32	
印　　张	11	
字　　数	297千字	
定　　价	78.00元	

华夏出版社有限公司　地址：北京市东直门外香河园北里4号　邮编：100028
网址：www.hxph.com.cn　电话：（010）64663331（转）
若发现本版图书有印装质量问题，请与我社营销中心联系调换。

西方传统：经典与解释
Classici et Commentarii
HERMES
刘小枫◎主编

古今丛编

克尔凯郭尔 [美]江思图 著
货币哲学 [德]西美尔 著
孟德斯鸠的自由主义哲学 [美]潘戈 著
莫尔及其乌托邦 [德]考茨基 著
试论古今革命 [法]夏多布里昂 著
但丁：皈依的诗学 [美]弗里切罗 著
在西方的目光下 [英]康拉德 著
大学与博雅教育 董成龙 编
探究哲学与信仰 [美]郝岚 著
民主的本性 [法]马南 著
梅尔维尔的政治哲学 李小均 编/译
席勒美学的哲学背景 [美]维塞尔 著
果戈里与鬼 [俄]梅列日科夫斯基 著
自传性反思 [美]沃格林 著
黑格尔与普世秩序 [美]希克斯 等著
新的方式与制度 [美]曼斯菲尔德 著
科耶夫的新拉丁帝国 [法]科耶夫 等著
《利维坦》附录 [英]霍布斯 著
或此或彼（上、下）[丹麦]基尔克果 著
海德格尔式的现代神学 刘小枫 选编
双重束缚 [法]基拉尔 著
古今之争中的核心问题 [德]迈尔 著
论永恒的智慧 [德]苏索 著
宗教经验种种 [美]詹姆斯 著
尼采反卢梭 [美]凯尔·安塞尔-皮尔逊 著
舍勒思想评述 [美]弗林斯 著
诗与哲学之争 [美]罗森 著
神圣与世俗 [罗]伊利亚德 著
但丁的圣约书 [美]霍金斯 著

古典学丛编

赫西俄德的宇宙 [美]珍妮·施特劳斯·克莱 著
论王政 [古罗马]金嘴狄翁 著
论希罗多德 [古罗马]卢里叶 著
探究希腊人的灵魂 [美]戴维斯 著
尤利安文选 马勇 编/译
论月面 [古罗马]普鲁塔克 著
雅典谐剧与逻各斯 [美]奥里根 著
菜园哲人伊壁鸠鲁 罗晓颖 选编
《劳作与时日》笺释 吴雅凌 撰
希腊古风时期的真理大师 [法]德蒂安 著
古罗马的教育 [英]葛怀恩 著
古典学与现代性 刘小枫 编
表演文化与雅典民主政制
[英]戈尔德希尔、奥斯本 编
西方古典文献学发凡 刘小枫 编
古典语文学常谈 [德]克拉夫特 著
古希腊文学常谈 [英]多佛 等著
撒路斯特与政治史学 刘小枫 编
希罗多德的王霸之辨 吴小锋 编/译
第二代智术师 [英]安德森 著
英雄诗系笺释 [古希腊]荷马 著
统治的热望 [美]福特 著
论埃及神学与哲学 [古希腊]普鲁塔克 著
凯撒的剑与笔 李世祥 编/译
伊壁鸠鲁主义的政治哲学
[意]詹姆斯·尼古拉斯 著
修昔底德笔下的人性 [美]欧文 著
修昔底德笔下的演说 [美]斯塔特 著
古希腊政治理论 [美]格雷纳 著
神谱笺释 吴雅凌 撰
赫西俄德：神话之艺
[法]居代·德·拉孔波 等著
赫拉克勒斯之盾笺释 罗逍然 译笺
《埃涅阿斯纪》章义 王承教 选编
维吉尔的帝国 [美]阿德勒 著
塔西佗的政治史学 曾维术 编

古希腊诗歌丛编
- 古希腊早期诉歌诗人　[英]鲍勒 著
- 诗歌与城邦　[美]费拉格、纳吉 主编
- 阿尔戈英雄纪（上、下）
  [古希腊]阿波罗尼俄斯 著
- 俄耳甫斯教祷歌　吴雅凌 编译
- 俄耳甫斯教辑语　吴雅凌 编译

古希腊肃剧注疏集
- 希腊肃剧与政治哲学　[美]阿伦斯多夫 著

古希腊礼法研究
- 宙斯的正义　[英]劳埃德-琼斯 著
- 希腊人的正义观　[英]哈夫洛克 著

廊下派集
- 廊下派的苏格拉底　程志敏 徐健 选编
- 廊下派的神和宇宙　[墨]里卡多·萨勒斯 编
- 廊下派的城邦观　[英]斯科菲尔德 著

希伯莱圣经历代注疏
- 希腊化世界中的犹太人　[英]威廉逊 著
- 第一亚当和第二亚当　[德]朋霍费尔 著

新约历代经解
- 属灵的寓意　[古罗马]俄里根 著

基督教与古典传统
- 保罗与马克安　[德]文森 著
- 加尔文与现代政治的基础　[美]汉考克 著
- 无执之道　[德]文森 著
- 恐惧与战栗　[丹麦]基尔克果 著
- 托尔斯泰与陀思妥耶夫斯基
  [俄]梅列日科夫斯基 著
- 论宗教大法官的传说　[俄]罗赞诺夫 著
- 海德格尔与有限性思想（重订版）
  刘小枫 选编
- 上帝国的信息　[德]拉加茨 著
- 基督教理论与现代　[德]特洛尔奇 著
- 亚历山大的克雷芒　[意]塞尔瓦托·利拉 著
- 中世纪的心灵之旅　[意]圣·波纳文图拉 著

德意志古典传统丛编
- 论荷尔德林　[德]沃尔夫冈·宾德尔 著
- 彭忒西勒亚　[德]克莱斯特 著
- 穆佐书简　[奥]里尔克 著
- 纪念苏格拉底——哈曼文选　刘新利 选编
- 夜颂中的革命和宗教　[德]诺瓦利斯 著
- 大革命与诗化小说　[德]诺瓦利斯 著
- 黑格尔的观念论　[美]皮平 著
- 浪漫派风格——施勒格尔批评文集　[德]施勒格尔

美国宪政与古典传统
- 美国1787年宪法讲疏　[美]阿纳斯塔普罗 著

启蒙研究丛编
- 浪漫的律令　[美]拜泽尔 著
- 现实与理性　[法]科维纲 著
- 论古人的智慧　[英]培根 著
- 托兰德与激进启蒙　刘小枫 编
- 图书馆里的古今之战　[英]斯威夫特 著

政治史学丛编
- 伊丽莎白时代的世界图景　[英]蒂利亚德 著
- 西方古代的天下观　刘小枫 编
- 从普遍历史到历史主义　刘小枫 编
- 自然科学史与玫瑰　[法]雷比瑟 著

地缘政治学丛编
- 克劳塞维茨之谜　[英]赫伯格-罗特 著
- 太平洋地缘政治学　[德]卡尔·豪斯霍弗 著

荷马注疏集
- 不为人知的奥德修斯　[美]诺特维克 著
- 模仿荷马　[美]丹尼斯·麦克唐纳 著

品达注疏集
- 幽暗的诱惑　[美]汉密尔顿 著

欧里庇得斯集
- 自由与僭越　罗峰 编译

阿里斯托芬集
- 《阿卡奈人》笺释　[古希腊]阿里斯托芬 著

色诺芬注疏集
居鲁士的教育　[古希腊]色诺芬 著
色诺芬的《会饮》　[古希腊]色诺芬 著

柏拉图注疏集
挑战戈尔戈　李致远 选编
论柏拉图《高尔吉亚》的统一性　[美]斯托弗 著
立法与德性——柏拉图《法义》发微　林志猛 编
柏拉图的灵魂学　[加]罗宾逊 著
柏拉图书简　彭磊 译注
克力同章句　程志敏 郑兴凤 撰
哲学的奥德赛——《王制》引论　[美]郝兰 著
爱欲与启蒙的迷醉　[美]贝尔格 著
为哲学的写作技艺一辩　[美]伯格 著
柏拉图式的迷宫——《斐多》义疏　[美]伯格 著
哲学如何成为苏格拉底式的　[美]朗佩特 著
苏格拉底与希琵阿斯　王江涛 编译
理想国　[古希腊]柏拉图 著
谁来教育老师　刘小枫 编
立法者的神学　林志猛 编
柏拉图对话中的神　[法]薇依 著
厄庇诺米斯　[古希腊]柏拉图 著
智慧与幸福　程志敏 选编
论柏拉图对话　[德]施莱尔马赫 著
柏拉图《美诺》疏证　[美]克莱因 著
政治哲学的悖论　[美]郝岚 著
神话诗人柏拉图　张文涛 选编
阿尔喀比亚德　[古希腊]柏拉图 著
叙拉古的雅典异乡人　彭磊 选编
阿威罗伊论《王制》　[阿拉伯]阿威罗伊 著
《王制》要义　刘小枫 选编
柏拉图的《会饮》　[古希腊]柏拉图 等著
苏格拉底的申辩（修订版）　[古希腊]柏拉图 著
苏格拉底与政治共同体　[美]尼柯尔斯 著
政制与美德——柏拉图《法义》疏解　[美]潘戈 著
《法义》导读　[法]卡斯代尔·布舒奇 著

论真理的本质　[德]海德格尔 著
哲人的无知　[德]费勃 著
米诺斯　[古希腊]柏拉图 著
情敌　[古希腊]柏拉图 著

亚里士多德注疏集
《诗术》译笺与通绎　陈明珠 撰
亚里士多德《政治学》中的教诲　[美]潘戈 著
品格的技艺　[美]加佛 著
亚里士多德哲学的基本概念　[德]海德格尔 著
《政治学》疏证　[意]托马斯·阿奎那 著
尼各马可伦理学义疏　[美]伯格 著
哲学之诗　[美]戴维斯 著
对亚里士多德的现象学解释　[德]海德格尔 著
城邦与自然——亚里士多德与现代性　刘小枫 编
论诗术中篇义疏　[阿拉伯]阿威罗伊 著
哲学的政治　[美]戴维斯 著

普鲁塔克集
普鲁塔克的《对比列传》　[英]达夫 著
普鲁塔克的实践伦理学　[比利时]胡芙 著

阿尔法拉比集
政治制度与政治箴言　阿尔法拉比 著

马基雅维利集
君主及其战争技艺　娄林 选编

莎士比亚绎读
脱节的时代　[匈]阿格尼斯·赫勒 著
莎士比亚的历史剧　[英]蒂利亚德 著
莎士比亚戏剧与政治哲学　彭磊 选编
莎士比亚的政治盛典　[美]阿鲁里斯/苏利文 编
丹麦王子与马基雅维利　罗峰 选编

洛克集
上帝、洛克与平等　[美]沃尔德伦 著

卢梭集
论哲学生活的幸福　[德]迈尔 著
致博蒙书　[法]卢梭 著
政治制度论　[法]卢梭 著

哲学的自传 [美]戴维斯 著
文学与道德杂篇 [法]卢梭 著
设计论证 [美]吉尔丁 著
卢梭的自然状态 [美]普拉特纳 等著
卢梭的榜样人生 [美]凯利 著

莱辛注疏集
汉堡剧评 [德]莱辛 著
关于悲剧的通信 [德]莱辛 著
《智者纳坦》（研究版） [德]莱辛 等著
启蒙运动的内在问题 [美]维塞尔 著
莱辛剧作七种 [德]莱辛 著
历史与启示——莱辛神学文选 [德]莱辛 著
论人类的教育 [德]莱辛 著

尼采注疏集
何为尼采的扎拉图斯特拉 [德]迈尔 著
尼采引论 [德]施特格迈尔 著
尼采与基督教 刘小枫 编
尼采眼中的苏格拉底 [美]丹豪瑟 著
尼采的使命 [美]朗佩特 著
尼采与现时代 [美]朗佩特 著
动物与超人之间的绳索 [德]A.彼珀 著

施特劳斯集
论僭政（重订本） [美]施特劳斯 [法]科耶夫 著
苏格拉底问题与现代性（增订本）
犹太哲人与启蒙（增订本）
霍布斯的宗教批判
斯宾诺莎的宗教批判
门德尔松与莱辛
哲学与律法——论迈蒙尼德及其先驱
迫害与写作艺术
柏拉图式政治哲学研究
论柏拉图的《会饮》
柏拉图《法义》的论辩与情节
什么是政治哲学
古典政治理性主义的重生（重订本）

回归古典政治哲学——施特劳斯通信集
苏格拉底与阿里斯托芬

***

施特劳斯的持久重要性 [美]朗佩特 著
论源初遗忘 [美]维克利 著
政治哲学与启示宗教的挑战 [德]迈尔 著
阅读施特劳斯 [美]斯密什 著
施特劳斯与流亡政治学 [美]谢帕德 著
隐匿的对话 [德]迈尔 著
驯服欲望 [法]科耶夫 等著

施米特集
宪法专政 [美]罗斯托 著
施米特对自由主义的批判 [美]约翰·麦考米克 著

伯纳德特集
古典诗学之路（第二版） [美]伯格 编
弓与琴（重订本） [美]伯纳德特 著
神圣的罪业 [美]伯纳德特 著

布鲁姆集
巨人与侏儒（1960-1990）
人应该如何生活——柏拉图《王制》释义
爱的设计——卢梭与浪漫派
爱的戏剧——莎士比亚与自然
爱的阶梯——柏拉图的《会饮》
伊索克拉底的政治哲学

沃格林集
自传体反思录 [美]沃格林 著

大学素质教育读本
古典诗文绎读 西学卷·古代编（上、下）
古典诗文绎读 西学卷·现代编（上、下）

柏拉图读本（刘小枫 主编）
吕西斯 贺方婴 译
苏格拉底的申辩 程志敏 译

中国传统：经典与解释
Classici et Commentarii
刘小枫 陈少明 ○ 主编

《孔丛子》训读及研究 / 雷欣翰 撰
论语说义 / [清] 宋翔凤 撰
周易古经注解考辨 / 李炳海 著
浮山文集 / [明] 方以智 著
药地炮庄 / [明] 方以智 著
药地炮庄笺释·总论篇 / [明] 方以智 著
青原志略 / [明] 方以智 编
冬灰录 / [明] 方以智 著
冬炼三时传旧火 / 邢益海 编
《毛诗》郑王比义发微 / 史应勇 著
宋人经筵诗讲义四种 / [宋] 张纲 等撰
道德真经藏室纂微篇 / [宋] 陈景元 撰
道德真经四子古道集解 / [金] 寇才质 撰
皇清经解提要 / [清] 沈豫 撰
经学通论 / [清] 皮锡瑞 著
松阳讲义 / [清] 陆陇其 著
起凤书院答问 / [清] 姚永朴 撰
周礼疑义辨证 / 陈衍 撰
《铎书》校注 / 孙尚扬 肖清和 等校注
韩愈志 / 钱基博 著
论语辑释 / 陈大齐 著
《庄子·天下篇》注疏四种 / 张丰乾 编
荀子的辩说 / 陈文洁 著
古学经子 / 王锦民 著
经学以自治 / 刘少虎 著
从公羊学论《春秋》的性质 / 阮芝生 撰

刘小枫集
民主与政治德性
昭告幽微
以美为鉴
古典学与古今之争 [增订本]
这一代人的怕和爱 [第三版]
沉重的肉身 [珍藏版]
圣灵降临的叙事 [增订本]
罪与欠
儒教与民族国家
拣尽寒枝
施特劳斯的路标
重启古典诗学
设计共和
现代人及其敌人
海德格尔与中国
共和与经纶
现代性与现代中国
现代性社会理论绪论
诗化哲学 [重订本]
拯救与逍遥 [修订本]
走向十字架上的真
西学断章

编修 [博雅读本]
凯若斯：古希腊语文读本 [全二册]
古希腊语文学述要
雅努斯：古典拉丁语文读本
古典拉丁语文学述要
危微精一：政治法学原理九讲
琴瑟友之：钢琴与古典乐色十讲

译著
普罗塔戈拉（详注本）
柏拉图四书

经典与解释辑刊

1 柏拉图的哲学戏剧
2 经典与解释的张力
3 康德与启蒙
4 荷尔德林的新神话
5 古典传统与自由教育
6 卢梭的苏格拉底主义
7 赫尔墨斯的计谋
8 苏格拉底问题
9 美德可教吗
10 马基雅维利的喜剧
11 回想托克维尔
12 阅读的德性
13 色诺芬的品味
14 政治哲学中的摩西
15 诗学解诂
16 柏拉图的真伪
17 修昔底德的春秋笔法
18 血气与政治
19 索福克勒斯与雅典启蒙
20 犹太教中的柏拉图门徒
21 莎士比亚笔下的王者
22 政治哲学中的莎士比亚
23 政治生活的限度与满足
24 雅典民主的谐剧
25 维柯与古今之争
26 霍布斯的修辞
27 埃斯库罗斯的神义论
28 施莱尔马赫的柏拉图
29 奥林匹亚的荣耀
30 笛卡尔的精灵
31 柏拉图与天人政治
32 海德格尔的政治时刻
33 荷马笔下的伦理
34 格劳秀斯与国际正义
35 西塞罗的苏格拉底

36 基尔克果的苏格拉底
37 《理想国》的内与外
38 诗艺与政治
39 律法与政治哲学
40 古今之间的但丁
41 拉伯雷与赫尔墨斯秘学
42 柏拉图与古典乐教
43 孟德斯鸠论政制衰败
44 博丹论主权
45 道伯与比较古典学
46 伊索寓言中的伦理
47 斯威夫特与启蒙
48 赫西俄德的世界
49 洛克的自然法辩难
50 斯宾格勒与西方的没落
51 地缘政治学的历史片段
52 施米特论战争与政治
53 普鲁塔克与罗马政治
54 罗马的建国叙述
55 亚历山大与西方的大一统
56 马西利乌斯的帝国
57 全球化在东亚的开端